T5-BQA-024

Wissenschaftliche Untersuchungen
zum Neuen Testament

Begründet von Joachim Jeremias und Otto Michel
Herausgegeben von
Martin Hengel und Otfried Hofius

59

Sünder oder Übertreter

Studien zur Argumentation in Gal 2,15ff.

von

Michael Bachmann

J. C. B. Mohr (Paul Siebeck) Tübingen

Die Deutsche Bibliothek – CIP-Einheitsaufnahme

Bachmann, Michael:
Sünder oder Übertreter : Studien zur Argumentation in Gal 2,15ff. / von Michael Bachmann. – Tübingen : Mohr, 1992
(Wissenschaftliche Untersuchungen zum Neuen Testament ; 59)
ISBN 3-16-145796-X
NE: GT

Das Buch wurde von Typobauer, Scharnhausen, aus der Times-Antiqua gesetzt, auf alterungsbeständiges Werkdruckpapier der Papierfabrik Buhl in Ettlingen gedruckt von Gulde-Druck Tübingen, und von der Großbuchbinderei Heinr. Koch in Tübingen gebunden.

ISSN 0512-1604

Dem Computerduo

Vorwort

Die vorliegenden Studien sind im Wintersemester 1989/90 von der Theologischen Fakultät der Universität Basel als Habilitationsschrift angenommen worden. Für den Druck wurden sie leicht überarbeitet, ohne daß damit auch nur eine einigermaßen lückenlose Dokumentation der Sekundärliteratur hätte erreicht werden können. Nicht ungenannt bleiben soll indes ein soeben erschienener Aufsatz: J. Lambrecht, Transgressor by Nullifying God's Grace. A Study of Gal 2,18–21, in: Bib. 72, 1991, 217–236; denn der Autor geht darin über das, was er bislang zu den Versen Gal 2,18–21 schon an Aussagen gewagt, aber auch offengelassen hatte (s. dazu nur u. Kap. 2 [bei] Anm. 123.163.165), deutlich hinaus, und er kommt dabei hinsichtlich einer strukturellen Beziehung zwischen V. 18 und V. 21b (Lambrecht, Transgressor, bes. 221.235) sowie hinsichtlich der Bedeutung des Nomens παραβάτης von V. 18b (ebd., bes. 234–236) bemerkenswerterweise zu recht ähnlichen Thesen, wie sie sich mir nahelegten (vgl. dazu nur u. Kap. 2 [bei] Anm. 121–124. 159–166.217.266–273 sowie Kap. 3 [bei] Anm. 78–89).

Bei der Rückschau auf den Weg bis hin zum Erscheinen dieses Buches zeigt sich, wie wenig eine solche wissenschaftliche Arbeit eigenes Werk ist – wenngleich natürlich alle fragwürdigen Thesen und stehengebliebenen Fehler auf das Konto des Verfassers zu setzen sind –. Jedenfalls habe ich Anlaß, vielen herzlich zu danken. So dem seinerzeitigen Rektor der Pädagogischen Hochschule Freiburg (Breisgau), Herrn Professor Dr. W. Schwark, der die Initiative dafür ergriff, daß ich im Sommersemester 1989 für sechs Wochen von meinen regulären Verpflichtungen entlastet wurde, und so Herrn Professor Dr. E.W. Stegemann (Basel), der ihm dabei assistierte und mich zuvor überhaupt erst zur Abfassung der Studien motiviert hatte, die er dann zusammen mit Herrn Professor Dr. R. Brändle (Basel) betreute und begutachtete. Die Herren Professoren Dr. M. Hengel und Dr. O. Hofius waren so freundlich, die Arbeit in die Reihe WUNT aufzunehmen, und um das – trotz des eher bescheidenen Umfangs – doch recht sperrige Skript hat sich der Verlag redlich bemüht. Beim Korrekturenlesen unterstützten mich mein katholischer Kollege Herr Dr. J. Zöhrer, meine frühere Wissenschaftliche Hilfskraft, Frau P. Freudenberger, Herr J.–M. Lötz und, last not least, Herr K.–F. Ulrichs, dem ich auch eine Reihe von Verbesserungsvorschlägen und außerdem das Autor(inn)enregister verdanke. Bis dahin wäre es möglicherweise nicht gekommen, wenn meine Frau, Ursula, nicht am Computer Hand angelegt und wenn unser Sohn, Philipp, uns nicht mit diesem Objekt vertraut gemacht und uns über dessen Tücken hinweggeholfen hätte.

St. Märgen, im Oktober 1991 Michael Bachmann

Inhaltsverzeichnis

1 Zu Thematik und Methode

1.1 Titel

Der Titel der vorliegenden Untersuchung weist sowohl auf Arbeitsfelder hin, in welche sie eingebettet ist, als auch auf das bescheidenere Terrain, das auf den folgenden Seiten näher interessieren soll. Zwei solcher umfassenderen, selbstverständlich jedoch miteinander verbundenen Forschungsgebiete sind derart angedeutet, und sie ein wenig vorzustellen (1.2; 1.3) bedeutet gleichzeitig, zur Skizzierung des eigenen Vorhabens (1.4) hinzuleiten, und zwar hinsichtlich der inhaltlichen wie hinsichtlich der methodischen Aspekte. Denn der übergreifende Rahmen läßt sich gemäß Ober- und Untertitel jedenfalls einerseits durch den Sachbereich „Paulus und das Gesetz" markieren, andererseits durch die Frage danach, wie bei der Auslegung eines vorliegenden Textes zu verfahren ist, der seine Adressaten zu überzeugen sucht. Nicht diese Felder als solche beschreiben indes den Gegenstand der Arbeit, nicht einmal die durch beide gebildete „Schnittmenge" definiert ihn; es handelt sich bei ihm vielmehr, wie der Verweis auf Gal 2,15ff. besagt, nur um einen eng begrenzten Teil von ihr. Daß eine entschiedene Beschränkung unerläßlich und daß die gewählte angesichts der Forschungssituation sinnvoll ist, wird der Blick auf die genannten Felder zu verdeutlichen haben.

1.2 Paulus und das Gesetz

„The treatment of the Law by Paul has been and is one of the most discussed subjects in Christian theology and particularly in NT studies", formuliert W.D. DAVIES[1]. Schon eine solche fraglos treffende Charakterisierung mag bei dem, der sich dem thematischen Feld zu nähern sucht, mittlere Verzweiflung im Blick darauf hervorrufen, ob und wie hier noch ein Überblick zu gewinnen ist. Wird die Existenz diesbezüglicher (forschungs)geschichtlicher Arbeiten[2] möglicherweise immerhin ein wenig beruhigend wirken können, so ist doch wiederum äußerst beunruhigend, daß keineswegs von einem Konsens in Sachen „Gesetz bei Paulus" die Rede sein kann. Nicht nur hat die Paulus-Rezeption, gerade auch was

---

[1] Pitfalls, 91.

[2] S. bes.: KUSS, Nomos; TOEWS, Law, 3–102; LAMBRECHT, Gesetzesverständnis, 94–108; HÜBNER, Literaturbericht, 2668–2694; ZELLER, Gesetz.

diese Thematik angeht, bereits in der frühesten und frühen Kirchengeschichte zu recht unterschiedlichen Einschätzungen geführt[3], wie schon die sogenannte galatische Krise und der sie sichtbar machende und auf sie reagierende Galaterbrief zeigen, dann aber etwa auch einerseits der Jakobusbrief (s. bes. Jak 2,14–26)[4], andererseits Marcion[5]. Nicht nur hat die Frage, wie paulinische Aussagen zum Gesetz (Röm 3,28; 13,8–10 u.a.) zu verstehen sind, bekanntlich sowohl die Trennung zwischen Katholizismus und Protestantismus als auch Aufspaltungen im Lager der Reformation mitbestimmt[6]. Es kann vielmehr auch für die jüngste Zeit formuliert werden, daß hinsichtlich der Problematik, wie der Apostel die Stellung des Gesetzes *post Christum* auffasse, „a quite considerable variety of sometimes mutually exclusive nuanced answers has been given"[7].

Dabei verlaufen die Trennungslinien heute nicht mehr deckungsgleich mit den konfessionellen Grenzen[8]. Neben der Öffnung der katholischen Exegese in unserem Jahrhundert[9] und dem ökumenischen Gespräch der

[3] S. dazu DASSMANN, Stachel (bes. 319), und LINDEMANN, Christentum (bes. 401f.).

[4] Dazu zuletzt HENGEL, Polemik, bes. 253–255. Für das (ausgehende) zweite Jahrhundert läßt sich vor allem auf die pseudoclementinische Literatur verweisen (s. die Textzusammenstellung bei MEEKS, St. Paul, 178–184, und H.D. BETZ, Gal, 557–561), in der Anspielungen auf und Bemerkungen zu Paulus, Gesetz und Mission nach MARTYN, Mission, bes. 309–312.323, sogar Rückschlüsse auf die am Galaterbrief erspürbare Frontstellung erlauben. Vgl. noch MEEKS, St. Paul, 176–178.

[5] S. dazu nur VON HARNACK, Marcion, bes. V.45–47.89–92.107–113.196–204.67*-79*, LINDEMANN, Christentum, 383–390 (bes. 385–387), und HÜBNER, Art. Galaterbrief, 11.

[6] S. dazu nur WOLF, Gesetz, sowie KINDER, Rechtfertigung, (bes.) 3–13. Schon daß die Auffassungen hinsichtlich der Rechtfertigung „durch Glauben" und „ohne Gesetzeswerke" (s. nochmals Röm 3,28) hätten zur Kirchentrennung beitragen müssen, hat man bezweifeln können (s. dazu etwa: O.H. PESCH, Rechtfertigung, bes. 949f.; PFNÜR, Rechtfertigungslehre, bes. 397–399; HÜBNER: proprium, 445; Literaturbericht, 2779 Anm. 949). Daß sie nicht mehr kirchentrennend sein bzw. bleiben müßten, legen jüngere evangelisch-katholische Konsultationen zumindest nahe; s. dazu nur ANDERSON/MURPHY/BURGESS, Justification, 13–74 („Common Statement"), bes. 68–74 („Growing Convergences", „Declaration"), hier zumal § 152.155.164 (vgl. 77: bezüglich der Rechtfertigung aus Glauben „a convergence, if not a consensus, could be reached..., at least from the viewpoint of biblical interpretation" [J.A. FITZMYER]), und LEHMANN/PANNENBERG, Lehrverurteilungen, 35–75.191f., bes. 74f. (doch vgl. SLENCZKA, Rechtfertigung, bes. 295f.308f., und BAUR, Rechtfertigung, bes. V. 17–19.109f.). Vgl. PETERS, in: PESCH/PETERS, Einführung, (334–336.)336–338, ferner O.H. PESCH, ebd., 208.

[7] B.L. MARTIN, Law, 271. Ähnlich RÄISÄNEN, Paul, 3f. Vgl. SNODGRASS, Law, 93: „Of the many areas of disagreement among New Testament scholars, the explanation of Paul's understanding of the law is probably the topic about which there is the most debate."

[8] Charakteristisch ist, daß von den 1968 gehaltenen Zürcher Referaten U. WILCKENS' (Paulus, 51–77) und J. BLANKS (Paulus, 79–95) zur Frage der Bedeutung der paulinischen Aussage: „Aus Werken des Gesetzes wird kein Fleisch gerecht" in der anschließenden Diskussion das des Protestanten „als ‚katholischer'" (R. PESCH, ebd. [EKK.V 1], 98) eingeschätzt werden konnte. Vgl. HÜBNER, proprium, 445, und PETERS, in: PESCH/PETERS, Einführung, 364.

[9] S. dazu nur VÖGTLE, Wissenschaft, bes. 53.69, und, speziell im Blick auf die Rechtfertigung aus Glauben, ANDERSON/MURPHY/BURGESS, Justification, 53(§ 107).58(§ 122), ferner 77f.80(J.A. FITZMYER).

letzten Jahrzehnte[10] dürfte ein ganz wesentlicher Grund für die gegenüber zurückliegenden Zeiten zu beobachtenden Verwerfungen sein, daß an die Seite der für die Reformation charakteristischen, auf den Status des Individuums vor Gott gerichteten Fragestellung nun – nicht zuletzt unter dem Eindruck des Holocaust[11] – die andere getreten ist, wie sich, gerade auch nach Paulus, das Verhältnis der (jungen) christlichen Gemeinde zum jüdischen Volk bestimmen läßt, mit dem sie genetisch verbunden ist[12].

Eine Art Signalwirkung kam hier K. STENDAHLs Aufsatz: „The Apostle Paul and the Introspective Conscience of the West"[13] zu[14]. Und besondere Beachtung haben auch in dieser Hinsicht die Paulus betreffenden Untersuchungen von E.P. SANDERS[15] gefunden[16], in denen derartige soziologische Aspekte immerhin eine erhebliche Rolle spielen. Denn bei seinem „Vergleich zweier Religionsstrukturen", wie er ihn in dem umfangreichen, aus den Quellen erarbeiteten Werk „Paulus und das palästinische Judentum"[17] durchzuführen unternimmt, wird nicht nur diejenige Sicht zurückgewiesen, welche der (semi)paulinischen Antithese von „Werken" und „Glaube" (s. bes. Röm 3,28; Gal 2,16; 3,2.5) eine Charak-

---

[10] S. dazu nur o. Anm. 6.

[11] Daß er, der sich mitten im als christlich geltenden Abendland (primär) an Juden vollzog, notwendig das Vorverständnis des Exegeten jedenfalls dort, wo das Verhältnis von Judentum und Christentum berührt wird, beeinflussen mußte und muß, ist selbstverständlich, so umstritten auch ist, was das für die Ergebnisse bedeuten mag. Eine (ergänzungsfähige) Literaturzusammenstellung hinsichtlich des heftigen Disputs darüber, ob es hier zu substantiellen Änderungen kommen müsse (so M. BARTH, P. VON DER OSTEN-SACKEN u.a.) oder nicht (so E. GRÄSSER, G. KLEIN u.a.), bietet jetzt MARTYN, Interpreters, 14f. (Anm. 35 zu 10). Vgl. BAUMBACH, Schriftbenutzung, bes. 419.

[12] Ähnlich auch ZELLER, Gesetz, 481. Vgl. TOEWS, Law, 75–97, der diesem vierten und letzten Teil seines Überblicks über die Paulus und das Gesetz betreffende Forschung den Titel gibt: „The Quest for a More Jewish Paul" (75).

[13] Leider ist gerade dieser wichtige (immerhin bei MEEKS, St. Paul, 422–434, nachgedruckte) Beitrag aus dem Jahre (1960 bzw.) 1961/63 aus der englischsprachigen Aufsatzsammlung „STENDAHL, Paul" (hier: 78–96) nicht in die deutsche Übersetzung (STENDAHL, Paulus) übernommen worden; jedoch bietet sie (139–144) wie die Originalausgabe (129–133) eine Verdeutlichung und Verteidigung eben jener Studie. Das von STENDAHL angegangene Problem hat bekanntlich schon Jahrzehnte vorher zumal A. SCHLATTER beschäftigt und ist von daher Gegenstand zweier Studien von P. ALTHAUS geworden: Paulus (s. bes. Vf.10f.); Verhältnis (s. bes. 146f.).

[14] Vgl. dazu etwa KÄSEMANN, Perspektiven, 108–139, HÜBNER, proprium, 445–447, und DUNN, Perspective, 98.100.

[15] Judentum, (bes.) 407–518; Jesus, (bes.) 429–449; Law, bes. 3–167.

[16] Welche Aufmerksamkeit die angesprochenen Arbeiten (insbesondere: SANDERS, Judentum) erregt haben, weist der Anmerkungsapparat bei GUNDRY, Grace, – einer ausführlichen Auseinandersetzung mit Thesen SANDERS' – u.a. mit der großen Zahl der dort verzeichneten Rezensionen aus.

[17] Dies der Titel der 1985 erschienenen Übersetzung (SANDERS, Judentum) der englischsprachigen Erstausgabe von 1977: „Paul and Palestinian Judaism. A Comparison of Patterns of Religion". Davor wurde, abgesehen vom unbestimmten Artikel, der Untertitel aufgegriffen.

terisierung des Judentums im Sinne von „Werkgerechtigkeit" (entnimmt und) an die Seite stellt und welche u.a. über F. WEBER, E. SCHÜRER, P. BILLERBECK und W. BOUSSET vor allem im deutschsprachigen Raum die Exegese – nicht nur, aber etwa auch innerhalb der BULTMANN-Schule – nachhaltig beeinflußte (und beeinflußt)[18]. Sondern es wird auch positiv zu demonstrieren versucht, daß zu den mancherlei paulinischen Berührungen[19] mit der für eben jenes Judentum erhobenen, insbesondere durch die Momente der Erwählung Israels durch Gott und des in diesen Rahmen eingebetteten Gehorsams gegenüber der Tora bestimmten „Religionsstruktur" (pattern of religion) eines „Bundesnomismus" (covenantal nomism)[20] mit der wesentlichen Analogie, nach der auch für den Apostel das „Hineingelangen" (getting in) durch Gnade erfolge und das „Darinbleiben" (staying in) mit Werken verbunden sei[21], eine damit in Zusammenhang stehende Entsprechung gehöre: „Sowohl das Judentum als auch Paulus ziehen das Individuum wie die Gesamtgruppe voll in Betracht."[22] Sofern freilich SANDERS in der Art, wie Paulus Hineinkommen in die und Zugehörigkeit zu der Gruppe[23] gerade auch als Partizipation ausschließlich an Christus (vgl. Röm 6,2–14; 1Kor 12,12f.; Gal 3,16.26–28 u.a.) beschreibt[24], einen entscheidenden Bruch mit den Vor-

---

[18] SANDERS, Judentum, IXf.27–54 (vgl. 1–12), auch 510. Vgl.u. Kap. 2 Anm. 405.

[19] S. DERS.: ebd., bes. 502.509; Jesus, bes. 429.435–440.

[20] S. DERS.: Judentum, 79–406, bes. 400f.; Jesus, 391–402, bes. 394f. Ähnlich schon SCHOEPS, Paulus, 206.224–230, nach dem mit diesem Punkt „das grundlegende paulinische Mißverständnis" (224; bei SCH. als Überschrift kursiv) verbunden ist, sofern gelte: „Paulus hat... nicht wahrgenommen und... vielleicht gar nicht wahrnehmen können, daß das Gesetz *Bundesgesetz* ist" (224f.).

[21] S. SANDERS: Judentum, bes. 502; Jesus, bes. 435f.439f.448f.; vgl. DERS., Law, 208.

[22] DERS., Judentum, 508 (bei S. hervorgehoben); vgl. ebd., 410–412 (zu der durch K. STENDAHL aufgeworfenen Fragestellung [s. dazu o. bei Anm. 13f.]). Charakteristisch für SANDERS' Sicht ist seine Begründung der Einschätzung des Vierten Esrabuches als eines Dokumentes, „in dem der Bundesnomismus zusammengebrochen ist" (ebd., 384): hier sei „das Judentum... zu einer Religion von individueller Selbstgerechtigkeit" (ebd.) geworden bzw. depraviert.

[23] Daß SANDERS trotz der Betonung der Gemeinschaft (der für das Heil Erwählten) die Religionsstrukturen just am Hineingelangen und Darinbleiben zu erheben unternimmt (s. bes. SANDERS, Law, IX) und sich dabei nach ihm bei Paulus „die spezielle Formulierung ‚Gerechtigkeit aus Glauben'... in erster Linie auf den einzelnen bezieht" (DERS., Judentum, 412), „den Eintritt, nicht aber das Verbleiben im Leib der Geretteten bezeichnet" (ebd., 504; vgl. 478: „‚Übergangs'-Begriff" [transfer term]), hat zu zwei wichtigen Anfragen geführt: Kann mit einem derart begrenzten Raster ein Vergleich ganzer Religionsstrukturen gelingen (vgl. GUNDRY, Grace, 2f. samt Anm. 6 [Literatur]), und leistet die mit eben diesem Raster verbundene soteriologische Fragerichtung nicht doch wieder (wie bei R. BULTMANN) einer erheblichen Vernachlässigung soziologischer Dimensionen und einer anthropologischen Engführung Vorschub (vgl. dazu bes. DUNN, Works, 524, und HAYS, Christology, 271; vgl. GUNDRY, Grace, 3). Vgl.u. (bei) Anm. 27.29.94, ferner u. Kap. 2 (bei) Anm. 81.

[24] S. SANDERS: Judentum, bes. 427–440.480–487.507–513; Jesus, bes. 440f.445; vgl. DERS., Law, bes. 47.152.209.

stellungen von der Erwählung Israels und von der Tora als Bedingung der Gerechtigkeit innerhalb der auf Rettung hin erwählten Gemeinschaft manifestiert sieht[25], wird hier nicht nur eine – vorgebliche oder wirkliche – Schwierigkeit angegangen: Werke *vs.* Glaube/Gnade, sondern auch ein Graben – wieder – aufgerissen: Bundesnomismus *vs.* christliche Partizipationssoteriologie[26]. Diese Spannung ist nach SANDERS zwar zunächst grundsätzlich zwischen palästinischem Judentum und Paulus zu konstatieren[27]; sie schlage sich jedoch eben auch in der Argumentation des Apostels nieder, selbst wenn dabei die Terminologie, welche die Inkorporation in Christus oder in den Leib Christi und korrespondierend das Sterben in bezug auf die (Macht der) Sünde betrifft, deutlich dominant sei gegenüber der noch vom Bundesnomismus abhängigen und damit zumal auf Übertretungen des Gesetzes, Buße und Sühne gehenden[28].

So hoch die radikalen Korrekturen SANDERS' an jener weitverbreiteten Sichtweise insbesondere des rabbinischen Denkens zu veranschlagen sind[29], nach der es eine legalistische Degeneration alttestamentlicher Vor-

---

[25] S. DERS.: Judentum, bes. 507–514 (hier 513 der vielzitierte Satz: „Was Paulus am Judentum für falsch hält, ist, auf eine Kurzformel gebracht, daß es kein Christentum ist" [Hervorhebungen durch mich rückgängig gemacht]; vgl. zu dieser Formulierung nun DERS., Law, 154 samt Anm. 38); Jesus, bes. 434f.448f.; vgl. DERS., Law, bes. 154f.160.207f.

[26] Vgl. dazu bes. DERS., Judentum, 513.

[27] Ob man, gerade angesichts dessen, was SANDERS im Blick auf Gnade und Werke an Übereinstimmung zwischen palästinischem Judentum und Paulus aufzeigt (s.o. [bei] Anm. 21), wirklich von einer Antithese reden sollte, von „Paul's Break with Judaism" (so RÄISÄNEN, Galatians 2.16, im Titel dieses SANDERS beipflichtenden – und dessen Formulierung [Law, 207] aufgreifenden – Aufsatzes [vgl. HAMERTON-KELLY, Violence, 112 Anm. 36, auch 99 Anm. 5]), ist ebenfalls (vgl.o. Anm. 23) mit einigem Recht gefragt worden (z.B. durch HOOKER, Nomism, bes. 56, und DUNN, Perspective, bes. 100f.; anders jedoch GUNDRY, Grace, 37, nach dem die Voraussetzung einer erheblichen Analogie in bezug auf Gesetz und Werke nicht erfüllt ist).

[28] S. SANDERS: Judentum, bes. 480–487.498.504–510; Jesus, bes. 440–448; Law, bes. 143f. Ebd., 5f. (samt Anm. 15), wehrt sich SANDERS dagegen, daß sein Versuch, hinsichtlich des Hineingelangens in den Leib Christi einen gewissen Vorrang der Partizipationsterminologie nachzuweisen, von HÜBNER, proprium, 449, und BEKER, Paul, 14.286 Anm.*, dahingehend begriffen wird, als sei für ihn solche Teilhabe Zentrum des paulinischen Denkens. Dies sei von ihm vielmehr mit Paulus' „primary convictions" (SANDERS, Law, 6; s. die Auflistung ebd., 5) umrissen worden und lasse sich (in Anlehnung an BEKER, Paul, 17.135.362.365–367) wie folgt zusammenfassen: „the *christological* interpretation of the triumph of God" (SANDERS, Law, 5). Diese Präzisierung läßt indes doch einen Zusammenhang zwischen dominanter getting-in-Terminologie und theologischem Zentrum deutlich werden, und bei SANDERS, Judentum, 480, heißt es denn auch: „Hinsichtlich der Frage, wo die Mitte der pln. Theologie liegt, sollte allerdings kein Zweifel bestehen. Sein Hauptinteresse gilt nicht den juridischen Kategorien ..., sondern den partizipatorischen ..."

[29] Im insgesamt überaus positiven Urteil über das, was SANDERS (in dieser Frontstellung) zum Judentum sagt, sind sich die Gelehrten trotz gewisser Einwände (s. z.B. SNODGRASS, Justification, 77f., und MOULE, Gravamen, 182; vgl. GUNDRY, Grace, 3f.) weithin einig (s. z.B. DAVIES, Pitfalls, 330 [Anm. 9 zu 94], DUNN, Perspective, 97–100, und RÄISÄNEN, Paul, V; vgl. auch GUNDRY, Grace, 1, und SNODGRASS, Justification, 77). Selbst

stellungen sein soll, und so stimulierend sein Beitrag auf die Paulus-Exegese gewirkt hat und wirkt[30], für den Streit um Paulus' eigene Sicht des Gesetzes, die unser Interesse bestimmt, sind damit zwei Diskussionspunkte nachdrücklich und – nach den früheren Charakterisierungen der paulinischen Aussagen zur Rechtfertigung als „Kampfeslehre" (W. WREDE[31]) und „Nebenkrater" (A. SCHWEITZER[32]) – erneut[33] ins Bewußtsein gerückt, ein inhaltlicher und ein eher formaler. Es ergibt sich ja erstens die Frage, woher in den das Gesetz betreffenden Formulierungen

---

NEUSNER, Evidence, der SANDERS mit erheblicher Schärfe und mit einigem Recht vorhält, sein Programm eines Vergleichs von Religionsstrukturen insofern keineswegs zu erfüllen, als gelte: „He brings to the Rabbinic sources the issues of Pauline scholarship and Paul" (ebd., 49) und „does not bring to the fore what Rabbinic sources themselves wish to take as their principal theme and generative problem" (ebd., 49f.; vgl. zu dem auf Vernachlässigung von innerer Struktur und Kontext der jüdischen Einzeltexte [s. bes. ebd., 50f.56] hinauslaufenden Vorwurf nun SANDERS, Judentum, XIf.), meint immerhin, SANDERS sei „wholly correct in maintaining the importance of the conceptions of covenant and of grace" (NEUSNER, Evidence, 49; vgl. ebd., 47f.50.59f.). So sehr der jüdische Gelehrte bezweifelt, daß damit schon das Anliegen auch nur *eines* rabbinischen Textes getroffen sei, so wenig behauptet er einfach, daß SANDERS „mit den Begriffen von Erwählung und Bund, Gehorsam und Ungehorsam unsachgemäße Kategorien verwendet" (wie indes G. KLEIN, Sturmzentrum, 42, den Eindruck zu erwecken unternimmt).

30 Das gilt, obwohl die Paulus-Seite der Ausführungen SANDERS', wie o. Anm. 23.27 schon exemplifiziert, (nahezu im Unterschied zu der in der vorigen Anm. angesprochenen) durchaus auch Widerspruch finden kann – bei DUNN, Perspective, bes. 100, übrigens bemerkenswerterweise so, daß dieser aufgrund von SANDERS' Darstellung des Judentums eine adäquatere Paulus-Sicht, als jener sie biete, zu entwickeln sucht. Vgl. o. Anm. 16.

31 Paulus, 72(–79). Wenn WREDE diesen Terminus für Paulus' Rechtfertigungslehre verwendet, die „nur aus ... seiner Auseinandersetzung mit dem Judentum und Judenchristentum verständlich" (ebd., 72) und deshalb bei ihm nicht der „Zentralpunkt" (ebd.) sei, so ist indes (etwa angesichts des Referats bei PETERS, in: PESCH/PETERS, Einführung, 356f.) zu beachten, daß „Zentralpunkt" (s. WREDE, Paulus, 52: „Erlösungslehre") und „Kampfeslehre" einheitlich „ihren Mittelpunkt in Christus" (ebd.) finden und zudem über die Gesetzesthematik verbunden sein sollen (s. nur ebd., 72). Zu ähnlichen Formulierungen bei M. KÄHLER s. PETERS, in: PESCH/PETERS, Einführung, 321. Vgl. die positive Aufnahme der Kategorisierung WREDES bei WILCKENS, Paulus, 58 samt Anm. 17. Zurückhaltender: KERTELGE, δικαιόω, 803f.

32 Mystik, 220: „Die Lehre von der Gerechtigkeit aus dem Glauben ist also ein Nebenkrater, der sich im Hauptkrater der Erlösungslehre der Mystik des Seins in Christo bildet." Daß mit diesem Relativsatz ein Zusammenhang (s. zu ihm auch ebd., 25f.201f.215f.221) angedeutet wird, sollte nicht übersehen werden, und gerade für den (nach ihm, verglichen mit dem Schreiben an die Römer, in dieser Hinsicht ursprünglicheren) Galaterbrief sagt SCHWEITZER: Paulus „stellt ..., ehe er mit der Lehre von der Gerechtigkeit aus dem Glauben beginnt, die Freiheit vom Gesetz und die damit gegebene andere Gerechtigkeit als eine Folge des Gekreuzigt- und Auferstandenseins mit Christo dar (Gal 2 19–21)" (ebd., 220f.; vgl. 201f.204f.216). Freilich, die Verse Gal 2,15f. und damit deren jedenfalls formale Vorordnung vor das Folgende kommen bei diesem Urteil nicht in den Blick (und, dem Register nach [s. ebd., 400], im ganzen Buch nicht vor)!

33 Vgl. die Bezugnahmen auf WREDE und SCHWEITZER bei SANDERS, Judentum, bes. 408–411 (vgl. 451–455), und dazu HÜBNER, proprium, bes. 449f. (sowie wiederum dazu SANDERS, Law, 12 [Anm. 15 zu 5]). Vgl. ferner WOLFF, Rez. Sanders, 424, und G. KLEIN, Sturmzentrum, 43.

des Apostels der an nicht wenigen Stellen zu erspürende harsche Ton rührt: von (den) an dieser Größe gewonnenen bzw. zu gewinnenden negativen Erfahrungen und korrespondierenden Erkenntnissen her oder, wie bei der These von der Partizipationssoteriologie eher naheliegen mag, von der Konfrontation mit dem Christusgeschehen her? Zweitens fragt sich, wie konsistent Paulus in dem ist, was er zum Gesetz formuliert.

Es ist angesichts des angedeuteten forschungsgeschichtlichen Standorts der Arbeiten SANDERS' zum einen kaum erstaunlich, daß die beiden Fragestellungen nahezu wie die Brennpunkte einer Ellipse das Feld der Diskussion um das paulinische Gesetzesverständnis bestimmen. Zum anderen ist für das weitere Vorgehen hilfreich, daß der Gelehrte selbst seine Position im Gegenüber zu differierenden Auffassungen nicht zuletzt an Gal 2,15ff. aufzuweisen sucht und daß die nachdrückliche Bezugnahme auf eben diesen Teil des Galaterbriefes auch bei seinen Kontrahenten und weiteren Partnern des Gesprächs zu beobachten ist.

Jedenfalls ist – auf der einen Seite – nicht zu übersehen, daß auch andere Forscher in jüngerer Zeit das Arbeitsfeld tendentiell ähnlich strukturieren: so G. KLEIN[34], welcher seinen Ausführungen über „Angelpunkt" und „Kerngehalt der paulinischen Gesetzeslehre"[35] Bemerkungen über „historische Genese, hermeneutische Verankerung und innere Kohärenz der paulinischen Gesetzeslehre"[36] vorausschickt, und so J. LAMBRECHT[37], dessen Überblick über gegenwärtige Positionen sein Zentrum in der Darstellung dessen hat, was bei Paulus „nach einigen Exegeten der Kerngedanke hinsichtlich des Gesetzes" sein soll[38], und der diese Problematik flankiert sein läßt durch die Fragen nach einer etwaigen Entwicklung der Gesetzesvorstellung des Apostels und danach, ob „ein logischer Zusammenhang zwischen den zahlreichen Aussagen über das Gesetz im Denken des Paulus" auszumachen ist[39].

Daß – auf der anderen Seite – zumindest derjenige Aspekt der von uns als eher formal bezeichneten Fragestellung, der es mit einer möglicherweise erheblichen, durch die Missionspraxis und konkrete Anlässe bedingten Modifikation der paulinischen Sicht zu tun hat, regelmäßig gerade auch am Galaterbrief festgemacht wird, leuchtet ohne weiteres ein; solche Interpreten nämlich, welche die paulinische „Gesetzeslehre" für eine späte Blüte an der Pflanze der Theologie des Apostels halten (bes. G. STRECKER und H. RÄISÄNEN)[40], können auf die Konfliktsituation

[34] Gesetz, 64–72 (zu Paulus).

[35] Ebd., 65(f.).66(–72).

[36] Ebd., 64(f.).

[37] Gesetzesverständnis, 94–108 (zur Forschungssituation).

[38] Ebd., 99–104. Zitat: 94.

[39] Ebd., 95–99.105–108. Zitat: 94.

[40] S. dazu ebd., 95f., wo indes noch nicht auf U. SCHNELLE, Wandlungen, 49–76, hingewiesen werden konnte, ferner auch nicht EPP, Continuity, genannt ist, nach dem (s. bes. 80.86–90) Paulus zu der schwierigen Einordnung der Tora – als einer erst mit der

hinter diesem das Thema zuerst ausführlicher behandelnden Brief verweisen, und selbstverständlich muß jeder, der (wie bes. J.W. DRANE und H. HÜBNER) mit einer Entwicklung noch zwischen Galater- und Römerbrief operiert[41], sich gerade diesem Schreiben intensiv zuwenden. Schon weil eine Weiterverfolgung dieses Gesichtspunktes, die nicht gar zu ungeschützt sein möchte, gründliche Exegesen zu zahlreichen Texten auf verschiedenen Zeitebenen erfordern würde und deshalb wohl den Rahmen einer Untersuchung wie der vorliegenden sprengen müßte, hat dieses diachrone Problem hier weithin außer Betracht zu bleiben. Nicht nur es jedoch, sondern auch der andere Aspekt der formalen Fragestellung, der nämlich, ob und inwieweit Paulus innerhalb eines bestimmten Textes konsistent vom Gesetz handle, wird gern am Galaterbrief und speziell an Gal 2,15ff. erörtert. Ganz abgesehen davon nämlich, daß V. HASLER[42] und W. SCHMITHALS[43] angesichts dieses fraglos schwierigen Textsegments (s.u. 2.1) sogar zu dem Mittel greifen, den Vers 2,18 für interpoliert[44] zu erklären[45], ist etwa darauf zu verweisen, daß SANDERS, nach dem „Paulus ein kohärenter, aber kein systematischer Denker war“[46], gerade auch in 2,15ff. die Kombination von traditionellen juridischen

Gesetz*gebung* (Röm 9,4; vgl. Gal 3,17) hinzutretenden Größe – in die nicht als diskontinuierlich aufzufassende Geschichte Gottes mit Juden und Heiden(christen) aufgrund der Erfahrung gelangte, daß ein Großteil der Juden nicht zum Glauben an Jesus fand. – Gegen derartige radikale und auch gegen gemäßigtere Entwicklungsthesen zumal KIM, Origin, bes. 269–288.331f.

[41] S. dazu LAMBRECHT, Gesetzesverständnis, 96f. Zu LAMBRECHT, ebd., 95–97, vgl. RÄISÄNEN, Paul, 7–10. Wenn RÄISÄNEN, der eine erhebliche Entwicklung in der paulinischen Gesetzesauffassung für die Zeit des antiochenischen Konfliktes von Gal 2,11ff. behauptet (ebd., 9f.), allgemein zögert, eine derartige Modifikation für die Spanne zwischen zwei erhaltenen Paulusschreiben anzunehmen (ebd., 9), und insbesondere für Galater- und Römerbrief formuliert: „the notion of a dramatic theological development within a very short period of time in the thinking of one already engaged in missionary work for some twenty years is strange enough“ (ebd., 8), so trifft er sich hier mit ähnlichen Bedenken, wie sie jüngst etwa SCHMITHALS, Eschatologie, bes. 72, im Blick auf Paulus' apokalyptische Vorstellungen geäußert hat.

[42] Glaube, 246 Anm. 8.

[43] Rez. O'Neill, 841; Judaisten, 41–43; Briefe, 91.

[44] Obwohl die beiden Autoren das παραβάτης-Sein gegensätzlich bestimmen (HASLER, Glaube, 246 Anm. 8, vom οἰκοδομεῖν, SCHMITHALS, Judaisten, 41, vom καταλύειν her [s. dazu nur u. Kap. 2 (bei) Anm. 121.205]), finden sie doch gemeinsam in V. 18 – unter Bezug auf den paulinisch wirkenden vorangehenden Vers – das nicht eben folgerichtige Verhalten des Petrus getadelt; nicht zuletzt deshalb, weil es V. 17 um dieses in viel grundsätzlicherer Weise (HASLER, Glaube, 246 Anm. 8) bzw. nicht direkt (SCHMITHALS, Rez. O'Neill, 841) oder gar nicht (DERS., Judaisten, 42) zu tun sei, müsse V. 18 sekundär sein. Noch radikaler als HASLER und SCHMITHALS greift hier (im Anschluß an O'NEILL, Recovery [und SCHMITHALS, Briefe]) neuerdings WIDMANN, Untersuchung, 191f., in den überlieferten Wortlaut ein. Nach ihm sind in 2,14–21 höchstens V. 14a.16.21 paulinisch, und der midraschartige Passus 3,6–18 soll ganz von „Deuteropaulus“ stammen (ebd., 187f.).

[45] Nicht registriert bei HÜBNER, Art. Galaterbrief, 5.

[46] S. SANDERS: Judentum, bes. 497–499 (Zitat: 497); Law, bes. 147f.; vgl. DERS., Jesus, 445.447.

Vorstellungen mit anderen partizipatorischer Art findet[47] und daß der Vorrang der letzteren für ihn zumal durch 2,21 belegt wird[48]. Und H. RÄISÄNEN, der noch deutlicher als SANDERS auf der Inkonsistenz der paulinischen Aussagen zum Gesetz beharrt[49], meint für die von diesem[50] einheitlich – und zwar gemäß 2,21 – verstandenen Verse 3,10–12: „two arguments stand in tension"[51], das der Unmöglichkeit der Gesetzeserfüllung (V. 10)[52] und das für Paulus fundamentalere – sich auch in 2,21 dokumentierende –, „that law and faith exclude each other as opposed principles" (V. 11f.)[53].

Kann auch dieser eher formale Aspekt gerade an 2,15ff. seine Exemplifizierung finden, so nun, wie sich soeben schon abgezeichnet hat, gleichfalls der inhaltliche Diskussionspunkt. Es ist symptomatisch, daß J. LAMBRECHT differierende Positionen hinsichtlich der paulinischen Stellung zum Gesetz unter Aufgreifen des so gehäuft allein in 2,15ff. verwandten Ausdrucks ἔργα νόμου[54] als Antworten auf die Frage kennzeichnen kann: „Warum rechtfertigen Gesetzeswerke nicht?"[55] Und sie klingt durchaus nicht zufällig an 2,15ff. (s. bes. 2,16; vgl. Röm 3,20.28) an. Prominente Vertreter der von LAMBRECHT unterschiedenen – (wie auch sein eigener, übrigens durch eine Exegese gerade von 3,10–14 begründeter Lösungsversuch beweist:) durchaus miteinander kombinierbaren[56] – vier Antworttypen[57] beziehen sich in der Tat betont auf diese Passage(n) des Galaterbriefes.

---

[47] S. DERS.: Jesus, 444–448; Law, bes. 17–27. Vgl. (dagegen) BARTH: Recht, 451 (bzw. Jews, 246 Anm. 5); Kerygma, 142 Anm. 42.

[48] S. SANDERS, Judentum, bes. 457(–459); vgl. DERS., Law, bes. 27.159.208.

[49] S. z.B. RÄISÄNEN, Paul, 11: „contradictions and tensions have to be accepted as constant features of Paul's theology of the law" (bei R. teils hervorgehoben); vgl. DERS., Difficulties, 23: „Indeed, it seems to me that almost any early Christian conception of the law is more consistent, more intelligible and more arguable than Paul's". Vgl. SANDERS, Law, 147f., dazu, wie er sich selbst im Blick auf Kohärenz und Inkonsistenz der paulinischen Aussagen zum Gesetz im Nebeneinander zu RÄISÄNEN und zu BEKER (Paul, bes. 243: „coherence") einschätzt. Vgl. zu diesen drei Autoren ferner LAMBRECHT, Gesetzesverständnis, 105–108, und zu RÄISÄNEN jetzt CRANFIELD, Dog, bes. 82–84.

[50] S. bes. SANDERS, Law, 17–27.

[51] RÄISÄNEN, Paul, 96. Vgl. dazu u. Kap 3 (bei) Anm. 220–239.

[52] S. RÄISÄNEN, Paul, 94–96.

[53] S. ebd., 94.109. Zitat: 109.

[54] Den sechs Belegen hier (Gal 2,16[3mal]; 3,2.5.10) stehen im paulinischen Schrifttum nur zwei weitere zur Seite (vgl. zu dieser Verteilung BORSE, Standort, 123): Röm 3,20.28 (doch vgl. noch Röm 3,27; 4,2.6; 9,12.32; 11,6, ferner 2,15). S. zum Begriff „Gesetzeswerke" u. Kap. 2 (bei) Anm. 340–398.

[55] LAMBRECHT, Gesetzesverständnis, 99 (samt Anm. 34 [Anschluß auch an die Thematik der o. Anm. 8 erwähnten Zürcher Tagung]).

[56] S. LAMBRECHT, Gesetzesverständnis, 108–125, bes. 125 (vgl. 126f.). Vgl. SANDERS, Law, 17.

[57] S. nochmals LAMBRECHT, Gesetzesverständnis, 99–104. Vgl. SANDERS, Law, 17 (samt Anm. 2).

So findet U. WILCKENS[58] nacheinander in 2,15f., in 3,10–13 und in 2,17–21 die Lösung: „weil alle Menschen, Juden wie Heiden, gesündigt", „das Gesetz faktisch nicht erfüllt haben"[59]. Umgekehrt insistiert G. KLEIN – im Sinne der BULTMANNschen Antwort von der „Leistungsgerechtigkeit"[60] – darauf, in 3,11 und besonders in 3,12 werde „die Unvereinbarkeit von Glaube und Gesetz... damit begründet, daß das Gesetz das Leben als Resultat des Tuns und damit dem Glauben schroff widersprechend definiert"[61]. E.P. SANDERS, als besonders radikaler Vertreter des christologischen Bescheides, den „fast alle Paulusspezialisten" in der einen oder anderen Weise vertreten[62], weist seinerseits für und an 2,15–3,14 nachdrücklich die übliche Deutung ab, nach der hier von der menschlichen Misere ausgegangen werde[63]: Bei 3,8–14 ist nach ihm ersichtlich, „that the thrust of the argument is not that the law cannot be fulfilled"[64], ja, daß diese Vorstellung nicht einmal anklinge[65]; und auch BULTMANNS Auffassung, „das Gesetz zu halten, hieße sündigen, da es zur Sünde führe: nämlich zum Rühmen vor Gott", sei in 2,15ff. (und im ganzen Brief) „auffälligerweise nicht zu finden"[66]. Vielmehr gehe es bei der Negierung der Rechtfertigung aus Gesetzeswerken um die Ablehnung jüdischer Bedingungen des Hineingelangens[67], und diese Stellungnahme ergebe sich, wie 2,21 (und auch 3,21) zeige, allein aus dem Ansatz-

58 Paulus, 57–63.63.63f.

59 WILCKENS, ebd., 64.61.

60 Diesen Terminus wählt LAMBRECHT, Gesetzesverständnis, 100, für ein Verständnis, wie es etwa und gerade auch bei BULTMANN, Theologie, 264f. (vgl. 268), zum Ausdruck kommt, der formulieren kann, daß „das Bemühen des Menschen, durch Erfüllung des Gesetzes sein Heil zu gewinnen, ihn nur in die Sünde hineinführt, ja im Grunde selbst schon die Sünde ist" (Hervorhebungen durch mich rückgängig gemacht). Vgl. o. bei Anm. 18 und u. Kap. 2 (bei) Anm. 339 („Werkgerechtigkeit").

61 G. KLEIN, Gesetz, 68. Vgl. DERS., Individualgeschichte, 206.

62 S. LAMBRECHT, Gesetzesverständnis, 103f. (Zitat: 103), der diese Position als vierte, nicht, wie es o. im Text geschieht, als dritte aufführt.

63 S. (nochmals) SANDERS: Judentum, bes. 457–459; Law, 17–27.150. Für die Bedeutung, die in der Diskussion um Paulus und das Gesetz dem angesprochenen Zusammenhang zukommt, ist es charakteristisch, daß WOLFF, Rez. Sanders, 424, gegenüber SANDERS zuerst und gerade auch auf diese Passage verweist: „Mir scheint für das paulinische Gesetzesverständnis Gal 3,10–13 nicht ausreichend berücksichtigt zu sein".

64 SANDERS, Law, 23.

65 Ebd. spricht SANDERS an, er selbst habe einst anders als nun auch das Argument der Unerfüllbarkeit in 3,10f. gefunden oder doch als vorausgesetzt angenommen. Und in der Tat hieß es bei ihm früher im Blick auf 3,10: Paulus meine, „daß jeder, der das Gesetz annimmt, alle Gebote halten müsse; wer dabei versage, werde verflucht" (Judentum, 458). Allerdings insistierte er schon damals darauf, daß im Zusammenhang „das Hauptgewicht der Argumentation nicht auf der Verfluchung derjenigen liegt, die unfähig sind, das ganze Gesetz zu halten" (ebd. [samt Anm. 37]). Vgl. dazu (bes.) u. Kap. 3 bei Anm. 220f.227f.

66 SANDERS, Judentum, 457.

67 S. DERS.: ebd., bes. 504; Law, bes. 147.159.

punkt: Heil ausschließlich in Christus[68]. Wenn Paulus dann ab 3,15 auch über den Zusammenhang von Gesetz und Sünde handle, so bestätige dies, daß seine Denkbewegung genau umgekehrt verlaufe, als oft angenommen werde[69]: Sie bewege sich in Wirklichkeit „from solution to plight"[70]. Die von J.D.G. DUNN verfochtene Antwort schließlich knüpft zwar an die soziologische Dimension von SANDERS' Erwägungen an, nach der es das Votum gegen Gesetzeswerke mit dem Problem der „entry requirements"[71] zu tun hat, und er stimmt mit ihm zudem darin überein, daß Paulus nicht Werkgerechtigkeit als Negativum im Blick habe[72]; aber DUNN meint gerade für 2,16[73] und 3,10–14[74] zeigen zu können, daß der Apostel mit den ἔργα νόμου nicht das Gesetz als Gesetz disqualifiziere, sondern eine sich zumal an Beschneidungsforderung und Speisegeboten erweisende Haltung zum νόμος, die diesen als „identity and boundary marker"[75] im Gegenüber zu den Nichtjuden nehme.

Ob nun durch SANDERS' Studien eine „new perspective on Paul"[76] eröffnet wird oder nicht, in jedem Fall haben gerade auch sie den zuletzt umrissenen inhaltlichen und den vorher angesprochenen eher formalen Diskussionspunkt deutlich hervortreten lassen, und in jedem Fall wäre es angesichts der Forschungslage in beiderlei Beziehung hilfreich, wenn eine mit nicht gar zu vielen Unsicherheitsfaktoren belastete Annäherung an die paulinische Argumentation von 2,15ff., besonders von 2,15–3,14, gelingen könnte.

1.3 Textorientierung

Vielleicht ist es kein Zufall, sicherlich jedoch bemerkenswert, daß wichtige Arbeiten eines anderen Exegeten, der Paulus zudem weithin vor

---

68 S. DERS.: Judentum, bes. 457–459 (samt Anm. 34); Law, bes. 27.152.208. Schwerlich ist es korrekt, wenn G. KLEIN, Sturmzentrum, 43, im Blick auf SANDERS, Judentum, 473, einen „Selbstwiderspruch" behauptet und formuliert, SANDERS führe „neben der Christologie unversehens ‚das Heidenproblem' als ‚für die Entthronung des Gesetzes' maßgeblichen Faktor" ein; denn SANDERS verbindet „das Heidenproblem und die Ausschließlichkeit der pln. Soteriologie" (bei S. hervorgehoben) in der von KLEIN nur fragmentarisch zitierten Wendung und im Kontext so miteinander, daß kaum an zwei unabhängige Faktoren gedacht werden soll.

69 S. SANDERS: Judentum, bes. 458f.; Law, bes. 26f.152.

70 S. zu dieser berühmt gewordenen Formulierung bes. DERS., ebd. (Law), 150 (samt Anm. 26).

71 Dieser Ausdruck findet sich etwa ebd., 147 (vgl. o. Anm. 67).

72 S. etwa DUNN, Perspective, 110f.118f.

73 Ebd., 103–118.

74 DUNN, Works, 532–538.

75 Ebd., 531. In manchem vorweggenommen ist DUNNs Sicht bei BOUSSET, Gal, 49f.

76 So DUNN, Perspective, 103, der freilich (hier und im Titel dieses Aufsatzes) für seine modifizierende SANDERS-Adaption den bestimmten Artikel wählt.

einem anderen Hintergrund zu betrachten unternimmt als SANDERS, ebenfalls darauf führen können, der Argumentation in Gal 2,15ff., genauer: zunächst in Gal 2,15–21, besondere Beachtung zu widmen. Gemeint ist H.D. BETZ, der in einem 1975 erschienenen Aufsatz[77] und in seinem 1979 herausgekommenen Kommentar[78] zum Galaterbrief Kategorien nicht nur der Epistolographie, sondern aufsehenerregenderweise[79] gerade auch solche der griechisch-römischen Rhetorik benutzt und das Schreiben vom *genus iudiciale* her versteht; den Passus 2,15–21 klassifiziert er dabei als *propositio* und somit als fast so etwas wie das Zentrum des „Briefes" (während 3,1–14 die beiden ersten Argumente der *probatio* bieten soll)[80].

Ehe mit einigen wenigen Hinweisen versucht werden soll, BETZ' primär auf die Analyse eines abgeschlossenen Textes gerichteten Ansatz[81] und damit sowie danach das zweite eingangs – nämlich in 1.1 – angesprochene, einigermaßen unübersichtliche Arbeitsfeld zumindest spärlich zu beleuchten, sei vermerkt, daß sich trotz der unterschiedlichen thematischen und stofflichen Orientierung von SANDERS und BETZ auch über die gemeinsame Überzeugung von der Bedeutung von 2,15ff. im Blick auf paulinische An- und Absichten hinaus jedenfalls eine beachtliche allgemeinere Übereinstimmung ausmachen läßt. Erstaunlicherweise ist nämlich SANDERS der Ansicht, „that the sequence of themes in Galatians (the law does not lead to righteousness *since* righteousness is by faith; God gave the law in order to lead up to salvation by faith in a negative way; Christians fulfill the law, summarized by Lev. 19:18) shows the way in which Paul actually thought."[82] Bemerkenswert ist die beachtliche Nähe zu BETZ' Auffassung: „Der Brief enthält eine durchgehende Beweisfüh-

---

[77] H.D. BETZ, Composition.

[78] Im folgenden wird die deutsche Übersetzung aus dem Jahre 1988 herangezogen: H.D. BETZ, Gal.

[79] Davon geben etwa die zahlreichen Rezensionen Kunde; einige sind ebd., 574, genannt (vgl. bes. AUNE, Rez. Betz, 323: „The single most innovative feature of this commentary is, I would judge, the author's proposed analysis of the surface structure of Paul's letter to the Galatians in terms of Greco-Roman rhetorical theory"). Vgl. ferner H.D. BETZ, Gal, 2f. Aufsehenerregend war dies, daß für die Gesamtstruktur des Briefes auf die antike Rhetorik zurückgegriffen wird (vgl. u. [bei] Anm. 100), nicht hingegen, daß Paulus rhetorische Mittel verwenden soll; denn auf solche war man schon oft in der Kirchengeschichte und auch noch um die letzte Jahrhundertwende herum verschiedentlich gestoßen und mehr oder weniger ausführlich eingegangen (s. dazu SIEGERT, Argumentation, 5–12, H.D. BETZ, Rhetoric, 18–21, WUELLNER, Pastor, 75f., MACK, Rhetoric, 9–13, und CLASSEN, Rhetorik, bes. 1f.31f.).

[80] S. nur H.D. BETZ, Gal, 54f., sowie die Gliederungsübersicht ebd., 57–68 (bes. 60–62). Vgl.u. Anm. 102.114, ferner u. Kap. 3 (bei) Anm. 57.301. – Zu in der antiken Rhetorik empfohlenen Teilen einer Rede und zu deren (und anderen) üblichen Bezeichnungen vgl. nur den Überblick bei HOMMEL, Rhetorik, 2623f.

[81] S. nur H.D. BETZ, Gal, 6f.9.

[82] SANDERS, Law, 152.

rung"[83] wohl weniger wegen der bei den beiden Gelehrten unterschiedlichen Gewichtung der Hintergrundsbereiche palästinisches Judentum und Hellenismus[84], sondern vor allem deshalb, weil SANDERS den Römerbrief, was folgerichtige Gedankenführung angeht, ganz anders einschätzt[85], Paulus, wie erwähnt, eben nicht für einen wirklich systematischen Denker hält[86], stärker als BETZ den Unterschied zwischen „argument" und „reason" betont[87] und – was immerhin schon anklang[88] – ein methodisches Prinzip verficht, das der Oberflächenstruktur eines Textes nicht eben stark verpflichtet ist: „Any analysis must begin by separating out different conceptual schemes."[89] Man darf angesichts der trotz dieser Punkte bestehenden Konvergenz wohl hoffen, daß ein stärker auf die Textstruktur ausgerichtetes Vorgehen, wie es etwa bei BETZ befolgt wird, gerade für Gal 2,15ff. Ergebnisse zeitigen kann.

Natürlich heißt das nicht, daß BETZ eine rein synchrone Textanalyse böte[90] und daß eine solche möglich oder gar empfehlenswert wäre. Wie weit er davon entfernt ist, sei mit einem extremen Beispiel verdeutlicht, das die Exegese von 2,15–21 unmittelbar und entscheidend betrifft: Für das Verständnis des (wie ebenfalls bereits angesprochen[91]) alles andere als leicht zu interpretierenden Verses 2,18 hält BETZ es für nötig, eine Voraussetzung als impliziert zu postulieren, und er zögert hier – und so auffällig nur hier[92] – nicht, dazu inhaltlich direkt auf ein textfremdes Element, Röm 4,15b, zurückzugreifen. Der παραβάτης von Gal 2,18 wird so, obgleich das Substantiv an dieser Stelle bei Paulus absolut verwandt ist, wie in Röm 2,25.27 zum Übertreter des Gesetzes[93]!

Obwohl in diesem Fall textfremde Information die Interpretation lei-

---

83 H.D. Betz, Gal, 6 (vgl. 79).

84 Bei SANDERS, Judentum, geht es vom Thema her um den Vergleich mit dem palästinischen Judentum (s. bes. 20), ohne daß dieses damit als einziger oder dominanter Einflußbereich eingeschätzt würde (s. 503–514.514–518; vgl. DERS., Jesus, 429). Und bei H.D. BETZ, einem Kenner der klassischen Antike und der hellenistischen Literatur, spielt natürlich dieses Feld eine besondere Rolle, jedoch ebenfalls ohne daß von einer programmatischen Einseitigkeit gesprochen werden könnte (vgl. dazu die Rezension durch DAVIES: Commentary, bes. 172.176f.).

85 S. dazu SANDERS, Judentum, 416f.; vgl. DERS., Law, 123–135, bes. 123.132.

86 S. dazu o. bei Anm. 46.

87 S. SANDERS: Jesus, 430; Law, 150; vgl. DERS., Judentum, 470 (vgl. RÄISÄNEN, Difficulties, 23f.). Deutlich vorsichtiger: H.D. BETZ, Gal, 3.

88 Vgl. o. (bei) Anm. 28.

89 SANDERS, Jesus, 445.

90 Vgl. nur H.D. BETZ, Gal, 72–76, wo „Traditionen und dogmatische Voraussetzungen" (72) aufgelistet werden.

91 Vgl. o. (bei) Anm. 42–44.

92 Jedenfalls findet sich allein hier innerhalb der Gliederungsübersicht (H.D. BETZ, Gal, 57–68) ein solch diachroner Hinweis auf einen anderen Paulusbrief (ebd., 61).

93 Ebd., 225f. (samt Anm. 64.66). Vgl. u. Kap. 2 (bei) Anm. 122f.202–206.233–273 (bes. bei Anm. 245f.).

tet, ließe sich gegenüber BETZ der allgemeiner gemeinte Vorwurf schwerlich in ähnlicher Weise erheben, den man SANDERS mit einigem Recht machen konnte: Sein „portrayal of Paul is skewed by his failure to develop his analytical categories from an inductive reading of the letters themselves."[94] Zwar spielt bei BETZ, wie angedeutet, nicht nur die antike Epistolographie und Rhetorik, sondern auch weiteres, besonders hellenistisches Vergleichsmaterial[95] eine erhebliche – dem Verständnis oft förderliche[96] – Rolle, zwar auch verwehrt er es sich keineswegs, „besondere Aufmerksamkeit... dem Gegenpol im Galaterbrief, der Theologie der antipaulinischen Opposition", zuzuwenden[97]; aber es soll doch all das fraglos der Auslegung eben des zu kommentierenden Textes selbst dienen. Zumindest prinzipiell meint BETZ so sagen zu können: „Der Versuchung, den Galaterbrief mit anderen paulinischen Briefen zu harmonisieren, ist nicht nachgegeben worden"[98]. Und die Nachordnung der „Parallelen" aus den übrigen Schriften des Corpus Paulinum und dann auch aus der außerneutestamentlichen Literatur gegenüber solchen aus dem Galaterbrief selbst[99] zeigt ebenso wie der Versuch, dieses Schreiben – mittels der genannten antiken Gattungen – in seiner Gesamtstruktur zu erfassen[100], die intendierte Gewichtung an: „Der Galaterbrief des Paulus steht immer im Mittelpunkt des Interesses."[101]

Das überlegte Miteinander von entschlossener Textorientierung einerseits und Berücksichtigung unterschiedlicher situativer, traditionsgeschichtlicher und intertextueller Aspekte andererseits setzt fraglos Maßstäbe. Und vor allem kann BETZ' Bemühen, Paulus' Argumentation akribisch nachzuzeichnen[102], als methodisch überaus beachtlich gelten, sofern damit sowohl der bekanntlich bei diachronem Vorgehen (sonst) oft lauernden Gefahr entgegengetreten wird, „vor lauter Einzeltraditio-

---

[94] HAYS, Christology, 272. Vgl. dazu, daß NEUSNER, Evidence, bes. 50f.56, Ähnliches an SANDERS' Umgang mit den nicht-paulinischen jüdischen Quellen moniert, o. Anm. 29.

[95] Vgl. o. (bei) Anm. 84.

[96] Mit AUNE, Rez. Betz, 327, kann man etwa darauf verweisen, wie glänzend es H.D. BETZ (Gal, 382–409) gelingt, Gal 4,12–20 auf dem Hintergrund antiker Vorstellungen von „Freundschaft" zu interpretieren.

[97] H.D. BETZ, Gal, 9. Nach DAVIES, Commentary, 182f., hätte BETZ hier noch weiterzugehen versuchen sollen.

[98] H.D. BETZ, Gal, 9. Eher zu konsequent ist BETZ bei der Verwirklichung dieses Prinzips nach Ansicht von SCHREINER, Galatians 3:10, 157.

[99] S. H.D. BETZ, Gal, 9.

[100] S. bes. ebd., 6f.54–57.

[101] Ebd., 9.

[102] Als Vorläufer in dieser Hinsicht lassen sich vor allem HOLSTEN (Evangelium I,1,60–180; Evangelium II,137–142; interessant ist im Vergleich mit BETZ die ebd., 137, gewählte Formulierung: „Inhalt des sendschreibens, eine apologie des paulinischen evangeliums wider die judaistischen verstörer der Galatischen gemeinden und ihr evangelium" [bei H. teils gesperrt]) und BLIGH (Gal; Discussion, bes. 37–42) nennen.

nen den Text nicht mehr" zu sehen[103], als auch dem mehr oder weniger reflektierten Weiterwirken des zumindest die Neuzeit weithin bestimmenden Bildes „von einem unintellektuellen Paulus"[104]. Dennoch dürfte es sich empfehlen, dem von BETZ eingeschlagenen exegetischen Weg nicht einfach zu folgen. Es fehlt nämlich nicht an Anfragen, und zwar ergeben sie sich primär hinsichtlich der Art und Weise, wie die antike Rhetorik zur Erfassung der paulinischen Argumentation eingebracht wird. Dies anzusprechen heißt gleichzeitig, weitere gegenwärtig versuchte Zugänge zu den Paulusbriefen ins Spiel zu bringen.

Zwar wird man es deshalb, weil die antike Rhetorik in neutestamentlicher Zeit auf griechischem wie auf lateinischem Sprachgebiet alle Bildungsbereiche beeinflußte[105], für ausgesprochen befruchtend ansehen müssen, daß BETZ die paulinischen Briefe und insbesondere das an die galatischen Gemeinden gerichtete Schreiben energisch vor diesem Hintergrund zu betrachten unternimmt[106], der sozusagen „einheimische Begriffe" an die Hand zu geben verheißt[107]. Aber es rät doch eine allgemeinere Erwägung und es raten ihr entsprechende konkrete Beobachtungen an derartigen rhetorisch bestimmten Exegesen zur Vorsicht.

Grundsätzliche Behutsamkeit scheint deshalb notwendig, weil bei einem solchen Einbringen antiker Rhetorik-Handbücher Hilfen zur „Produktion"[108], also gerade auch zur Synthese von Reden bzw. Texten unter der Hand zu Mitteln der Analyse werden[109]. Das ist zwar keineswegs illegitim[110], aber doch schon insofern schwierig, als jene Handlungsratschläge weder prinzipiell die Freiheit des sie berücksichtigenden Au-

---

[103] BERGER, Exegese, 64. Vgl. dazu, daß gerade auch die Berücksichtigung der antiken Rhetorik dazu beitragen kann, der genannten Gefahr zu wehren, KENNEDY, Rhetorical Criticism, 159. Vgl. u. Kap. 2 Anm. 150.

[104] H.D. BETZ, Gal, 7, der genauer von dem „Bann des Märchens von einem unintellektuellen Paulus" spricht, dessen jüdisch-orientalische Prägung dabei gern in Ansatz gebracht werde. Nicht sehr weit weg von einer solchen Einschätzung ist, wie o. (bei) Anm. 49 bereits angesprochen, in jüngerer Zeit RÄISÄNEN (vgl. bes. Paul, 10–15.264).

[105] S. dazu nur: HOMMEL, Rhetorik, 2619.2621–2625; KENNEDY, Rhetoric, 5.111.130; DERS., Rhetorical Criticism, 5; BLACK II, Form, 17 (samt Anm. 42; vgl. ebd., 3 Anm. 11: Literatur); ÜBELACKER, Appell I, 108 (samt Anm. 150). Vgl. CLASSEN, Rhetorik, 3f.

[106] Neben den von H.D. BETZ, Rhetoric, 17 Anm. 2, selbst aufgeführten derart ausgerichteten Arbeiten vgl. jetzt noch: H.D. BETZ, 2 Corinthians 8 and 9.

[107] Vgl. dazu KENNEDY, Rhetorical Criticism, 160: „hearing the texts as an early Christian audience heard them" (vgl. ebd., 5).

[108] LAUSBERG, Elemente, § 28: „Die Schulrhetorik hat die Produktion der Parteirede ... durch Kunstvorschriften ... geregelt". Dem korrespondiert die Bezeichnung: ῥητορικὴ τέχνη (s. ebd.). Vgl. DERS., Handbuch, § 1-10.32.34 und § 1246, rhétorique IV.

[109] Vgl. KOPPERSCHMIDT, Rhetorik I, 22f.: Es „bleibt ... die textanalytische Beanspruchung der Rhetorik doch eine sekundäre Umfunktionalisierung ihrer originären Konzeption als einer Text-*Produktionstheorie*".

[110] Vgl. nochmals LAUSBERG, Handbuch, § 34 (sowie § 1246, rhétorique IV), ferner: KENNEDY, Rhetoric, 6.109; DERS., Rhetorical Criticism, 30; UEDING/STEINBRINK, Grundriß, 140f.; KOPPERSCHMIDT: Argumentationsanalyse, 195f.; Rhetorik I, 19–27.

tors negieren wollen[111] noch auch *de facto* ausgeschaltet haben: „Literary variation... was one of the hallmarks of the Greco-Roman period", vermerkt D.E. AUNE[112] in diesem Zusammenhang zutreffend. Erst recht gilt diese – durch die (trotz der gemeinsamen systematischen Orientierung) doch erheblichen Abweichungen der Lehrbücher voneinander[113] noch verschärfte – Anfrage für solche Personen und Werke, von denen nicht von vornherein sicher oder auch nur wahrscheinlich ist, daß sie einigermaßen unmittelbar dem einen oder anderen rhetorischen Konzept verpflichtet sind. Und gegen eine sonderlich strikte Bindung an klassische Modelle sprechen beim Galaterbrief zumindest[114] die spätestens ab 2,17[115] begegnenden Elemente eines „Diatribe"-Stils; denn er „must... be regarded as a popular style... which was in some sense antithetical to the concerns and practises of the major rhetorical schools and traditions"[116]. Weniger heikel wäre es unter methodischem Aspekt, vergliche man Analysen einer größeren Zahl von als rhetorisch geprägt aufgefaßten oder

[111] S. dazu nur RhetHer 3,9,17, ferner LAUSBERG, Elemente, § 40.46,2, ÜBELACKER, Appell I, 65 samt Anm. 89, und CLASSEN, Rhetorik, 31f.

[112] Rez. Betz, 324. Ähnlich HOMMEL, Rhetorik, 2615. Vgl. BLACK II, Form, 6f., ferner KENNEDY, Rhetoric, 6.

[113] S. dazu ebd., 23f., und FUHRMANN, Rhetorik, 75(–81).146–152. Schon Aristot., rhet 3,13,1–5(1414a.b) bezeugt eine erhebliche Vielfalt. – Der genannte Sachverhalt ließe sich wohl dadurch besser bewältigen, daß man sich vor allem an solche antiken Handbücher hielte, die der griechisch-hellenistischen Rhetorik relativ nahestehen (s. dazu SMIT, Letter, 5–7; doch vgl. ÜBELACKER, Appell I, 65 [samt Anm. 87] und 107 [samt Anm. 148]).

[114] Eine weitere, verschiedentlich vermerkte (s. AUNE, Rez. Betz, 324f.326; KENNEDY, Rhetorical Criticism, 145f.; STANDAERT, rhétorique, 36; HALL, Outline, 279.281; VOUGA, Gattung, 291; HARNISCH, Einübung, 286; SCHWEIZER, Einleitung, 73; SMIT, Letter, 4.8) Schwierigkeit ergibt sich, wenigstens bei dem Versuch einer Einordnung des Galaterbriefes in das *genus iudiciale*, dann, wenn man sich mehr oder weniger eng (vgl. zum Problem u. Kap. 3, bes. [bei] Anm. 5-8.17–33.95) dem Urteil H.D. BETZ' (Gal, 433) anschließt: „Der letzte Teil des Briefkorpus an die Galater (5,1–6,10) besteht aus der Paränese, den Ermahnungen." Denn, wie er selbst sieht (s. ebd., 434f.), spielt die Paränese in den Erwägungen zur dikanischen Gattung, wie sie in den antiken Handbüchern angestellt werden, keine oder allenfalls (s. Quint., inst 3,6,47; vgl. 9,2,103) eine ganz nebensächliche Rolle. Da es in dieser Hinsicht beim *genus deliberativum* günstiger steht (s. Aristot., rhet 1,3,3[1358b]; RhetHer 1,2,2; Quint., inst 3,4,9), ist es verständlich, daß – daraufhin – Zugehörigkeit zu dieser Gattung vertreten wird (KENNEDY, Rhetorical Criticism, 145f.; STANDAERT, rhétorique, 36–38; HALL, Outline, 277.281; VOUGA, Gattung, 291f.; SMIT, Letter, bes. 22–24; JEGHER-BUCHER, Betrachtung, 305 Anm. 1; STANLEY, Galatians 3. 10–14, 490f.; vgl. AUNE, Rez. Betz, 325 [vgl. u. Anm. 119], ferner HARNISCH, Einübung, 286f., und SCHWEIZER, Einleitung, 73, schließlich CLASSEN, Rhetorik, bes. 29f., nach dem zwar die BETZsche Klassifizierung des Schreibens zu verwerfen, aber „auch die Zuordnung zum *genus deliberativum* kaum haltbar ist"[30]) und daß H.D. BETZ, Gal, 2, nun dem Einwand durch die Bemerkung Rechnung zu tragen sucht, „daß das Genre des apologetischen Briefes Elemente beratender Funktion keineswegs ausschließt." Vgl. zur Frage u. Kap. 3 (bei) Anm. 8f. 300–322.

[115] Dazu, daß insbesondere das μὴ γένοιτο dieses Verses so einzuordnen ist, s. u. 2.2.

[116] AUNE, Rez. Betz, 325 (vgl. 326). Vgl. zum Verhältnis von „Diatribe" und Rhetorik SCHMELLER, „Diatribe", 26–29, und zur wohl umgangssprachlichen Herkunft des μὴ γένοιτο ebd., 327 Anm. 127.

aufzufassenden Texten mit dem zu interpretierenden Galaterbrief[117]. Während das immerhin für die äußerst raren Dokumente, die man allenfalls mit der eben für ihn von BETZ verwandten Kategorie des apologetischen Briefes[118] belegen könnte[119], möglich sein – aber die entsprechende Einschätzung des Schreibens an die galatischen Gemeinden kaum stützen[120] – dürfte, bräuchte es für eine befriedigende Bewältigung eines solchen Programms umfassender Arbeiten. Vorläufig wird man sich mit eher exemplarischen Gegenüberstellungen zufrieden geben müssen. Interessant ist diejenige, die jüngst F. VOUGA vorgelegt hat, der Demosthenes' Rede Περὶ τῆς εἰρήνης und den Galaterbrief hinsichtlich des Aufbaus vergleicht und zu dem Ergebnis kommt, daß hier Parallelität bestehe und mit jenem klassischen Beispiel wohl auch dieses Schreiben dem *genus deliberativum* zuzuordnen sei[121].

Dies neuere Urteil VOUGAs kann eben als jüngeres indes auch darauf hindeuten, daß die exegetische Praxis belegt, wie schwer mit den rhetorischen Handbüchern – als Hilfen zur Erzeugung von Texten – bei der Analyse sinnvoll durchzukommen ist. Denn noch in einem 1984 erschienenen Aufsatz hatte VOUGA sich der Klassifizierung des Briefes durch H.D. BETZ angeschlossen[122].[123] Ähnlich hatte der exzellente Rhetorik-Kenner G.A. KENNEDY zunächst (eher) zustimmend formuliert: „The Epistle to the Galatians… can be analyzed in terms of an ‚apology' of the classical sort, with exordium, narration, proposition, proof, and conclusion"[124]. Schon vor VOUGA rückte er jedoch von dieser Einschätzung ab, um nun – wie dann dieser – einer Einordnung in die beratende

[117] Vgl. MEYER, Rez. Betz, 319, und CLASSEN, Rhetorik, 31.

[118] H.D. BETZ, Gal, 55f. – im Anschluß an MOMIGLIANO, Development, 58–62, bes. 60.

[119] Wiewohl MOMIGLIANO, ebd., von „apologetic letters" spricht, nennt er für diese „Gattung" nur Platons Siebten Brief, der – authentisch (so M., ebd., 61, selbst) oder nicht – aus dem vierten vorchristlichen Jahrhundert stammt. Zusätzliche Belege sind von BETZ, sieht man einmal von dem gerade zu beurteilenden Galaterbrief ab, nicht beigebracht worden. Vgl. zu diesem extrem spärlichen Befund: AUNE, Rez. Betz, 324, und HÜBNER, Epistolographie, 245, ferner BOUWMAN, Hagar, 3137 Anm. 7 (nach dem BETZ „kein einziges Beispiel eines ‚*apologetic letter*' vorzeigen" kann, [vgl. CLASSEN, Rhetorik, 29 Anm. 96, bei dem es sogar heißt, daß „sich ein solches Genre, soweit ich sehe, nicht nachweisen läßt"]). STOWERS, Letter, 166–173, bes. 168–170, immerhin klassifiziert weitere Briefe als apologetisch (vgl. die nachfolgende Anm.). Vgl. KOPTAK, Identification, 97(f.) samt Anm. 4.

[120] AUNE, Rez. Betz, 324, findet beim Vergleich mit Platons Siebtem Brief (s. die vorige Anm.) so lediglich „a basic structural similiarity" mit Gal 1f. – so daß er auch lediglich diese zwei Kapitel von der forensischen, Gal 3f. hingegen von der deliberativen Gattung her begreift (ebd., 324f. [vgl. o. Anm. 114]; vgl. HANSEN, Abraham, 33–50.53f.). Und auch nach STOWERS, Letter, 173.179, fällt das Schreiben an die Galater nicht unter die Kategorie des apologetischen Briefes.

[121] VOUGA, Gattung, 291f.

[122] DERS., construction, 259.

[123] Ja, VOUGA tut das noch in einem 1988 (also im gleichen Jahr wie: DERS., Gattung) herausgekommenen, jedoch fraglos deutlich früher entstandenen Beitrag: DERS., *narratio* (bes. 145[–151]).

[124] KENNEDY, Rhetoric, 130.

Gattung den Vorzug zu geben[125]. Es kann indes nicht nur die Zuweisung ein und desselben Textes zu zwei verschiedenen rhetorischen *genera* ernsthaft verfochten werden[126]. Der kategoriale Raster scheint vielmehr derart beweglich zu sein oder läßt sich bei der Analyse zumindest so flexibel handhaben, daß, um ein weiteres Beispiel anzuführen, sowohl das Textsegment Gal 3,1–14 als auch der gesamte Brief – wieder von einem einzigen Autor zu unterschiedlichen Zeitpunkten, nämlich von K. BERGER 1977 und 1984 – als Apologie veranschlagt werden kann[127].

Mag man solch erstaunliche Unsicherheit und Uneinheitlichkeit des exegetischen Urteils zu einem Teil auch damit erklären können, daß, um die Zugangsweise mit diesem üblicher werdenden Terminus zu benennen, „rhetorische Kritik" sich erst seit relativ wenigen Jahren mit einigem Nachdruck an neutestamentlichen Texten versucht[128], so mahnen die angesprochenen Abweichungen doch ebenso zur Vorsicht wie die allgemeineren Bedenken, von denen zuvor die Rede war. Das kann und soll freilich nicht heißen, die Hilfen, welche die antike Rhetorik an die Hand gibt, im Einzelfall – z. B. hinsichtlich einer bestimmten Argumentationsfigur – nicht zu nutzen. Ganz im Gegenteil! Aber weniger problematisch als der Versuch, im Blick auf die Gesamtstruktur des Schreibens an die Galater – eines Briefes! – sogleich die *partes orationis* im Sinne einer strukturierten und strukturierenden Folie zu verwenden, dürfte es sein, wenn das Augenmerk sich zunächst und nachdrücklich auf Gliederungssignale des Textes selbst oder eines Teiltextes richtet[129]. Natürlich kann danach dann auch gefragt werden, ob sich von daher eine gewisse Nähe zu antiken rhetorischen Aufbauschemata ergibt.

Vorsicht dürfte auch am Platze sein gegenüber einer zu engen Anlehnung an die zumal durch Ch. PERELMAN vertretene sogenannte Neue

---

[125] S. dazu o. Anm. 114. Im wesentlichen nach wie vor zustimmend zu BETZ' Vorschlag, den Galaterbrief dem *genus iudiciale* zuzuordnen, in jüngerer Zeit vor allem HÜBNER: Epistolographie, bes. 244f.249; Art. Galaterbrief, 5f. Vgl. LÜDEMANN, Heidenapostel I, bes. 75, HESTER, Structure, bes. 224, und SCHNIDER/STENGER, Briefformular, bes. 151, ferner u. Anm. 127 (BERGER; BECKER). Anerkennend-zurückhaltend äußert sich BRUCE, Gal, 58, und eine eher vermittelnde Position nimmt MACK, Rhetoric, 66–69.73, ein.

[126] Dem geschilderten Wechsel in der rhetorischen Klassifizierung des Schreibens an die Galater analog ist die Änderung bei der Einschätzung des Ersten Korintherbriefes durch WUELLNER, der das Schreiben 1976 (Rhetoric, 337) für deliberativ hielt, es inzwischen (1986;1987) indes als epideiktisch beurteilt (Pastor, bes. 62; Rhetorical Criticism, 460).

[127] BERGER: Exegese, 43–45; Formgeschichte, 110 (doch vgl. ebd., 216f.!). Auch BEKKER, Paulus, 288–294, bes. 292, hält – und das sogar zu einem einzigen Zeitpunkt – neben dem Galaterbrief selbst einen von dessen Teilen für eine „Gerichtsrede"; freilich ist es nun der Passus 2,14b–21, der in doppelter Weise (nämlich: als *propositio* und als Apologie) zu fungieren hat.

[128] S. dazu KENNEDY, Rhetorical Criticism, 3f.(–38: Programm des „Rhetorical Criticism"), und MACK, Rhetoric, bes. (12-)17.19–24, ferner WUELLNER, Rhetorical Criticism, 450–455.

[129] Vgl. MEYER, Rez. Betz, 319, HESTER, Structure, 223 Anm. 2, JOHANSON, Brethren, 6, und ÜBELACKER, Appell I, 65 (samt Anm. 87).

Rhetorik[130], die im Zuge der rhetorischen Kritik auch in der neutestamentlichen Wissenschaft aufgegriffen wird[131]. Solche Zurückhaltung legt sich, was unsere Untersuchung betrifft, schon deshalb nahe, weil gerade für den Galaterbrief Paulus' Insistieren auf der „Wahrheit (des Evangeliums)" (2,5.14; 5,7) und seine Polemik gegen ein diesem Maßstab nicht entsprechendes Überreden (5,8; vgl. 1,7; 5,10, ferner 1,10), dessen die Adressaten sich nach seiner Auffassung zu erwehren haben, charakteristisch sind und Berücksichtigung verdienen[132]. Es erscheint von daher, zumindest *prima facie*, als keineswegs sicher, daß diesem Schreiben die gewisse Abschwächung des Interesses an Wahrheit und (wahrheitserhaltender bzw. [unter anderen Voraussetzungen:] Wahrscheinlichkeitsurteile fördernder) Logik, die Orientierung primär am Effekt des Überzeugens, hinreichend angemessen ist, die PERELMANS Rhetorik-Konzeption bestimmt[133]. Es kommt hinzu, daß eben im Blick auf die so verstandene persuasive Dimension des Rhetorischen die von PERELMAN behauptete Kontinuität (zur Antike, insbesondere) zu Aristoteles[134] erheblichen Zweifeln unterliegt[135]. Jedenfalls ist nach Platons Auseinandersetzung mit den Sophisten die Spannung zwischen bloßem Überreden einerseits

---

130 S. zu ihr SIEGERT: Argumentation, 13f.23–84; Rhetorik. Die wichtigsten Veröffentlichungen PERELMANS – darunter das (in Zusammenarbeit mit L. OLBRECHTS-TYTECA geschaffene) grundlegende Werk: (La nouvelle rhétorique.) Traité (de l'argumentation, 1958) – sind knapp zusammengestellt bei BOUCHARD/VALOIS, rhétorique, 127 Anm. 1. In deutscher Sprache liegen an umfangreicheren Darstellungen von ihm vor: Logik; Reich.

131 Vor allem SIEGERT, Argumentation, ist hier zu nennen, der das (in der vorigen Anm. genannte) Werk PERELMAN/OLBRECHTS-TYTECA, Traité, sogar seiner „Arbeit zugrunde legen" (Argumentation, 20) kann (ohne dabei das Anachronismus-Problem zu verkennen [s. bes. ebd., 23; vgl. SIEGERT, Rhetorik, 224]). Aber etwa auch VOUGA, construction, bes. 259.267f., und SNYMAN, Figures, bes. 93.99–106 (vgl. DERS., Style, bes. 218), lehnen sich recht eng an PERELMAN an; vgl. ferner WUELLNER, Rhetorical Criticism, bes. 449.456f., und MACK, Rhetoric, 14–16.20.

132 Vgl. zur Art der paulinischen Bezugnahme auf rhetorische Fragestellungen und Terminologie zumal H.D. BETZ: Gal, 70.79f.; Rhetoric, 23f. (ebd., 24, zu Gal 1,10: „Two types of rhetoric are rejected here: the rhetoric as art of mere persuasion, and the rhetoric of magical manipulation ... Paul insists in Galatians that his rhetoric is ... a rhetoric designed to argue by rational arguments so that the truth may appear"). Ähnlich selbst SIEGERT, Argumentation, 249f. Vgl. ferner BÜNKER, Disposition, 38f.49.78, ferner u. Kap. 2 Anm. 70.

133 S. dazu etwa PERELMAN: Logik, 3.63.71.139; Reich, 14–16. Vgl. SPRUTE, Enthymemtheorie, 20f.

134 S. dazu etwa PERELMAN, Reich, 11–15. Vgl. SIEGERT, Argumentation, 20f.

135 Soviel wird man angesichts der detaillierten Nachweise bei BOUCHARD/VALOIS, rhétorique, zumindest sagen müssen (vgl. auch J. KLEIN, Syllogismus, bes. 35f.51f., ferner SPRUTE, Enthymemtheorie, 20–22). Auf der anderen Seite ist nicht zu leugnen, daß gerade PERELMAN dazu beigetragen hat, den Rhetorik-Begriff gegenüber einem primär ästhetischen (Miß-)Verständnis wieder betont auf Argumentation hin ausgerichtet zu haben (s. dazu SNYMAN, Figures, bes. 107, KOPPERSCHMIDT, Argumentationsanalyse, 197, und MACK, Rhetoric, bes. 14f.).

und Überzeugen im Blick auf Gültiges andererseits für die sich anschließenden Phasen der Rhetorik von erheblicher Bedeutung[136], und der (aristotelische wie dann auch der nicht-aristotelische) Syllogismus und das Enthymem bleiben wichtige argumentative Mittel[137]. Sie sind deshalb auch für Paulus zu beachten[138].

Daß ein Text als Teil eines auf Überzeugung ausgerichteten Kommunikationsgeschehens aufzufassen ist, soll damit selbstverständlich nicht bestritten werden. Dies zu akzentuieren verbindet vielmehr klassische wie

---

[136] S. dazu nur KENNEDY, Rhetoric, bes. 41–81, und FUHRMANN, Rhetorik, bes. 11–14.31f., ferner BÜNKER, Disposition, 15 Anm. 20 (Literatur) sowie 49.

[137] S. dazu nur KENNEDY, Rhetoric, bes. 67–72, und FUHRMANN, Rhetorik, bes. 93–95. Speziell zu Aristoteles s. SPRUTE: Topos, bes. 71–78; Argumentation, bes. 258–267; Enthymemtheorie, *passim* (vgl. J. KLEIN, Syllogismus, bes. 37–39.50–52). SPRUTE weist darauf hin, daß „die Theorie der Argumentation ... nach Aristoteles das Kernstück jeder rhetorischen Kunstlehre sein" (Argumentation, 256) soll; dabei kommt unter den technischen Argumentationsmitteln dem rhetorischen Beweis eine herausgehobene Position zu (s. ebd., 258f.), und er ist „nach Aristoteles ein Enthymem, und das Enthymem ist eine Art des Syllogismus" (ebd., 260; vgl. DERS., Enthymemtheorie, bes. 32.68f.). Für diesen „rhetorischen Syllogismus" (DERS., Argumentation, 260; dies die bei Aristot., rhet 1,2,8[1356b] verwandte Bezeichnung) ist die sprachliche Knappheit charakteristisch: Es „wird in der Formulierung alles fortgelassen, was die Hörer bereits wissen oder leicht ergänzen können" (ebd. [Argumentation, 260]), und zwar handelt es sich dabei zumeist um die *praemissa maior* (s. ebd. [Beispiele ebd., 260f.]; vgl. DERS., Enthymemtheorie, 130), jedoch, gerade in Argumentationsfiguren, die sich nur schwer zur aristotelischen Gestalt der Syllogistik fügen, auch um andere Elemente der Beweisführung (s. das bei SPRUTE, Argumentation, 272f., aufgeführte Beispiel; vgl. LAUSBERG, Elemente, § 370–376, bes. § 371). Daß die Analyse argumentativer Texte vor allem die Auffüllung nur enthymematisch vorliegender Aussage-Folgen zu leisten habe, ist die zentrale These von H. SCHNELLE, Explikation, bes. 67f.71–74, und entspricht nach J. KLEIN, Syllogismus, (bes.) 52f., dem von Aristoteles selbst angewandten Verfahren.

[138] KENNEDY, Rhetorical Criticism, summiert nicht nur allgemein: „A striking result of the present study is recognition of the extent to which forms of logical argument are used in the New Testament" (159), sondern beurteilt gerade auch den paulinischen Befund entsprechend (s. ebd., 96.160; vgl. MACK, Rhetoric, 23). Daß man im Blick auf SIEGERT, Argumentation, hingegen formulieren kann: („Die antike Rhetorik interessiert ihn weniger" [HÜBNER, Methodologie, 168], und) „die Logik einschließlich ihrer modernen Varianten kommt nicht gut davon" (ebd., 171), ist angesichts der Abhängigkeit von PERELMAN (s. dazu o. Anm. 131) nicht verwunderlich, aber doch zu bedauern (vgl. ebd. [Methodologie], 174, auch 307). Die gewählte Grundorientierung schlägt selbst dort durch, wo SIEGERT sich kurz auf Enthymeme und Syllogismen bei Paulus einläßt (s. Argumentation, 5.85.88–90.192–194; vgl. die etwas zu überlegenen Urteile ebd., 192 Anm. 54). Ganz anders urteilte, wie SIEGERT, Argumentation, 5.192 Anm. 54, zu Recht hervorhebt, vor gut 200 Jahren C.L.BAUER, Logica Paullina, 338–355, und urteilen in jüngerer Zeit etwa (der freilich gelegentlich wenig differenzierende und kräftig harmonisierende) VIERTEL, Hermeneutics, bes. iv.120–164, sowie BÜNKER, Disposition, bes. 41–43.68f.74, und SCHENK, Philipperbriefe, bes. 261. Zu Syllogistischem im Galaterbrief vgl. außer C.L. BAUER, Logica Paullina, 342f.347, VIERTEL, Hermeneutics, 120–164, und SIEGERT, Argumentation, 193, etwa noch LAMBRECHT, Gesetzesverständnis, 116 samt Anm. 92, sowie MACK, Rhetoric, 68–72.

Neue Rhetorik[139] mit (text)linguistischen Einsichten[140], denen man gerade dann, wenn man Gliederungssignale ernst nehmen will, zu entsprechen haben wird. Wenn also ein Dokument wie der Galaterbrief sich wohl besonders gut als Sprachhandlung in einem übergreifenden Kommunikationszusammenhang begreifen läßt[141], so fragt sich indes, wie damit im folgenden so umzugehen ist, daß Aufwand und Ertrag möglichst in einem angemessenen Verhältnis zueinander stehen. Eine solche Klärung scheint nicht zuletzt deswegen nötig, weil linguistische Theoriebildung nicht nur die unverkennbare Tendenz hat, in kaum noch überschaubarer Weise zu wuchern[142], sondern dabei auch terminologische Systeme produziert, die teilweise inkompatibel sind.

Von daher mag es sinnvoll sein, sich der wissenschaftstheoretischen Überzeugung von K.R. POPPER anzuschließen, der „die Verschwendung von Zeit und Kraft auf terminologische Vorstudien" beklagt, „die sich oft als nutzlos erweisen, weil sie vom wirklichen Fortschritt der Problemsituation überholt werden"[143], und der deshalb die Maxime vertritt: „Man soll nie versuchen, exakter zu sein, als es die Problemsituation erfordert."[144] Es wird deshalb hier nicht vorgreifend ein differenzierter Begriffsapparat aufgebaut oder auch nur adaptiert und zitiert, der dann durchgehend zur Anwendung käme. Vielmehr wird im folgenden mit aus der Umgangssprache und dem exegetischen Betrieb weithin vertrauten Termini gearbeitet; nur dort, wo Text(elemente) und wissenschaftliches Gespräch es sinnvoll erscheinen lassen, wird größere Präzision angestrebt[145].

Damit hängt ein Zweites zusammen: Obwohl man innerhalb eines Kommunikationsmodelles fraglos nicht nur die drei Ebenen der Syntax, der Semantik und der Pragmatik zu unterscheiden haben wird, sondern sie auch als in dieser Reihenfolge – sozusagen von unten nach oben – hierarchisch angeordnet auffassen kann[146], wird darauf verzichtet werden dürfen, entsprechende Kategorien von Gliederungssignalen aufzulisten. Dies schon deswegen, weil einerseits auf existierende Kataloge verwiesen werden kann[147] und weil dort andererseits schwerlich alle denkbaren Merkmalsklassen erfaßt sind und die aufgeführten möglicherweise nicht

[139] S. dazu nur LAUSBERG, Elemente, § 3-9, KENNEDY, Rhetoric, 4, PERELMAN, Reich, 18–29, SNYMAN, Style, 229, und MACK, Rhetoric, bes. 15f.

[140] Vgl. bes. GÜLICH/RAIBLE: Textanalyse, 74–86; Textmodelle, 21–59.

[141] So etwas wie exegetische Adaptionen von Kommunikationsmodellen bieten etwa FRANKEMÖLLE, Handlungsanweisungen, 19–32, und SCHENK, Philipperbriefe, 13–28. Ausführlicher (und mit reichen Literaturverweisen): JOHANSON, Brethren, 7–34.

[142] S. dazu nur FRANKEMÖLLE, Handlungsanweisungen, 19f.

[143] POPPER, Ausgangspunkte, 28.

[144] Ebd. (bei P. kursiv).

[145] Vgl. SCHENK, Philipperbriefe, 13.

[146] S. dazu nur ebd., 22, und JOHANSON, Brethren, 24f.

[147] Vgl. etwa: GÜLICH/RAIBLE, Textanalyse, 81–98; WONNEBERGER, Textgliederung, 306; SCHENK, Philipperbriefe, 22–26; JOHANSON, Brethren, 24–34.

sämtlich durch unseren Text abgedeckt werden[148]. Vor allem ist jedoch der bekannte Sachverhalt zu berücksichtigen, daß sich die Sprachverwendung jedenfalls insofern nicht an die Hierarchisierung hält, als Kennzeichen der niedrigeren Stufen – syntaktische und semantische – auf einer höheren Ebene, sei sie nun semantisch oder pragmatisch, fungieren können[149]. Die Kategorisierung nimmt einem also vielfach Einzelentscheidungen nicht ab.

Trotz dieser beiden eher reduktionistischen Erwägungen ist indes – drittens – die Bedeutung der Textlinguistik und insbesondere des Prinzips von dem oder doch einem gewissen Vorrang der Synchronie vor der Diachronie zu betonen[150]. Schon von der rhetorischen Kritik, wie sie auch und gerade bei H.D. BETZ zu beobachten ist, ließ und läßt sich lernen, daß *genera orationis* in Rechnung stellende Textorientierung keine Ausblendung üblicher exegetischer Methoden, wohl aber ihren disziplinierten Gebrauch hin auf das Verständnis des vorliegenden Kommunikationsdokumentes bedeuten kann[151]. Textlinguistische Betrachtung erlaubt noch deutlicher zu trennen: Der Leser bzw. Hörer – ähnlich auch der Exeget – hat, wiewohl dafür diachrones Sprachgeschehen selbstverständliche Voraussetzung ist, nicht Sprach-, Traditions- oder Gattungsgeschichte – in ihrer oder doch wenigstens in einiger Erstreckung – vor sich, sondern (zumindest in der Regel) eine gewollte Einheit, den Text[152]. Die Wahrnehmung der Merkmale dieses Gebildes ist notwendige Bedingung des Verstehens dessen, was der Kommunikationsakt bezwecken will. Natürlich handelt es sich nicht um eine hinreichende Bedingung, sofern erst weitere sprachliche und außersprachliche Faktoren synchroner wie gerade auch diachroner Art ein einigermaßen befriedigendes Begreifen gewährleisten können. Diachron ausgerichtete exegetische Arbeitsschritte, wie sie bislang oft dominierten, sind und bleiben deshalb unverzichtbar[153]. Aber die Bewußtmachung des Vorrangs der synchronen

---

148 Vgl. ebd., 25.

149 S. dazu nur SCHENK, Philipperbriefe, 23, und JOHANSON, Brethren, 25.

150 Wenn sich U. SCHNELLE, Rez. Egger, 443 (samt Anm. 1), bei seinem Votum gegen die – oder eine gewisse – Priorität der Synchronie vor der Diachronie auf COSERIU, Synchronie, 237, beruft, so mit nur sehr beschränktem Recht. Zwar will COSERIU (ebd.) in der Tat – und mit gutem Grund – auf die „Überwindung der Antinomie" hinaus; aber die „Beschreibung" hat nach ihm die „Aufgabe..., Rechenschaft von der aktuellen Funktionalität der jeweiligen Sprache zu geben", und dabei gilt: „Die Sprache funktioniert synchronisch". (Noch weniger als SCHNELLES Urteil leuchtet die im gleichen Heft der ThLZ von ROHDE, Rez. Schweizer, 425, en passant geäußerte radikalere Auffassung ohne weiteres ein, „daß die Textlinguistik heute ebensowenig ein weiterführendes Instrumentarium für die Exegese biblischer Texte ist, wie es seinerzeit die Schallanalyse von Eduard Sievers war.")

151 Vgl. o. bei Anm. 95–104.

152 S. dazu bes. FRANKEMÖLLE, Handlungsanweisungen, 22f.

153 Ebd., 29f. (vgl. 26–29), legt FRANKEMÖLLE einen interessanten und weithin einleuchtenden Versuch der Integration herkömmlicher exegetischer Arbeitsweisen in ein kommunikationstheoretisch-pragmatisches Modell vor.

Perspektive kann dazu verhelfen, daß der Ausleger den Gefahren besser steuern kann, die damit gegeben sind, daß seine Verstehensvoraussetzungen, insbesondere seine Vertrautheit mit der Kommunikationssituation, anders, zumeist und zunächst: schlechter[154], als die eines ursprünglichen Adressaten sind: so der Gefahr, den Akzent auf diejenigen Textaspekte zu legen, die ihm – vielleicht durch die mehr oder weniger zufällige Kenntnis von hierfür interessantem religionsgeschichtlichem Vergleichsmaterial – besonders leicht zugänglich sind[155], oder der anderen, seinem Mangel durch zu kühne Vermutungen über – vermeintlich – als gegeben anzunehmende Umstände aufzuhelfen[156]. Der Text selbst bleibt bei Priorität der Synchronie unerbittlicher als ohne dieses Prinzip kontrollierende Instanz[157].

1.4 Vorgehen

Daß es in unserer Untersuchung um einen Beitrag sowohl zu der Frage, wie Paulus gegenüber den galatischen Gemeinden zum Gesetz Stellung nimmt, als auch zu dem Problem gehen soll, wie konsistent er dabei argumentiert (s. 1.2), wird nach dem Gesagten ebenso deutlich sein wie dies, daß angesichts der diesen thematischen Komplex betreffenden Gesprächssituation betont auf 2,15ff. zu achten ist (s. ebenfalls 1.2) und daß aus Gründen der methodischen Diskussion das Gesamtschreiben, seine unter textlinguistischem Blickwinkel zu betrachtende Struktur[158], von erheblichem Belang sein muß (s. 1.3).

Fraglich ist lediglich noch, ob vom übergreifenden Rahmen ausgegangen werden soll oder nicht. Wie schwer hier zu einer zwingenden Antwort zu finden ist, mag man daraus ableiten, daß vor kurzem A. SUHL sowohl auf die Schwierigkeiten hinsichtlich einer „Gliederung" des Briefes als auch bezüglich der „Deutung" von 2,15–21 hingewiesen hat, um seine Einschätzung zu belegen: „Die Probleme, die der Gal der Forschung

---

154 Doch vgl. SCHENK, Philipperbriefe, 27f.

155 Vgl. o. (bei) Anm. 103.

156 Das sogenannte mirror-reading ist zwar unvermeidlich, führt aber nur bei erheblicher methodischer Sorgfalt zu hinreichend verläßlichen Ergebnissen. Was den Galaterbrief angeht, vgl. die insgesamt bemerkenswert behutsame Arbeit: BARCLAY, Mirror-Reading. Entschieden kühner in jüngerer Zeit etwa BOUWMAN, Hagar, bes. 3146–3148.

157 Vgl. KIEFFER, Linguistik, 232, und BACHMANN, Rezeption, 95.

158 Und zwar gerade auch die Oberflächenstruktur. Vgl. dazu etwa H.D. BETZ, Gal, 57, und RICOEUR, Interpretationstheorie, bes. 236.242.251f. Vgl. o. bei Anm. 87–89.

159 SUHL, Galaterbrief, 3067(f.). Er formuliert hier zwar allgemein: es „sind einige Passagen des Gal in ihrer Deutung noch heftig umstritten"; aber sofern er (in diesem Beitrag) allein auf die „Passagen" Gal 1f. (3088–3098); 2,15–21 (3098–3119) und 5,13–25 (3119–3127) näher eingeht (vgl. DERS., Galater, 286–296: zu 3,1–4,11) – ehe er dann Erwägungen zur Gliederung folgen läßt (Galaterbrief, 3127–3132) – ist deutlich, daß bei jenem Satz eben gerade auch an 2,15–21 gedacht ist.

aufgibt, sind nach wie vor letztlich ungelöst."[159] Wenn er selbst bei seinem interessanten und in manchem weiterführenden Versuch, zu Lösungen zu gelangen, erst gegen Schluß seiner Abhandlung einen Aufriß des Schreibens an die Galater bietet, so muß das nicht unbedingt paradigmatisch sein. Aber daß bei SUHL die Erörterung von 2,15–21 weit mehr Raum einnimmt als die Darlegung des Gliederungsvorschlages[160], kann ebenso wie das, was schon zum exegetischen Disput[161] hinsichtlich dieser Verse und ihrer möglichen Zentralität in der Anlage des Briefes[162] angesprochen wurde, doch zu der Vermutung Anlaß geben, eine passable Rekonstruktion der Disposition des Kommunikationsdokumentes werde wohl nur nach intensiver Erörterung dieses Abschnittes gelingen können. Eine Analyse dieses Teiltextes soll deshalb im Folgenden voranstehen (s. 2.1–3) und soll mit für diese Verse relevanten Lösungsansätzen auch zu Perspektiven hinsichtlich unseres thematischen Komplexes führen (s. 2.4). Wenn sodann die Gesamtstruktur des Schreibens Gegenstand der Betrachtung ist (s. 3), so wird dieser Arbeitsgang in notwendiger Zirkularität einerseits von den vorangegangenen Beobachtungen und Erwägungen profitieren, andererseits ihnen gegenüber eine Kontrollfunktion ausüben können.

---

160 S. dazu die vorige Anm.

161 S. dazu o. bei Anm. 42–75, ferner bei Anm. 91–93.

162 S. dazu o. bei Anm. 80–83.

2 Zu Struktur und Intention von 2,15–21

2.1 Schwierigkeiten

Nach dem in Kap. 1 Dargestellten wird deutlich sein, daß in bezug auf den Passus 2,15–21 die exegetischen Ansichten sowohl hinsichtlich dessen, was hier zu Gesetz und Rechtfertigung ausgedrückt werden soll, als auch hinsichtlich der dabei befolgten ausgeglichenen oder unausgeglichenen Argumentation ganz erheblich aufeinanderprallen. Und dem korrespondiert, daß dieses Textsegment, auch wenn es im ganzen oder in einzelnen Teilen gern als in jener thematischen Orientierung klassisch oder grundlegend eingeschätzt wird[1], doch weithin als ausgesprochen schwer zu verstehen gilt: „Die VV. 15–21 enthalten je ihre eigenen Rätsel"[2], heißt es etwa bei M. BARTH.

Insbesondere gilt V. 17 (= 17a.b.c) als „äußerst kompliziert"[3], sofern etwa nicht von vornherein deutlich ist, ob es sich bei dem Bedingungssatz um einen Realis handelt oder nicht[4]. Zwar findet man den darauffolgenden Vers in der Literatur etwas seltener in entsprechender Weise charakterisiert[5]. Aber es ist doch fast selbstverständlich, daß er, dem das abwehrende μὴ γένοιτο (= V. 17c) direkt vorausgeht und in dem das γάρ eine rückwärtige Verknüpfung zum Ausdruck zu bringen scheint[6], in den Strudel der sich schon für V. 17 ergebenden Fragen hineingezogen wird.

[1] Vgl. z.B. BOUWMAN, Diener, 51: „V. 16 enthält *in nuce* seine (sc. Paulus') ganze Rechtfertigungslehre." Ähnlich auch KERTELGE, δικαιόω, 800, EGGER, Gal, 21, und – für V. 15–21 insgesamt – KIEFFER, Einführung, 186.

[2] BARTH, Recht, 452 (vgl. DERS., Jews, 247). Vgl. z.B. BRUCE, Gal, 140, HÜBNER, proprium, 452 Anm. 36, und NEITZEL, Interpretation, 15.

[3] H.D. BETZ, Gal, 223, der dann einige der sich dabei stellenden „Fragen ..., mit denen sich alle Kommentatoren beschäftigen" (prägnanter heißt es in der englischen Originalausgabe, 119: Paulus' „statement is extremly complicated and raises a number of questions, a fact no commentator fails to mention"), aufführt. Vgl. z.B. G. KLEIN, Individualgeschichte, 185.

[4] Vgl. dazu etwa FELD, Diener, 129f., ferner u. (bei) Anm. 85f.154.158f.

[5] So indes bei LIETZMANN, Gal, 16, der vom „schwierigen v.18" spricht; einige der Schwierigkeiten werden ebd., 16f., diskutiert. Vgl. GASTON, Torah, 71, wo es zu 2,18 heißt: „This famous *crux*".

[6] Nach W. BAUER, Wörterbuch, 304, wird γάρ „zur Begründung, Erklärung, Folgerung und Fortführung gebraucht", und nach WONNEBERGER, Überlegungen, 272f., leistet es einen engeren Anschluß (ebd., 273: „fortsetzender Gedanke") als die hierarchisch darüber eingeordneten Partikeln οὖν und δέ (vgl. ferner BACHMANN, Logik, 104 Anm. 8). Was 2,18 angeht, s. u. (bei) Anm. 142.

Das ist um so naheliegender, als dieser Strudel etwa durch den Numerus-Wechsel von der 1.*pers.plur.* (V. 15–17) hin zur 1.*pers.sing.* (V. 18–21) und durch den – nach den zuvor verwandten Vokabeln ἁμαρτωλός (V. 15.17a) und ἁμαρτία (V. 17b): – überraschenden Terminus παραβάτης noch an Tempo und Gefährlichkeit gewinnen kann[7]. Wenn demgemäß gerade auch umstritten ist, an wen Paulus bei dem Ich von V. 18 (= 18a.b) denkt[8] und ob „Sünder" und „Übertreter" als identisch zu verstehen sind oder nicht[9], so kann das nicht überraschen. Angesichts der mit beiden Versen (V. 17f.) verbundenen Schwierigkeiten und angesichts ihres Zusammenkommens bei V. 18 ist es nicht einmal verwunderlich, daß – wie schon erwähnt – in jüngerer Zeit jedenfalls eben für V. 18 als Problemlösung verfochten wird, bei diesem Satz handle es sich um eine Interpolation[10].

Wiewohl für die vorangehenden und nachfolgenden Verse Vorschläge solch extremer Art kaum vertreten werden[11], ist indes auch dort das Verstehen nicht sonderlich leicht. Das hängt natürlich mit dem theologischen Gehalt sowie mit der Dichte und Knappheit der betreffenden paulinischen Formulierungen in V. 15, V. 16 (= 16a.b.c), V. 19 (= 19a.b.c), V. 20 (= 20a.b.c.d) und V. 21 (= 21a.b) zusammen. Und so differieren auch hier die Auslegungen erheblich, etwa hinsichtlich der Fragen, wie das διὰ νόμου von V. 19 zu begreifen ist[12] und ob der Apostel in V. 15 auch Juden als ἁμαρτωλοί kennzeichnen will[13].

Selbstverständlich hat die theologische Relevanz des Textsegments und haben die mit ihm einhergehenden Schwierigkeiten zu einer Fülle von Interpretationsversuchen in den Kommentaren, in eigens dieser Passage gewidmeten Beiträgen[14] und in sonstiger Sekundärliteratur[15] ge-

---

[7] Oft werden so beide Verse (V. 17f.) als schwierig charakterisiert, z.B. bei MUNDLE, Auslegung, 152: „Die Stelle Gal $2_{17.18}$ gehört bekanntlich zu den cruces interpretum". Vgl. etwa OEPKE, Gal, 60, HAHN, Gesetzesverständnis, 53 Anm. 76, EBELING, Gal, 176, und BÖTTGER, Paulus, 90, ferner RIDDERBOS, Gal, 102.

[8] Vgl. dazu etwa SUHL, Galaterbrief, 3112f., ferner u. (bei) Anm. 102–112.147.

[9] Vgl. dazu etwa BOUWMAN, Diener, 45–49, ferner u. (bei) Anm. 124.156.206. 233–260(–273). Was den „Übertreter" anbetrifft, formuliert LAMBRECHT, Once Again, 149: „As is well known, the meaning of παραβάτης in v. 18b is highly uncertain".

[10] S. zu dieser These HASLERS und SCHMITHALS' o. Kap. 1 (bei) Anm. 42–45. Vgl. u. (bei) Anm. 137.150.

[11] Doch s. o. Kap. 1 Anm. 44.

[12] Vgl. dazu etwa MAURER, Gesetzeslehre, 21, und SMIT, heidenen, 120–127, ferner u. (bei) Anm. 197–201.

[13] Vgl. dazu SUHL, Galaterbrief, 3102–3106, ferner u. (bei) Anm. 169.275–291.

[14] Vgl. bes.: MUNDLE, Auslegung; BULTMANN, Auslegung; BAUERNFEIND, Schluß; G. KLEIN, Individualgeschichte; BARTH, Recht (bzw. DERS., Jews); HASLER, Glaube; FELD, Diener; KÜMMEL, „Individualgeschichte"; LAMBRECHT, Line (sowie: DERS., Once Again); BOUWMAN, Diener; BUSCEMI, struttura; KIEFFER, Foi; NEITZEL, Interpretation; SMIT, heidenen; GASTON, Torah, 64–79; FARAHIAN, „je".

[15] Vgl. bes.: SCHMITHALS, Judaisten, 37–41; KITZBERGER, Bau, 139–146; SUHL, Galaterbrief, 3098–3119.

führt. Da jedoch eine so erhebliche Anzahl von Punkten umstritten und damit eine noch größere Anzahl von Kombinationen erwogener Lösungsansätze möglich und zu einem guten Teil auch realisiert worden ist, wird es sich schon deshalb nicht empfehlen, dieses Thesengestrüpp zum Ausgangsbereich der Texterarbeitung zu wählen. Charakteristisch für die Unübersichtlichkeit des Feldes der exegetischen Bemühungen um unseren Passus ist, daß G. BOUWMAN im Blick auf die Interpretation primär von V. 17b zwar einen eigenen auslegungsgeschichtlichen Durchgang bietet[16], aber doch zum einen zugesteht: „Es ist nicht leicht einen klaren Überblick der verschiedenen Lösungsversuche zusammenzustellen“[17] und zum anderen nur sehr bedingt chronologisch verfährt, sich vielmehr eher an durch die paulinische(n) Formulierung(en) selbst aufgeworfenen Fragen orientiert[18]. Es scheint demnach sinnvoll, nicht nur die Voranstellung einer Art Forschungsgeschichte zu V. 15–21 zu vermeiden, sondern auch bei der konkreten Beschäftigung mit dem Textsegment und seinen Elementen ganz betont von ihnen her zu argumentieren und Auseinandersetzungen mit der dabei natürlich unverzichtbaren exegetischen Literatur sowie Bezugnahmen auf sie weithin in den Anmerkungsapparat zu verweisen.

So zu verfahren entspricht überdies und vor allem auch der in Kap. 1 begründeten methodischen Linie, nach der Strukturbeobachtungen ein prominenter Rang zukommen soll. Zwei andere Entscheidungen könnten von dieser methodischen Voraussetzung aus als schwieriger erscheinen und seien deshalb hier (kurz) begründet.

Zum einen: Es soll primär der Passus 2,15–21 interessieren, obwohl doch kaum zu bezweifeln ist, daß der ab 2,11 thematische antiochenische Konflikt und speziell das Wort, das Paulus gemäß V. 14b an Petrus richtet, in diesen Versen zumindest noch nachwirkt, wenn nicht weiter dokumentiert wird[19].

Für einen recht engen rückwärtigen Konnex läßt sich ja – um von

---

[16] BOUWMAN, Diener, 45–49. Vgl. den älteren Überblick bei BURTON, Gal, 127–130.

[17] BOUWMAN, Diener, 46.

[18] Vgl. dazu ebd., 46–48. Wenn hingegen SUHL, Galaterbrief, 3098–3119, den Gang seiner Erörterung weithin durch die Ausführungen G. KLEINS (Individualgeschichte) – und NEITZELS (Interpretation) – bestimmt sein läßt (s. bes. SUHL, Galaterbrief, 3098.3103), so ist das für die Durchsichtigkeit der Argumentation nur sehr bedingt förderlich, wohl auch nicht sonderlich textgemäß.

[19] Als wie eng der Zusammenhang eingeschätzt wird, ist für die Interpretation von erheblichem Gewicht. Allenfalls dann nämlich, wenn man V. 14b entschieden zu V. 15ff. ziehen dürfte, machten die beiden folgenden Thesen Sinn: bei V. 14b–18(–21) werde es sich um ein Wechselgespräch zwischen Paulus (V. 14b.16.17c–18[–21]) und Petrus bzw. einem judenchristlichen Gegner (V. 15.17a.b) handeln (so FELD, Diener, bes. 121f., und BOUWMAN, Diener, bes. 53f.; vgl. JEGHER-BUCHER, Betrachtung, 310–315.318f.: V. 14b Paulus, V. 15f. Petrus und der Kreis um ihn herum); der Passus V. 14b–17 stünde in Parallele zu V. 18–21 (so BUSCEMI, struttura, bes. 66f., und SMIT, heidenen, bes. 129–131 [vgl. DERS., Paulus, 358.360]). Vgl. u. (bei) Anm. 27.30.65.159.161.203.

weniger augenfälligen Indizien nicht zu reden – mit großer Bestimmtheit geltend machen, daß erstens das zuvor als strittig charakterisierte Verhältnis von Juden(christen) (V. 13; vgl. in V. 14b: Ἰουδαῖος, Ἰουδαϊκῶς, ἰουδαΐζειν) und Heiden(christen) (V. 12; vgl. in V. 14b: ἐθνικῶς) in V. 15 durch Ἰουδαῖοι und ἐξ ἐθνῶν ebenfalls angesprochen wird und daß zweitens das eben auf Juden(christen) gehende ἡμεῖς, welches diesen Vers einleitet, sich immerhin insofern gut an V. 11–14 anschließt, als dort nicht heiden-, sondern judenchristliches Verhalten (kritisch) beleuchtet worden war.

Andererseits zwingt eben jenes gegen das Du von V. 14b gesetzte, doch recht „unvermittelt auftretende“[20] Wir von V. 15, diesen Vers trotz der beobachteten rückwärtigen Verbindung als stärker mit dem nachfolgenden Kontext verknüpft einzuschätzen. Das gilt zumindest für den Zusammenhang mit V. 16f., sofern das ἡμεῖς hier ganz betont durch καὶ ἡμεῖς (V. 16b) und auch durch (das mittels der *1.pers.plur.* von εὑρέθημεν eindeutig gemachte) καὶ αὐτοί (V. 17a) aufgegriffen wird[21]. Obwohl, wie bereits festgestellt, dann mit V. 18 das Wir zugunsten der *1.pers.sing.* verlassen wird, fehlt es nicht an Kohärenzmerkmalen, die V. 15–17 als enger mit den folgenden denn mit den vorangehenden Versen verwoben zu begreifen anraten. So ist nochmals auf das γάρ gegen Beginn von V. 18 zu verweisen, und es ist zu ergänzen, daß die Partikel sodann auch noch in V. 19a und in V. 21b erscheint. Selbst dann, wenn man das – wie sich noch zeigen wird[22]: – sehr wahrscheinlich als syntaktisch (auch) vorausweisend zu bewertende μὴ γένοιτο von V. 17c im Augenblick außer Betracht läßt, kommt mindestens noch ein weiteres wichtiges, nun freilich wieder semantisches Indiz hinzu, das des Wortfeldes: Die Lexeme δικαιοσύνη, νόμος, πίστις und (Ἰησοῦς) Χριστός, deren Korrelate in V. 15–17, genauer: in V. 16–17 (V. 16a.b.c.17a; V. 16a.b.c; V. 16a.b [2mal]; V. 16a.b[2mal].17a.b), begegnen[23], haben keinerlei Entsprechung in V. 11–14, jedoch sämtlich in V. 18–21, genauer: in V. 19–21 (V. 21b; V. 19a[2mal].21b; V. 20d; V. 19c.20b.21b)! Hinter 2,21 liegt dann freilich, obwohl dieses Wortfeld darüber hinaus auch in 3,1ff. wirksam ist (vgl. nur: 3,6.8; 3,2.5.10[2mal]; 3,2.5.6.7.8.9; 3,1.13), ein deutlicher Einschnitt vor. Mit 3,1 nämlich wird das Ich durch ein auf die Adressaten bezogenes Ihr abgelöst, wobei die Empfänger zudem sogleich in inner-

---

[20] KÜMMEL, „Individualgeschichte“, 133.

[21] Vgl. dazu etwa LIGHTFOOT, Gal, 115, G. KLEIN, Individualgeschichte, 190, KÜMMEL, „Individualgeschichte“, 131.134, und BOUWMAN, Diener, 45. Als Argument für einen Neuansatz in V. 15 wird der Wechsel vom Du zum Wir auch bei ZAHN, Gal, 119, gewertet.

[22] S. dazu u. (bei) Anm. 42(f.). Vgl. immerhin schon WONNEBERGER, Textgliederung, 306, und SCHENK, Philipperbriefe, 22f.: Danach kann jedenfalls (rhetorischen) Fragen eine solche Funktion zukommen.

[23] Und zwar offenkundig als zusammengehörig (s. dazu nur LÜHRMANN, Gal, 42f., und KERTELGE: δικαιοσύνη, 788; δικαιόω, 800).

halb des Briefes[24] singulärer Weise mit ὦ ἀνόητοι Γαλάται angesprochen werden.

Man wird demnach 2,15–21 als einen Teiltext auffassen dürfen, und dieser, in dem 1.*pers.plur.* und 1.*pers.sing.* einander sozusagen berühren, wird durch Formulierungen eingegrenzt, die im Unterschied dazu mit ihrem Du und Ihr so etwas wie nach außen gerichtete Anreden bieten.

Mit diesem Ergebnis braucht im übrigen „die alte Streitfrage" nicht unbedingt als entschieden zu gelten, wo und wie denn die mit V. 14b einsetzende Wiedergabe der antiochenischen Paulus-Ansprache ende[25]. Aber es und der Wortfeld-Befund lassen doch kaum einen Zweifel daran, daß der Verfasser in V. 15–21 den früheren judenchristlichen Konflikt mit „Blick auf die galatische Situation"[26], die jetzt zu bewältigen ist, stilisiert[27].

Zum anderen: Es soll vor weiteren synchronen Beobachtungen nach der Funktion des μὴ γένοιτο gefragt werden[28], obwohl es dazu gerade auch einer intertextuellen Perspektive bedarf. Eine Rechtfertigung fällt hier indes schon deshalb nicht schwer, weil sich die Fragestellung ihrerseits immerhin aufgrund eben eines strukturbezogenen Sachverhalts ergibt: daß nämlich die näher ins Auge zu fassende Wendung an der Nahtstelle zwischen Wir- und Ich-Teil des Abschnittes 2,15–21 situiert ist. Die Hoffnung, die – zudem (trotz des diachronen Einschlags) primär auf Formales gerichtete – Betrachtung des μὴ γένοιτο könne nicht zuletzt das Verhältnis von V. 15–17 zu V. 18–21 klären helfen, könne das Verständnis des Kontexts fördern, ist überdies nicht sonderlich vermessen. Denn auf rhetorische Fragen oder auf jene Wendung, damit auf

---

24 „Eine namentliche Anrede der Leser findet sich [auch] sonst selten: 2Kor 6 11 Phil 4 15" (SCHLIER, Gal, 118), und von den Belegen an diesen beiden Vergleichsstellen unterscheidet sich derjenige von Gal 3,1 recht deutlich durch die Spitzenstellung, das charakterisierende Adjektiv und das emphatische ὦ.

25 S. dazu etwa MUSSNER, Gal, 135 (Zitat), und vor allem ZAHN, Gal, 119(f.) (samt) Anm. 53, sowie H.D. BETZ, Gal, 212f. (samt Anm. 1: Literatur). Vgl. ferner BOUWMAN, Diener, 49f.

26 SUHL, Galaterbrief, 3128 (vgl. 3098, ferner DERS., Galater, 281); SCHLIER, Gal, 88.

27 So wird man (im Gegensatz insbesondere zu den o. Anm. 19 angesprochenen Arbeiten [doch s. BOUWMAN, Diener, 51]) urteilen müssen, ganz gleich, ob man akzentuiert, der Charakter einer Rede trete zumindest zurück (so: BAUERNFEIND, Schluß, 456–458, und, mit verschiedenen Nuancen, weitere bei KÜMMEL, „Individualgeschichte", 134 Anm. 25, aufgeführte Autoren; vgl. ferner etwa LIETZMANN, Gal, 15, SCHLIER, Gal, 87f., BEKER, Paul, 374 [Anm. 13 zu 47], KITZBERGER, Bau, 139f., und SUHL: Galaterbrief, 3098; Galater, 281.283, auch BÖTTGER, Paulus, 82 Anm. 16), oder, er werde ganz aufgegeben (so KÜMMEL, „Individualgeschichte", 134, und weitere ebd. Anm. 25 verzeichnete Gelehrte; vgl. ferner BONNARD, Gal, 52, und BORSE, Gal, 112). Beachtung verdient im übrigen, daß KILPATRICK, Peter, aufgrund sprachlicher Besonderheiten von Gal 1,13–2,14 zu der These gelangt, Paulus benutze in diesem Passus anders als vorher und nachher „a memorandum which he drew up immediately after the events" (ebd., 324).

28 Vgl. BOUWMAN, Diener, 52: „Ein guter Ausgangspunkt für die Deutung ist die Interjektion μὴ γένοιτο".

„Diatribe“-Merkmale, hat sich schon verschiedentlich und mit einigem Erfolg das Interesse konzentriert, wo es galt, der paulinischen Argumentation auf die Spur zu kommen[29].

2.2 Μὴ γένοιτο

Das in der Art eines Ausrufs[30] vehement zurückweisende μὴ γένοιτο[31] markiert in der Tat einen der stilistischen Berührungspunkte zwischen Paulus und der „Diatribe“[32], ja, „as it appears as a response in a dialogue without being part of a larger sentence“: exklusiv zwischen Paulus und

---

[29] Daß speziell Gal 2,17(f.) auf diese Weise leichter beizukommen ist, haben etwa schon LIGHTFOOT, Gal, 117, ZAHN, Gal, 127.129, BURTON, Gal, 128, und OEPKE, Gal, 60f., demonstriert (vgl. aus der neueren Literatur nur G. KLEIN, Individualgeschichte, 189, und BRINSMEAD, Response, 71f., ferner nochmals BOUWMAN, Diener, 52). Ohne Beschränkung oder Bezug auf diese Stelle haben die syntaktische Funktion rhetorischer Fragen und des μὴ γένοιτο bei Paulus nach BULTMANN, Stil, fruchtbar zu machen gesucht u.a.: WONNEBERGER, Ansätze, 163–165; DERS., Überlegungen, bes. 259–267.281–285; MALHERBE, Diatribe; STOWERS, Diatribe; RHYNE, Faith, 32–61; WUELLNER, Pastor.

[30] Als wirklicher Ausruf findet sich μὴ γένοιτο innerhalb des Neuen Testaments wohl nur in Lk 20,16 (vgl. zu dieser Stelle u. Anm. 34). Die Ansicht FELDS (Diener, bes. 130) und BOUWMANS (Diener, bes. 54), es handle sich in Gal 2,17c um eine mehr oder weniger protokollarische Wiedergabe einer Paulus-Exklamation (zum in V. 14a angesprochenen Zeitpunkt) ist Teil der übergreifenden These von einem in V. 14b–18(–21) wiedergegebenen Wechselgespräch (s. dazu o. Anm. 19) und scheitert mit dieser schon am Zusammenhalt der – V. 14b nicht unmittelbar einschließenden – Einheit V. 15–21 und damit auch am V. 15–17 durchgängig bestimmenden Wir (s. dazu o. bei Anm. 20–25). Die These ist überdies auch insofern heikel, als V. 15 kaum „ein geschlossener Satz ist, dem V. 16 als Gegen-Satz folgt“ (so jedoch BULTMANN, Auslegung, 394, dem sich u.a. G. KLEIN, Individualgeschichte, 181 samt Anm. 7, und BOUWMAN, Diener, 50f. [samt Anm. 31] anschließen; vgl. noch FELD, Diener, bes. 125); denn in V. 15 fehlt nun einmal ein Prädikat (was gerade bei einem Satz in direkter Rede nicht unproblematisch wäre und jedenfalls in den folgenden Äußerungen keine Parallele hätte), und „der Leser ... kann auch schwerlich merken, daß mit dem εἰδότες ein neuer Satz begonnen werden soll“ (KÜMMEL, „Individualgeschichte“, 131, dem etwa SUHL, Galaterbrief, 3102, folgt, der das doppelte syntaktische Argument ebd., 3106 Anm. 145b [vgl. 3109 Anm. 157], auch gegen FELD, Diener, richtet; daß dieser ebd., 125, – und in seinem Gefolge BOUWMAN, Diener, 50f. samt Anm. 33 – auf vergleichbare „Partizipialkonstruktionen für den erregten Dialog ... z.B. in der attischen Tragödie“ verweist, könnte höchstens die zweite Hälfte des Arguments entkräften, leistet aber auch das kaum, sofern die von BOUWMAN, Diener, 51 Anm. 33, angefügten Paulus-Stellen, 2Kor 1,7; 5,6, gerade auf Konnex mit dem Vorangehenden führen).

[31] Bei BLASS/DEBRUNNER/REHKOPF, Grammatik, § 384, ist ähnlich von „dem stark ablehnenden μὴ γένοιτο“ die Rede. Vgl. SIEGERT, Argumentation, 128 (samt Anm. 61).

[32] S. dazu zunächst vor allem BULTMANN, Stil, bes. 10–12.33.66–68. Vgl., was den weiteren Rahmen angeht, BLASS/DEBRUNNER/REHKOPF, Grammatik, § 3 (samt) Anm. 5, und BERGER, Exegese, 51. Zur Problematik des (antik-modernen) Diatribe-Begriffes s. SCHMELLER, „Diatribe“, bes. 1–54; wenn er sie dadurch signalisiert, daß er den Terminus in Anführungszeichen setzt (s. bes. 20), so schließt sich die vorliegende Untersuchung diesem Exempel an.

Epiktet[33]. Mindestens ebenso wichtig scheint, daß der Apostel die Wendung außer in Gal 2,17 immerhin noch an zwölf weiteren Stellen benutzt (Röm 3,4.6.31; 6,2.15; 7,7.13; 9,14; 11,1.11; 1Kor 6,15; Gal 3,21)[34]. Die beachtliche Frequenz, mit der die Interjektion bei Paulus erscheint[35], erlaubt nämlich die Erwartung, daß sich, möglicherweise, typische und für das Verständnis von Gal 2,17(f.) bzw. 2,15ff. wichtige Züge[36] beim paulinischen Gebrauch von μὴ γένοιτο ausmachen lassen, zumal schon der Abweisungscharakter und das Faktum von „Diatribe"-Parallelen eben auf eine gewisse Typik hinweisen dürften. Und in der Tat fehlt es, wie in der Literatur durchaus gesehen wird[37], nicht an relevanten Gemeinsamkeiten. Sie seien in sechs Punkten zusammengestellt und jeweils auf unseren Teiltext hin bedacht.

(1) Zusammenhang: übergreifende, heilsgeschichtlich orientierte Argumentation

Ein erstes, das sofort ins Auge fällt, ist die merkwürdige Verteilung der Belege: Sie finden sich, sieht man von 1Kor 6,15 ab, nur im Römer- und

[33] So die Präzisierung bei MALHERBE, Diatribe, 231f.239 (Zitat: 231f.), dessen Aufsatz im übrigen auch in anderer Hinsicht (korrigierend) über die Bemerkungen (insbesondere) BULTMANNS zur Verwendung von μὴ γένοιτο (s. die vorige Anm.) hinausführt. Auf der Linie des genannten neueren Diskussionsbeitrages liegt auch die bei dessen Verfasser entstandene Dissertation von STOWERS (Diatribe), die zwar das μὴ γένοιτο, was Paulus angeht, im wesentlichen nur innerhalb des Römerbriefes beleuchtet, dafür aber eine breitere Palette von Vergleichsautoren und von stilistischen Merkmalen der „Diatribe" in die Betrachtung einbezieht; stärkere Berücksichtigung verdienen freilich die schon von DELITZSCH, Röm, 13–15, hervorgehobenen (gewissen) Entsprechungen, die das paulinische μὴ γένοιτο und in seinem Kontext begegnende Formulierungen im rabbinischen Bereich finden. Vgl. noch SCHMELLER, „Diatribe", 327 Anm. 127.

[34] Nicht in diese Reihe zu stellen hat man Gal 6,14, da hier μὴ γένοιτο Teil einer übergreifenden Formulierung ist (s. MALHERBE, Diatribe, 232 Anm. 8). Sofern sich „nur hierfür Beispiele in LXX" (W. BAUER, Wörterbuch, 318) finden (Gen 44,7.10 u.a.) und μὴ γένοιτο dort „one out of several... renderings of the Hebrew חלילה" (LIGHTFOOT, Gal, 117; vgl.: DELITZSCH, Röm, 13; BLASS/DEBRUNNER/REHKOPF, Grammatik, § 384 Anm. 2; SIEGERT, Argumentation, 128 Anm. 61) ist, dürfte sich in Gal 6,14 auch ein etwas anderer Hintergrundsbereich auswirken (vgl. SCHMELLER, „Diatribe", 327 Anm. 127 [und o. Kap 1 (bei) Anm. 116]). – Bei den genannten Paulus-Belegen handelt es sich zugleich um alle neutestamentlichen – abgesehen nur von der (ebenfalls als „not diatribal" [MALHERBE, Diatribe, 232 Anm. 8] einzuschätzenden) Stelle Lk 20,16 (vgl. zu ihr o. Anm. 30).

[35] Vgl. OEPKE, Gal, 60.

[36] Die durch das Interesse an Gal 2,15ff. bestimmte Perspektive (die für das μὴ γένοιτο z.B. auch bei SCHMITHALS, Judaisten, 39.41, und BOUWMAN, Diener, 47.52, leitend ist) bedingt, daß es uns hier nicht um Vollständigkeit zu tun zu sein braucht.

[37] S. die Literaturverweise o. Anm. 29.33.36; eigens hervorgehoben sei OEPKE, Gal, 60f.

(bei relativ zum Umfang gar nicht einmal so sehr geringerer Häufigkeit[38]) im Galaterbrief, und zwar beidemal nicht im Ein- oder Ausgang. Man wird (deshalb) wohl sagen können, daß sie ausnahmslos argumentativen Passagen angehören[39]. Was nun diese Argumentation angeht, so drängen sich sogleich zwei Präzisierungen auf. Inhaltlich: Es sind offenkundig durchweg (und dabei bildet nicht einmal 1Kor 6,15 eine unzweideutige Ausnahme[40]), grob gesagt, heilsgeschichtliche Fragen thematisch[41]. Formal: Allenfalls einmal, bei Röm 3,31, beginnt kurz hinter dem μὴ γένοιτο ein recht deutlich abgehobener Abschnitt, während ansonsten an den entsprechenden Stellen gerade keine tieferen Zäsuren ins Auge fallen[42].

---

[38] Legt man die von MORGENTHALER, Statistik, 21.164, ermittelten Zahlen zugrunde, so ergibt sich für die Häufigkeit in beiden Briefen ein Verhältnis von etwa 3 : 2. Erst wenn man seinen Blick nicht auf das μὴ γένοιτο beschränkt, kann man dem Römerbrief unter den paulinischen Schriften, was den „Diatribe"-Stil angeht, eine klare Sonderstellung zuweisen: „Only in Romans is the dialogical style employed throughout the major portion of the letter's body rather than in a few isolated texts" (STOWERS, Diatribe, 179).

[39] Vgl. BULTMANN, Stil, 68.

[40] Heilsgeschichtliches ist in 1Kor 6,15 und im Umkreis natürlich insofern angesprochen, als auf die Verbindung der Christen mit dem Auferweckten und auch mit dem auferweckenden (Schöpfer-)Gott (vgl. Röm 4,17 und dazu etwa HOFIUS, Rechtfertigung, 128 samt Anm. 37) Bezug genommen wird (bes. 1Kor 6,14f.; vgl. V. 19). Außerdem ist für Paulus πορνεία ein eher heidnisches Laster (s. 1Kor 5,1), während sie für Juden und nicht zuletzt eben deshalb auch für Christen als geächtet gilt (s. 1Kor 10,1ff., bes. V. 6.8).

[41] Das mag man sich etwa an (im Kontext) auftauchenden Stichwörtern verdeutlichen wie: Ἰουδαῖος/Ἰσραηλίτης/Ἰσραήλ (Röm 3,1.9.29; 9,4.24.31; 11,1.2.7; Gal 2,15); ἔθνη (Röm 3,29; 9,24.30; 11,11.12.13; Gal 2,14.15); νόμος (Röm 3,19ff. *passim*; 7,1ff. *passim*; Gal 2,16.19.21; 3,17ff. *passim*); ἁμαρτωλός/ἁμαρτία (Röm 3,7.9.20; 6,1ff. *passim*; 7,5ff. *passim*; Gal 2,15.17; 3,22).

[42] S. dazu MALHERBE, Diatribe, 232.237.239, wo dies im übrigen als eine gewisse Besonderheit gegenüber dem Befund bei Epiktet herausgestellt ist, bei dem unsere Wendung „much more frequently than in Paul does... appear at the end of either a section of an argument or an entire diatribe" (232, wo u.a. auf Epikt. 1,5,10 verwiesen wird). Allerdings sieht, wie STOWERS, Diatribe, 141 (samt) Anm. 141, hervorhebt, auch bei Epiktet das Bild anders aus, wenn man nicht nur die gerade durch μὴ γένοιτο quittierten Einwände berücksichtigt. Was Röm 3,31 betrifft, so handelt es sich freilich wie für MALHERBE, Diatribe, 232, auch nach STOWERS, Diatribe, 148.154, um das Ende eines Abschnittes, der aber doch Teil eines über diesen Vers hinausgehenden Dialoges sei (s. bes. ebd., 136.174). Es ist indes erstens zu betonen, daß mindestens noch die inhaltliche Aussage ἀλλὰ νόμον ἱστάνομεν (V. 31c) zu der formalen Zurückweisung durch μὴ γένοιτο gehört, und es ist zweitens gut möglich, daß V. 31 insgesamt bzw. V. 31c „als Überleitung zu c.4" (KÄSEMANN, Röm, 98) begriffen werden muß (ähnlich WILCKENS, Röm I, 250, der ebd. Anm. 787 weitere Vertreter einer solchen Sichtweise aufführt [vgl. insbesondere JEREMIAS, Gedankenführung, 51f.58, ferner etwa LOHSE, Thora, 121f., HÜBNER, Gesetz bei Paulus, 97.123, und HOFIUS: Gesetz, 66–68; Rechtfertigung, 128f.], und, mit besonderem Nachdruck, RHYNE, Faith, bes. 59–61.74–77.90–93). Eine enge Verbindung zwischen Röm 3,21ff. und Röm 4 konstatiert

In Hinblick auf Gal 2,17 ergibt sich somit an Folgerungen: Nicht nur ist mit einem rückwärtigen Bezug auf die den Text schon vorher irgendwie bestimmende Differenz von Juden(christen) und Heiden(christen) (s. bes. V. 15)[43] zu rechnen; auch der Passus V. 18ff. wird nicht ohne Not stärker vom Vorangehenden loszulösen sein.

(2) Voranstehend: rhetorische Frage

Die Abweisung μὴ γένοιτο betrifft die Ansicht, die unmittelbar[44] vorher, und zwar – offenbar durchgängig[45] – in Gestalt einer Frage, zum Ausdruck kommt[46]. Darauf, daß die derart geäußerte Meinung keineswegs von Paulus geteilt wird, weist jedoch nicht erst unsere nachgestellte[47] Formel. An mehr oder weniger deutlichen Indizien dafür finden sich vielmehr überdies kurze voranstehende Fragen[48] im „Diatribe"-Stil[49] (τί οὖν ἐροῦμεν; [Röm 6,1; 7,7; 9,14], τί ἐροῦμεν; [Röm 3,5[50]], τί οὖν; [Röm

auch KOCH, Schrift, 343, obwohl er (wie weitere bei WILCKENS, Röm I, 250 Anm. 787, genannte Autoren) der Ansicht ist: „Röm 4 ist... nicht als Entfaltung von Röm 3,31 aufzufassen". Vgl. u. (bei) Anm. 115.126.

43 S. dazu o. bei Anm. 19.

44 Nur in Röm 3,5f. tritt, kaum trennend, ein κατὰ ἄνθρωπον λέγω (vgl. zu ihm u. Anm. 47) dazwischen.

45 Es handelt sich, sieht man von Gal 2,17b ab, um: Röm 3,3c; 3,5b; 3,31a; 6,1b.c; 6,15b.c; 7,7b; 7,13a; 9,14b; 11,1b; 11,11b.c; 1Kor 6,15b; Gal 3,21a. FELD, der im Gefolge von BULTMANN, Auslegung, 395 (samt Anm. 2), für Gal 2,17b das Vorliegen einer Frage bestreitet (Diener, 127f.) – und auf dieses Problem wird sogleich o. im Text einzugehen sein – nähme (im Dienste dieser These) auch Röm 6,1b.15b(.c) lieber als Aussagen (ebd., 130 Anm. 39). Doch dagegen spricht, wie man gerade von BULTMANN, Auslegung, 395 Anm. 2, lernen kann, die jeweils vorangestellte Frage „τί οὖν (ἐροῦμεν);", die den Charakter des Folgenden mitbestimmt. Gegen FELD auch LAMBRECHT, Line, 489 Anm. 18.

46 So etwa BLASS/DEBRUNNER/REHKOPF, Grammatik, § 384 Anm. 2, OEPKE, Gal, 60, G. KLEIN, Individualgeschichte, 186, LAMBRECHT, Line, 489, BOUWMAN, Diener, 52, und SCHMELLER, „Diatribe", 327, ferner MALHERBE, Diatribe, 235.239, nach dem Paulus in dieser Regularität mit Epiktet übereinstimmt (vgl. etwa nochmals Epikt. 1,5,10). Vgl. u. Anm. 55.

47 Nachgestellt und auf eine Ablehnung des in Frageform geäußerten Standpunktes hindeutend (vgl. WONNEBERGER, Überlegungen, 261.283) auch die o. Anm. 44 wiedergegebene Formulierung.

48 Eine längere Frage vergleichbarer Funktion steht in 1Kor 6,15 voran.

49 S. dazu BLASS/DEBRUNNER/REHKOPF, Grammatik, § 3 Anm. 5, MALHERBE, Diatribe, 233f., RHYNE, Faith, 40.58, und STOWERS, Diatribe, 125f. Vgl. DELITZSCH, Röm, 15.

50 Das τί ἐροῦμεν hat hier eine besondere Position inne: Es steht nahezu parenthetisch (vgl. die Übersetzung bei KÄSEMANN, Röm, 73) zwischen dem εἰ-Satz und der von ihm heraufbeschworenen Frage. Die o. im Text schon genannten und die noch zu nennenden paulinischen Vergleichsstellen dürften dagegen sprechen, mit WONNEBERGER, Überlegungen, 260f., hier und in Röm 3,3 die durch τί eingeleitete – im Unterschied zu Röm 3,7 (vgl. ebd., 261–264) – knappe Formulierung als Hauptsatz zu nehmen, dem der εἰ-Satz untergeordnet wäre (vgl. DERS., Ansätze, 163).

6,15; vgl. auch Röm 3,9], τί γάρ; [Röm 3,3][51]), entsprechend innerhalb des suspekten Fragesatzes selbst οὖν (Röm 3,31; 7,13; 1Kor 6,15; Gal 3,21) und – eindeutiger[52], wenn auch wohl nicht ganz so charakteristisch[53] – μή (Röm 3,3.5; 9,14; 11,1.11 [an den letzten beiden Stellen je nach einem λέγω οὖν[54]]). Paulus führt also die zurückzuweisende Auffassung jenseits von Gal 2,17 durchweg erkennbar in Form einer rhetorischen Frage ein[55], ganz gleich, ob er dabei nur einen denkmöglichen oder einen wirklichen (gegnerischen) Einwand meint[56].

Nimmt man diesen Sachverhalt ernst, so wird man deshalb, weil es in Gal 2,17a.b ansonsten an Merkmalen der angesprochenen Art fehlt, kaum umhin können, in V. 17b die Akzentuierung ἆρα zu wählen[57]. Für die Bevorzugung dieser freilich darüber hinaus bei Paulus (wohl) nicht begegnenden[58] Fragepartikel, welche eher „eine verneinende Antwort

[51] Wo die genannten Formulierungen (anders als z. B. das τί οὖν von Röm 3,1) nicht Teil einer ausführlicheren Frage sind, bereiten sie bei Paulus auch sonst, d.h. in Röm 9,30; 11,7 und Phil 1,18 (vgl. Röm 4,1 *v.l.*), jedenfalls nicht einfach eine bejahende Antwort vor. In Röm 9,30 und 11,7 könnte vielmehr sogar je beabsichtigt sein, die den Passus einleitende(n) Frage(n) und ihre vorgreifende Quittierung durch μὴ γένοιτο (Röm 9,14; 11,1) ins Gedächtnis zu rufen, und in Phil 1,18 wird fraglos die Vorstellung zurückgewiesen, die gegen Paulus gerichtete Absicht der Verkündiger von V. 15.17 habe sich an ihm erfüllt.

[52] S. dazu u. (bei) Anm. 62.

[53] MALHERBE, Diatribe, 233f., jedenfalls nennt die Fragepartikel nicht. Vgl. im übrigen DELITZSCH, Röm, 13.

[54] Vgl. 1Kor 10,19: τί οὖν φημι; Auch diese Formulierung führt auf eine zu verneinende Frage hin.

[55] Vgl. W. BAUER, Wörterbuch, 317: Das bloße μὴ γένοιτο „bei Pls nur nach rhetorischen Fragen". Ähnlich: TANNEHILL, Dying, 55 Anm. 1, und KIEFFER, Foi, 54. Vgl. o. Anm. 46.

[56] S. dazu u. (bei) Anm. 209f.

[57] So z.B. auch SCHLIER, Gal, 95 Anm. 8, TANNEHILL, Dying, 55 Anm. 1, MUSSNER, Gal, 176 Anm. 45, MALHERBE, Diatribe, 234, RHYNE, Faith, 51 samt Anm. 108, BUSCEMI, struttura, 68 samt Anm. 21, KIEFFER, Foi, 53f., und U. SCHNELLE, Gerechtigkeit, 190 (Anm. 204 zu 55), ferner (recht vorsichtig sowie unter Herunterspielung der Relevanz der Frage) EBELING, Gal, 176 (vgl. 180.187); anders etwa BULTMANN, Auslegung, 395, FELD, Diener, 127f., LAMBRECHT, Line, 489f. (vgl. DERS., Once Again, 151 [samt Anm. 11]), BORSE, Gal, 115, SMIT, heidenen, 129 samt Anm. 27, und GASTON, Torah, 66. Unentschieden: ZAHN, Gal, 127 Anm. 65 (vgl. BLASS/DEBRUNNER/REHKOPF, Grammatik, § 440,2 Anm. 3 und § 451,2 Anm. 8).

[58] Dies bei LAMBRECHT, Line, 489f., und BORSE, Gal, 115 (vgl. BURTON, Gal, 126 Anm.*, und SMIT, heidenen, 129 Anm. 127) für ἆρα entscheidende Argument (ähnlich schon SIEFFERT, Gal, 147) kommt gegen die entgegenstehenden Beobachtungen nicht an (vgl. KIEFFER, Foi, 54), zumal nicht einmal gänzlich ausgeschlossen ist, daß sich unter den übrigen 26 Belegen des Corpus Paulinum für ἄρα mit Röm 7,25 nicht doch (noch) ein Beispiel für die Fragepartikel findet (so jedenfalls ZAHN, Röm, 370f.; vgl. W. BAUER, Wörterbuch, 209). Wenn man schon, wie ZAHN, Gal, 127 Anm. 65, und LAMBRECHT, Line, 490 (vgl. BURTON, Gal, 126 Anm.*, BOUWMAN, Diener, 52 Anm. 45, BRUCE, Gal, 141, und GASTON, Torah, 66), angesichts der gewissen Stereotypie in paulinischen Kontexten des μὴ γένοιτο konzedieren muß, selbst bei Setzung des Akuts leite das ἄρα in Gal 2,17b eine Frage ein, wird man umgekehrt zu erklären haben, wie das dazu passe, daß an jenen zahlreichen Stellen ἆρα gerade nicht derart gebraucht werde (und zwar, wie LAMBRECHT,

erwartet“[59], vor dem folgernden ἄρα ist insbesondere die sich dann (mit εἰ δὲ…, ἄρα …;)[60] ergebende nahe Entsprechung zu den ebenfalls jeweils einem μὴ γένοιτο vorangehenden Formulierungen in Röm 3,3 (εἰ…, μὴ…;) und Röm 3,5 (εἰ δὲ…, μὴ …;)[61] geltend zu machen, in denen ja nun das μή darauf verweist, daß „eine verneinende Antwort erwartet wird“[62]. Daß mithin gerade nicht die fraglos nach Absicht des Verfassers korrekte Schlußfolgerungen beschreibenden paulinischen Belege für εἰ δὲ (bzw. εἰ γὰρ)…, (…) ἄρα… (1Kor 15,14; Gal 2,21b; 3,29a; vgl. 1Kor 15,17f. [und Gal 5,11][63])[64] die gegebenen Parallelen unserer Stelle sind[65], wird überdies durch den folgenden Punkt bestätigt.

(3) Bedingend: inkorrekte Schlußfolgerung

Die Auffassung, die insbesondere durch das μὴ γένοιτο eine Abweisung erfährt, ergibt sich stets irgendwie aus dem Vorangehenden[66]. Dabei

---

Line, 490 Anm. 20, zu Recht gegen SIEFFERT , Gal, 147, betont, auch nicht in 2Kor 1,17). Da leuchtet die Annahme ganz entschieden mehr ein, daß wir es zu Beginn von V. 17b mit einem der vielen Fälle des Galaterbriefes (MORGENTHALER, Statistik, 168: 300) bzw. des Corpus Paulinum (ebd., 166: 1140) zu tun haben, wo ein dort sonst nicht verwandtes – überdies ohnehin recht seltenes, im übrigen Neuen Testament nur noch in Lk 18,8 und Act 8,30 begegnendes (vgl. nochmals KIEFFER, Foi, 54) – Wort gebraucht wird.

59 EBELING, Gal, 176 (vgl. FELD, Diener, 128). Dazu, daß, wie durch „eher“ angedeutet, EBELINGs Charakterisierung einer gewissen Relativierung bedarf, s. LAMBRECHT, Line, 490 Anm. 19.

60 Herm mand 4,1,4(= Herm 29,4) bietet (wie bei W. BAUER, Wörterbuch, 209, vermerkt) eine ganz ähnliche Konstruktion (εἰ…, ἄρα…;).

61 Vgl., was diese beiden Stellen (und insbesondere das in Röm 3,5 dazwischentretende τί ἐροῦμεν) angeht, o. Anm. 50.

62 BLASS/DEBRUNNER/REHKOPF, Grammatik, § 427,2 (vgl. § 440). Entsprechend W. BAUER, Wörterbuch, 1047. Vgl. DELITZSCH, Röm, 13.

63 Vgl. SMIT, heidenen, 129 Anm. 27.

64 Vgl. zu 1Kor 15,14ff. bes. BLASS/DEBRUNNER/REHKOPF, § 372,2 samt Anm. 6, BACHMANN, Gedankenführung, 273f. (samt Anm. 49.51), DERS., Rezeption, 89 (samt Anm. 53), und SCHENK, Evangelium, 28f. Was die Stellen des Galaterbriefes angeht, so spricht bei 3,29a (vgl. zu diesem Versteil zunächst nur SIEGERT, Argumentation, 193) schon der Kontext (und bei 5,11 der Vergleich mit 6,12) dafür, daß Paulus hier fehlerfrei zu folgern meint, und das wird man nach Analogie der übrigen Belege auch für 2,21b erwarten müssen. (Wenn soeben auf den Kontext Bezug genommen wurde, ist das ein Hinweis darauf, daß Paulus – rhetorischer Konvention entsprechend [s. o. Kap. 1 Anm. 137] – im Bedingungssatz nicht sämtliche Prämissen [erneut] zu formulieren pflegt. So hat man in 1Kor 15,14 etwa im Anschluß an V. 11 zu ergänzen, daß das Kerygma die Auferweckung Jesu aussage, und ähnlich geht in V. 13a die Voraussetzung ein, daß Christus gestorben ist [vgl. BACHMANN: Gedankenführung, 272; Logik, 101f.]; zu Gal 3,29a vgl. nur Gal 3,16.19). Vgl. u. Anm. 132.

65 So jedoch, was Gal 2,21b angeht, vor allem BULTMANN, Auslegung, 395–397 (vgl. [indes] FELD, Diener, 127 Anm. 25), sowie in jüngerer Zeit BUSCEMI, struttura, bes. 68f., und SMIT, heidenen, 129f. (u.ö.). Vgl. o. Anm. 19 und u. (bei) Anm. 159.163f.

66 Das wird höchstens bei 1Kor 6,15b nicht sogleich deutlich. Denn hier ist schon im unmittelbaren rückwärtigen Kontext (V. 13b) eine Aussage gegeben, mit der die in Frage-

verdient dreierlei, hier besonders festgehalten zu werden: Erstens wird das Vorangehende verschiedentlich (und so jedenfalls in Röm 3,3.5[67]) sogar eigens in Gestalt eines bedingenden Satzes[68] auf den oder doch einen Punkt gebracht, ehe es erst eigentlich zur Formulierung der rhetorischen Frage kommt. Zweitens steht für Paulus das, woraus sich die fragwürdige Ansicht – (wie gesagt:) irgendwie – ergibt, fest[69]. Damit und mit dem μὴ γένοιτο ist fast[70] auch schon das dritte konstatiert, daß

form gekleidete und dann mit μὴ γένοιτο bedachte Ansicht offenkundig im Widerspruch steht. Aber auch an dieser Stelle ergibt sich die inkriminierte Auffassung aus dem Vorangehenden, nämlich aus den in V. 12a und V. 12b voranstehenden „Parolen" und aus V. 15a. Für die übrigen Stellen (ohne Gal 2,17b) mag eine einfache Gegenüberstellung der *Frage* und dessen, wovon sie ausgehen kann, genügen: Röm *3,3c*: 2,25.27; 3,2(vgl. 3,3b); *3,5b*: (bes.) 3,3c (vgl. 3,5a); *3,31a*: (bes.) 3,28; *6,1b(.c)*: 5,20f. (vgl. 6,1c); *6,15b(.c)*: 6,14b (vgl. 6,15c); *7,7b*: 7,5(f.); *7,13a*: 7,10–12; *9,14b*: (bes.) 9,11–13; *11,1b*: 10,3.18–21; *11,11b.c*: 11,8–10; *Gal 3,21a*: 3,18–20. Vgl. bes. STOWERS, Diatribe, 127.141.144.

[67] Beide Stellen (vgl. noch Röm 3,7f., ferner Röm 11,17f.) sind geltend zu machen (s. SIEFFERT, Gal, 149, OEPKE, Gal, 60, und BOUWMAN, Diener, 52), nicht nur die erste (so jedoch G. KLEIN, Individualgeschichte, 189).

[68] Eine ähnliche Funktion hat (im Unterschied zum ἵνα-Satz Röm 11,11c [der seine Parallele eher in dem ποιήσω von 1Kor 6,15b findet]) der durch ἵνα eingeleitete Nebensatz Röm 6,1c (vgl. G. KLEIN, Individualgeschichte, 189 Anm. 41), ebenso der mit ὅτι einsetzende Röm 6,15c.

[69] So mit Recht etwa LIGHTFOOT, Gal, 117, SIEFFERT, Gal, 149, OEPKE, Gal, 60, G. KLEIN, Individualgeschichte, 188f., LAMBRECHT, Line, 490 (vgl. DERS., Once Again, 151), BOUWMAN, Diener, 52, RHYNE, Faith, 52, und SUHL, Galaterbrief, 3107.

[70] Nämlich dann, wenn man nicht mit DUNCAN, Gal, 68, unter Berufung auf 1Kor 1,17ff. den Gedanken einträgt, Paulus verwende μὴ γένοιτο „to demolish an argument which according to *human* standards might appear to be logically sound, but whose conclusion is wholly incompatible with the known character and purposes of *God*". Man wird indes schon bezweifeln müssen, ob dabei Paulus' Polemik etwa gegen die σοφία τοῦ κόσμου (1Kor 1,20; 3,19; vgl. 1,17; 2,1.4.6.13) adäquat eingebracht ist; denn der Apostel hält (wie BORNKAMM, Vernunft, bes. 128.137, betont), erstaunlich viel von der Vernunft des unerlösten Menschen wie desjenigen, der die Verkündigung weiterzugeben hat (vgl. z.B. Röm 1,19ff. und 1Kor 14,19f.), und die „Weltweisheit" wird „man... nicht ohne weiteres mit der Vernunft schlechthin gleichsetzen" (ebd., 120) können, zumal (nach der einleuchtenden soziologischen Interpretation von LIM, wisdom) Paulus in 1Kor 2,4 „appears to be rejecting not human communication in general, but that specific, studied art of persuasive speech as was practised by orators and rhetoricians of the Graeco-Roman world and by at least some of the Corinthians preachers" (ebd., 146; vgl. BÜNKER, Disposition, 38f.49, und o. Kap. 1 [bei] Anm. 132.138). Scheint man also von hier aus des Apostels „attitude to rhetoric as one which is willing to employ human eloquence, for this is intrinsically neutral, as long as it remains subservient to the message of the Gospel and the divine work of the Spirit" (LIM, wisdom, 149), charakterisieren zu dürfen (vgl. SIEGERT, Argumentation, 243.247.253), so ist ein Mißtrauen gegenüber „human standards" im logischen Bereich auch in den Kontexten unserer zurückweisenden Interjektion schwerlich spürbar (doch vgl. immerhin Röm 3,5c, dazu indes nochmals WONNEBERGER, Überlegun-

nämlich das anstößige Urteil aufgrund einer inkorrekten Schlußfolgerung erreicht wird[71]: Der Schritt vom Vorangehenden zu der inkriminierten These ist, mag er sich auch nahezu eben im Gewand einer Schlußfolgerung präsentieren[72], unzulässig, und Paulus ist sich dessen, wie „der immer stark rhetorische Aufbau des Zshgs“[73] und insbesondere die jeweils gesetzte rhetorische Frage erkennen lassen, durchaus bewußt.

Auch in Verbindung mit diesen Beobachtungen legen sich Konsequenzen in bezug auf Gal 2,17 nahe:

Zum einen wird V. 17a, zumal angesichts der in ihrer Stellung ganz parallelen εἰ-Sätze Röm 3,3b.5a, strikt nach dem unmittelbaren rückwärtigen Kontext zu interpretieren sein. Dort nun ist das ἐπιστεύσαμεν (V. 16) offenkundig jedenfalls insofern zentral, als es das Prädikat des V. 15f. bestimmenden Hauptsatzes bildet, und weil das Verb im Aorist steht, hat es die Periode ganz wesentlich mit dem Akt der Hinwendung

gen, 283: es wird gerade auch durch das κατὰ ἄνθρωπον λέγω „dem Leser... signalisiert, daß die Aufrichtigkeitsbedingung außerkraft tritt“). So richtig es ist, daß für Paulus die „conclusion“ im Widerspruch zu „the known character and purposes of God“ steht (vgl. u. [bei] Anm. 118), so wenig macht er dafür die Schwäche des menschlichen Verstandes verantwortlich. Vielmehr bedient er sich gerade bewußt des Mittels der inkorrekten Schlußfolgerung, um den sich ergebenden (wirklicher oder auch nur fiktiver gegnerischer Meinung entsprechenden) Satz als falsch zurückweisen zu können. (Allenfalls das scheint immerhin denkbar, daß dabei gelegentlich gleichzeitig eine schiefe Logik [nicht des Menschen generell, sondern:] von Gegnern ironisiert und aufgedeckt werden soll [vgl. zu dieser Art des Einwandes gegen ein Enthymem SPRUTE, Argumentation, 266].)

[71] Anders besonders deutlich WEISS, Briefe, 335, der (im Blick auf Gal 2,17b) von der „Richtigkeit der Folgerung“ spricht. Mit gutem Grund überschreibt STOWERS, Diatribe, 119, das primär auf die Einordnung der μὴ-γένοιτο-Belege des Römerbriefes abzielende (dritte) Kapitel seiner Dissertation (ebd., 119–154) mit „Objections and False Conclusions“. Vgl. SCHMELLER, „Diatribe“, 327f.

[72] Hierin liegt der wesentliche Unterschied zu Gal 2,14b und 1Kor 15,12, wo zwar die Protasis wie in Gal 2,17 und im gleichen Sinne durch εἰ (δέ) eingeleitet wird, dann aber als Fragepartikel das unmittelbar – nicht erst durch ein nachgestelltes μὴ γένοιτο – die (logische) Unverträglichkeit (W. BAUER, Wörterbuch, 1464, und SCHENK, πῶς, 490: „*unmöglich*“) anzeigende πῶς (welches übrigens bemerkenswerterweise gelegentlich [Röm 3,6; 6,2] auch kurz hinter einem μὴ γένοιτο erscheint) folgt (während durch Hinzutreten der Negation der Hauptsatz als [logisch] verträglich, als sich ergebend charakterisiert wird [s. bes. 2Kor 3,8 und dazu u. Kap. 3 Anm. 291.295]). Für diese Fälle erscheint es deshalb entschieden deutlicher, davon zu sprechen, daß πῶς als Signal für einen Widerspruch gebraucht wird, denn zu formulieren: es werde die Partikel „zur Einleitung einer Apodosis als logischer Schlußfolgerung nach einer konditionalen Protasis“ gesetzt (so jedoch SCHENK, ebd. [πῶς], 491f.). Unbestreitbar und deutlich ist indes, daß die Verwendung in Argumentationsgängen typisch (ebd., 490f.) genannt werden kann. Vgl. u. (bei) Anm. 130–133, ferner u. Kap. 3 (bei) Anm. 290–296.

[73] OEPKE, Gal, 60.

εἰς Χριστὸν Ἰησοῦν, mit der Bekehrung, nicht hingegen mit dem christlichen Leben, zu tun[74]. Versteht man also, wie aufgrund der beobachteten Regularität nötig, V. 17a von daher, so ist die ebenfalls den Aorist verwendende Formulierung εὑρέθημεν καὶ αὐτοὶ ἁμαρτωλοί eben auf die Zeit des Gläubigwerdens zu beziehen[75]: Da stellte sich heraus[76], daß es sich auch bei den geborenen Juden (vgl. V. 15) um Sünder handelte. Der Akzent auf der Bekehrung tritt noch deutlicher hervor, wenn man umgekehrt V. 17a zur Erhellung von V. (15-)16 heranzieht; denn δικαιωθῆναι zeigt als Infinitiv des Aorists an[77], daß auch bei dem (dreimaligen) δικαιοῦσθαι des vorangehenden Verses schwerlich an einen Entwicklungsprozeß oder an einen innerhalb des Christenlebens erst noch einzuneh-

---

[74] Mit RÄISÄNEN, Galatians 2.16, 172f., und LAMBRECHT, Gesetzesverständnis, bes. 105 Anm. 59, gegen DUNN, Perspective, 106.121f. Vgl. u. Anm. 81.

[75] So z.B. auch ZAHN, Gal, 126f., SCHLIER, Gal, 95, OEPKE, Gal, 60, KÜMMEL, „Individualgeschichte", 136, HAHN, Gesetzesverständnis, 53 Anm. 76, und LAMBRECHT, Line, 490(f.) (vgl. 487.495) (vgl. auch G. KLEIN, Individualgeschichte, 190 bzw., was den Rückbezug generell angeht, 185–191, wobei K. für diesen ebd., 191 samt Anm. 45, mit Recht auch die sonstige paulinische Verwendung von εἰ δέ veranschlagt); anders (also mit Bezug auf das Leben von [Juden-]Christen allgemein oder auf die den antiochenischen Konflikt auslösenden Geschehnisse) etwa LIETZMANN, Gal, 15f., BULTMANN, Auslegung, 395f., TANNEHILL, Dying, 56, ZIESLER, Righteousness, 173, MUSSNER, Gal, 176, EBELING, Gal, 178, H.D. BETZ, Gal, 223f., NEITZEL, Interpretation, 35f., und BÖTTGER, Paulus, 90f. Vgl. u. Anm. 179.

[76] Möglich, aber angesichts des Gebrauchs des Passivs z.B. in 1Kor 4,2 und 15,15 keineswegs sicher, ja, eher unwahrscheinlich ist, daß bei εὑρέθημεν an ein Aufdecken seitens Gottes (vgl. Röm 10,20) gedacht ist (s. zur Frage BURTON, Gal, 125). Jedenfalls dürfte es nach den paulinischen Vergleichsstellen (vgl. bes. Röm 7,10; 1Kor 15,15) um „die Entbergung bzw. Sicherstellung eines bis dahin verborgenen bzw. ungewissen Sachverhalts" (G. KLEIN, Individualgeschichte, 187) gehen. Sie (vgl. nochmals 1Kor 4,2; 15,15) erlauben indes kaum die Deutung, es werde „der in Rede stehende Vorgang daraufhin gesehen ..., daß er neue Daten setzt" (ebd. [vgl. ebd., 191f., ferner DERS., Sündenverständnis, 269]; dagegen zu Recht SUHL, Galaterbrief, 3107f.). Vgl. KÜMMEL, „Individualgeschichte", 136f., und LAMBRECHT, Line, 490 Anm. 25, ferner u. (bei) Anm. 293.

[77] Nicht nur gilt grundsätzlich, daß der Infinitiv des Aorists zumeist anders als der des Präsens auf ein punktuelles Geschehen weist (s. dazu nur BLASS/DEBRUNNER/REHKOPF, Grammatik, § 338,1 samt Anm. 1), sondern es läßt sich das überdies recht gut an den neutestamentlichen und paulinischen Stellen beobachten, an denen wie in V. 17a jeweils ein Infinitiv von ζητεῖν abhängig ist. Eine Bestätigung ist es angesichts der primär die Erreichung eines bestimmten Zieles betreffenden Bedeutung dieses Verbs schon, daß es sich dabei (ganz ähnlich wie bei θέλειν [s. ebd., § 338,2]) in der Mehrzahl der Fälle um den Aorist handelt (vgl. z.B. Mt 12,46; 21,46; Lk 5,18; 9,9; Röm 10,3), und wo das Präsens gesetzt ist, geht es (anders als bei jenen Stellen) nicht um eine einmalige Handlung, sondern um eine Regel (s. Joh 7,4) oder um mehrere gleichartige Verhaltensweisen (Lk 6,19; Gal 1,10). Doch vgl. RÄISÄNEN, Galatians 2,16, 172 Anm. 6.

menden Status[78], überdies nicht an das endzeitliche Gericht[79], sondern an den oder einen mit dem πιστεῦσαι unmittelbar zu erreichenden Zweck[80] gedacht werden soll[81]. Nur dies mag man allenfalls als eine gewisse Aufweichung jener Betonung eines Aktes bezeichnen können, daß die – einander wiederum recht eng korrespondierenden – Partizipialbestimmungen von V. 16a und V. 17aα ein Wissen und Wollen eigens dem durch die finiten Verbformen jeweils gemeinten Zeitpunkt vorausschikken[82], das doch nach den diese partizipialen Ausdrücke abschließenden Bezugnahmen auf Christus eben schon irgendwie durch das Christusgeschehen geprägt ist[83], dem sich die gebürtigen Juden mit ihrer Bekehrung verbinden. Aber auch diese Differenzierung führt zeitlich gerade nicht

[78] Anders im Blick auf V. 16 und/oder V. 17a z.B. G. KLEIN, Individualgeschichte, 190, FELD, Diener, 126, BOUWMAN, Diener, 52f., und SUHL, Galaterbrief, 3099.3106 (vgl. ferner H.D. BETZ, Gal, 223, auch U. SCHNELLE, Gerechtigkeit, 56.64f.). Der ἵνα-Satz von V. 16b, auf den sich etwa G. KLEIN, Individualgeschichte, 190, und BOUWMAN, Diener, 52, berufen, erzwingt die Auffassung, es habe „das πιστεῦσαι ... das δικαιωθῆναι sachlich noch vor sich" (G. KLEIN, Individualgeschichte, 190), genausowenig, wie V. 19 und der dortige ἵνα-Satz zu der – hier durch V. 20 ausgeschlossenen (doch vgl. Röm 6,8)! – Ansicht nötigen, nach dem Tod in bezug auf das Gesetz, nach dem Mitgekreuzigtwerden mit Christus, gelte es, das Leben für Gott noch zu erwarten. Vgl. u. Anm. 80.195.

[79] Zu dieser dritten von ZIESLER, Righteousness, 172, genannten und offengelassenen Möglichkeit (für die man innerhalb des Galaterbriefes sonst nur die ἐλπὶς δικαιοσύνης von 5,5 anführen kann) will vor allem das Präsens δικαιοῦται von V. 16a (vgl. Gal 3,11; 5,4) nicht recht passen, dem das Futur von V. 16c natürlich deshalb nicht widerspricht, weil es aus Ps 142(143),2 aufgenommen ist und insofern „eine Erwartung ausdrückt" (BOUWMAN, Diener, 53). Vgl. Gal 3,8.

[80] Vgl. bes. ZAHN, Gal, 126, der von der Rechtfertigung „in und mit dem Akt des Gläubigwerdens" spricht. Dazu fügt sich V. 16b natürlich gut, sofern das ἵνα gerade auch den Zweck signalisieren kann (s. dazu nur BLASS/DEBRUNNER/REHKOPF, Grammatik, § 390,2). Vgl. o. Anm. 78, ferner HOFIUS, Glaube, 172 Anm. 174.

[81] SANDERS, Judentum, dürfte also zumindest für unsere Verse zuzustimmen sein, wenn er in bezug auf das δικαιοῦν (und dabei insbesondere hinsichtlich des Passivs) formuliert: „Dieses Verb ist einer der wichtigsten ‚Transfer-Termini' des Paulus" (446; vgl. neben 446–448 noch 468–472.478). Vgl. o. (bei) Anm. 74 (sowie ferner o. Kap. 1 Anm. 23) und u. (bei) Anm. 194f.

[82] Vgl. BLASS/DEBRUNNER/REHKOPF, Grammatik, § 339,2b, zum Partizip Präsens, das, wo es nicht auf „eine relativ zukünftige Handlung" (ebd., § 339,2a) geht, „wie klassisch Vorhergegangenes bezeichnen" kann.

[83] Obwohl durch εἰδότες bei Paulus fraglos so etwas wie „Glaubenswissen" bezeichnet werden kann (s. bes. Röm 6,9; 2Kor 4,14 [s. HOFIUS, Glaube, 156 Anm. 62; dort fälschlich: 2Kor 4,4]; vgl. 1Kor 15,58; 2Kor 5,11, ferner Gal 4,8) und Gal 2,16a sich hier gut einpaßt (vgl. HOFIUS, ebd., ferner ebd., 172 Anm. 174, und vgl. u. [bei] Anm. 94.96), fragt sich, ob man mit G. KLEIN, Individualgeschichte, 190, interpretieren muß: „Im Akt des πιστεύειν der Judenchristen wird es manifest, daß auch die Juden der Gerechtigkeit ermangeln". Möglich wäre es auch, daß Paulus zunächst an die ἀκοὴ πίστεως (s. Gal 3,2.5 und dazu nur FRIEDRICH, „Glaubensgehorsam", 123) denken lassen will. Richtig ist aber zweifellos, daß die mit der Verkündigung eröffnete Möglichkeit erst mit dem Gläubigwerden realisiert – und insofern „manifest" – wird (vgl. Röm 10,14.17, auch 1Thess 2,13, ferner Röm 1,5). Vgl. u. (bei) Anm. 198.311.

über den Akt des Gläubigwerdens hinaus[84], um den es wie V. 15f. so auch V. 17a zu tun ist.

Zum anderen ist der εἰ-Satz V. 17a als Realis einzuschätzen[85], genauer: als ein solcher, der nicht die *quaestio facti* offenläßt, sondern den Tatbestand rückgreifend in einer Hinsicht (nochmals) benennt[86].

Endlich kann V. 17a.b, wie schon unter Punkt *(2)* anzunehmen war, nicht nach Analogie korrekt folgernder εἰ-ἄρα-Formulierungen verstanden werden. Auch inhaltlich ist vielmehr von einem gewissen Bruch zwischen V. 17a und V. 17b auszugehen[87]. Und das läßt die Möglichkeit erwägen, daß V. 17b nicht mehr von einer Funktion Christi bei der Bekehrung von gebürtigen Juden, sondern von einer solchen hinsichtlich ihres christlichen Lebens spricht[88].

---

[84] Eine gewisse Bestätigung dessen, daß es Paulus in V. 16.17a um dies Geschehen geht (vgl. HEILIGENTHAL, Implikationen, 47, ferner bes. 48.50), wird man darin sehen können, daß Rechtfertigung und Bekehrung bzw. Taufe, wie man angesichts von Belegen wie Röm 3,24–26; 4,25f.; 6,7; 1Kor 1,30; 6,11 (vgl. 2Kor 5,21) mit erheblicher Bestimmtheit sagen kann, (schon) vorpaulinisch verbunden waren (s. dazu etwa: HAHN, Taufe, 104–117, bes. 116 [traditionell sei „das δικαιωθῆναι als ein einmaliges, die Existenz des Menschen fundamental veränderndes Widerfahrnis verstanden worden"]; RÄISÄNEN, Galatians 2.16, 173f.; ZELLER, Rechtfertigungslehre, 208; U. SCHNELLE, Gerechtigkeit, 65 u.ö.; vgl. u. Anm. 176). – Schwerlich angemessen ist es, wenn SUHL, Galaterbrief, 3099, das ἐπιστεύσαμεν von V. 16b als „ingressiven Aorist" faßt.

[85] Die o. Anm. 75 genannten Literaturbelege kennzeichnen weithin auch in dieser Frage die Forschungsansichten, was das (mit zusätzlichen Argumenten auch von BARTH, Rechtfertigung, 31 Anm. 57 [vgl. DERS.: Recht, 453, bzw. Jews, 248], verfochtene) Pro und das (in jüngerer Zeit vor allem durch BUSCEMI, struttura, 68 samt Anm. 20, und KIEFFER, Foi, 55–60 [vgl. DERS., Einführung, 186], vertretene) Contra angeht. FELD (Diener, 129f.) indes, der V. 17a „auf die konkreten Ereignisse bei Ankunft der Anhänger des Jakobus" (ebd., 130) beziehen möchte, favorisiert die Annahme, es handle sich um einen Realis – wobei er (ebd. Anm. 38) mit Recht darauf verweist, das Fehlen des ἄν im Nachsatz, auf das sich ZAHN, Gal, 127, stützend beruft, erzwinge diese Entscheidung nicht mit Notwendigkeit (vgl. BLASS/DEBRUNNER/REHKOPF, Grammatik, § 360,1, BARTH, Rechtfertigung, 31 Anm. 57, und LAMBRECHT, Conditions, bes. 154.156).

[86] Vgl. BLASS/DEBRUNNER/REHKOPF, Grammatik, § 371 Anm. 1 und § 372,1.

[87] Keinen solchen Bruch nimmt indes (wie früher beispielsweise WEISS, Briefe, 335) BULTMANN, Auslegung, 395–397 an, nach dem Paulus hier Petrus die absurde Konsequenz aus dessen unklarer Praxis demonstrieren will. Vgl. EBELING, Gal, 177f.

[88] Auf diesen Wechsel beim Übergang zu V. 17b weisen relativ deutlich SIEFFERT, Gal, 150, ZAHN, Gal, 127–129, und HAHN, Gesetzesverständnis, 53 Anm. 76 (der V. 17b immerhin auch schon auf die Gegenwart bezieht), hin; vielleicht darf man ihnen wegen seiner Bezugnahme(n) auf Röm 3,8 und 6,15 auch LAMBRECHT, Line, 490f. (vgl. DERS., Once Again, 150.152 [samt Anm. 20]), zugesellen, obwohl sein betont „pre-conversional understanding of sin in v.17" (ebd. [Once Again], 151), das für V. 17a wie für V. 17b die gegenüber V. 15 nicht abgeschwächte Bedeutung von ἁμαρτωλός bzw. ἁμαρτία (mit Recht hervorhebt und) sichern soll, einen anderen Eindruck erwecken könnte. (BRINSMEAD, Response, 71f., betont in Anknüpfung an ZIESLER, Righteousness, 172f., zwar den Bezug auf den Prozeß des christlichen Lebens, verdunkelt den Gedankengang aber, indem er,

(4) Begleitend: Wechsel der Person

Schon aus dem unter Punkt *(2)* Dargestellten ist ersichtlich, daß der Gebrauch der 1.*pers.* (*sing.* oder *plur.*) kurz vor dem μὴ γένοιτο, die derart außer in oder bei den dort angeführten Wendungen und Partikeln auch noch in 1Kor 6,15b begegnet, ein bei Paulus fast durchgängig (Ausnahmen: Röm 3,3f.[89]; Gal 3,21) erscheinendes Kennzeichen des lebhaften („Diatribe"-)Stils ist. In die gleiche Richtung weisen bei den meisten der μὴ-γένοιτο-Belege[90] im Kontext zu beobachtende Wechsel der Person der Verben, wenn auch hier – eben wegen der durch dieses Mittel geförderten Lebendigkeit – nicht ein ganz invariables Schema befolgt wird und ein Überblick demgemäß nicht sonderlich leicht zu gewinnen ist.

Besonders deutlich (und für unseren Teiltext natürlich von erheb-

---

wiewohl V. 17a von ihm als Realis eingeschätzt wird, auch diesen εἰ-Satz nicht nur als das Gläubigwerden betreffend versteht.)

Wer auch V. 17b direkt mit der Bekehrung in Zusammenhang bringt, wie es z.B. G. KLEIN, Individualgeschichte, 191f., und KÜMMEL, „Individualgeschichte", 136.138., tun, hat es nicht ganz leicht, das Illegitime der in der Frage zum Ausdruck gebrachten Auffassung zu benennen, welch letztere denn auch bei KÜMMEL, „Individualgeschichte", 136, als „mögliche... Folgerung" („aus der Erkenntnis, die die Judenchristen bei ihrem Gläubigwerden gewannen") bezeichnet wird. Und G. KLEIN, der bestreitet, daß für Paulus „Christus lediglich... informatorische Funktion" (Individualgeschichte, 191) hinsichtlich der Sünde gerade auch von gläubigwerdenden Juden habe, und der dem Text entnimmt: „Im Glauben an Christus werden auch Juden zu solchen, von denen sie sich bis dahin... unterschieden: zu ἁμαρτωλοί" (ebd., 192 [vgl. o. Anm. 76]), kommt damit der Aussage, Christus bewirke (bei der Bekehrung) Sünde, als einer sachlich angemessenen, legitimen zumindest nahe.

Außerdem ist gerade dann, wenn man V. 17b lediglich vom Zeitpunkt des Anschlusses an Christus her versteht, „die Bezeichnung διάκονος (τ. ἁμαρτίας) sehr seltsam" (BULTMANN, Auslegung, 396 Anm. 8; von G. KLEIN, Individualgeschichte, 191, gegen SCHLIER, Gal, 95, gewandt, aber im Sinne BULTMANNS ebenfalls auf KLEIN beziehbar). Denn der Ausdruck wird (wie SCHLIER, Gal, 96 Anm. 2, im übrigen auch gegen BULTMANNS Sicht unseres Textes vorgebracht hat) meinen müssen, daß „Christus... den an ihn Glaubenden Sünde schafft und bringt" (ZAHN, Gal, 128), insbesondere: Sünde*n*. (Ebd., 127, die auch durch NEITZEL, Interpretation, 32f., nicht entkräftete Begründung mittels des neutestamentlichen Sprachgebrauchs [vgl. BOUWMAN, Diener, 47f., auch SMIT, heidenen, 135]. Besonders aufschlußreich ist 2Kor 3,6f., sofern die διακονία τοῦ θανάτου nach dem Duktus dieser Stelle eine des Buchstabens ist, des Buchstabens, der tötet, also den Tod verschafft; vgl. ferner Röm 6,6f.16ff., wo sozusagen das Komplement der angeblichen Sündendienerschaft Christi bezeichnet wird: die menschliche Sklaverei gegenüber der Sünde, beim Christen jedoch abgelöst durch die Knechtschaft gegenüber der δικαιοσύνη [vgl. LIGHTFOOT, Gal, 117, und LÜHRMANN, Gal, 45]).

Es verwundert denn auch nicht, daß sich die Verbindung von V. 17b und Bekehrung nicht leicht durchhalten läßt: so bei G. KLEIN nicht, der den Bezug von V. 19 auf V. 17b folgendermaßen beschreibt: „Da aber ein Leben für Gott selbstverständlich nicht ein Leben für die Sünde ist, kann Christus nicht ἁμαρτίας διάκονος sein" (Individualgeschichte, 200), und so auch nicht bei KÜMMEL, bei dem sich eine ähnliche Verschiebung beobachten läßt („Individualgeschichte", 139f.).

[89] In Röm 3,3 sorgt aber immerhin das τινές für einige Lebhaftigkeit.

[90] Anders am ehesten: Röm 3,4.31. Doch vgl., was Röm 3,4 angeht, u. Anm. 93.99.

lichem Interesse) ist der sehr wahrscheinlich durchaus keine (schlichte) Individualisierung beabsichtigende[91] Wir/Ich-Übergang bei Röm 7,7[92]. Ihm entspricht ein ähnlicher bei Röm 3,6 (wo ein Ich freilich auch schon unmittelbar vor dem μὴ γένοιτο erscheint).

Weniger prägnant ist die Spur des umgekehrten Wechsels vom Ich zum Wir, die sich bei Röm 7,13 findet[93], sofern hier erstens auch noch im Anschluß an unsere Formel das Ich dominiert und zweitens das οἴδαμεν (γάρ) von V. 14 (vgl. Röm 3,19) eine sehr spezielle Funktion haben wird, nämlich die der (Wieder-)Einführung eines sogleich verfügbaren Arguments[94]. Mit dieser auch an die Adressaten appellierenden Funktion hängt ferner verschiedentlich ein Wir/Ihr-Wechsel[95] (nämlich bei Röm 6,2; 6,15) und ebenfalls ein solcher vom Ich zum Ihr (nämlich bei Röm 11,1; 1Kor 6,15) zusammen; denn es wird hier jeweils auf das gerade auch bei den Lesern bzw. Hörern zu unterstellende „Wissen“[96] Bezug genommen: (ἢ) οὐκ οἴδατε (Röm 6,16; 11,2; 1Kor 6,15a.16.19) bzw. ἢ ἀγνοεῖτε (Röm 6,3; vgl. noch Röm 6,6.9). Schon daß es sowohl οἴδαμεν als auch οἴδατε (bzw. ἀγνοεῖτε) heißen kann, deutet aber an, daß dabei die Ablösung des Wir durch das Ihr keine wirkliche Spezifizierung in dem Sinne meinen wird, als zöge Paulus nun einen scharfen Trennungsstrich zwischen sich und den Angesprochenen[97]. Und in der Tat erweist sich der eher rhetorische Charakter des Ihr daran, daß sich selbst von Röm 6,3 an Ihr (V. 3a.11–14) und Wir (V. 3b–9) wieder abwechseln und daß auch die (auf das gegen den rückwärtigen Kontext gesetzte Wir von Röm 6,15 folgende) Ihr-Passage Röm 6,16ff.[98] erneut in ein Wir auslaufen kann (V. 23).

---

[91] S. dazu etwa SCHLIER, Gal, 96 Anm. 4, und KÄSEMANN, Röm, 184f., sowie den das Kapitel Röm 7 betreffenden forschungsgeschichtlichen Überblick, den HÜBNER, Literaturbericht, 2668–2676, bietet. Auch DAHL, Studies, 93f., und CAMPBELL, ἐγώ, bes. 61f., die, stärker als im deutschsprachigen Raum üblich (doch s. THEISSEN, Aspekte, 194–204 [dem sich VOUGA, *narratio*, 156 Anm. 25, anschließt]), in Röm 7,7ff. Autobiographisches zu entdecken meinen, bestreiten nicht, daß das Ich einen weiteren Kreis zur Identifikation mit den Aussagen einladen und insofern inkludieren soll (womit auch THEISSEN, Aspekte, 204, und VOUGA, narratio, 156 Anm. 25, rechnen).

[92] Um Unübersichtlichkeit zu vermeiden, werden hier, soweit eine genauere Erläuterung nicht nötig ist, lediglich die das μὴ γένοιτο aufweisenden Verse genannt, in deren Umkreis der Wechsel zu konstatieren ist.

[93] Von größerem Belang ist da schon der Ich/Wir-Wechsel zwischen Röm 3,7 und 3,8 im nachfolgenden Kontext des μὴ-γένοιτο-Beleges Röm 3,4.

[94] Vgl. BERGER, Exegese, 26, WONNEBERGER, Überlegungen, 270, und CRANFIELD, Changes, 285 (vgl. ferner ebd., 251, sowie auch WUELLNER, Pastor, 56f.), die hierin mit Recht ein auf Tradition weisendes Indiz sehen. So jetzt auch HOMMEL, Römer 8,28, 128f.

[95] Vgl. auch Röm 9,14/Röm 9,19f.: Wir/Du.

[96] Vgl. dazu o. Anm. 83.94.

[97] Betont ausgeschlossen ist Paulus jedoch bei dem auf ein (eher rhetorisches) Ich in Röm 11,11 folgenden Ihr von V. 13a, wie schon durch V. 13b.14 (mit dem den Verfasser meinenden Ich) klargestellt wird.

[98] Sie wird lediglich in V. 19a durch ἀνθρώπινον λέγω κτλ. unterbrochen.

In das skizzierte Bild fügt sich endlich auch der μὴ-γένοιτο-Beleg Gal 3,21 ein. Zwar ist hier der Frage kein Verb in der 1.*pers.* beigegeben. Es folgt dann aber immerhin (in V. 23–25) ein Wir[99].[100]

Die Konsequenz für unseren Teiltext, Gal 2,15–21, ist einfach gezogen: Der Wechsel vom (geborene Juden, Judenchristen[101] meinenden) Wir (V. 15–17) zum Ich (V. 18–21) ist (rhetorisch-)stilistisch[102] bedingt[103], will also kaum, zumindest nicht primär, Paulus selbst (oder eine bestimmte andere Person) bezeichnen. Das kann für 2,18 auch deshalb schwerlich einem Zweifel unterliegen[104], weil die Apodosis – ganz gleich, wie man den Terminus παραβάτης hier zu verstehen hat – eine in der Protasis charakterisierte Handlung des Ich negativ bewertet, und es kommt hinzu, daß sich bei den paulinischen μὴ-γένοιτο-Belegen mit Röm 3,7 und 1Kor 6,15b zwei – weitere – Beispiele für den Gebrauch der (unmittelbar vorher nicht benutzten) 1.*pers.sing.* finden, wo der Apostel eine zu verwerfende Möglichkeit erwägt.

Das Ich von V. 19–21 gleichwohl vor allem oder allein von Paulus[105]

---

[99] Vgl. das auf Röm 3,4a (erst) in V. 5 folgende Wir.

[100] In V. 26–29 heißt es dann Ihr.

[101] S. dazu o. bei Anm. 19–21. Vgl. etwa G. KLEIN, Individualgeschichte, 190, und SUHL, Galaterbrief, 3099. Eine angesichts des Zusammenhangs (s. bes. 2,13: Barnabas) wenig einleuchtende Einschränkung auf Paulus (und allenfalls diejenigen Judenchristen, die mit ihm zusammen Heidenmission treiben) hin verficht GASTON, Torah, 70.

[102] So bes. SCHLIER, Gal, 96f. (samt 96 Anm. 4), und KÜMMEL, „Individualgeschichte", 138–140 (samt Anm. 39: Literatur). Vgl. BLASS/DEBRUNNER/REHKOPF, Grammatik, § 281 (samt Anm. 2), ferner etwa BECKER, Gal, 30.

[103] Dies betrifft, obwohl G. KLEIN, Individualgeschichte, 195, mit Recht die rein individuelle Deutung des Ich (etwa auf Paulus und/oder Petrus) zurückweist, auch seine eigene – Stilistisches sozusagen zu Wort-Gottes-Theologischem überhöhende – Erklärungslinie (ebd., 195f.201f.), nach der bei dem Wir/Ich-Wechsel „eine kollektive Perspektive des Rechtfertigungsgeschehens" (ebd., 195) durch eine solche abgelöst wird, bei der „von solchem Geschehen Betroffene vor ihrem bisherigen Seinszusammenhang nur noch als Vereinzelte zu sehen sind" (ebd., 196; vgl. 202: „So ist also die durchgängige 1. Pers. Sing. in V. 18–21 kein sachlich gleichgültiger bloßer modus loquendi, sondern Widerschein des eschatologischen Geschehens selbst, – in der Sprache"). Kritisch dazu bes. KÜMMEL, „Individualgeschichte", 138.140 (vgl. etwa SUHL, Galaterbrief, 3112).

[104] Vgl. zu V. 18 etwa CRANFIELD, Changes, 288. Anders jedoch GASTON, Torah, 71 (vgl. auch ZAHN, Gal, 129–132).

[105] Daß hier auch an ihn (wie in V. 18 gerade auch an Petrus) gedacht werden darf, versteht sich von selbst (vgl. etwa EBELING, Gal, 164, und THEISSEN, Aspekte, 201 [samt Anm. 28]; anders KÜMMEL, „Individualgeschichte", 138) und hat daran eine Stütze, daß auch sonst bei paulinischem Gebrauch des Ich diese Möglichkeit zumeist (Ausnahmen sind, wie erörtert, jedenfalls: Röm 3,7; 1Kor 6,15b; vgl. Gal 2,18) gegeben ist (vgl. CAMPBELL, ἐγώ, 60). Aber darauf liegt hier, da auf die galatische Krise hin formuliert wird (vgl. o. bei Anm. 26f.) und ein möglichst weitgehendes Mitvollziehen des Gesagten seitens der Adressaten intendiert ist (doch s. Gal 2,19aα), kein besonderes Gewicht.

zu verstehen[106], dürfte sich zunächst von daher verbieten. Das γάρ zu Beginn von V. 19 läßt ja den Leser eine solche Bedeutungsänderung kaum vermuten[107], die auch im beobachteten Vergleichsmaterial[108] keinerlei Anhalt findet. Daß aber – wenn nicht durch das γάρ, so doch – durch das in V. 19a (und V. 20a) eigens gesetzte ἐγώ ein semantischer Bruch angedeutet werde[109], ist angesichts der besonders wichtigen Parallele Röm 7,7ff.[110] alles andere als wahrscheinlich; denn in Röm 7,9f. und in Röm 7,17.20 ist das Ich ebenfalls derart hervorgehoben, und zwar ohne einen solchen Bruch, vielmehr genau wie in Gal 2,19f.[111] im Zusammenhang des Widerspiels von Tod und Leben einerseits, zweier ent-

[106] So bes. HASLER, Glaube, 247, BOUWMAN, Diener, 53, SUHL, Galaterbrief, 3113.3117 (vgl. DERS., Galater, 283f.), und GASTON, Torah, 71f. (der anders als die vorher genannten Autoren auch das Ich von V. 18 auf Paulus selbst bezieht [s. o. (bei) Anm. 104]), sowie FARAHIAN, „je“, 284f. (u.ö.), in dessen Monographie zu Gal 2,*19*–21 die erhebliche Bedeutung des μὴ γένοιτο, das *zuvor* (in V. 17c) benutzt wurde, gerade auch für die Frage nach dem Ich dieser Verse leider nicht in den Blick kommt; vgl. ferner etwa VAN DÜLMEN, Theologie, 24 samt Anm. 40, BLASS/DEBRUNNER/REHKOPF, Grammatik, § 281 Anm. 2, LAMBRECHT, Line, 495, THEISSEN, Aspekte, 200f. (doch vgl. auch: 194), VOUGA, *narratio*, 156 Anm. 25, und BÖTTGER, Paulus, 92f. Die von HASLER, Glaube, 247 Anm. 9 (vgl. BOUWMAN, Diener, 53 Anm. 51), hinsichtlich des „persönlichen Ich des Apostels“ genannten Vergleichsstellen des Galaterbriefes – 1,6.9.10f.; 4,12; 5,2.10f.16.21; 6,11.14 – sind mit Ausnahme von 6,14 schon insofern ganz anders geartet, als dort jeweils dem Ich ein auf die Adressaten gehendes Ihr gegenübersteht, und dem Vers 6,14 geht immerhin ein Ihr (und die 3.*pers.plur.*) recht unmittelbar voraus (während das Ihr von 3,1 von dem Ich der Verse 2,18–21 durch 2,21b und den fraglos dahinter verlaufenden Einschnitt getrennt ist [s. dazu o. (bei) Anm. 24]). Außerdem ist diese Stelle, die offenkundig mit 2,19f. inhaltlich nahe verwandt ist, in jener Liste insofern ein Sonderfall (doch vgl. noch 4,12), als (auch) diese (primär) im Ich-Stil gehaltene Formulierung bzw. die mit ihr eng verbundene Aussage von 6,15 gemäß V. 16 „den Galatern als Maßstab für das von ihnen erwartete Verhalten dienen“ (BORSE, Gal, 220) soll, das Ich also sogleich als auf ein Kollektiv hin offen erweist. Vgl. zu 6,14 noch u. Kap. 3 (bei) Anm. 66.322 (und auch [bei] Anm. 87).

[107] Vgl. G. KLEIN, Individualgeschichte, 195, und KÜMMEL, „Individualgeschichte“, 140. Was das γάρ betrifft, so vgl. o. (bei) Anm. 6 (und die dortigen Verweise).

[108] Vgl. neben dem o. zu den Kontexten der μὴ-γένοιτο-Belege Ausgeführten und neben dem dazu unter dem nachfolgenden Punkt noch zu Sagenden die Auflistungen von paulinischen nicht-individuell zu nehmenden Ich-Passagen bei SCHLIER, Gal, 96 Anm. 4, und CRANFIELD, Changes, 288.

[109] So mit Nachdruck SUHL, Galaterbrief, 3113.

[110] Sie dürfte schon wegen der bereits aufgezeigten Entsprechungen (μὴ γένοιτο; Wir/Ich-Wechsel [vgl. u.a. zu ihnen: THEISSEN, Aspekte, 200f.; VOUGA, *narratio*, 156 Anm. 25]) von größerer Relevanz sein als die von KÜMMEL, „Individualgeschichte“, 140 Anm. 50, genannten Beispiele dafür, „daß Paulus... das betonte ἐγώ rein rhetorisch gebrauchen kann“: „1Kor 6,12 und vielleicht 10,30“.

[111] Vgl. KÜMMELs Hinweis auf den „Subjektwechsel zwischen V. 20a und 20b“ (ebd., 140). Sowohl wegen der Entsprechung in Röm 7,7ff. (bes. V. 9f.) als auch wegen des γάρ gegen Beginn von Gal 2,19 scheint es fraglich, ob zur Erklärung des Akzents auf dem Ich in diesem Vers die Vermutung einen Beitrag leisten kann, Paulus wolle „dem nicht zutreffenden hypothetischen Argument in V. 18 gegenüber durch das vorangestellte ἐγώ die Realität der Aussage V. 19... betonen“ (ebd.). (Diese Anfrage betrifft natürlich nur die Erwägung zu jenem nachdrücklichen Ich, nicht die Gegenüberstellung von [eher] angenommenem und wirklichem Fall.)

gegengesetzter, die menschliche Identität betreffender Mächte andererseits. Das Ich ist demnach in V. 18–21 ausnahmslos Stilmittel, nicht (eigentlich) individuelles, sondern typisches Ich.

Dieses Ergebnis läßt sich schließlich überdies durch die Überlegung stützen, daß bei der im Umkreis der μὴ-γένοιτο-Belege beobachteten Lebhaftigkeit das in V. 15–17 verwandte Wir nach Ablösung verlangen mußte, dafür aber ein Ihr nicht gut zu gebrauchen war. Es wäre ja zur Bezeichnung einer die (Juden-)Christen weithin verbindenden Überzeugung und/oder Erfahrung entschieden weniger als die 1.*pers.* (*sing.* oder *plur.*) geeignet gewesen[112] und von den Rezipienten leicht (fälschlich) direkt mit dem Du von V. 14b verbunden und auf den Kreis von V. 13 gedeutet worden.

(5) Entgegnung: durch Argumente aufgrund von Erfahrung oder aus der Schrift

Wenn beim vorigen Punkt auf Argumente hingewiesen wurde, über die Paulus verfügt, indem er verschiedentlich, mehr oder weniger unmittelbar im Anschluß an das μὴ γένοιτο[113], auf das (vorauszusetzende) „Wissen" der Adressaten Bezug nimmt, und wenn unter Punkt *(1)* von der heilsgeschichtlichen Thematik in den hier diskutierten Kontexten die Rede war, ist damit schon angedeutet, was der Verfasser der zurückgewiesenen Ansicht inhaltlich entgegenzusetzen hat[114]: Er pflegt[115] – auch darin dem Vorgehen Epiktets nicht unähnlich[116] – mit dem theologisch-heilsgeschichtlich verarbeiteten Weg, den er selbst geht (so Röm 11,1d.13f.), sowie allgemeiner (und häufiger) mit dem der an Christus Gläubigen (so Röm 6,2bff.17ff.; 1Kor 6,13b.15a.17.19.20a), ferner mit Schriftzitaten (so Röm 3,4c; 7,7eβ; 9,15.17; 11,2bff.; 1Kor 6,16b) bzw. aus der Schrift sich ergebenden Einsichten (so Röm 3,4b; 7,7eα; 9,16.18;

---

[112] Das legt ein Blick auf die ähnlichen Aussagen in Gal 6,14 (Ich [s. o. Anm. 106]); Röm 6,1–10 (Wir, abgesehen von V. 3a; erst bei der Konsequenz aus der gemeinsamen Überzeugung, in V. 11–14, dann wieder das Ihr) und Röm 7,1ff. (wo umgekehrt das Ihr durch ein Wir [V. 5-7a] bzw. Ich [V. 7dff.] abgelöst wird) nahe. Vgl. SCHMITHALS, Judaisten, 40 (der sogar die Vermutung äußert, daß das Ich in „der bekenntnishaften Sprache von V. 19f... bereits traditionell begegnete").

[113] Die abweichende Position des οὐκ οἴδατε von 1Kor 6,15a dürfte im Zusammenhang mit den o. Anm. 66 angesprochenen Besonderheiten des einzigen μὴ-γένοιτο-Beleges des Ersten Korintherbriefes stehen.

[114] Vgl. STOWERS, Diatribe, (133f.)136f.151f.

[115] Eine gewisse Ausnahme stellt höchstens der μὴ-γένοιτο-Beleg Röm 3,31 dar, sofern hier wie o. (bei) Anm. 42 schon angesprochen wurde, eine ausführlichere argumentative Zurückweisung vielleicht unterbleibt, vielmehr möglicherweise lediglich eine Gegenbehauptung aufgestellt wird.

[116] S. bes. Epikt. 1,29,9f.; 1,2,35f. sowie 2,8,26 (Hom., Il 1,526) und dazu MALHERBE, Diatribe, 237–239. Vgl. STOWERS, Diatribe, 131f. (und RHYNE, Faith, 58), ferner BERGER, Apostelbrief, 227.

11,2a; 1Kor 6,16a; Gal 3,22; vgl. Röm 3,6b; 7,14a; 11,11e.12.15f.)[117] zu operieren. Und er erweist so die schon verworfene Auffassung (oder die mit ihr korrespondierende Praxis) als im grundsätzlichen Widerspruch zu Gottes[118] Wollen und Handeln stehend[119].

Man wird deshalb für Gal 2,18ff. erwarten können, daß auch hier eine fundamentale Opposition der fraglichen These und der hinter ihr stehenden oder angenommenen Haltung gegenüber Gott zum Ausdruck gebracht wird und daß diese Einschätzung begründet wird. Da in diesem Passus eine auf das Alte Testament weisende Zitationsformel fehlt[120], werden wir es inhaltlich mit der Argumentation aufgrund theologisch-heilsgeschichtlich gefaßter christlicher Erfahrung zu tun haben, und zu dieser Erwartung fügen sich jedenfalls die in der Mitte stehenden Verse, V. 19f., bestens. Der tiefgreifende Widerstreit gegen Gott dürfte dabei nicht nur indirekt (s. bes. V. 21a), sondern wahrscheinlich auch direkt zur Sprache kommen: nämlich (zumindest) in V. 18b. Denn das übliche Verständnis von παραβάτης in dem Sinne, als sei auf einen Konflikt oder auf Konflikte mit dem νόμος Bezug genommen[121], ist angesichts des nun einmal für diese Stelle zu konstatierenden Fehlens des Genitivs (τοῦ) νόμου heikel[122] und würde wohl auch unter dem Niveau des für unseren

---

[117] Was die Schriftverwendung angeht, vgl. bei der den μὴ-γένοιτο-Belegen ähnlichen Stelle Röm 3,9a.b.c den Anschluß mit dem summierenden V. 9d und den Zitaten in V. 10ff.

[118] Mit einiger Betonung erscheint der Begriff θεός zumal in Röm 3,4.6f.; 6,17 und 11,2. – Bezüglich der Grundsätzlichkeit der jeweils behandelten Thematik vgl. STOWERS, Diatribe, 149–151.

[119] Hier liegt das gewisse Recht der o. Anm. 70 zitierten Formulierungen DUNCANS.

[120] Das gilt übrigens auch für V. 15–17, sofern das ὅτι von V. 16c, dem anders als z.B. in Röm 4,17; 8,36 und 1Kor 14,21 (vgl. W. BAUER, Wörterbuch, 1193) kein Hinweis auf die Schrift vorausgeht, schwerlich als Zitateinführung gewertet werden darf (so jedoch GASTON, Torah, 66), vielmehr in Übereinstimmung mit Ps 142,2bLXX gesetzt ist und begründende Funktion hat. Mag (u.a.) deshalb auch „der Zitatcharakter eher zu verneinen" (KOCH, Schrift, 18) sein, so weist andererseits doch wohl die ähnliche Anspielung an diesen Psalmvers in Röm 3,20 darauf hin, daß Paulus sich des Schriftbezuges bewußt sein wird. Er will mit diesem „Kontextzitat" (MUSSNER, Gal, 174), „durch ergänzende und ‚verdeutlichende' Interpretation" (KERTELGE, δικαιόω, 800) des vorgegebenen biblischen Wortlauts, eine Stützung seiner vorangehenden Aussage erreichen (vgl. bes. EBELING, Gal, 171–173).

[121] Dabei denken diejenigen, welche das παραβάτης-Sein (vgl. zu ihm schon o. Kap. 1 Anm. 44) mit dem Niederreißen verbinden, im allgemeinen an Gesetzesverstöße der Art, wie sie mit der antiochenischen Tischgemeinschaft einhergingen (s. z.B. MUSSNER, Gal, 178f., RÄISÄNEN, Paul, 259 Anm. 159, und BORSE, Gal, 116), seltener an die Preisgabe des Gesetzes überhaupt (s. z.B. MUNDLE, Auslegung, 153, DEHN, Gal, 81f., und OEPKE, Gal, 59f.); bei Verknüpfung mit dem Aufbauen wird hingegen zumeist (und in der Regel unter Berufung auf Röm 4,15 [s. hierzu jedoch u. (bei) Anm. 245f.]) gedeutet, mit dem in seiner Geltung restituierten Gesetz werde sich auch Verfehlung, Übertretung einstellen (s. z.B. SCHLIER, Gal, 97, G. KLEIN, Individualgeschichte, 198f., und H.D. BETZ, Gal, 225f. [vgl. dazu o. Kap. 1 bei Anm. 92f.]). Vgl. die Aspekt-Kombination bei MAURER, Gal, 69–71, ferner den Überblick bei VAN DÜLMEN, Theologie, 21 Anm. 28.

[122] S. dazu schon o. Kap. 1 (bei) Anm. 93 (vgl. die dortigen Verweise).

Zusammenhang vorauszusetzenden grundsätzlichen Widerspruchs zu Gott, zu seinem (heilbringenden) Willen[123], bleiben[124].

(6) Entgegnung: in bezug auf die abzulehnende These selbst oder in bezug auf ein Implikat

Soeben wurde schon deutlich, daß Paulus die – wie wir unter Punkt *(3)*[125] sahen – mittels einer inkorrekten Schlußfolgerung gewonnene These im Anschluß an das μὴ γένοιτο selbst destruiert, niemals indes das falsche Folgern direkt als solches aufdeckt (dessen er sich vielmehr gerade bedient, um zu jener angreifbaren Ansicht zu gelangen bzw. überzugehen). Abgesehen von dieser Beobachtung, die insbesondere besagt, daß die mit der suspekten Frage eingeleitete inhaltliche Verschiebung (wiederum mit Ausnahme allenfalls des Beleges Röm 3,31[126]) auch im nachfolgenden Kontext fürs erste prägend bleibt[127], ist zwischen den einzelnen Argumentationen an übergreifenden formalen Gemeinsamkeiten nicht viel auszumachen, das für unseren Teiltext ergiebig wäre. Immerhin tut sich im Blick auf die Stellung von Gal 2,18 zwischen V. 17 und V. 19ff. eine doppelte Möglichkeit auf.

Denn Paulus verwendet zum einen gelegentlich zwei recht klar voneinander unterschiedene Argumente[128]. So darf man wohl schon Röm 7,13c (letztlich verschafft die Sünde den Tod) und 7,14a (das Gesetz gehört

---

[123] So auch DUNCAN, Gal, 69, ZIESLER, Righteousness, 173, KRIMMER, Gal, 69 (vgl. 63.72), BRINSMEAD, Response, 72, NEITZEL, Interpretation, bes. 134.136 (vgl. u. Anm. 206), und (mit einiger Vorsicht ebenfalls) LAMBRECHT, Line, 494 (vgl. DERS., Once Again, 150, ferner DERS., Gesetzesverständnis, 126: „Die Juden pochen auf die Werke und auf das Gesetz, auf ihr Jude-Sein. Sich an der Gesetzeserfüllung festklammern, ist ... zwar nicht notwendig Werkgerechtigkeit, doch es ist seit dem Kommen Christi ... als Ablehnung Christi auch sündhaft“ [ebd., 124: Hinweis auf Röm 9,32f.; vgl. Gal 5,4]). Andeutungen, die in diese Richtung weisen, finden sich neben und bei sonst anders orientierten Interpretationen verschiedentlich, z.B. bei MUNDLE, Auslegung, 153, OEPKE, Gal, 59, MAURER, Gal, 69–71, VAN DÜLMEN, Theologie, 21 Anm. 28 (doch vgl. 167 samt Anm. 35), BARTH, Jews, 249, und SUHL, Galaterbrief, 3118 (samt Anm. 182).

[124] Einzelübertretungen des Gesetzes können natürlich (auch) im Judentum als äußerst gravierend bewertet werden. Aber dabei pflegt dann im Kontext begründet zu werden, warum die jeweilige Übertretung zum Heilsverlust führt (s. dazu SANDERS, Judentum, 125–129) – und das auch (bei Paulus [vgl. dazu u. (bei) Anm. 246f.], insbesondere) im Galaterbrief (s. nur 3,10–13 [s. dazu u. Kap. 3 (bei) Anm. 223–238] und 5,2–5; anders: 6,1)! –. Vgl. u. (bei) Anm. 233–260(–273).

[125] S. o. (bei) Anm. 70f.

[126] Vgl. o. (bei) Anm. 42.115.

[127] Ähnlich MALHERBE, Diatribe, 232.239, RHYNE, Faith, 59, und STOWERS, Diatribe, 138–146.148.151.

[128] Gegen SCHMITHALS, Judaisten, 41.

einer anderen Kategorie an, ist πνευματικός) auffassen[129]. Und ganz deutlich ist eine solche Doppelung bei Röm 11,1d (der judenchristliche Verfasser als Gegenbeispiel) und 11,2ff. („Rest" gemäß der Schrift).

Zum anderen setzt der Apostel keineswegs immer ganz direkt mit einer eigentlichen Begründung des μὴ γένοιτο bzw. mit einer Widerlegung der durch die Formel in unvorteilhaftes Licht gerückten These ein. Nicht zu verkennen ist nämlich, daß er sich verschiedentlich zunächst wenigstens kurz auf den schon abgeurteilten Standpunkt gedanklich einläßt, ihn auf seine Implikation(en) hin befragend. Das ἐπεὶ πῶς von Röm 3,6b, das einen Widerspruch signalisiert[130], weist darauf auch sprachlich deutlich hin; denn der derart indizierte indirekte Beweis[131] wäre in ausführlicherer Form etwa folgendermaßen zu umschreiben:

Wenn Gott ... ungerecht ist, dann ist Gott nicht Richter.
Nun ist Gott aber Richter.
___
[Also:] Gott ist ... nicht ungerecht.[132]

---

[129] Nach SIEGERT, Argumentation, 128, hätte man ähnlich voneinander abzuheben Röm 9,15f. (es sind „Gaben, auf die kein Anspruch besteht" [ebd.]) und 9,17f. (es „verfolgt Gott mit der Ungleichheit einen guten Zweck" [ebd.]); aber der weithin parallele Aufbau ist schwerlich auf eine Differenzierung aus, wie (überdies) aus dem γάϱ gegen Beginn von V. 17 erhellen dürfte und sich (ferner) aus dem auch von SIEGERT zugestandenen Sachverhalt ergibt, daß „V. 18 sentenzartig eine bis auf V. 15 zurückreichende Summe zieht" (ebd).

[130] S. dazu o. Anm. 72.

[131] Vgl. WONNEBERGER, Überlegungen, 261: „Die Begründung... erfolgt indirekt, indem auf den Widerspruch zu einem festen Grundsatz hingewiesen wird" (vgl. W. BAUER, Wörterbuch, 575). Statt vom indirekten Beweis spricht man in traditioneller logischer Terminologie (wenn nicht vom Enthymem [s. Quint., inst 5,10,2f.] oder vom *modus tollens* [s. u. Anm. 134], so) von der *reductio ad absurdum* (vgl. DOPP, Logik, 26) – die z.B. auch BERGER, Formgeschichte, 103, (freilich als *deductio ad absurdum*) bei Paulus (in 1Kor 15,13ff.; Gal 2,17.18.21) belegt findet –. DOPP, Logik, kann als gerade für geisteswissenschaftlich orientierte Leser konzipierte Logik-Einführung auch im folgenden konsultiert werden, soweit die spärlich verwandte logische Terminologie Verständnisschwierigkeiten bereiten sollte.

[132] Daß gerade auch antike Rhetorik zu Enthymemen neigt und dem Hörer bzw. Leser deren Komplettierung aufgibt und überläßt, wurde schon angesprochen (s. o. Kap. 1 [bei] Anm. 137, vgl. ferner o. [Kap. 2] Anm. 64). Daß die im einzelnen (zumal aufgrund logischer Äquivalenz) oft unterschiedlich mögliche Auffüllung enthymematischer Formulierungen sich im vorliegenden Fall in der vorgeschlagenen Weise nahelegt, dürfte sich vor allem aus 1Kor 15,12ff. ergeben, also aus einer Passage, die zu berücksichtigen sich wegen des gemeinsamen πῶς nahezu aufdrängt. Dort nämlich ist der Beweis offenbar durchgeführt, dessen Absicht schon durch den – in der Art einer *propositio* (vgl. BÜNKER, Disposition, 68 samt Anm. 116) – vorangestellten Vers (mit seinem πῶς [s. nochmals o. Anm. 72]) deutlich wird: Widerlegung der Parole der τινές, Auferstehung von den Toten, Auferstehung Toter (s. zu dieser Übersetzung bes. BACHMANN: Gedankenführung, 268–272; Logik, 100 Anm. 2 [Literatur; vgl. nun auch STROBEL, Korinther, 240f.]), gebe es nicht; denn es lassen sich V. 13.20a unschwer als Prämissen eines Schlusses nach der Regel des *modus*

Wird hier (also) als Konsequenz aus der Behauptung der Ungerechtigkeit des göttlichen Zorns (s. V. 5b) die Unmöglichkeit der Richterstellung Gottes bedacht und angesichts der als gültig eingeschätzten Aussage von Gott als Richter zurückgewiesen und wird davon selbstverständlich die Ausgangsthese mitbetroffen, so argumentiert Paulus nicht nur in Röm 6,(1-)2ff., wo wieder in vergleichbarer Position und ganz analoger Funktion das πῶς erscheint[133], ganz ähnlich, sondern auch noch in Röm 6,(15b-)16ff. und 1Kor 6,(15b-)16f. In Röm 6,16 wird ja (neben ande-

---

tollens auffassen („Wenn es ... keine Auferstehung von den Toten gibt, ist auch Christus nicht auferweckt worden"; „Nun ist aber Christus von den Toten auferweckt worden"), während die *conclusio*, daß es nämlich Auferstehung von den Toten doch gebe, in V. 20b.21 immerhin ansatzweise formuliert ist (vgl. dazu SANDELIN, Auseinandersetzung, bes. 15–19; BACHMANN: Gedankenführung, 272–275; Rezeption, bes. 83f.; Logik, Anm. 2.6.8[Literatur], ferner SCHENK, Philipperbriefe, 73). Dieser Beleg für einen (freilich durch V. 14–19, wo die Brisanz der zu destruierenden Parole [im wesentlichen durch iterierte *modus-ponens*-Struktur] drastisch vor Augen geführt wird [vgl. nur BACHMANN, Rezeption, 89], aufgeweiteten) unverkürzten – nicht-aristotelischen – Syllogismus (vgl. LAUSBERG, Elemente, § 370, und zur diesbezüglichen Terminologie und Geschichte der Logik u. Anm. 134) ist übrigens auch darin für paulinisches Argumentieren von hoher Relevanz, daß und wie der Apostel sich offenkundig die Wahrheit der Prämissen angelegen sein läßt: Die der zweiten (V. 20a; vgl. V. 12a) zu sichern, dürfte die Funktion der Voranstellung von V. 1-11 sein (s. dazu BACHMANN, Gedankenführung, 274f.; DERS., Rezeption, 101f.; BÜNKER, Disposition, 68 [vgl. DE OLIVEIRA, Rez. Schmeller, 372]), und die der ersten (V. 13) ergibt sich aufgrund der speziellen von Aristoteles angestoßenen Syllogistik bzw. aufgrund der Prädikatenlogik. Die Folge der drei Sätze (*[praemissa] maior*, *[praemissa] minor*, *conclusio*) läßt sich folgendermaßen notieren (s. dazu zuletzt BACHMANN, Logik, 101–104, bes. 101): 1) „Kein Gestorbener ist der Auferstehung teilhaftig" (s. V. 13a); 2) (zu ergänzen [s. o. Anm. 64]:) „Christus ist ein Gestorbener"; 3) „Christus ist der Auferstehung nicht teilhaftig" (s. V. 13b). Hat man dies erst einmal erkannt, so wird man beispielsweise auch den wenn-dann-Satz Gal 3,29a analog (zu 1Kor 15,13) auffassen: 1) (gemäß V. 16.19 zu ergänzen:) „Christus ist Abrahams Nachkomme"; 2) „Ihr seid des Christus" (s. V. 29aα); 3) „Ihr seid Abrahams Nachkomme(n)" (s. V. 29aβ). In V. 29a sowie in der (durch den rückwärtigen Kontext abgesicherten) Aussage V. 28d („Ihr alle seid einer in Christus") darf man somit die beiden Prämissen eines Schlusses nach der Regel – nun – des *modus ponens* sehen (vgl. SIEGERT, Argumentation, 193, ferner C.L. BAUER, Logica Paullina, 347, und MACK, Rhetoric, 71). Die Vermutung, daß es bei Paulus dort, wo etwa *modus-ponens*- oder *modus-tollens*-Struktur angedeutet oder ausgeführt ist, auch sonst, z.B. bei Röm 3,(5b-)6b, oft ähnlich steht (insbesondere also die zusammengesetzte Prämisse des insgesamt aussagenlogisch zu verstehenden Schlusses prädikatenlogisch zu begreifen ist), ist kaum von der Hand zu weisen (vgl. SIEGERT, Argumentation, 193 Anm. 56). Vgl. u. bei Anm. 325–327, ferner Anm. 357 sowie Kap. 3 (bei) Anm. 227–236.293–296.

[133] Daß in Röm 6,2b.c πῶς vor der fragwürdigen, nicht vor der positiv gewerteten Aussage steht, unterscheidet diesen Beleg von Röm 3,6b, paßt aber zu 1Kor 15,12 (und Gal 2,14b). Stets ist indes das πῶς vor der zweiten Formulierung plaziert, und überall geht es um einen Widerspruch. Vgl. nochmals o. Anm. 72.

rem) artikuliert, daß bei einer Verwirklichung des ἁμαρτήσωμεν (von V. 15b) die Knechtschaft gegenüber der Sünde sachlich mitgegeben (und logisch zu folgern) ist; und dem setzt Paulus in (und ab) V. 17a das Heilsfaktum entgegen: Knechte der Sünde seid ihr gewesen – und seid es nun nicht mehr. Entsprechend steht in 1Kor 6,17 das Ein-Geist-Sein dem Ein-Fleisch-Sein von V. 16a gegenüber, das sich seinerseits aus der schon abgelehnten Hurerei-Aussage von V. 15b (und [s. V. 16b] aus Gen 2,24) ergab. Bei diesen μὴ-γένοιτο-Belegen ist also (wohl) durchgängig *modus-tollens*-Struktur, wie sie der Logik vor allem seit der Stoa geläufig ist[134], angedeutet oder ausgeführt. Auch in Gal 3,21c.22 wird zwar weiter über

---

[134] Vgl. dazu, daß vor allem die Stoa über die an den Begriffen eines Satzes oder einer Satzfolge orientierte aristotelische Syllogistik hinausgegangen ist und die Beziehungen unanalysierter Sätze zueinander betrachtet hat, etwa SCHOLZ, Logik, 31–35, und BOCHEŃSKI, Logik, bes. 124f. Es trat so, um es in heutiger Terminologie zu sagen, neben die Anfänge der Prädikaten- nun der Beginn der (elementareren) Aussagenlogik. Fünf Schemata galten als grundlegend (s. dazu BOCHEŃSKI, Logik, 144–146, und KONDAKOW, Wörterbuch, 451; vgl. H. SCHNELLE, Explikation, 69):

(i) „wenn das Erste, so das Zweite“
„das Erste“
―――――
„das Zweite“

(ii) „wenn das Erste, so das Zweite“
„nicht das Zweite“
―――――
„nicht das Erste“

(iii) „nicht sowohl das Erste als auch das Zweite“
„das Erste“
―――――
„nicht das Zweite“

(iv) „entweder das Erste oder das Zweite“
„das Erste“
―――――
„nicht das Zweite“

(v) „entweder das Erste oder das Zweite“
„nicht das Zweite“
―――――
„das Erste“

Vier davon sind in der Folgezeit als *modi* des Schließens besonders hervorgehoben und benannt worden (s. dazu etwa KONDAKOW, Wörterbuch, 451, und H. SCHNELLE, Explikation, 69f.). Diese Schlußregeln lassen sich, wenn „$\neg$“, „v“, und „$\rightarrow$“ in dieser Reihenfolge die Negation, die Verknüpfung durch ausschließendes „oder“ („entweder ..., oder ...“) und die Implikation (Verknüpfung durch „wenn ..., dann ...“ bzw. durch „... nur, wenn ...“) bezeichnen und „p“ sowie „q“ Variablen für Aussagen sind, z.B. folgendermaßen darstellen:

(i) $p \rightarrow q$
p
―――
q
(modus [ponendo] ponens)

(ii) $p \rightarrow q$
$\neg q$
―――
$\neg p$
(modus [tollendo] tollens)

(iv) $p \vee q$
p
―――
$\neg q$
(modus ponendo tollens)

(v) $p \vee q$
$\neg q$
―――
p
(modus tollendo ponens [gilt auch für nicht-ausschließendes „oder“]*)*

(Faßt man z.B. das erste Schema zusammen und benutzt man dabei „$\wedge$“ für die Verknüpfung durch „und“, so ergibt sich hier eine allgemeingültige, d.h. bei jeder korrekten

die bereits abgelehnte These von V. 21a nachgedacht, das Gesetz stehe in Konkurrenz zu den Verheißungen[135]: Diese Auffassung gälte, falls ein lebendigmachendes Gesetz gegeben worden wäre, heißt es in dem nachfolgenden Satz V. 21c, der die gedankliche Weiterführung schon durch das – hier nicht anders als in Gal 2,18 – den Eingang bildende εἰ γάρ zum Ausdruck bringt. Aber im Anschluß daran ist offenkundig nicht zunächst eine Negierung der Aussage der Apodosis, sondern der Protasis (s. V. 22a [vgl. V. 23.24a]) intendiert – von wo aus dann natürlich auch

---

Einsetzung zu einer wahren Aussage führende Aussageform, ein logisches Gesetz, das Gesetz zum *modus ponens*:

$((p \rightarrow q) \wedge p) \rightarrow q$

[als Nr. 3.20 bei Dopp, Logik, 66, aufgeführt];

entsprechend ergeben auch die anderen *modi* Gesetze, von denen nur noch das zum *modus tollens* dargeboten sei:

$((p \rightarrow q) \wedge \neg q) \rightarrow \neg p$

[s. ebd., Nr. 3.21].)

Schon nach dem, was o. Anm. 132 gesagt wurde und o. im Text zu *modus tollens* und *modus ponens* bei Paulus ausgeführt wird, dürfte man eine gewisse Vertrautheit des Apostels mit sich von (Aristoteles und) der Stoa herleitenden Traditionen für wahrscheinlich zu halten haben (gegen Siegert, Argumentation, 193; anders als bei S. etwa das Urteil Augustins [Contra Cresconium 1,14,17; 1,20,25; vgl. 1,12,15], der sich dafür indes nicht zuletzt auf Act 17,17ff. bezieht [vgl. Bucher, Beweisführung, 144 samt Anm. 22]). Damit wird um so mehr zu rechnen sein, als die genannten vier Schemata fraglos auch in der Rhetorik rezipiert worden sind. Eben sie stehen (in der Reihenfolge: (iv), (i), (v), (ii)) im Hintergrund, wenn Quintilian (inst 5,8,7) hinsichtlich der „künstlichen“ Beweise folgendermaßen unterscheidet: *omnium probationum quadruplex ratio est, ut vel quia est aliquid, aliud non sit, ut: ‚dies est, nox non est‘, vel quia est aliquid, et aliud sit: ‚sol est super terram, dies est‘, vel quia aliquid non est, aliud sit: ‚non est nox, dies est‘, vel quia aliquid non est, nec aliud sit: ‚non est rationalis, nec homo est‘.* Zum *modus tollens* im Galaterbrief vgl. u. bes. (bei) Anm. 140–146.211–217, ferner Kap. 3 (bei) Anm. 246.

[135] So etwa Lietzmann, Gal, 23, Oepke, Gal, 84f., Mussner, Gal, 251, Ebeling, Gal, 261f., und Suhl, Galater, 294. Anders vor allem Lambrecht, Line, 492 (vgl. Ders., Once Again, 150f.). Er wird dabei indes erstens dem rückwärtigen Kontext schwerlich gerecht, der doch, wie auch immer die – eine (wenigstens indirekte) Beteiligung Gottes an der Gesetzgebung jedenfalls nicht ausschließenden – schwierigen Aussagen von V. 19f. genauer zu verstehen sind, ab V. 15 von der dann in V. 18a.b besonders deutlich angesprochenen Vorstellung, das Gesetz könne der (bzw. den) Verheißung(en) den Rang streitig machen, geprägt ist (vgl. dazu u. Kap. 3 [bei] Anm. 247–276, bes. [bei] Anm. 250.265). Zweitens sieht sich Lambrecht so unnötigerweise gezwungen, im Blick auf den nachfolgenden Zusammenhang für V. 21c einen nahezu adversativen Gebrauch des γάρ zu behaupten (Line, 491–493; Once Again, 149.150f.; ebd., 149 Anm. 3: L. in diesem Punkt folgende Autoren); das ist indes offenbar schon in sich eine recht merkwürdige Auskunft (vgl. dazu nur o. Anm. 6), und es kommt hinzu, daß Lambrecht nicht nur an den soeben o. im Text aufgeführten Vergleichsstellen vorbeigeht, sondern auch verkennt, daß die mit dem zurückgewiesenen Einwand eingeleitete thematische Verlagerung (obwohl er sie für Gal 2,17 anzudeuten scheint [s. o. Anm. 88]) sich, wie schon unter den Punkten *(1)* und *(3)* aufgezeigt, bei Paulus (fast) ausnahmslos durchhält. Richtig ist selbstverständlich, daß der Apostel auch dort, wo er sich kurz inhaltlich auf die bereits abgelehnte These einläßt, diese letztlich gerade nicht bestätigen will. Vgl. u. Anm. 142.

der Nachsatz (s. V. 22b) und damit jene These äußerst fragwürdig wird (s. V. 24b.25ff.) –[136].

Abgesehen davon, daß zwei zu unterscheidende Entgegnungen möglich sind und daß Paulus ohne und noch lieber unter Verwendung der *modus-tollens*-Struktur unverkennbar hinter das μὴ γένοιτο zurückgehen, die illegitime Aussage gedanklich aufnehmen kann, fällt außerdem auf, daß, wie unter Punkt *(5)* eben so anklang, nach der formalen Ablehnung durch μὴ γένοιτο und schon vor der sachhaltigen Argumentation im engeren Sinne an einigen Stellen eine knappe inhaltliche Abweisung erfolgt, die also so etwas wie einen Vorgriff darstellt (vgl. [nochmals] Röm 3,4b; 11,2a und Gal 3,22).

Man wird auf diesem Hintergrund nicht nur vermuten müssen, daß die mit Gal 2,17b gegebene inhaltliche Verschiebung – hin auf das Glaubensleben (s. o. Punkt *(3)*) – sich im Anschluß durchhält, sondern überdies zu erwägen haben, ob von hier aus nicht auch die Rolle des nachfolgenden Verses eine Erklärung finden kann, von dem etwa W. SCHMITHALS den Eindruck hat, daß er „in dem deutlichen Gedankengang von V. 15–21 als ein Störenfried“[137] auftritt. Dabei scheidet indes die Annahme, es handle sich bei V. 18 und V. 19ff. ähnlich wie etwa bei Röm 11,1d und 11,2ff. um zwei deutlich voneinander abzuhebende Widerlegungen, wohl schon deshalb[138] aus, weil dazu bei der sonstigen Lebhaftigkeit des Stils das durchgehende Ich nicht passen will, wie es auch an den beiden Ver-

---

[136] Daß die Argumentation hier so – und damit erheblich anders als an den zuvor genannten Stellen – verläuft, ist nicht nur daraus zu ersehen, daß nach dem den Zusammenhang bestimmenden Wortfeld deutlich eben V. 21cβ und V. 22b (s. nur: δικαιοσύνη/ἐπαγγελία; ἐκ νόμου/ἐκ πίστεως) und schon deshalb V. 21cα und V. 22a aufeinander zu beziehen sind, sondern auch aus dem Faktum, daß es sich bei V. 21c um einen der wenigen paulinischen Belege für einen durchgeführten Irrealis handelt (s. dazu BLASS/DEBRUNNER/REHKOPF, Grammatik, § 360 samt Anm. 1, und LAMBRECHT, Conditions, 155f.). Denn das besagt ja insbesondere, daß die Aussage zunächst der Protasis als nicht den Tatsachen entsprechend aufzufassen ist, und eben dies wird in 1Kor 2,8a und Gal 1,10b unmittelbar vor dem Irrealis, entsprechend in 1Kor 11,32 (vgl. V. 29) – ganz ähnlich wie in Gal 3,22! – im Anschluß an ihn zusätzlich zum Ausdruck gebracht. Im übrigen verdient es Beachtung, daß der Irrealis (und auch der Potentialis) – anders als der Realis bzw. Indefinitus – sich (wegen des über die Protasis Vermerkten) nicht mit Hilfe der aussagenlogischen Verknüpfung „Implikation“ darstellen läßt (s. dazu DOPP, Logik, 51f.).

[137] SCHMITHALS, Judaisten, 41 (vgl. o. Kap. 1 [bei] Anm. 42–45 sowie o. [Kap. 2] bei Anm. 10, ferner u. [bei] Anm. 150). Vgl. zu der verwandten These, V. 18 sei als Parenthese aufzufassen, die nachfolgende Anm.

[138] Es finden sich überdies in der Sekundärliteratur, wie es scheint, keine befriedigenden Interpretationen, nach denen hier, in Gal 2,18–21, wirklich zwei Entgegnungen anzunehmen wären. Am ehesten akzeptabel ist die öfter begegnende Charakterisierung, bei V. 18 handle es sich um negative, bei V. 19(ff.) um positive Argumentation (so z.B. HOLSTEN,

gleichsstellen (Röm 7,13cff.; 11,1dff.) keine Parallele hat[139]. Es bleibt die Möglichkeit, in V. 18 solle die inkriminierte These in einer bestimmten Hinsicht entfaltet und als solchermaßen charakterisierte vorgreifend und kurz – negativ – qualifiziert (V. 18b) werden. Und das macht Sinn! Schon unter Punkt *(5)* waren wir darauf gestoßen, die Formulierung παραβάτην ἐμαυτὸν συνιστάνω (V. 18b) könne bedeuten: Ich erweise mich als jemand, der gegen Gottes Heilswillen handelt – wie er sich in Christus und in der Verbindung mit Christus darstellt –.

Genau ein solches Verständnis paßt nun in dreifacher Hinsicht bestens zu den obigen *modus-tollens*-Belegen. Erstens nämlich haben es auch da die Aussagen, die jeweils den zweiten Teil der ersten der beiden Prämissen bilden und denen Gal 2,18b als Apodosis gut entsprechen könnte, mit etwas zu tun, was Gottes Wirklichkeit oder Wirken widerspricht. Zweitens folgt dort dann in der Regel (nahezu[140]) unmittelbar – als zweite Prämisse – die Konstatierung von Gottes Wirklichkeit oder Wirken, und von Gottes Handeln in Christus ist sogleich im Anschluß an V. 18b ebenfalls die Rede[141]. Drittens pflegt sich an jenen Stellen, wie ausgeführt, die abschließende Aussage der voranstehenden Prämisse aus der schon verworfenen These zu ergeben, und eben dazu fügt sich die mit εἰ γάρ beginnende Protasis V. 18a, die zwischen V. 17b und V. 18b vermittelt[142]; denn wer im näheren oder weiteren Umkreis des Apostels Christus für

---

Evangelium I,1, 86, SCHLIER, Gal, 96, G. KLEIN, Individualgeschichte, 199, KÜMMEL, „Individualgeschichte", 139, und RHYNE, Faith, 52f.). Auch diese Kennzeichnung droht indes den (wie sich sogleich zeigen wird:) engen Zusammenhang zwischen V. 18 und V. 19(ff.) zu verdecken (doch s. KÜMMEL, „Individualgeschichte", 139). Es erstaunt so nicht, daß etwa SCHLIER, Gal, 96 (vgl. z.B. LIETZMANN, Gal, 16, BULTMANN, Auslegung, 397, und THÜSING, Christum, 109) im Blick auf V. 18 von einer Parenthese sprechen kann. Und wenn G. KLEIN meint, V. 18 solle „unter Assoziation auf das historische Exempel des Petrus" (Individualgeschichte, 199) den allein noch möglichen „Dienst an der Sünde" (ebd.) demonstrieren (also: nicht Christus, sondern Leute wie Petrus sind Sündendiener), während V. 19 zeige (s. ebd., 199f.), daß das Christenleben nicht Sündendienst sei (also: Christus ist kein Sündendiener), so fragt sich nicht nur, ob Petrus von V. 19 auszunehmen ist, sondern vor allem, ob hier dem (in V. 18ff. durchgehenden) Ich Rechnung getragen ist (s. dazu o. [bei] Anm. 101–112, bes. Anm. 103).

139 Dem Ich von Röm 7,13c (generell) und Röm 11,1d (individuell) steht im Anschluß jeweils (zunächst) ein Plural gegenüber (7,14a: Wir; 11,2: Ihr).

140 In 1Kor 6,15–17 tritt indes (mit 1Kor 6,16b) das Zitat aus Gen 2,24 dazwischen.

141 Daß hinter dem in V. 19f. thematischen Christusgeschehen Gott steht, ergibt sich spätestens aus V. 21a (vgl. V. 19b).

142 Deshalb und weil auch in anderen Fällen die zusammengesetzte Prämisse eines *modus tollens* mit εἰ γάρ einsetzen kann (s. Röm 4,14; Gal 2,21b; 3,18; auch εἰ δέ ist freilich gut möglich [s. z.B. 1Kor 15,13; Gal 3,29a]), ist die Auffassung LAMBRECHTS zurückzuweisen, dieses εἰ γάρ sei nach Analogie des (wie wir schon sahen [s. o. Anm. 134]: auch nur

einen Diener der Sünde, einen „Sündenproduzenten" im Christenleben[143], hält (s. V. 17b), wird damit verbinden, daß die Linie, die nach V. 15f. sozusagen von den ἔϱγα νόμου zum Glauben an Christus geführt hattte, nicht unproblematisch ist, der spezielle mit dieser Orientierung offenbar oder zumindest scheinbar verbundene Abbau von Gesetzesbedeutung[144] also rückgängig zu machen ist (s. V. 18a). Wer derart denkt und handelt, erweist sich, so urteilt Paulus dann gemäß der Apodosis, als ein παϱαβάτης (s. V. 18b)! Und er urteilt so aufgrund der Wirklichkeit und des Wirkens Gottes, wie sie sich in theologisch-heilsgeschichtlich bedachter Erfahrung widerspiegeln: Das Christusgeschehen, wie es den Christen, gerade auch den Judenchristen (s. V. 19aα), bestimmt, allein nämlich, und zwar ohne Gesetzeswerke oder (sogar) ohne das Gesetz, dem oder denen man (beim Gläubigwerden) doch gestorben war (s. V. 19aβ), ist Garant eines auf Gott bezogenen Lebens (s. V. 19b), zumal das Christusgeschehen sich als das Leben Christi – des Sohnes Gottes – selbst im Gläubigen darstellt (s. V. 19c.20), des Christus, der sich für ihn dahingegeben hat (s. V. 20dγ). Die Auffassung, es bedürfe für Judenchristen eines Wiederaufbaus[145] von Gesetzesbedeutung, widerstreitet also dem Christusgeschehen und ist ebenso falsch wie die zugrundeliegende Ansicht, Christus sei ein Diener der Sünde[146]. Ganz im Gegenteil. Und deshalb: μὴ γένοιτο!

---

angeblich) einigermaßen adversativen Beginns von Gal 3,21c zu verstehen (vgl. o. [bei] Anm. 134f. zu so etwas wie einer Sonderstellung von Gal 3,21f., die auch bei ZAHN, Gal, 131 samt Anm. 68, verkannt ist) und dem γάϱ komme „the function ... of slight opposition" (Line, 495; ähnlich SUHL, Galaterbrief, 3118 Anm. 179) zu. (Eher könnte man gegen Anfang der anderen Prämisse, also in Gal 2,19a, einen Hinweis auf die Entgegensetzung, etwa mittels eines δέ, erwarten [vgl. z.B. das νυνὶ δέ von 1Kor 15,20a und dazu BACHMANN, Logik, 104 Anm. 8, vgl. ferner u. Anm. 357; zum betonten ἐγώ vgl. o. Anm. 111]; aber notwendig scheint ein solches Merkmal nicht zu sein [vgl. z.B. Röm 4,13 und Gal 2,21, ferner Gal 3,28d], und das knappe παϱαβάτης-Urteil von Gal 2,18b verlangt nahezu nach einer Ausführung darüber, was denn nun eigentlich „übertreten" wird.)

143 S. dazu o. Anm. 88.

144 Diese etwas wolkige Formulierung in bezug auf das Objekt des καταλύειν (und des πάλιν οἰκοδομεῖν) wird hier (vorerst) bewußt verwandt, weil sich damit ein exegetischer Minimalkonsens fassen läßt (vgl. o. Anm. 121). Mit ihm hat wenig im Sinn GASTON, Torah, 71, der das καταλύειν ohne Anhalt am näheren Kontext auf Paulus' Verfolgung der jungen Gemeinde deutet.

145 Daß er, nicht jener Abbau (s. zu dieser Alternative nochmals o. Anm. 121), von Paulus gegeißelt wird, legt sich also hier schon aufgrund der Wendung von Christus als Diener der Sünde und aufgrund der die Argumentationsparallelen bestimmenden Logik nahe. Vgl. dazu u. (bei) Anm. 156.191f.205.218–232.

146 Will man versuchen, die Folge von Aussagen zu komplettieren und symbolisch darzustellen, so scheint das, wenn man (der Einfachheit halber und nicht sonderlich auf-

2.3 Architektonisches

Obwohl die im Vorangehenden zusammengestellten Beobachtungen zum μὴ γένοιτο sich gerade nicht auf Gal 2,17c bzw. 2,15–21 beschränkten, leisteten und leisten sie doch einen erheblichen Beitrag zu den wichtigen mit der Architektonik des Teiltextes zusammenhängenden Problemen, wie sie oben unter 2.1 angesprochen wurden. Abgesehen davon, daß bei diesem Vorgehen z. B. eine Einzelfrage wie die nach der Bedeutung des Ich von V. 18 – im Sinne des überindividuellen Gebrauchs[147] – beantwortet werden konnte, ergaben sich nämlich eine Reihe von interessanten Hinweisen darauf, daß der Passus trotz der ihn fraglos kennzeichnenden Spannungen, zu denen etwa auch der auf die Aussage V. 17b führende, vom Verfasser benutzte Fehlschluß[148] beiträgt und beitragen soll, keineswegs als eine Aufeinanderfolge von schwierigen und disparaten Elementen zu begreifen ist, die zu dem Urteil zwingen müßten, bei V. 18 handle es sich – um eine Parenthese[149] oder gar – um eine Interpolation[150]. Vielmehr zeigte sich, daß V. 17, oft als besonders problematisch

---

schlußreich) „A(V. 17b)" für „Aussage von V. 17b" und analog in bezug auf andere Verse oder Versteile schreibt (ferner „¬" und „→" in der o. Anm. 134 eingeführten Weise gebraucht), angesichts der hier vertretenen Entsprechung von „¬A(V. 18b)" und „A(V. 19f.)" in den folgenden Schritten näherungsweise möglich:

A(V. 17b) → A(V. 18a)
A(V. 18a) → A(V. 18b)
A(V. 19f.)
———
¬A(V. 18a)
———
¬A(V. 18a)
———
¬A(V. 17b)

Es läge dann also hier (wo gegenüber dem [enthymematischen] Text „¬A(V. 18a)" und „¬A(V. 17b)" ergänzt worden sind) iterierte (vgl. o. Anm. 132 das zu 1Kor 15,14ff. Vermerkte), doppelte *modus-tollens*-Struktur vor. (Das bliebe übrigens auch so, falls das „wenn ..., [dann] ..." von V. 18 im Sinne eines „genau dann ..., wenn ..." gebraucht sein sollte.) Vgl. u. (bei) Anm. 211–216.

[147] Vgl. dazu o. (bei) Anm. 8.102–112.

[148] Vgl. dazu o. in 2.2 unter Punkt *(3)* (und Punkt *(6)*).

[149] Vgl. dazu o. Anm. 138.

[150] Vgl. dazu o. Kap. 1 (bei) Anm. 42–45 sowie o. (Kap. 2) (bei) Anm. 10.137. Explizit zurückgewiesen wird die These, V. 18 sei sekundär in den Text gelangt, auch von KÜMMEL, „Individualgeschichte", 139, LAMBRECHT, Line, 491 Anm. 29, WATSON, Paul, 199 (Anm. 94 zu 68), und SUHL, Galaterbrief, 3118 Anm. 182. Jedenfalls in Fällen wie dem vorliegenden, in denen die beobachtbare Textüberlieferung keinerlei Anhalt für ein textliches Wachstum bietet, wird es ein gesundes Prinzip sein, Interpolationsbehauptungen nach Möglichkeit zu vermeiden. Textlinguistische Orientierung dürfte, wie man am Beispiel von Gal

eingeschätzt, beidseitig recht fest in den Kontext eingebettet ist[151] – und damit natürlich auch V. 18. Daran ändert, wie sich nun ebenfalls mit ziemlicher Bestimmtheit sagen läßt, der für die paulinische Verwendung von μὴ γένοιτο gerade einigermaßen typische Wir/Ich-Wechsel[152] nichts. Denn er fügt sich bestens mit dem schon angesprochenen, nicht nur V. 17 betreffenden Ergebnis zusammen, daß die auf V. 17a – und damit auf den letztmaligen Gebrauch des Wir – folgende, dem μὴ γένοιτο (V. 17c) unmittelbar vorausgehende Frage V. 17b eine inhaltliche Verschiebung mit sich bringt, die sich auch über die Interjektion hinaus noch auswirkt[153]. Das ist natürlich für die Struktur des Teiltextes insofern von hohem Belang, als damit immerhin wahrscheinlich ist, daß der Autor formal (Wir/Ich) und nicht nur formal eine Zweiteilung der Passage bietet und bieten will. Wovon V. 15–17a ganz wesentlich bestimmt ist, erhellt nicht zuletzt aus der erhobenen Funktion des εἰ-Satzes V. 17a: Ihm, der als Realis einzuschätzen ist, kommt im Blick auf das Vorangehende (V. 15f.) eine summierende Aufgabe zu, und was er auf den Punkt bringt, ist das Gläubigwerden von Judenchristen[154].

Dürfen vor allem diese Resultate festgehalten und im folgenden zugrundegelegt werden, so täte anderen Thesen eine zusätzliche Stützung durch weitere, noch stärker auf unsere literarische Einheit bezogene Strukturbeobachtungen gut. Das gilt zunächst für die – hinsichtlich der angesprochenen Zweiteilung wichtige – Behauptung, V. 17b habe es mit einer Funktion bzw. Fehlfunktion Christi für das Glaubensleben zu tun und auf der christlichen Existenz, nicht mehr auf der Bekehrung, liege von nun an der Ton[155]. Es gilt ferner für die im Zusammenhang mit der Erwägung, bei der inhaltlichen Rechtfertigung des μὴ γένοιτο werde möglicherweise unter Verwendung von *modus-tollens*-Struktur argumentiert, gewonnenen Auskünfte, in V. 18a sei nicht der Abbau, sondern der Wiederaufbau von Gesetzesbedeutung der entscheidende Sachverhalt und genau dieses πάλιν οἰκοδομεῖν werte V. 18b als einen fundamentalen Verstoß gegen Gottes Heilswillen und -handeln[156].

2,(15–17.)18(.19–21) wohl verifizieren kann, eine Hilfe sein, sich scheinbarer oder wirklicher Ungereimtheiten eines Textes nicht nur nicht auf traditionsgeschichtlichem (vgl. dazu o. Kap. 1 [bei] Anm. 103), sondern auch nicht auf textkritischem Wege vorschnell zu entledigen.

[151] Vgl. dazu o. (bei) Anm. 3 sowie in 2.2, bes. unter den Punkten *(1)* und *(6)*.

[152] Vgl. dazu o. in 2.2 unter Punkt *(4)*.

[153] Vgl. dazu o. in 2.2 unter Punkt *(6)* (und Punkt *(1)*).

[154] Vgl. dazu o. in 2.2 unter den Punkten *(1)* und *(3)*.

[155] Vgl. dazu einerseits o. in 2.2 unter Punkt *(3)*, bes. (bei) Anm. 88, und unter Punkt *(6)*, andererseits u. (bes.) bei Anm. 181.208 (vgl. ferner [bei] Anm. 210).

[156] Vgl. dazu einerseits o. in 2.2 unter Punkt *(6)*, bes. (bei) Anm. 144f., sowie unter Punkt *(5)*, andererseits u. bei Anm. 191f.205.218–232.233–260(–273).

Soll hier vorangekommen werden, so wird es sich empfehlen, des zu einer offenbar beabsichtigten Zweiteilung der Passage Gesagten gewärtig zu bleiben. Sodann ist es hilfreich, sich dessen zu erinnern, was mit dem Hinweis auf V. 17a als Realis soeben[157] immerhin berührt wurde: Zum einen erwies sich V. 17a als ein recht spezieller Realis, nämlich als ein solcher, bei dem das Ausgesagte als den Tatsachen entsprechend gilt[158], und zum anderen zeigte sich, daß V. 17a.b wegen des Übergangs zu einer rhetorischen Frage (εἰ δὲ…, ἄρα…;) keine Parallele in V. 21b (εἰ γὰρ…, ἄρα…) findet[159]. Damit ist nämlich der Blick für die zumindest formale Parallelität der je mit εἰ γάρ beginnenden Konditionalsätze V. 18 und V. 21b frei. Der letztere nun ist nach dem Zusammenhang (s. bes. V. 16) offenkundig kein Realis in der Art, daß der Verfasser das in der Protasis Bezeichnete für zutreffend hielte[160]. Und da die Formulierung auch kein Indiz, das auf einen Irrealis deutete, bietet[161], das die Apodosis einleitende γάρ vielmehr bei den paulinischen Belegen für eine derartige Bedingung nirgends begegnet[162], handelt es sich[163] bei V. 21b mit hoher Wahrscheinlichkeit um einen Indefinitus, genauer: um „simple condition“[164]. Die formale Entsprechung zwischen V. 18 und V. 21b läßt nicht anders als dies, daß V. 18a (mit οἰκοδομῶ) ein im Präsens stehendes

---

157 Nämlich o. bei Anm. 154.

158 Vgl. dazu o. (bei) Anm. 85f.

159 Vgl. dazu o. (bei) Anm. (57-)65. Nicht V. 18, sondern V. 17a.b als Entsprechung zu V. 21b aufzufassen, ist eine der entscheidenden Schwächen der Strukturanalyse sowohl bei Buscemi als auch bei Smit (vgl. dazu o. außer Anm. 65 noch Anm. 19.27.30). Entsprechend beurteilt auch Lambrecht, Once Again, 153 Anm. 21, den von beiden Autoren behaupteten Parallelismus von V. 14b.15–16.17 und V. 18.19–20.21 als „hardly convincing“ (vgl. ferner Suhl, Galaterbrief, 3115 Anm. 174f).

160 S. dazu nur Burton, Gal, 141, H.D. Betz, Gal, 235, und Borse, Gal, 119. Anders Gaston, Torah, 66.72 (s. dazu u. Anm. 184).

161 In der Protasis fehlt jedes Verb, in der Apodosis ein ἄν. Dieser (freilich auch für Gal 4,15bβ [vgl. jedoch zu dieser Stelle die nachfolgende Anm.] zutreffende) Sachverhalt ist, auch wenn er in neutestamentlicher Zeit nicht eindeutig gegen einen Irrealis spricht (s. dazu nur o. Anm. 85), doch zu beachten, zumal Paulus im Galaterbrief immerhin zweimal einwandfreie Irrealis-Konstruktionen bietet: 1,10c; 3,21c (s. dazu nur o. Anm. 136).

162 Das gilt sowohl für die unbestreitbaren Irrealis-Fälle im Corpus Paulinum, die sämtlich o. Anm. 136 angesprochen wurden, als auch für die weniger sicheren, die Lambrecht, Conditions, 155f., diskutiert. Und es gilt eben nicht für den Bereich des Realis (vgl. z.B. ebd., 156). (Das γάρ unterscheidet Gal 2,21b im übrigen auch von Gal 4,15bβ [vgl. zu dieser Stelle die vorige Anm.].)

163 Richtig hinsichtlich dieser (in den Kommentaren selten gestellten) Frage Burton, Gal, 141, auch Gaston, Torah, 66. Anders (vgl.o. Anm. 65) Bultmann, Auslegung, 396f., und Buscemi, struttura, 68. Unentschieden: Lambrecht, Conditions, 155f., bei dem indes der das γάρ betreffende Tatbestand nicht ins Blickfeld kommt.

164 Vgl. zu diesen Termini, die dem (sich z.B. bei Theissen, Aspekte, 201, in bezug auf Gal [2,18 und] 5,11 [richtig hierzu: Lambrecht, Conditions, 156] andeutenden) Mißver-

Prädikat aufweist, damit rechnen, daß es in V. 18 mit der Art des εἰ-Satzes[165] und mit dem folgerichtigen Übergang zur Apodosis[166] analog steht.

Außer hinsichtlich jener Zweiteilung und hinsichtlich dieser Parallelität sei indes nicht weiter auf das zu einzelnen Zügen unserer Passage schon Vermerkte rekurriert. Beobachtungen wie die, daß gleich von V. 15 an die Ausführungen durch so etwas wie eine polare Strukturierung bestimmt sind, werden nämlich schneller und leichter durch den Versuch einer gewisse Merkmale optisch herausstellenden Textdarbietung zu vermitteln sein[167], der dann einige kommentierende und folgernde Bemerkungen angeschlossen werden sollen.

[Das Tableau folgt auf der nächsten Seite.]

Die Skizze, in der vor allem Textanordnung, Umrahmungen, Unterstreichungen und in runde Klammern gesetzte Zufügungen der deutlicheren Strukturerfassung dienen sollen, widerspricht dem fraglos nicht, was zuvor hinsichtlich einer Zweiteilung der Passage und einer zumindest formalen Parallelität von V. 18 und V. 21b gesagt wurde. Außerdem fallen mindestens die folgenden beiden Punkte sogleich ins Auge, die zunächst nur stichwortartig angesprochen seien:

Erstens ist der Teiltext offenkundig von einer doppelten Polarität geprägt, nämlich einmal von der eröffnenden und eben deshalb fortwirken-

---

ständnis wehren können, als umfasse der Begriff „Realis" nur solche Fälle, bei denen das im εἰ-Satz Ausgesagte der Wirklichkeit entspricht, und nicht auch solche, wo der Autor „points only to the logical connection between the protasis and the apodosis" (LAMBRECHT, ebd., 154; vgl. 156): BLASS/DEBRUNNER/REHKOPF, Grammatik, § 371 Anm. 1, und (eben) LAMBRECHT, Conditions, 154.

165 So z.B. DERS., Line, 491.493 (vgl. DERS., Conditions, 155f.); anders etwa THEISSEN, Aspekte, 201 (der freilich, wie in der vorigen Anm. angesprochen, recht großzügig mit dem Terminus „Irrealis" umgeht). Vgl. BLASS/DEBRUNNER/REHKOPF, Grammatik, § 372,1 Anm. 1; leider wird in diesem Paragraphen die Stelle nicht wie etwa 1Kor 15,13.14.16.17 (vgl. V. 12.19.29b.32b sowie Gal 5,11) den εἰ-Belegen für einen Realis „ohne kausalen oder beschränkenden Nebenbegriff" (ebd., § 372,2) zugerechnet (s. ebd., § 372,2 samt Anm. 6). Paulus will indes Gal 2,18a fraglos (zumindest primär) im Sinne einer Annahme verstanden wissen (s. dazu etwa KÜMMEL, „Individualgeschichte", 138f.) – von der aus er dann zu der Aussage von V. 18b fortschreitet.

166 Vgl. (nochmals) o. (bei) Anm. 64.

167 Das Maß des natürlich auch dabei nicht zu vermeidenden Hypothetischen wird dem Betrachter schwerlich entgehen – zumal beim Vergleich mit anderen Visualisierungsversuchen. Zu solchen scheint der Teiltext bzw. scheinen seine Elemente geradezu einzuladen. Aus jüngerer Zeit sind vor allem zu nennen: BLIGH, Discussion, 194, BOUWMAN, Diener, 53f., BUSCEMI, struttura, 66(–72), SMIT, heidenen, 129–131 (vgl. DERS., Paulus, 360), KITZBERGER, Bau, 143, und SUHL, Galaterbrief, 3100. Zu den im folgenden anzusprechenden Ringkompositionen innerhalb von V. 15f. und von V. 19f. vgl. bes. BUSCEMI, struttura, 66f.69–72, BOUWMAN, Diener, 52f., EBELING, Gal, 168–170.189f., und SUHL, Galaterbrief, 3099/3101 (vgl. DERS.: Paulus, 24; Galater 281f.).

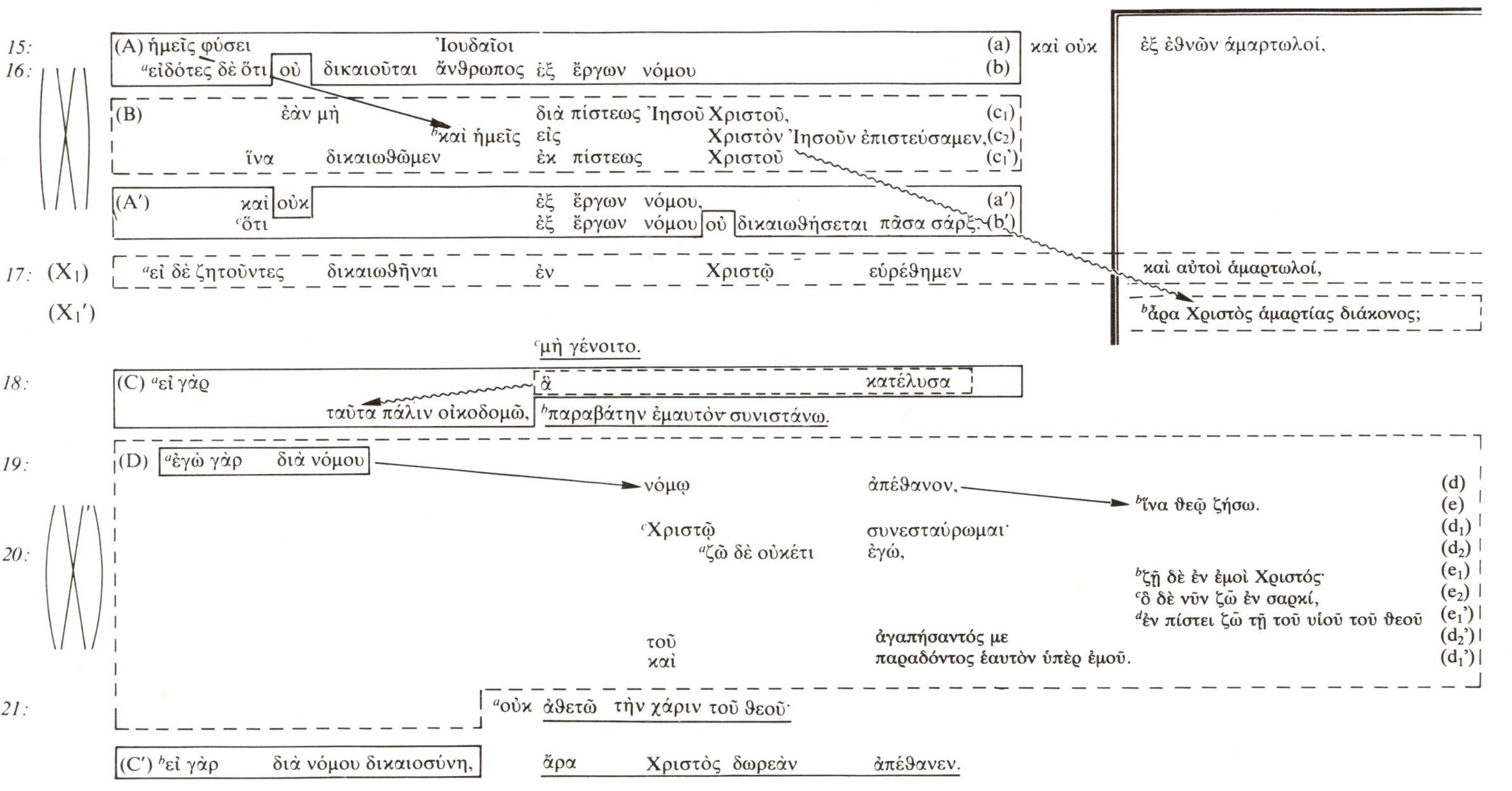
V. 15:
(A) ἡμεῖς φύσει Ἰουδαῖοι (a)
καὶ οὐκ ἐξ ἐθνῶν ἁμαρτωλοί,
V. 16:
ᵃεἰδότες δὲ ὅτι οὐ δικαιοῦται ἄνθρωπος ἐξ ἔργων νόμου (b)
(B) ἐὰν μὴ διὰ πίστεως Ἰησοῦ Χριστοῦ, (c₁)
ᵇκαὶ ἡμεῖς εἰς Χριστὸν Ἰησοῦν ἐπιστεύσαμεν, (c₂)
ἵνα δικαιωθῶμεν ἐκ πίστεως Χριστοῦ (c₁')
(A') καὶ οὐκ ἐξ ἔργων νόμου, (a')
ᶜὅτι ἐξ ἔργων νόμου οὐ δικαιωθήσεται πᾶσα σάρξ. (b')
V. 17: (X₁) ᵃεἰ δὲ ζητοῦντες δικαιωθῆναι ἐν Χριστῷ εὑρέθημεν καὶ αὐτοὶ ἁμαρτωλοί,
(X₁') ᵇἆρα Χριστὸς ἁμαρτίας διάκονος;
ᶜμὴ γένοιτο.
V. 18:
(C) ᵃεἰ γὰρ ἃ κατέλυσα
ταῦτα πάλιν οἰκοδομῶ, ᵇπαραβάτην ἐμαυτὸν συνιστάνω.
V. 19:
(D) ᵃἐγὼ γὰρ διὰ νόμου
νόμῳ ἀπέθανον, (d)
ᵇἵνα θεῷ ζήσω. (e)
V. 20:
ᶜΧριστῷ συνεσταύρωμαι· (d₁)
ᵃζῶ δὲ οὐκέτι ἐγώ, (d₂)
ᵇζῇ δὲ ἐν ἐμοὶ Χριστός· (e₁)
ᶜὃ δὲ νῦν ζῶ ἐν σαρκί, (e₂)
ᵈἐν πίστει ζῶ τῇ τοῦ υἱοῦ τοῦ θεοῦ (e₁')
τοῦ ἀγαπήσαντός με (d₂')
καὶ παραδόντος ἑαυτὸν ὑπὲρ ἐμοῦ. (d₁')
V. 21:
ᵃοὐκ ἀθετῶ τὴν χάριν τοῦ θεοῦ·
(C') ᵇεἰ γὰρ διὰ νόμου δικαιοσύνη,
ἄρα Χριστὸς δωρεὰν ἀπέθανεν.

den zwischen „Juden“[168] und „Sündern“[169] und zum anderen sodann von derjenigen, die näherungsweise durch die Begriffe „Gesetz“ und „Christus“ gekennzeichnet werden kann. Und diese Paare sind überdies offenkundig durch ein Moment, nämlich durch das des Gesetzes, miteinander verbunden; denn „Gesetz“, genauer: „Gerechtfertigtwerden aus Werken des Gesetzes“, wird schon nach dem adversativen δέ von V. 16a und angesichts der nachfolgenden, in V. 16bγ.c noch verstärkten Negation in bezug auf solches „Gerechtfertigtwerden“ als mögliches Charakteristikum eines in V. 15 wenigstens angesprochenen jüdischen Selbstverständnisses gelten sollen[170].

Zweitens liegen im Bereich der „Gesetz“-„Christus“-Polarität fraglos ringkompositorische und auch chiastische Beziehungen vor. Erst wenn diese etwas klarer erfaßt sind, wird hinreichend erkennbar sein können, wie jene Paare und die mit ihnen gegebenen Spannungen die Dynamik des Teiltextes bedingen.

Unverkennbar ist Ringkompositorisches zunächst in V. 15f. Das gilt zunächst im Größeren für die Aufeinanderfolge „Gesetz“, „Christus“ und „Gesetz“ bzw. A, B und A’. Der zentrale Teil[171], also B, ist dabei nicht nur durch seine Mittelstellung und durch den Tatbestand hervorgehoben, daß er offenbar drei Zeilen umfaßt, A und A’ hingegen nur zwei (wobei im übrigen eine auffällige Korrespondenz zwischen den beiden Schlußposition einnehmenden besteht); allein er weist auch eine finite Verbform auf, deren Subjekt die ἡμεῖς sind. Rahmen und Zentrum sind indes noch direkter, nämlich auch inhaltlich aufeinander bezogen. Es

[168] Bei Ἰουδαῖος wird es sich hier schon deshalb nicht um ein Adjektiv handeln können, weil Paulus das Lexem (sonst) durchweg – über 20mal – als Substantiv benutzt (vgl.: W. Bauer, Wörterbuch, 769; Kuhli, Ἰουδαῖος, 474) und so auch unmittelbar vor unserer Stelle verfährt (2,13.14b; wie die Verwendung des Adverbs Ἰουδαϊκῶς in V. 14b wahrscheinlich macht, dürfte er überdies über das Adjektiv Ἰουδαϊκός verfügen können [vgl. Tit 1,14]), entsprechend dann auch in (Gal) 3,28. Vgl. Neitzel, Interpretation, 17 Anm. 14, ferner u. (bei) Anm. 281.

[169] Ob die Polarität mit der Gegenüberstellung dieser beiden Stichwörter schon zufriedenstellend charakterisiert ist, hängt von der noch zurückzustellenden Beantwortung der schon o. (bei) Anm. 13 angesprochenen Frage ab, ob auch „Juden“ zu den „Sündern“ gerechnet werden sollen (s. dazu u. [bei] Anm. 275–291).

[170] Dazu, so zu schließen, reicht auch das zweite der genannten Anzeichen. Es ist also für diese Sicht „the textual question … not of crucial importance“ (Räisänen, Galatians 2.16, 174 Anm. 3; ähnlich Suhl, Galaterbrief, 3099/3101; vgl. 3106), ob das in der handschriftlichen Überlieferung erst im vierten Jahrhundert sicher nachweisbare, insbesondere in p^{46} fehlende δέ (s. dazu nur Neitzel, Interpretation, 25; vgl. [dagegen] Hübner, Werke, 126, und Böttger, Paulus, 82f.) wirklich ursprünglich ist – während die Auslassung der Partikel durch Neitzel, Interpretation, 25f., und Dunn, Perspective, 104 Anm. 25 (sowie durch Jegher-Bucher, Betrachtung, 314f.), für die von diesen Autoren vorgelegten Interpretationen (ähnlich wie für den Auslegungsansatz Jegher-Buchers [s. zu ihm nur o. Anm. 19]) konstitutiv ist (s. dazu u. [bei] Anm. 277). Im übrigen kommt zum Indizienbestand auf synchroner Ebene jenseits davon wohl eine Absicherung durch „Parallelen“ wie Röm 9,31 und Phil 3,5f.9 hinzu. Vgl. u. (bei) Anm. 405, ferner Kap. 3 (bei) Anm. 203.289.

[171] Vgl. o. (bei) Anm. 74–84.

erscheint so in jedem der drei Teile, und zwar stets in der Schlußzeile, das Verb δικαιοῦσθαι. Das mit ihm zum Ausdruck gebrachte Ziel[172] ist demnach das Verbindende, während Weg, Mittel oder dabei unwirksame bzw. wirksame Ursache[173] das ist, was nach Ausweis der Negation(en) in A (V. 16aα; vgl. V. 15) und A' (V. 16bγ.c) trennt: entweder ἐξ ἔργων νόμου (3mal) oder διά (bzw. ἐκ) πίστεως (Ἰησοῦ) Χριστοῦ (2mal)[174]. Daß nur in den äußeren Zeilen von B nominal von der πίστις (Ἰησοῦ) Χριστοῦ die Rede ist, während dazwischen der das einstige Gläubigwerden[175] an Christus Jesus[176] beschreibende Hauptsatz steht, läßt schließlich auch Ringkompositorisches im Kleineren erkennen. Und gleichzeitig

---

172 S. bes. den ἵνα-Satz V. 16bβ (vgl. o. bes. Anm. 78.80).

173 Daß man ἐκ und διά, wie es vom Sprachlichen her ohnehin naheliegt, jedenfalls schwerlich mit „auf der Basis von" zu übersetzen haben wird, hat in jüngerer Zeit besonders nachdrücklich COSGROVE, Justification, (bes.) 656–662, begründet. Vgl. HOFIUS, Glaube, (bes.) 171f. (und dazu u. Anm. 198).

174 Vgl. SCHENK, Philipperbriefe, 310. Zwar heißt es in V. 16aβ ἐὰν μή. Aber obwohl das die Übersetzung „außer" nahelegen mag (BLASS/DEBRUNNER/REHKOPF, Grammatik, § 376,1 Anm. 2), wird man doch schwerlich urteilen dürfen: „in this clause faith in Jesus is described as a *qualification* to justification by works of law, not (yet) as an antithetical alternative" (DUNN, Perspective, 112, nach dem Paulus dann mit V. 16b, von dem, „what began as a qualification on covenantal nomism", zu „an outright antithesis" [ebd., 113] übergeht und uns so vielleicht mit diesem Vers zu Zeugen eines grundstürzenden kirchengeschichtlichen Ereignisses macht). Denn die ringkompositorisch angelegte Struktur von V. 15f. deutet in nichts an, daß die in V. 16b.c klar formulierte Alternative im Widerspruch zu V. 16a stünde, und das ἐὰν μή, welchem sich bei Paulus lediglich in V. 16aβ kein Verb anschließt, kann – wie erst recht das ihm in neutestamentlicher Zeit nahestehende (vgl. nur BLASS/DEBRUNNER/REHKOPF, Grammatik, § 376,1a) und „meist ohne nachfolgendes Verbum" (ebd., § 376 Anm. 1) gebrauchte εἰ μή (s. W. BAUER, Wörterbuch, 443f., wo auf Mt 12,4 und auch auf Gal 1,7 verwiesen wird; vgl. noch Lk 4,26, ferner: Röm 14,14; 1Kor 7,17) – nun einmal einem „sondern" gleichkommen, jedenfalls parallel zu ἀλλά stehen (s. BLASS/DEBRUNNER/REHKOPF, Grammatik, § 448,8 samt Anm. 9; vgl. RÄISÄNEN, Galatians 2.16, 177). (Gegen DUNN auch RÄISÄNEN, ebd., 176–178.)

175 S. dazu o. (bei) Anm. 74f.

176 Mit dem im Zentrum stehenden εἰς Χριστὸν Ἰησοῦν ἐπιστεύσαμεν (V. 16bα) gibt Paulus eine authentische Interpretation des (gerade auch) in V. 16aβ.bβ verwandten Ausdrucks πίστις (Ἰησοῦ) Χριστοῦ (vgl. dazu bes. LIETZMANN, Gal, 15, und HOFIUS, Glaube, 154f. [samt] Anm. 51). Schon darum, aber wohl auch deshalb, weil dieses Syntagma bei Paulus ausschließlich (oder nahezu ausschließlich) im Zusammenhang der ihrerseits durch vorpaulinische Tradition beeinflußten (vgl. dazu o. Anm. 84) Rechtfertigungsthematik erscheint (s. noch Röm 3,22.26; Gal 3,22; Phil 3,9, ferner Gal 2,20d; vgl. Eph 3,12) und der Genitiv dabei ohne Dissimilation verdeutlichen konnte, inwiefern der Satz ὁ δὲ δίκαιος ἐκ πίστεώς μου ζήσεται aus Hab 2,4 (s. Röm 1,17; Gal 3,11) und ähnlich der weitere alttestamentliche „Beleg" Gen 15,6 (s. Röm 4,3.9; Gal 3,6; vgl. Röm 4,5) auf die Gegenwart der christlichen Gemeinde zu beziehen ist (vgl. dazu bes. SCHENK, Philipperbriefe, 310f.), vermag die These, der Apostel verstehe unter πίστις (Ἰησοῦ) Χριστοῦ den Glauben, die Treue Christi selbst (so z.B.: BARTH, Kerygma, 144 samt Anm. 51; DERS., Jews, 248 samt Anm. 11; GASTON, Torah, 66; HAYS, Faith, bes. 175; DERS., Christology, 279; WILLIAMS, Pistis, bes. 446f.), nicht (recht) zu überzeugen (wie unter Verweis auf den „Gehorsam" [nicht: „Glauben"] Jesu in Röm 5,18–21 auch COSGROVE, Justification, 665 Anm. 32, urteilt; er selbst versteht „‚Jesus-Christ-Faith' as a metonymy for Christ or the gospel" [ebd., 661 Anm. 22; vgl. 665]). Vgl. u. Kap. 3 (bei) Anm. 213–217.

wird so deutlich, daß für Paulus hinsichtlich des Entweder-Oder spätestens[177] mit dem Anschluß eben an Christus schon eine, ja, die Entscheidung gefallen ist[178].

Zur Beobachtung an V. 16aβ.bα.β, an B, ergibt sich eine gewisse Entsprechung, wenn man sich vom Anfangs- (V. 15f.) zum Schlußpassus (V. 18/19–21) des Teiltextes wendet. Nur dort taucht noch einmal der (auf Christus bezogene) Begriff πίστις auf (V. 20d), und zwar in einem Zusammenhang – V. 19f. –, der seinerseits Merkmale einer Ringkomposition aufweist. Hier wird freilich auf diese Weise anders als bei dem ἐπιστεύσαμεν von V. 16 nicht eine Vergangenes betreffende Verbform ins Zentrum gerückt. Eher verhält es sich umgekehrt: Im Anschluß an V. 19, wo programmatisch die – unter dem Aspekt der Gesetzesbedeutung ins Auge gefaßte – Vergangenheit des Gläubigwerdens (V. 19a)[179] und das mit diesem Akt intendierte Leben (V. 19b)[180] verbunden sind, heben sich drei Aussagen eben über das Leben des Christen von zwei voran- und zwei nachgestellten Bezugnahmen auf den historischen Hintergrund ab, der es bedingt und immer noch bestimmt[181]. Bei der Nachdrücklichkeit, die durch diese Anordnung erreicht ist, wird man kaum umhin können, den Wechsel von V. 16 zu V. 19f., von der Betonung des ἐπιστεύσαμεν zu der des ζῶ (3mal, davon 2mal positiv [so auch die beiden anderen ζῆν-Belege von V. 19f.]), als Bestätigung unserer These aufzufassen, die inhaltliche Verschiebung von V. 17a zu V. 17b bringe das christliche Leben ins Spiel, das dann jedenfalls in den nachfolgenden Versen im Zentrum steht.

Das Argument aufgrund der Struktur läßt sich indes noch verstärken, wenn man die bereits[182] artikulierte Beobachtung hinzunimmt, daß V. 18 und V. 21b einander wenigstens hinsichtlich der Konstruktion korrespondieren. Sollte[183] sich nämlich überdies eine inhaltliche Entspre-

[177] Vgl., was die partizipialen Ausdrücke von V. 16a.17a angeht, o. (bei) Anm. 82f. und (bei) Anm. 94.96.

[178] So z.B. auch EBELING, Gal, 169.

[179] Jedenfalls dann, wenn dem das εὑρέθημεν von V. 17a nicht entgegensteht – und das tut es nicht (s. o. [bei] Anm. 75f.) –, leidet es keinen Zweifel, daß die Folge der finiten Aoristformen: ἐπιστεύσαμεν (V. 16b), εὑρέθημεν (V. 17a), κατέλυσα (V. 18a) und ἀπέθανον (V. 19a) sich durchweg auf ein und denselben Zeitpunkt bezieht (vgl., was ἀπέθανον und ἐπιστεύσαμεν angeht, U. SCHNELLE, Gerechtigkeit, 56 samt Anm. 216). Sie bricht erst mit dem Perfekt συνεσταύρωμαι (V. 19c) ab, das, 6,14 vergleichbar, das Sterben „nun als ein vollendetes, in seiner Wirkung fortdauerndes Ereignis betrachtet" (ZAHN, Gal, 134; vgl. BLASS/DEBRUNNER/REHKOPF, Grammatik, § 342) – während der durch die Vorsilbe angedeutete Aspekt, daß nämlich Christi Tod das grundlegende Geschehnis ist, wieder mit einem darauf bezüglichen Aorist, ἀπέθανεν (V. 21b), zur Sprache kommt.

[180] Vgl. o. Anm. 78.

[181] Vgl. o. Anm. 179.

[182] O. (bei) Anm. 159–166.

[183] Es sei darauf hingewiesen, daß hier, weniger des Spaßes als der Durchsichtigkeit halber, einmal nicht (weiter) über den *modus ponens* gesprochen, diese Argumentationsfigur vielmehr benutzt wird. Vgl. u. (bei) Anm. 207.

chung von V. 18 und V. 21b wahrscheinlich machen lassen, so hätte das deshalb erhebliche Auswirkungen auf die Erfassung des Textaufbaus, weil der abschließende Bedingungssatz (V. 21b) mit seiner für Paulus sachlich inakzeptablen Apodosis[184] offenkundig[185] auf eine Disqualifizierung des in der Protasis Ausgesagten hinauswill[186], weil er also insofern seiner Funktion nach V. 16aα und V. 16bγ.c nahekommt[187]. Es rahmten dann V. 18 (C) und V. 21b (C') das Dazwischenstehende (D) in gleichem oder mindestens ähnlichem Sinne ein, wie das für A und A' im Blick auf B gezeigt wurde. Und damit wären die Abfolgen A, B, A' (zusammen: X) und C, D, C' (zusammen: X') ihrerseits – spiegelbildlich – aufeinander zu beziehen. Es stünde somit allenfalls noch V. 17 außerhalb des durch die Polarität von „Gesetz" und „Christus" bestimmten kunstvollen Beziehungsgefüges. Da indes V. 17a als eine Art Zusammenfassung von V. 15f. zu werten war und ist[188] (und deshalb durch „X_1" bezeichnet werden kann), bliebe die Luzidität dieser durch Chiasmus und Ringkom-

---

184 Ganz anders GASTON, Torah, 66(ff.), der V. 21b folgendermaßen übersetzt (und dabei im übrigen zur Verdeutlichung Zusätze in eckigen Klammern bietet): „for since through law is [the] righteousness [of God], consequently Christ has died as a free gift." Er muß bei diesem tollkühnen (und darin bei ihm, der eine gänzlich neue Sicht des paulinischen Gesetzesverständnisses zu entwickeln versucht hat, nicht alleinstehenden [s. dazu RÄISÄNEN, Rez. Gaston, 192]) Lösungsversuch indes nicht nur die von ihm selbst zugestandene gravierende Schwierigkeit in Kauf nehmen, daß es so zu „the sharp contradiction to 3:21" (GASTON, Torah, 72) kommt, sondern er wird dabei auch dem δωρεάν schwerlich gerecht. Zwar weist die Profangräzität klar auf Wiedergabe durch „geschenkweise" oder „umsonst" (s. BÜCHSEL, δίδωμι, 169f.; vgl. GASTON, Torah, 67), zwar auch liegt eine solche Verwendung bei den übrigen paulinischen Belegen (Röm 3,24; 2Kor 11,7; 2Thess 3,8) vor; aber an diesen Stellen werden die Empfänger genannt (oder doch zumindest unmißverständlich angesprochen), in Gal 2,21b gerade nicht. Außerdem kommt als Hintergrund, wie Joh 15,25 (Ps 34(35),19; 68(69),5) illustriert und GASTON, ebd., selbst betont (vgl. bes. ZAHN, Gal, 135 Anm. 72, und BÜCHSEL, δίδωμι, 169f.), auch der durch חנם geprägte Gebrauch des Adverbs in der Septuaginta in Betracht und damit die im Kontext von Gal 2,21b (s. 2,17a.19f.; 3,10.13) sehr gut passende Bedeutung „ohne Grund" (vgl. neben Ps 34(35),19 [bzw. Ps 68(69),5; Joh 15,2] noch 1Reg(Sam) 19,5; 25,31; 3(1)Reg 2,31; Ps 108(109),3; 118(119),161; Thr 3,52; Sir 20,23; 29,7) in Frage (so bes. SIEFFERT, Gal, 159, BURTON, Gal, 140f., BONNARD, Gal,58, und VAN DÜLMEN, Theologie, 26 Anm. 48), wohl auch die durch das griechische Alte Testament weniger gut (doch vgl. Mal 1,10, ferner Hi 1,9, auch Ps 34(35),7) belegte Nuance „zwecklos" bzw. „vergeblich" (so bes. LIETZMANN, Gal, 17, W. BAUER, Wörterbuch, 424, MUSSNER, Gal, 184 Anm. 82, H.D. BETZ, Gal, 235 samt Anm. 114, und G. SCHNEIDER, δωρεά, 882; vgl. BÜCHSEL, δίδωμι, 170). Vgl. u. bei Anm. 321.

185 Vgl. BORSE, Gal, 119: „Wie in anderen Fällen zieht er (sc. Paulus) aus einer unberechtigten Voraussetzung die logische, in ihrem Ergebnis abzulehnende Folgerung ..., um den Irrtum ad absurdum zu führen". Ähnlich sprechen etwa BURTON, Gal, 141, und SMIT, heidenen, 130.137, von einer *reductio ad absurdum* (vgl. nochmals [s. schon o. Anm. 131] BERGER, Formgeschichte, 103).

186 Vgl. o. (bei) Anm. 160, wo dies noch nicht als Intention benannt wurde.

187 Vgl. VAN DÜLMEN, Theologie, 26: „In 2,21b wiederholt Paulus seine Aussage von 2,16 in radikalster Formulierung". Vgl. u. Anm. 190.

188 Vgl. dazu o. (bei) Anm. 154 (und die dortigen Verweise).

position charakterisierten Architektonik nur dann hinreichend gewahrt, wenn V. 17b (als X_1') zum Nachfolgenden gezogen, als paukenschlagartige Intonation der Christi Funktion für das Christenleben betreffenden Ausführungen verstanden würde; denn dann ergäbe sich die Aufeinanderfolge: X, X_1, X_1', X'. Kurz: Unsere Auffassung, der Einwand von V. 17b meine, Christus fördere die Sünde im Leben der Gläubigen, scheint – von der Textstruktur her – gesichert, falls V. 18 und V. 21b auch sachlich zusammengehören. Nun, die formale Korrespondenz dieser Konditionalsätze führt in der Tat auf eine lohnende Spur.

Zunächst einmal wird nämlich mit einer weitergehenden Entsprechung der Protasen zu rechnen sein. Denn dazu, daß V. 21b knapp von Gerechtigkeit διὰ νόμου spricht – und νόμος ist dabei nach dem Kontext sehr wahrscheinlich abkürzend für ἔργα νόμου (s. V. 16aα.bγ.c[189]; vgl. 3,2b.5) gesetzt[190] –, fügt sich V. 18a ausgezeichnet, wenn man dort als die entscheidende, durch das Nachfolgende negativ qualifizierte Handlung nicht die Zerstörung, sondern den Wiederaufbau des, wie am natürlichsten zu begreifen sein wird, Strebens, aus Gesetzeswerken gerechtfertigt zu werden (s. bes. V. 16aα; vgl. V. 17a)[191], auffaßt. Sofern dieses Textverständnis sich auch deshalb nahelegt, weil es sich erstens bei οἰκοδομῶ um ein Präsens handelt – und ja präsentische Formen in V. 19f. (im Unterschied zu V. 16f.) im Zentrum stehen – und weil es zweitens erstaunlich wäre, wenn das im Anschluß negativ gewertete Verhalten in der Protasis

[189] Nicht nur der Gesetzesbegriff findet in V. 16 seine Entsprechung, sondern in gewissem Maße auch das Substantiv δικαιοσύνη, dem dort immerhin das Verb δικαιοῦσθαι korrespondiert. Vgl. u. (bei) Anm. 194f.

[190] Vgl. H.D. Betz, Gal, 234f.: „Die Kurzformel ‚durch das Gesetz' ... ist das gleiche wie ‚durch die Werke des Gesetzes' ... in 2,16–17 und steht im Gegensatz zu ‚durch Glauben an Christus Jesus'." Ähnlich z.B. Burton, Gal, 132f., und Bruce, Gal, 147. Entsprechend erklärt Lambrecht, Gesetzesverständnis, 117 (vgl. Stanley, Galatians 3. 10–14, 502), das ἐν νόμῳ von 3,11a (vgl. V. 12a) einleuchtend gemäß der Formulierung ἐξ ἔργων νόμου von 3,10a (und dafür läßt sich [s. Lambrecht, Gesetzesverständnis, 117 Anm. 96] immerhin diachron noch auf Röm 3,28 verweisen), und dann ist natürlich auch das mit dem Verb δικαιοῦσθαι verbundene ἐν νόμῳ von 5,4aβ so zu verstehen. Vgl. u. (bei) Anm. 337f.358.

[191] So besonders nachdrücklich Ebeling, Gal, (182-)185, und Neitzel, Interpretation, 135f., die indes in diesem Zusammenhang nicht auf die wichtigste diese Interpretation stützende Sachparallele des Galaterbriefes verweisen, nämlich auf 5,4aβ (vgl. nur die vorige Anm. sowie u. Anm. 217). Anders z.B. Oepke, Gal, 61: „Objekt des ‚Einreißens' und ‚Bauens' ... ist das Gesetz." Das hätte indes ähnlich wie in Mt 5,17 ohne jedes Problem klar und bündig gesagt werden können (und angesichts des rückwärtigen Kontexts auch gesagt werden müssen), während die (Prägnanz der) Formulierung erheblich gelitten hätte, wenn das Objekt: „Streben danach, aus Gesetzeswerken gerechtfertigt zu werden" explizit genannt worden wäre. Vgl. o. (bei) Anm. 144f.156.

lediglich innerhalb eines Relativsatzes zur Sprache[192] käme, darf nun also von einer weitreichenden sachlichen Parallelität der Vordersätze (V. 18a.21bα) ausgegangen werden. Das gilt zumindest in dem Fall, daß, wie noch exkursartig zu verdeutlichen sein wird[193], die Vokabeln καταλύειν und οἰκοδομεῖν der für V. 18a vorgeschlagenen Interpretation nicht widersprechen.

Mit dieser Korrespondenz der Protasen V. 18a und V. 21bα gelangen im übrigen, das sei sozusagen im Vorübergehen festgehalten, zwei wichtige Fragen in ein helleres Licht: Da nach V. 18a ein Wiederaufbauen in der Gegenwart denkbar ist, dürfte bei dem Substantiv δικαιοσύνη von V. 21bα anders als beim Verb δικαιοῦσθαι bzw. δικαιωθῆναι, wie es vorher benutzt wurde, nicht primär auf einen einmaligen Akt[194], vielmehr eher auf einen (mit dem Wiederaufbau [bzw. mit dem Beginn des Wiederaufbaus] freilich erneut einsetzenden) Prozeß abgehoben sein[195]. Mit dieser Auffassung, die wiederum durch den Schwerpunkt von V. 19f. auf dem Glaubensleben eine Stützung erfährt, ist die Einsicht verbunden, das διὰ νόμου von V. 21bα habe es mit so etwas wie einem Weg oder Bereich zu tun. Und von daher[196] liegt es nahe, das in sich wenig deutliche und deshalb schwierige[197] vorangehende διὰ νόμου (V. 19a) einigermaßen

---

192 Vgl. FEINE, Evangelium, 25: „Man kann den Konditionalsatz... so umformen: ἐν τῷ πάλιν οἰκοδομεῖν τὸ καταλελυμένον, nicht aber so, dass das καταλύειν das Hauptverbum des Vordersatzes wird. Aus der Handlung des Bedingungssatzes aber zieht der Nachsatz die Folgerung".

193 S. u. (bei) Anm. 218–232.

194 Vgl. zum Verb o. bes. (bei) Anm. 81, ferner die nachfolgende Anm.

195 So ZIESLER, Righteousness, 173f. (gemäß der Hauptthese seines Buches [s. bes. ebd., 212; vgl. SANDERS, Judentum, 469f.]). Dafür dürfte auch die innerhalb des Galaterbriefes engste Entsprechung zu 2,21bα, nämlich 3,21c, zu veranschlagen sein (vgl. ZIESLER, Righteousness, 179), und in 5,5 ist bei δικαιοσύνη jedenfalls nicht der Zeitpunkt des Gläubigwerdens im Blickpunkt. Dem (sonst in diesem Schreiben lediglich noch in 3,6, und zwar in einer aus Gen 15,6LXX aufgenommenen Formulierung, begegnenden) Substantiv könnte, was die Bedeutung angeht, höchstens das Präsens des Verbs in 5,4 korrespondieren, während die entsprechende Form in 2,16aα wegen der Opposition zu den direkter auf das Christusgeschehen bezogenen Belegen in 2,16bβ.17a (vgl. 2,16c) schwerlich in Hinblick auf den Verlauf, sondern eher zeitlos-grundsätzlich (vgl. 3,11, auch 3,8) gebraucht ist (vgl. zu dieser Kategorie BLASS/DEBRUNNER/REHKOPF, Grammatik, § 318,2).

196 Gegen NEITZEL, Interpretation, 141, dessen richtige Bemerkung, daß „die präpositionale Wendung an beiden Stellen in je anderer Beziehung steht", doch keineswegs ausschließen dürfte, die Gemeinsamkeit zur Kenntnis zu nehmen (vgl. BUSCEMI, struttura, 71) und von der (wegen des durch den rückwärtigen Kontext erhellten Substantivs δικαιοσύνη) deutlicheren Aussage für die weniger klare zu lernen. Das muß und soll ja keineswegs bedeuten, die „je andere Beziehung" zu vernachlässigen.

197 Vgl. o. bei Anm. 12. Versuche, die Schwierigkeit zu beheben, sind zusammengestellt bes. bei LIGHTFOOT, Gal, 118, BURTON, Gal, 132–134, SCHLIER, Gal, 98–101, und SMIT, heidenen, 120–123.

analog zu verstehen[198], nicht indes gemäß Röm 7,4[199]. Letzte Sicherheit wird sich hier zwar nicht erreichen lassen[200]. Aber dieser Lösungsansatz

---

[198] Es drängt sich damit von einer etwas anderen Seite her eine Lösung im Sinne SMITS (ebd., 124–127) auf, nach dem die Präposition διά hier nicht kausal (s. ebd., 123f.), sondern wie z.B. in Röm 2,27 (διὰ γράμματος καὶ περιτομῆς) modal (vgl. W. BAUER, Wörterbuch, 360) gebraucht wird (so, im Anschluß an SMIT, auch SUHL, Galaterbrief, 3114f.). (Dazu fügt sich übrigens gut, daß nach HOFIUS, Glaube, 171f., nun die insbesondere in Gal 2,16 verwandten Ausdrücke ἐκ bzw. διὰ πίστεως die πίστις als „Modus des Heilsempfangs" [ebd., 172; vgl. o. Anm. 173] charakterisieren wollen [„und", wie H. hinzufügt, „der Heilsteilhabe"].)

Es sind dann die Umstände, unter denen es zum „Sterben in bezug auf das Gesetz" (V. 19aβ; zum Dativ νόμῳ vgl. BLASS/DEBRUNNER/REHKOPF, Grammatik, § 188) kam, im Blick: Sie waren bei dem Ich durch das Gesetz bzw. Gesetzeswerke gekennzeichnet, wie es denn in Röm 7,6 hinsichtlich des νόμος, „in bezug auf den" der Tod eintrat, heißt: ἐν ᾧ κατειχόμεθα (vgl. SMIT, heidenen, 126 samt Anm. 23). Es muß indes diese Auslegung nicht notwendig die Nuance ausschließen, daß zu den relevanten Umständen auch gehörte, jedenfalls am Ende des von Gesetzeswerken bestimmten Weges (s. dazu o. [bei] Anm. 82f.) sei mittelbar dessen Nicht-Genügen deutlich geworden (s. Gal 2,16, bes. V. 16aα; vgl. ferner 3,19ff.) – freilich ohne daß damit das Gesetz selbst als Mittel des „Sterbens in bezug auf das Gesetz" aufzufassen wäre (so jedoch z.B. ZAHN, Gal, 133f. [vgl. u. Anm. 200]; ähnlich etwa G. KLEIN, Individualgeschichte, 199 samt Anm. 72; vorsichtiger: LIGHTFOOT, Gal, 118), ferner ohne daß sich hier speziell die paulinische biographische Besonderheit, vor der Begegnung mit dem Auferstandenen die christliche Gemeinde verfolgt zu haben, widerspiegelte (so jedoch BRUCE, Gal, 141). Vgl. u. (bei) Anm. 400.

[199] Bei der Befürwortung dieser Lösungsrichtung (s. bes. : OEPKE, Gal, 62; SCHLIER, Gal, 99–101; VAN DÜLMEN, Theologie, 26; THÜSING, Christum, 110.113; TANNEHILL, Dying, 58; HAHN, Gesetzesverständnis, 54 samt Anm. 77; EBELING, Gal, 204f.; WEDER, Kreuz, 176f.; WILCKENS, Entwicklung, 170f.; BECKER, Gal, 31; U. SCHNELLE: Gerechtigkeit, 55; Wandlungen, 57; vgl. ferner: HAMERTON-KELLY, Violence, 100–102) wird indes auch auf Stellen des Galaterbriefes hingewiesen, nämlich auf: 2,19c; 3,13; 4,4f.; 6,14. Aber wie in Röm 7,4 nun einmal als Mittel des „Sterbens in bezug auf das Gesetz" nicht das Gesetz, sondern der „Leib Christi" genannt ist, so wenig ist auch in unserem Schreiben das Gesetz unmißverständlich derart gekennzeichnet (und es wäre deshalb zumindest „für unsere Stelle die Eintragung komplizierter Zwischengedanken verlangt" [G. KLEIN, Individualgeschichte, 199 Anm. 72; vgl. ferner die ähnlich kritischen Bemerkungen bei ZAHN, Gal, 133, und BURTON, Gal, 133f.]). Dagegen, die Wendung διὰ νόμου dennoch so zu verstehen, spricht überdies: Der Leser wäre darauf durch den rückwärtigen Kontext schwerlich hinreichend vorbereitet (vgl. u. Anm. 201); V. 19aα und V. 19c wären als Doppelung zu nehmen (als solche indes kaum zu erkennen); es käme zu einer erheblichen Spannung mit Röm 8,3 und Gal 3,21. Der andere Ansatz, bei dem der νόμος von 2,19aα etwa gemäß Röm 3,27e (vgl. Röm 8,2) zu verstehen wäre (so nach kirchengeschichtlich prominenten Vorgängern [s. dazu bes. SCHLIER, Gal, 99, und SMIT, heidenen, 120 samt Anm. 9] neuerdings wieder NEITZEL, Interpretation, 140–142, und GASTON, Torah, 71 [vgl. JÜNGEL, Paulus, 54f.]), hat nicht nur den gravierenden Nachteil, daß der semantische Wechsel, dem der Terminus νόμος dabei zwischen V. 19aα und V. 19aß unterläge, nicht eben leicht zu bemerken wäre, sondern auch den, daß entsprechend zwischen dem διὰ νόμου von V. 19a und dem von V. 21b strikt getrennt werden müßte.

[200] Es ließe sich zugunsten der etwa durch ZAHN verfochtenen Deutung (s. zu ihr o. Anm. 198) z.B. darauf hinweisen, daß es nach Röm 3,20; 7,7.13 διὰ (...) νόμου bzw. τῆς

hat immerhin noch den erheblichen weiteren Vorzug, daß Wir- und Ich-Teil des Textsegments dann deutlich verzahnt sind, sofern so in V. 19a(α), also in der 1.*pers.sing.*, auf die von Gesetz und Gesetzeswerken geprägte Erfahrung der zum Anschluß an Christus gelangten jüdischen ἡμεῖς von V. 15f. (vgl. V. 17: καὶ αὐτοί) zurückgegriffen wird[201]. Gerade judenchristliches Erleben ist es ja, was Paulus spätestens ab 2,11 für seine Darstellung benutzt, demnach für die Argumentation gegenüber den (zumindest in der Mehrzahl) heidenchristlichen Galatern (s. bes. 4,8f.; 5,1; 6,12f.) als sinnvoll oder gar als überzeugend erachtet.

Entsprechen die Protasen V. 18a und V. 21bα einander auch sachlich ziemlich eng, so wird angesichts der ohnehin vergleichbaren Konstruktion kaum noch daran vorbeizukommen sein, daß sich die gesamten Konditionalsätze inhaltlich sehr nahestehen und daß deshalb V. 18b nach Analogie von V. 21bβ zu begreifen ist. Und das bedeutet, da diese letztere Apodosis es mit dem Christusgeschehen, mit der – scheinbaren – Grundlosigkeit des (doch Paulus und seinen Adressaten als heilvoll, wenn nicht heilsnotwendig geltenden) Todes Christi zu tun hat, daß der παραβάτης, wenn das dieses Lexem zuläßt, nur der „Übertreter" des Handelns Gottes in Christus sein kann. Dafür, Gal 2,18b in dieser Weise zu verstehen[202], spricht im übrigen natürlich auch noch, daß sich andernfalls schwerlich[203] erklären läßt, warum Paulus hier nicht gemäß (V. 15

ἐντολῆς zur Erkenntnis der Sünde bzw. ihrer Gewichtigkeit kommt. Und natürlich ist, was die Auslegung gemäß Röm 7,4 (u.a.) angeht (vgl. die vorige Anm.), unbestreitbar, daß für Paulus und den Galaterbrief das „Sterben in bezug auf das Gesetz" und das es begründende Christusgeschehen ohne das Gesetz keinen Sinn machen. Vgl. Böttger, Paulus, 93f.

201 Die gute Einbindung in den rückwärtigen (s. bes. V. 16 [vgl. dazu o. Anm. 198]) und nachfolgenden Kontext (s. nochmals V. 21bα: διὰ νόμου) ist es also vor allem, was für den hier favorisierten Vorschlag spricht.

202 Personen, die diese Auffassung vertreten oder ihr nahekommen, wurden schon o. Anm. 123 genannt.

203 Vgl. jedoch G. Klein, Individualgeschichte, 199 samt Anm. 70a, dessen Argumentation indes bereits deshalb schwierig bleibt, weil in V. 18 der νόμος-Begriff anders als an den herangezogenen Vergleichsstellen gerade nicht gesetzt ist – ein Umstand, den z.B. auch Bouwman, Diener, 48f., leider übergeht (vgl. ferner das o. Kap. 1 [bei] Anm. 92f. zu H.D. Betz' Auslegung der Stelle Gesagte). Für dessen eigenen Lösungsversuch, nach dem Paulus in V. 18 durch den Terminus παραβάτης deutlicher fasse (vgl. Lambrecht, Line, 487, und Ebeling, Gal, 178f.), was die gegnerische(n) Stellungnahme(n) in V. 15 und V. 17 mit ἁμαρτωλοί bzw. ἁμαρτία mein(t)e(n), ist die sprachliche Inkonzinnität und das Fehlen des Genitivs (τοῦ) νόμου (den wie selbstverständlich etwa auch Mundle, Auslegung, 153, ergänzt) noch besonders prekär, und das hier eingehende Postulat, in V. 14b–18 wechselten sich mehrfach paulinische und gegnerische Perspektive ab (s. bes. Bouwman, Diener, 53f.), ist ja schon angesichts des in V. 15–17a durchgängig verwandten Wir heikel (vgl. zu den mit dieser letzteren These verbundenen Problemen o. Anm. 19 und die dortigen Verweise).

und) V. 17a ἁμαρτωλός schrieb[204]. Beabsichtigte er hingegen, die Opposition (des Ich von V. 18a) gegen Gottes Heilswillen, wie dieser sich in Christus und in der Verbindung mit ihm darstellt, zum Ausdruck zu bringen, so durfte er, wollte er nicht (von V. 15, V. 17a oder V. 17b her) mißverstanden werden, nicht ἁμαρτωλός sagen, mußte vielmehr eine andere Vokabel wählen.

Ehe kurz skizziert werden soll, daß sich dafür der seltene Terminus παραβάτης durchaus anbieten konnte und daß das einigermaßen architektonische Vokabular von V. 18a unseren Indizien (und Erwägungen) nicht widerstreitet, sei indes einerseits hinsichtlich des bislang zu den Konditionalsätzen V. 18 und V. 21b Gesagten die Summe gezogen und andererseits eine Weiterführung gewagt.

Die Beobachtungen an und zu den Konditionalsätzen bieten eine, wie wohl gesagt werden darf, zureichende Absicherung derjenigen Aufstellungen, für die gegen Beginn von 2.3 eine weitere Stützung noch wünschenswert schien. Das gilt unmittelbar für die auf Protasis und Apodosis von V. 18 bezüglichen Thesen[205] zur Betonung des πάλιν οἰκοδομεῖν und zur Gewichtigkeit des παραβάτης-Begriffes[206]. Und sofern nun in der Tat[207] V. 18 und V. 21b als einander inhaltlich weitgehend entsprechend einzuschätzen sind und sofern damit Ringkompositorisches im Blick auf V. 18–21 zu konstatieren ist und deshalb ebenfalls eine ausgeglichen-durchsichtige Strukturiertheit des gesamten Teiltextes, (bei welcher die Aussage von V. 18 eine feste, ja, eine nahezu unverzichtbare Rolle spielt und) die V. 17b als auf das Christenleben bezogen begreifen läßt, gilt es auch mittelbar: nämlich für die Ansicht, die zunächst durch μὴ γένοιτο zurückgewiesene Wendung von Christus als ἁμαρτίας διάκονος habe es mit defektiver christlicher Ethik zu tun[208].

Hinsichtlich der inhaltlichen Erwiderung, die diese Wendung zunächst

---

[204] Vgl. Kümmel, „Individualgeschichte", 139 Anm. 44: „Die Frage, warum Paulus hier den Begriff παραβάτης einführe..., ist unbeantwortbar" (vgl. z.B. Mussner, Gal, 177.179, Neitzel, Interpretation, 136f., und Kieffer, Foi, 61f.64); K. (wie ebenfalls Bruce, Gal, 142) pflichtet deshalb Bultmann, Auslegung, 399, bei, der seinen Beitrag mit der folgenden Aussage abschließt: „So hätte Paulus in V. 18 statt παραβάτην ἐμαυτὸν συνιστάνω auch sagen können: ἁμαρτωλὸς εὑρεθήσομαι." Kritisch dazu mit Recht Suhl, Galaterbrief, 3118.

[205] Vgl. zu ihnen o. (bei) Anm. 156.

[206] Obwohl insbesondere Neitzel, Interpretation, 131–136, wie o. Anm. 123 bereits erwähnt, V. 18 im wesentlichen so faßt, wie sich uns das im Vorangehenden aufgrund struktureller Erwägungen nahelegte, dürfte sich seine Gesamtinterpretation von 2,15–21 gerade deshalb schwerlich halten lassen, weil bei ihm die synchrone Perspektive nicht streng genug durchgehalten ist. Dafür ist die Gleichsetzung des (Plurals von) ἁμαρτωλός von V. 17a mit dem (Singular) παραβάτης von V. 18b (s. ebd., 136f. [vgl. o. Anm. 204]) ebenso ein Beispiel wie der Versuch, das διὰ νόμου von V. 19a anders zu fassen als die entsprechende Wendung in V. 21b (s. ebd., 141 [vgl. o. Anm. 196]).

[207] Auch darauf sei hingewiesen, daß jetzt die mittlerweile abgesicherte zweite Prämisse des o. bei Anm. 183 begonnenen *modus ponens* formuliert werden kann und wird.

[208] Vgl. dazu o. (bei) Anm. 155.

ansatzweise mit V. 18 findet, führen unsere Strukturbeobachtungen indes noch ein Stück weit über das Gesagte hinaus. Natürlich ist dies nun deutlicher als vorher, daß Paulus bei seiner Antwort nicht nur V. 18 in erwidernder Absicht, sondern in ganz ähnlicher Bedeutung auch V. 21b äußert, also die Aussage von V. 17b offenbar ausgesprochen ernst nimmt. Daß diese deshalb sehr wahrscheinlich nicht eine rein rhetorische Bildung ist, vielmehr einen Paulus und von ihm geprägten Christen gegenüber wirklich erhobenen Vorwurf widerspiegelt[209]: seine Theologie fördere moralische Laxheit[210], sei nur vermerkt. Für den Augenblick ist zweierlei wichtiger:

Erstens wird mit der Wiederholung V. 21b deutlicher, was der Apostel der Aussage von Christus als Diener der Sünde und der aus ihr nach seiner Darstellung gezogenen Konsequenz, sich wieder Gesetzeswerken zuzuwenden, entgegenzustellen hat. Die παραβάτης-Vorhaltung im Gegenüber zu der Ansicht, Christus sei „Sündenproduzent" im Christenleben, bringe insofern auch Sünder hervor, ist zwar schon recht markant: „Übertreter" *vs.* „Sünder". Aber dabei wird doch noch nicht explizit, daß es bei diesem Gegen-Vorwurf gerade um einen Verstoß gegen das Christusgeschehen geht. Und eben dies kommt in V. 21bβ zum Ausdruck, also: Christi Funktionslosigkeit *vs.* Christi Fehlfunktion!

Zweitens läßt die sachliche Korrespondenz von V. 18 und V. 21b die *modus-tollens*-Struktur in V. 18ff.[211] noch klarer erkennen. Die dem Bedingungssatz V. 21b vorangehende Aussage V. 21a läßt sich nämlich offenkundig gut als Negation der Aussage der Apodosis V. 21bβ interpretieren. V. 21 bietet dann also zwei, die beiden *modus-tollens*-Prämissen[212], mit denen die Adressaten bis kurz vor die *conclusio* geführt werden. Sie ist um so leichter zu ergänzen[213], als die einteilige Prämisse in

---

209 So in aller Regel auch die Sekundärliteratur (vgl. z.B. H.D. BETZ, Gal, 223–225, und SUHL: Galaterbrief, 3109–3111; Galater, 282f.). Vgl. o. bei Anm. 56.

210 Etwa so zu verstehen, empfiehlt sich im übrigen natürlich auch (vgl. o. [bei] Anm. 155 [und die dortigen Verweise]) insofern, als der in Frageform gekleidete Einwand, faßt man ihn derart, in den paulinischen Briefen in ähnlicher Weise verschiedentlich, insbesondere bei den μὴ-γένοιτο-Belegen Röm 6,2 (s. V. 1) und Röm 6,15 (vgl. noch Röm 3,7f. im nachfolgenden Kontext des μὴ γένοιτο von 3,6), begegnet und deshalb wohl als in der Tat virulent angesehen werden darf (vgl. Act 15,1.5; 18,13; 21,21, ferner die bei H.D. BETZ, Gal, 225 Anm. 59, genannten – nachneutestamentlichen – Stellen; zur Frage, ob sich ein derartiger Paulus geltender Vorwurf im Talmud widerspiegelt, vgl. nur SCHOEPS, Paulus, 204).

211 Vgl. dazu o. in 2.2 unter Punkt *(6)* (bes. [bei] Anm. 146).

212 Ohne explizite Bezugnahme auf die *modus-tollens*-Struktur wird der Sachverhalt doch verschiedentlich immerhin einigermaßen klar bezeichnet, so etwa bei LIGHTFOOT, Gal, 119f., OEPKE, Gal, 64, VAN DÜLMEN, Theologie, 26f., MUSSNER, Gal, 184, und BECKER, Gal, 31 (vgl. ferner o. [bei] Anm. 185).

213 Vgl., was solche Auffüllungen angeht, nur o. Anm. 132 (und die dortigen diesbezüglichen Verweise).

diesem Fall voransteht[214] und damit einer äußerst anstößigen gegenteiligen Aussage den prominenten Schlußplatz zuweist. Die *modus-tollens*-Struktur von V. 21 läßt im übrigen noch fester mit der schon für V. 18–20 erwogenen rechnen, bei der – nun – V. 19f. für die einteilige Prämisse zu sorgen hätte. Denn eben die Passage V. 19f. wird durch V. 21a, die einteilige Prämisse des abschließenden *modus tollens*, auf den Begriff gebracht[215], und diese Kurzformel läßt sich nicht nur V. 21bβ als Gegen-Aussage gegenüberstellen, sondern auch V. 18b, sofern παραβαίνειν und ἀθετεῖν nahezu synonym sein können[216] und in V. 21a ein οὐκ voransteht[217]. Der christliches Leben und Christusgeschehen verbindende Mittelteil von V. 17b–21 hat demnach, verkürzt gesagt, die Aufgabe, zu sichern, daß die Apodosen von V. 18 und von V. 21b und deshalb auch die Protasen inhaltlich als falsch zu beurteilen sind, und wie die Ansicht, es sei wieder auf Gesetzeswerke zu setzen (V. 18a), soll die vorangehende Aussage über Christus als ἁμαρτίας διάκονος (V. 17b) als unhaltbar durchschaut werden.

Bevor die Strukturbeobachtungen abgeschlossen werden, soll, wie angekündigt[218], mit stark diachronem Einschlag und insofern exkursartig gefragt werden, ob nicht das in 2,18 verwandte Vokabular die gewonnenen Auffassungen zu verwerfen zwingt. Es liegen ja die beiden Einwendungen nahe, daß nämlich nach „dem eindeutigen Bild"[219] vom Zerstören und Aufbauen nicht das zweite, son-

---

[214] Analog verhält es sich etwa auch in Gal 3,28f. (s. dazu o. Anm. 132) und in Röm 11,5f. (vgl. noch Röm 4,13f.).

[215] Ähnlich etwa OEPKE, Gal, 64, H.D. BETZ, Gal, 234, und BECKER, Gal, 31. Daß es das ἀθετεῖν hier mit dem Christusgeschehen zu tun habe, erfährt durch die Verwendung des Verbs in 3,15 eine gewisse Stützung.

[216] Das läßt sich am Nebeneinander von Mt 15,3 (vgl. V. 2) und Mk 7,9 ablesen, wohl auch an dem ähnlichen in Dan 9,7.11Θ (vgl. ferner Herm vis 2,2,2[=Herm 6,2] neben 2,3,1[=Herm 7,1], auch ὑπερβαίνειν und ἀθετεῖν in 1Thess 4,6.8). Es kommt hinzu, daß nicht anders als ἀθετεῖν (s. Gal 3,15) auch παραβαίνειν den Verstoß gegen ein Testament bezeichnen kann (s. dazu J. SCHNEIDER, παραβαίνω, 733). Vgl. u. bei Anm. 242.

[217] Die Korrespondenz von V. 18b und V. 21a sowie die im Blick auf V. 18 insgesamt gewonnene Auffassung erfahren durch die Stelle 5,4 eine ganz erhebliche Bestätigung, sofern denen, welche ἐν νόμῳ gerechtfertigt werden wollen, das doppelte Urteil gilt: κατηργήθητε ἀπὸ Χριστοῦ (V. 4aα; vgl. V. 2b), τῆς χάριτος ἐξεπέσατε (V. 4b). Wie die letztere Formulierung (abgesehen von dem in ihr fehlenden οὐκ) deutlich an 2,21a anklingt, so ließe sich die andere als Parallele zu 2,18b (und zu 2,21bβ, obwohl hierfür 5,2b eine noch engere Entsprechung bildet) begreifen, und auch in 5,4 geht es um die Verwerfung der Auffassung, Gerechtfertigtwerden sei aus Gesetzeswerken (s. dazu o. Anm. 190f.) möglich. Vgl. u. (bei) Anm. 228–230.264 (Röm 10,3), ferner (bei) Anm. 270, vor allem indes u. Kap. 3 bei Anm. 79 (und auch bei Anm. 89).

[218] O. bei Anm. 193 und im Anschluß an Anm. 204.

[219] SCHMITHALS, Judaisten, 42.

dern „das erste Tun falsch“[220] und daß „das eindeutige Wort παραβάτης“[221] „von dem . . ., der ein konkretes Gebot verletzt“[222], gebraucht sein müsse.

Was die in V. 18a verwandten Verben und ihnen etymologisch nahestehende Termini angeht, so ist in der Tat unbestreitbar und bedarf keines Nachweises, daß häufig Einreißen bzw. Zerstören negativ, Aufbauen positiv gewertet wird ([doch] vgl. immerhin Koh 3,3). Und so kann dann natürlich auch die Gewichtung aussehen, wo ein die Gegenüberstellung aufweisendes Paar erscheint. Dafür darf wohl Röm 14,19f. als Beispiel angeführt werden (οἰκοδομή/καταλύειν).

Schon bei 2Kor 5,1 (καταλύειν/οἰκοδομή), dem neben Gal 2,18 noch verbleibenden paulinischen Beleg für die lexikalische Verknüpfung, indes steht es erheblich anders, sofern der Abriß des irdischen „Zelthauses“ damit verbunden ist, die οἰκοδομὴ ἐκ θεοῦ zu erlangen, der das Sehnen gilt (s. V. 2). Entsprechend wird beim Tempel-Logion (s. bes. Mk 14,58 par. Mt 26,61: καταλύειν/οἰκοδομεῖν) zwar dann, wenn es nicht im Sinne Jesu oder der frühen Gemeinde verstanden wird, schon die Rede von der Zerstörung des ναός, wie Act 6,13f. besonders deutlich zeigt, als eine Art Sakrileg eingeschätzt; aber für die Tradenten ist dieses Einreißen, das beabsichtigt zu haben Jesus vorgeworfen wird, durchaus nicht derart zu nehmen, sondern (wie die Stellung von Mk 15,29 par. Mt 27,40 im Kontext ausweist[223]) mit dem Tod Jesu als einer Voraussetzung seiner Auferwekkung zusammenzuschauen. Daß hier nicht nur ναός unterschiedlich begriffen werden, sondern auch die Bewertung des Zerstörens anders als in der gewöhnlichen Weise erfolgen kann, macht die Verwendung des Logions erst effektvoll. Bezieht sich dieses Widerspiel beim Tempel-Wort lediglich aufs Einreißen, so in bNed 40a ebenso aufs Aufbauen (בנה/סתר); denn es heißt hier in bezug auf 1(3)Reg 12,4ff., wo die Gleichaltrigen anders als die Erfahrenen Jerobeam zu seinem Schaden zu einer Erhöhung der staatlichen Belastung des Volkes raten: „das Bauen der Jungen ist ein Einreißen u[nd] das Einreißen der Alten ist ein Bauen“[224]. Eine solche Umwertung würde natürlich bestens zu dem passen, was Paulus in Gal 2,18 will; es kann ihm ja schwerlich darum gehen, die Haltung, man müsse sich im Blick auf das Gerechtfertigtwerden Gesetzeswerke angelegen sein lassen, zu unterstreichen und zu unterstützen[225]. Mit einer derartigen Umwertung ist um so mehr zu rechnen, als es im neutestamentlichen Bereich nicht an (weiteren) Beispielen dafür fehlt, daß jedenfalls *ein* Glied von ausgeführten oder angedeuteten Paaren, die der Gegenüberstellung von Gal 2,18a inhaltlich in etwa

220 Ebd., 41. Das Wiederaufbauen meine nämlich, daß man „angerichteten Schaden wieder gutmacht“ (ebd.).

221 Bouwman, Diener, 48.

222 Schlier, Gal, 98 Anm. 2; ganz ähnlich J. Schneider, παραβαίνω, 737(f.). Vgl. ferner etwa Wolter, παράβασις, 32(.34), und Donaldson, Inclusion, 104.

223 Vgl. Joh 2,19.21f.

224 Zitiert nach Michel, οἶκος, 145. Auch der andere von Michel, ebd., im Blick auf Gal 2,18 aufgeführte Beleg, bBer 63a, ist zwar geeignet, zu zeigen, daß es „im Rabbinischen eine ähnliche Redeweise“ (ebd.) gibt wie die durch die Paulus-Stelle bezeugte, nicht aber dazu, zu demonstrieren, daß, wie auch Michel meint, das καταλύειν „als falsch“ (ebd.) gekennzeichnet werden soll. Denn es geht bei jenem Beleg nicht um ein Bauen, das Eingerissenes wiederherstellt, sondern um ein Einreißen von selbst Aufgebautem – also (ähnlich wie in Gal 2,18) um einen Selbstwiderspruch. Vgl. u. (bei) Anm. 403.

225 Das wäre, wie G. Klein, Individualgeschichte, 196, mit Recht sagt, eine „Absurdität“.

entsprechen[226], eine solch ungewöhnliche Einschätzung erfährt. Hinsichtlich der Seite, die es mit der Zerstörung zu tun hat, ist natürlich vor allem auf Eph 2,14[227] zu verweisen, wo das Einreißen (λύειν) der „Scheidewand des Zorns", die jedenfalls τὸν νόμον τῶν ἐντολῶν (V. 15) betrifft, eindeutig positiv gesehen ist, und ebenfalls läßt sich Hebr 10,9 anführen: „Er hebt das erste auf (ἀναιρεῖν), um das zweite aufzurichten (bzw. in Geltung zu setzen [ἱστάναι])". Für die Seite des Aufrichtens ist zunächst die strukturell ähnliche Formulierung von Mk 7,9 zu nennen: „Vortrefflich verwerft ihr (ἀθετεῖν) das Gebot Gottes, um eure Überlieferung aufzurichten (ἱστάναι [*v.l.*: τηρεῖν])", und das Corpus Paulinum bietet den Beleg Röm 10,3, der das στῆσαι[228] der eigenen Gerechtigkeit bezeichnet und in zweifacher Weise negativ qualifiziert, nämlich im Sinne des Nicht-Erkennens der (V. 3aα) und des Nicht-Unterordnens unter die Gerechtigkeit Gottes (V. 3b). Abgesehen davon, daß diese Stelle insofern für uns von hohem Belang ist, als sie es ganz ähnlich wie Gal 2,(15-)18 mit so etwas wie „Rechtfertigungsstreben" zu tun hat[229] und als sich überdies die Aussagen von Röm 10,3aα.b gut zu unserem Verständnis von Gal 2,18b fügen würden[230], ist also festzuhalten: Umwertungen der einen wie der anderen Seite der hier interessierenden Paare sind (auch bei Paulus) belegt, sind also bei der Interpretation von Gal 2,18a zu berücksichtigen. Dabei ist angesichts des Wortlauts dieser Protasis, nach dem der Aufbau ein erneuter (πάλιν) Aufbau ist und, wie das zum Zweck einer nachdrücklichen Wiederaufnahme gesetzte ταῦτα gänzlich unverkennbar anzeigt[231], eben das betrifft, was vorher zerstört wurde, einigermaßen selbstverständlich, daß, falls hier die eine Seite umgewertet wird, das auch für die andere gelten muß. Eine solche doppelte Umwertung, bei welcher also der Wiederaufbau negativ zu qualifizieren wäre, ist demnach möglich – und unter Berücksichtigung der Argumentationsrichtung und der den Brief bestimmenden Konfliktsituation (s. nur Gal 3,2f.; 5,2) wahrscheinlich[232].

---

226 Vgl. u. Anm. 228.

227 Sehr direkt wird diese Stelle von MICHEL, οἶκος, 145, mit Gal 2,18 in Verbindung gebracht, vorsichtiger von BARTH, Jews, 249, und HAMERTON-KELLY, Violence, (107-)108.

228 Daß ἱστάναι bzw. ἱστάνειν die das Aufbauen betreffende Seite eines Gegensatzpaares bilden kann, erhellt nicht nur aus den beiden soeben genannten Stellen, sondern bei Paulus vor allem aus (dem auf den νόμος bezüglichen Beleg) Röm 3,31. Die häufig vertretene These, in dem Nebeneinander von καταργεῖν und ἱστάνειν dokumentiere sich ein fest vorgeprägter – auch im rabbinischen Bereich belegter – Sprachgebrauch (s. bes. HOFIUS, Gesetz, 67 Anm. 57), hat THOMPSON, Background, bes. 147, mit guten Gründen zurückgewiesen. Sein Beitrag zeigt zugleich (s. ebd., 143–147), daß schon im Alten Testament und dann ebenfalls bei Paulus und seinen Zeitgenossen eine beachtliche Anzahl vergleichbarer Verbindungen von Antonymen begegnet.

229 Vgl. die Formulierung τὴν ἰδίαν [δικαιοσύνην] ζητοῦντες στῆσαι mit dem ζητοῦντες δικαιωθῆναι ἐν Χριστῷ von Gal 2,17a. Vgl. noch Phil 3,9.

230 Vgl. o. Anm. 217 (Gal 5,4).

231 S. dazu W. BAUER, Wörterbuch, 1207.

232 Dagegen spricht im übrigen, wie mit BURTON, Gal, 131f., zu betonen ist, auch keineswegs das συνιστάνειν von Gal 2,18b. Anders ZAHN, Gal, 130 (vgl. OEPKE, Gal, 61f.), nach dem das Verb „eine ohnedies zweifelhafte oder verborgene Sache oder Person ins Licht stellen" – und hier das frühere Einreißen als Übertretung erkennen lassen – will. Aber das geschieht doch in Röm 3,5; 5,8; 2Kor 6,4 und 7,11 gerade nicht so, daß das „ins Licht stellende" Geschehen jene „Sache oder Person" zugleich zu korrigieren unternimmt. – Vgl. u. (bei) Anm. 262.267.

Natürlich kann und soll auch hinsichtlich der Wortfamilie, der παραβάτης angehört, nicht etwa bestritten werden, daß sie im Alten wie im Neuen Testament sowie in seinem Umfeld häufig dort begegnet, wo es um einen Verstoß bzw. um Verstöße gegen den νόμος oder einzelne (seiner) Vorschriften geht[233]. Aber das erzwingt durchaus nicht[234], Gal 2,18b von Einzelübertretungen zu verstehen[235].

Schon die Verwendung der Terminologie im griechischen Alten Testament läßt an der Notwendigkeit einer solchen Deutung zweifeln. Beim Verb, das allein hier breiter belegt ist und das mit einigen Partizipialformen sozusagen die Stelle von παραβάτης einnehmen kann[236], wird nämlich beachtlich oft darauf abgehoben, daß dies παραβαίνειν nicht weniger als die διαθήκη Gottes (s. bes. Jos 23,16; 4(2)Reg 18,12; Ez 16,59; 44,7; Hos 6,7; 8,1[237]) betrifft, gegen Gott selbst (s. bes. Jes 66,24; vgl. Lev 26,40; Dan 9,11Θ; 3Makk 7,10[–12], ferner 4Makk 16,24[f.]) gerichtet ist[238]. Es kommt damit παραβαίνειν in diesen Kontexten der Bedeutung „abfallen" immerhin nahe – auch wenn das dabei implizierte Bild nicht paßt, sofern bei unserem Lexem der Vorgang des Gehens auf und vor allem des Abweichens von einem Weg semantisch noch gegenwärtig sein kann (s. bes. Ex 32,8; Dtn 9,12.16, ferner Ez 16,61 [im Anschluß an Ez 16,59], auch Ps 16(17),4Σ)[239]. Von den zugehörigen Substantiven bietet die Septuaginta immerhin noch παράβασις. Bemerkenswerterweise wird der Terminus dabei einmal, in Weish 14,31, im summierenden Abschluß einer Auflistung von Vergehen (s. bes. V. 23ff.) verwandt, die sämtlich als im Götzendienst und in der Mißachtung Gottes begründet aufgefaßt sind (s. V. 27–30). Mindestens ebenso grundsätzlich wird das nur bei Symmachus erscheinende *nomen agentis* παραβάτης (Jer 6,28; Ps 16(17),4; 138(139),19) von diesem Übersetzer gebraucht. Gerade auch die damit aufgezeigten wichtigen Züge des Hintergrunds und übrigens auch dies, daß Hos 6,7[240] und Gen 3,17Θ (ἐν τῇ παραβάσει σου) einen Bezug der Wortfamilie auf den „Sündenfall" signalisieren[241], wird man zu berücksichtigen haben, wenn man sich dem

[233] S. dazu nur die Nachweise bei J. SCHNEIDER, παραβαίνω, bes. 734–736.

[234] Das hat vor allem GASTON, Torah, 66f., richtig gesehen. Vgl. BURTON, Gal, 131, und BURCHARD, Nächstenliebegebot, 526f.

[235] Die folgenden Beobachtungen richten sich zunächst gegen diese als nahezu selbstverständlich geltende Auslegung (vgl. dazu nur o. [bei] Anm. 222). Aber es wird sich dabei ebenfalls zeigen, daß auch die – dem zu berücksichtigenden Vergleichsmaterial immerhin besser entsprechende – Interpretation nicht zwingend ist, die BURTON, Gal, 131, vorgeschlagen hat: „The παραβάτης is a violator of the law, not of the statutes, but of its real intent."

[236] S. dazu J. SCHNEIDER, παραβαίνω, 737.

[237] Vgl. noch Jos 7,11.15, auch Ez 17,15.16.18.19, ferner AssMos 2,7.

[238] Vgl. dazu J. SCHNEIDER, παραβαίνω, 734, und GASTON, Torah, 67.

[239] Vgl. die Aufnahme von Ex 32,8 (bzw. Dtn 9,12.16) in 1Clem 53,2. Recht eng korrespondiert jener Formulierung auch die in Qumran (so in CD 1,13) im Blick auf grundsätzliche Verfehlung belegte Redeweise „Abweichen vom Weg". – Bei Paulus dürfte die Vorstellung vom Weg ebenfalls noch mitschwingen, so in Röm 2,17ff., wo sich der ὁδηγός (V. 19) gerade als παραβάτης (V. 25.27; vgl. V. 23) entpuppt. Vgl. u. (bei) Anm. 271–273.

[240] Ob beim hebräischen Wortlaut mit „Adam" ursprünglich auf Gen 1ff. Bezug genommen werden sollte (vgl. MICHEL, Röm, 139 Anm. 4), ist für uns dem gegenüber von völlig sekundärer Bedeutung, daß die Septuagintaformulierung ὡς ἄνθρωπος παραβαίνων διαθήκην offenkundig auf einer solchen Verbindung beruht, die später übrigens auch in bSan 38b bezeugt ist.

[241] Vgl. u. (bei) Anm. 251.

Neuen Testament mit seinen spärlichen und deshalb für dezidierte Schlüsse im Blick auf umstrittene Stellen allein schwerlich zureichenden Belegen zuwendet.

Hier kommt das Verb, bei Paulus gänzlich fehlend, außer in Act 1,25, wo das Weiterwirken der Ursprungsbedeutung offenkundig ist, allein in Mt 15,2f. vor. Und da will insbesondere die Parallelität des παραβαίνειν von V. 3 (welches dem von V. 2 entgegengesetzt ist) mit ἀθετεῖν (Mk 7,9; vgl. Gal 2,21a)[242] und auch mit ἀκυροῦν (Mt 15,6; Mk 7,13; vgl. Gal 3,17b) beachtet sein[243].

Was die Substantive der Wortfamilie angeht, so ist zwar, sieht man von 1Tim 2,14 ab, im Zusammenhang überall mehr oder weniger direkt auf das Gesetz Bezug genommen, aber doch keineswegs so, daß hier nicht zu differenzieren und stets auf Einzelübertretung zu deuten wäre. Das mag immerhin naheliegen, wo παράβασις im Plural oder in pluralischem Sinn gebraucht ist (Gal 3,19; Hebr 2,2; 9,15). Selbst dort indes scheint der Akzent nicht auf dem Übertreten einer einzelnen Vorschrift, sondern auf den damit verbundenen erheblichen Rechtsfolgen zu liegen und insofern auf der Schwere der Verfehlung[244]. Dem fügt sich auch der Standardbeleg für παράβασις als Gesetzesübertretung[245] ein, nämlich Röm 4,15b: „wo aber nicht ist Gesetz, da auch nicht παράβασις"; denn dieser Versteil steht im Zusammenhang mit der vorangehenden Aussage, das Gesetz bewirke

[242] Vgl. dazu o. (bei) Anm. 216.

[243] Auch dies sei mit Blick auf das weiter o. ([bei] Anm. 223–227) zum „Einreißen" Vermerkte immerhin angesprochen, daß das παραβαίνειν in Mt 15,2 einerseits, Mt 15,3 andererseits, dem Kontext nach, ganz unterschiedlich zu werten ist.

[244] Was Gal 3,19 angeht, so wird der Ausdruck τῶν παραβάσεων χάριν zwar in aller Regel folgendermaßen (anders zumal: WILCKENS, Röm I, 177, und LULL, Law, 484f.) verstanden: „um Übertretungen zu provozieren" (HÜBNER, Gesetz bei Paulus, 27 [samt Anm. 40: Literatur]), „um sie herbeizuführen" (W. BAUER, Wörterbuch, 1750). Aber dabei wird (zumeist) erkennbar vom Römerbrief her (s. bes. Röm 7,5.7ff.) interpretiert (vgl. z.B. ZAHN, Gal, 172f., SCHLIER, Gal, 152f., BECK, Gesetz, 129, und DONALDSON, Inclusion, 104), und dies zudem nicht sonderlich einleuchtend, sofern (etwa) in Röm 5,12d allgemeines Sündigen (und nach V. 13f. ebenfalls wenigstens eine bestimmte παράβασις [s. dazu u. bei Anm. 254]) auch schon für die vormosaische Zeit behauptet wird und in Röm 7,5.10f.13 der Ton auf dem Todeseffekt liegt. Der Galaterbrief bietet indes, zumindest jenseits unserer Stelle, die Vorstellung, das Gesetz verführe geradezu zu Übertretungen, nicht, während ihm eine die Strafwürdigkeit von falschem Verhalten einschärfende Funktion des Gesetzes wichtig ist (s. bes. Gal 3,10–13), das gerade nicht lebendig macht (3,21), vielmehr irgendwie beteiligt ist, die ausnahmslose Verquickung mit ἁμαρτία aufzuzeigen (s. 3,11.22f.; vgl. 2,15–17). Bei den παραβάσεις von 3,19 wird deshalb wahrscheinlich an Verfehlungen gedacht sein, wie sie auch schon für die Zeit vor der Hinzufügung des Gesetzes existierten (vgl. JÜNGEL, Paulus, 56) und welche nun durch das Gesetz bei ihrer Strafwürdigkeit behaftet werden. (Offenbleiben mag, ob sich der Terminus παράβασις dabei sozusagen rückwirkend, also von der mit dem Gesetz manifest werdenden Strafe bzw. Strafandrohung her, aufdrängte oder ob das nicht der Fall ist.) Das χάριν läßt die Übersetzung „der ‚Übertretungen' wegen" zu (s. nochmals W. BAUER, Wörterbuch, 1750), und die Verwendung der „Präposition" an Stellen wie 1Makk 6,13 und 2Makk 4,16 dürfte die Deutung sogar empfehlen (vgl. noch 2Makk 7,32f.), nach der gemäß der Formulierung διὰ τὴν παράβασιν αὐτῶν von Barn 12,5 zu verstehen ist. Vgl. u. (Anm. 322 und) Kap. 3 (bei) Anm. 222.226.258–273.

[245] Vgl. dazu o. Kap. 1 (bei) Anm. 92f., ferner o. (Kap. 2) Anm. 121f.

Zorn[246]. Noch deutlicher ist an der – neben den Bezugnahmen auf den „Sündenfall“ (Röm 5,14; 1Tim 2,14) – noch verbleibenden παράβασις-Stelle Röm 2,23 und bei dem mit ihr verbundenen Erscheinen von παραβάτης in Röm 2,25.27, daß letztlich gerade nicht auf den Konflikt mit „zeremonialen“ Einzelanweisungen wie der (bzw. den) auf die Beschneidung gehenden abgezielt wird[247], sondern auf die Entehrung Gottes (s. V. 23f.), die sich hinter einem auf Äußerliches und den Buchstaben (s. V. 25–29) gerichteten Verhältnis zum Gesetz verbergen kann (s. V. 17ff.) und nicht folgenlos bleiben wird (s. V. 25–27; vgl. 1,32; 2,1–16; 3,19f.). Wenn nach den Beispielen für konkrete Gesetzesverstöße, wie sie in Röm 2,21f. genannt werden, dann in V. 23 der Singular παράβασις τοῦ νόμου folgt – und danach (im Blick auf den wegen des Du-Stils des Kontexts natürlich ebenfalls singularisch zu bezeichnenden „Übertreter“) entsprechend (zweimal) der Ausdruck παραβάτης νόμου –, so fühlt man sich nicht nur an Weish 14,31 erinnert, sondern wird auch entsprechend ganzheitlich interpretieren müssen, es werde an solchem Einzelverstoß die grundsätzliche Fehlhaltung gegenüber dem sich im Gesetz als ganzem dokumentierenden Gotteswillen (vgl. Röm 2,18) und damit gegenüber Gott selbst charakterisiert und als äußerst gravierend eingeschätzt. Ganz analog ist in Jak 2,9 „an das Gesetz als Ganzes gedacht“[248], wenn es heißt, daß die, welche „die Person ansehen“, „Sünde begehen“ und ὑπὸ τοῦ νόμου ὡς παραβάται überführt werden. Das ergibt sich spätestens und in aller Klarheit aus V. 10, und das gilt deshalb auch für das Beispiel von V. 11, nach dem man mit dem Verstoß gegen das Verbot des Tötens παραβάτης νόμου wird – und, wie aus V. 12f. erhellt, dem Gericht verfällt.

An den noch in die Betrachtung einzubeziehenden Stellen (Röm 5,14; Gal 2,18; 1Tim 2,14) fehlt nun freilich das Genitivattribut (τοῦ) νόμου, sollte also schwerlich ohne weiteres supponiert werden[249], während andererseits immerhin mit der Möglichkeit, es gehe um grundsätzliche und strafwürdige[250] Verfehlung,

---

[246] Vgl. zu den Auslegungsproblemen der Stelle, an der es jedenfalls nicht heißt, daß „das Gesetz ‚Übertretung‘ provoziert“ (wie indes SCHLIER, Röm, 130, interpretiert), etwa MICHEL, Röm, 122f., KÄSEMANN, Röm, 114, und WILCKENS, Röm I, 270f., auch LUZ, Geschichtsverständnis, 202.

[247] So mit Recht etwa BURTON, Gal, 131.

[248] So trotz seines ganz anders lautenden, vielleicht nicht einmal für Lk 6,4D (vgl. u. Anm. 250) zutreffenden Gesamturteils zu παραβάτης im Neuen Testament (s. dazu o. [bei] Anm. 222) selbst J. SCHNEIDER, παραβαίνω, 738 Anm. 5 (der freilich der zitierten Formulierung in ausgleichender Weise ein „wohl“ voranstellt). Vgl. BURCHARD, Nächstenliebegebot, 526–528.533.

[249] Man pflegt ja, obwohl ἀπαράβατος bei Josephus (Ant 18,266; Ap 2, 293) fraglos vom Einhalten der Tora zu verstehen ist, dem Adjektiv in Hebr 7,24 auch nicht eine solche Bedeutung zu unterlegen (vgl. nur W. BAUER, Wörterbuch, 161). Nach dem Kontext muß es hier ums Bleiben, um Nicht-Aufhebbarkeit gehen (ähnlich Epikt. 2,15,1 [ἀπαραβάτως]). Vgl. zum (ἐμ)μένειν von (Epikt. 2,15,1 und) Hebr 7,24 das διαμένειν von Gal 2,5 (und dazu u. [bei] Anm. 268).

[250] Dieser Aspekt kommt auch in Lk 6,4D zum Tragen: „Oh Mensch, wenn du weißt, was du tust, bist du glückselig, wenn du [es] aber nicht weißt, ἐπικατάρατος καὶ παραβάτης εἶ τοῦ νόμου.“ Nach diesem auf die Verletzung des Toraverbotes, am Sabbat zu arbeiten

gerechnet werden darf. Solche Grundsätzlichkeit kommt nach frühjüdischem Verständnis jedenfalls dem „Sündenfall" zu, der auch außerneutestamentlich mit unserer Wortfamilie (und ihren Äquivalenten) des öfteren verbunden ist[251]. Bei dem kurzen Hinweis auf Evas παράβασις in 1Tim 2,14 wird wahrscheinlich an das Verbot von Gen 2,17 (bzw. 3,3) gedacht sein. Es fehlt aber jede Andeutung davon, daß damit gegen eine Vorschrift des mosaischen Gesetzes oder gar gegen dieses Gesetz als ganzes verstoßen worden wäre. Nimmt man den bekanntermaßen schwierigen Passus Röm 5,12–21[252] beim Wort, so darf man auch beim Ausdruck παράβασις 'Αδάμ (V. 14) die Verwendung des Terminus παράβασις nicht damit erklären, es solle so die Übertretung einer Tora-Vorschrift oder der gesamten Tora angedeutet werden[253]; denn nach V. 13.14a.20 „kam" das Gesetz ja erst eine erhebliche Zeitspanne nach Adam „hinzu"[254]. Hingegen mußte für einen Juden des ersten Jahrhunderts unserer Zeitrechnung bei einer Bezugnahme auf die – natürlich auch hier, in V. 12ff., gemeinte – Verfehlung von Gen 3 der Begriff παράβασις ohnehin naheliegen, und für Paulus soll er den angesichts des Noch-nicht-Gekommenseins des Gesetzes (V. 13) merkwürdigen, der Erklärung bedürftigen Sachverhalt absichern, daß dennoch (V. 14a: ἀλλὰ κτλ.) der Tod schon „herrschte". Eben dies aber kann der Terminus nach seiner sonstigen Verwendung gerade auch im Neuen Testament und bei Paulus *qua* Grundsätzlichkeit und *qua* Strafwürdigkeit, die nach Gen 2,17 (bzw. 3,3) genauer Todeswürdigkeit ist[255], leisten. Hier Gesetzesübertretung einzubringen ist im übrigen auch deshalb heikel, weil im folgenden dann auffälligerweise nicht von παραβάσεις (τοῦ νόμου), sondern (u.a.) von παράπτωμα[256] (V. 15.17.18.20) und πα-

(vgl. nur Ex 20,10; 31,14f.), bezüglichen Satz muß im übrigen bemerkenswerterweise nicht einmal ein bewußter Konflikt mit einer Gesetzesvorschrift als παράβασις bezeichnet und gewertet werden.

[251] Außer auf die schon o. (bei) Anm. 240f. erwähnten Belege Gen 3,17Θ und Hos 6,7LXX (sowie bSan 38b) ist etwa zu verweisen auf 4Esr 3,7 (vgl. u. Anm. 258); syrBar 56,5f.; grBar 4,16; 9,7; Ios., Ant 1,46; ApkMos 8 und Barn 12,5 (vgl. WOLTER, παράβασις, 33). Weitere, rabbinische Parallelen bei BILLERBECK, Kommentar III, 228f., und BRANDENBURGER, Adam, 59–62.

[252] Insbesondere die Zuordnung von V. 12 und V. 13f. ist umstritten. Einen knappen Überblick über Lösungsansätze gibt LUZ, Geschichtsverständnis, 198–200.

[253] Anders z.B. KÄSEMANN, Röm, 142 (Adams παράβασις „als Übertretung des Gesetzes"), WILCKENS, Röm I, 317 (Adam habe „das Paradiesgebot – und damit so etwas wie eine Vorausgestalt des Mosegesetzes – übertreten"; doch s. das ebd., 319 Anm. 1062, zu einer vormosaischen Kenntnis der Tora Vermerkte [vgl. dazu noch HOFIUS, Gesetz, 57f. samt Anm. 26]), und BRANDENBURGER, Adam, 250f. („als Übertretung des ausdrücklichen mündlichen Gebotes Gottes der Übertretung der Mosetora gleichgestellt (wie bereits in der jüdischen Tradition)" [vgl. u. Anm. 257]), ferner etwa WOLTER, παράβασις, 34.

[254] Vgl. LULL, Law, 483f.

[255] Und eben dies ist es, was die sich später anschließende, von Sir 25,24 an zu belegende Tradition zentral beschäftigte (s. zu ihr BILLERBECK, Kommentar III, 227–229, und BRANDENBURGER, Adam, 45–64).

[256] In Weish 10,1 ebenfalls auf den „Sündenfall" bezogen.

ϱαπτώματα (V. 16) die Rede ist[257]. Dürfte also in Röm 5,14 ein grundsätzlicher und strafwürdiger Verstoß gegen Gottes Willen und schwerlich gegen das Gesetz oder seine Vorschriften gemeint sein[258] und weist die Terminologie jedenfalls auf solch prinzipielles Fehlverhalten hin, so ist das auch für Gal 2,18b von erheblicher Relevanz, wo Paulus – anders als in Röm 5,14 – leicht (und im Sinne einer Steigerung der Treffsicherheit der Formulierung) παϱαβάτης (τοῦ) νόμου hätte sagen können und nach seiner sonstigen Gewohnheit hätte sagen müssen, wenn er das gemeint hätte[259]. Da er dies indes eben nicht tut, macht er sich offenbar die Grundsätzlichkeit und darüber hinaus auch die das Gesetz betreffenden Konnotationen von παϱαβάτης zunutze, um in paradox klingenden Worten ein Verhalten negativ zu beleuchten, das nach ihm auf Gesetzeswerke setzen zu müssen meint: Gerade es ist, (sozusagen) wider Erwarten, grundsätzliche Verfehlung des Willens Gottes – und insofern gravierender als die durch solches Handeln (vorgeblich) abzuwendende Gefahr von Sünde im Christenleben!

Ist demnach die weiter oben vorgeschlagene Deutung des *nomen agentis* παϱαβάτης, wie es in Gal 2,18b verwandt wird, vom Sprachlichen her möglich[260], so darf sie angesichts der auf sie führenden strukturellen Beobachtungen nunmehr nicht anders als das für die Verben von V. 18a gewonnene Verständnis als hinreichend gesichert gelten. Zugleich zeigt sich, wenn man das zur Semantik Gesagte berücksichtigt, noch klarer als vorher, daß Paulus sich bei der Zurückweisung der schon mit μὴ γένοιτο quittierten Aussage nicht nur in V. 18a, wo eine naheliegende Folgerung aus jener Ansicht zur Sprache kommt, sondern auch noch in V. 18b eines Vokabulars bedient, das dem solcher Personen nahekommen könnte, welche die V. 17b zugrundeliegende Auffassung teilen. Indem er aber in V. 18b die beim zusatzlos gebrauchten Terminus παϱαβάτης gegebene gewisse Äquivozität eben durch den Verzicht auf die Näherbestimmung (τοῦ) νόμου zumindest ansatzweise und durch das Nachfolgende, insbe-

---

[257] So wenig hier an dem Zusammenhang von παϱάβασις und παϱάπτωμα zu zweifeln ist, so wenig überzeugend ist es, wenn BRANDENBURGER, Adam, 251f., im Blick auf Röm 5,12ff. von παϱάβασις τοῦ νόμου (vgl. o. Anm. 253) und sogar von παϱαβάσεις τοῦ νόμου spricht. Paulus tut das nicht, will also sehr wahrscheinlich mit παϱάβασις – anders als mit παϱάπτωμα (vgl. Gal 6,1) – die ja gerade auch in Röm 5,14 angesprochene Besonderheit der Verfehlung Adams terminologisch hervorheben. (Nahezu entgegengesetzt ist die von LUZ, Geschichtsverständnis, 202 Anm. 254, an BRANDENBURGER geübte Kritik, die indes ebenfalls das nur einmalige Vorkommen des [so für den „Sündenfall" reservierten] παϱάβασις-Begriffes in Röm 5,12–21 nicht zu erklären vermag.)

[258] Vgl. O. BETZ, Christus, 204. Was 4Esr 3,7ff. angeht (vgl. [dazu] o. Anm. 251), so summiert DE BOER, Defeat, 74, unter Hinweis insbesondere auf 4Esr 8,60: „the real sin of Adam and of his descendants is not so much transgression (of commandments) as the refusal to acknowledge and worship God the Creator".

[259] Das Genitivattribut ließe sich in diesem Fall überdies vom Rezipienten gerade nicht problemlos ergänzen, da V. 18a nicht auf den νόμος selbst abheben wird, sondern auf das Streben, aus Gesetzeswerken gerechtfertigt zu werden (s. dazu o. [bei] Anm. 191).

[260] Angesichts des Beobachteten verwundert es kaum, daß παϱαβάτης im kirchlichen Sprachgebrauch dann zur Bezeichnung eines Apostaten benutzt werden kann (s. dazu nur J. SCHNEIDER, παϱαβαίνω, 738 samt Anm. 8). Vgl. GASTON, Torah, 67, ferner u. Anm. 272.

sondere durch V. 21a, vollständig durchschauen läßt, macht er deutlich, daß es sich bei der möglicherweise aufgenommenen, in jedem Fall mit Rücksicht auf die Angesprochenen geschickt gewählten Ausdrucksweise um so etwas wie *ironia* und *dissimulatio*[261] handelt, er also in Wirklichkeit Niederreißen und Aufbauen ganz anders eingeschätzt wissen will[262]. Der gerade auch Diachrones einbeziehende Exkurs erweist sich damit letztlich auch hinsichtlich der genaueren rhetorischen Erfassung dessen als hilfreich, was zuvor lediglich als *modus-tollens*-Struktur bezeichnet wurde.

Bevor indes ganz auf die Struktur-Ebene zurückgekehrt werden soll, sei den betrachteten Zusammenhängen noch für einen Augenblick nachgegangen, weil das zum einen eine weitere Illustrierung und Stützung des zur Verwendung von παραβάτης Vermerkten erlaubt und zum anderen die Möglichkeit von Präzisierungen eröffnen könnte.

Zunächst verdient nochmals Beachtung, daß Paulus in Röm 5,12ff. für den „Sündenfall" nicht nur den Terminus παραβάτης (V. 14) verwendet, sondern im Anschluß daran einigermaßen synonym mehrfach παράπτωμα (V. 15.17.18.20; vgl. V. 16) sagt[263]. Das ist für unsere Überlegungen insofern von einigem Belang, als gerade auch dieser Begriff dann recht ähnlich, wie sich uns das für παραβάτης und Gal 2,18 nahelegte, in Röm 11,11f. benutzt wird. Er ist hier in Hinblick auf Israel gebraucht, das vorläufig hinsichtlich des Bekenntnisses zu Jesus als dem Herrn abseitssteht (10,14ff.) und nach 10,3, wie bereits angesprochen[264], die Gerechtigkeit Gottes nicht erkennt, sich ihr nicht unterordnet, vielmehr die eigene Gerechtigkeit aufzurichten sucht. Daß der Apostel den „Sündenfall" in typologischer Weise auf einen Konflikt mit dem Christusgeschehen beziehen kann, wird – überdies[265] – durch 2Kor 11,3f. belegt, einen Zusammenhang, der bekanntlich schon wegen der Redeweise vom „anderen Evangelium" (V. 4) an den Galaterbrief (1,6; vgl. 1,7.11, ferner 2,5.14) erinnert.

---

261 Zu *ironia* und *dissimulatio* (und der ihnen dienstbar zu machenden Äquivozität) vgl. nur: LAUSBERG, Elemente, § 232.428,2 (vgl. im übrigen zum von hier aus zu verstehenden Nacheinander von ἁμαρτίας διάκονος [V. 17b] und παραβάτης [V. 18b] ebd., § 384: *correctio*), zur Ironie speziell bei Paulus: SIEGERT, Argumentation, 240f. (vgl. u. [bei] Anm. 291.294). Vgl. die Charakterisierung, welche BURTON, Gal, 131, im Blick auf die Formulierung in V. 18 gibt: „The statement that not by disobeying but by obeying the statutes of the law he becomes a transgressor is, of course, obviously paradoxical".

262 Nicht ganz so geschickt, aber doch in durchaus vergleichbarer Weise werden in Barn 9,4 die Worte gesetzt, wo nämlich ein καταργεῖν, und zwar das des (wirklichen) Beschneidungsgebotes, in positiver Beleuchtung erscheint, während die Befolgung eben dieses Gebotes als ein παραβαίνειν qualifiziert wird! – Vgl. o. bei Anm. 232 und u. Anm. 267.

263 S. dazu o. (bei) Anm. 256f.

264 O. bei Anm. 228–230.

265 Bei Röm 11,11f. kommt zum Indiz des παράπτωμα-Begriffes noch hinzu, daß die Gegenüberstellung von „Fall" und heilvollem Ende in V. 12 (εἰ…, πόσῳ μᾶλλον…) ganz ähnlich erfolgt wie in Röm 5,(10.)15.17 (εἰ…, πολλῷ μᾶλλον…).

Damit ist schon der zweite Bereich, der etwaiger Präzisierungen, berührt. Es stellt sich nämlich angesichts der letztgenannten Stelle und der Adam-Christus-Typologie von 1Kor 15,21f.45ff. und Röm 5,12ff., angesichts der recht festen, auch paulinischen Verbindung von παράβασις und „Sündenfall“[266], schließlich angesichts der Bezugnahmen des Galaterbriefes auf die – hier primär mit Jesu Kreuz (und der Bekehrung) verbundene (s. bes. 6,14; vgl. 5,11, ferner 1,4; 2,19f.; 3,27f.) – Thematik von der καινὴ κτίσις (6,15)[267] die Frage, ob nicht in Gal 2,18 der grundsätzliche Konflikt mit dem Christusgeschehen als ein Konflikt mit einem – wie auch immer näher zu fassenden[268] – „Prinzip“ gekennzeichnet werden soll, das die neue Schöpfung (ähnlich wie zunächst Gen 2,16f. die alte) bestimmt (vgl. 6,16: κανών). Da in diesem Schreiben das Leben in ihrer Einflußsphäre auch mit Metaphern gekennzeichnet wird, die es mit einem zu begehenden und zu durchlaufenden Weg, mit lokalen Gegebenheiten zu tun haben[269], ist endlich in Betracht zu ziehen, ob der neben ebenfalls auf einen grundsätzlichen Konflikt mit dem Christusgeschehen gehenden Ausdrücken wie „Verwerfen der Gnade Gottes“ (2,21a) und „Unwirksammachen der Verheißung“ (3,17a) sowie „des Ärgernisses des Kreuzes“ (5,11b)[270] verwandte Terminus παραβάτης vielleicht auch deshalb gesetzt ist, weil er von seiner Herkunft her eben das Abweichen von einem Weg[271] – und darum auch von dem allein richtigen Pfad – anzeigen kann. Jedenfalls würde eine solche Deutung von 2,18 sich bestens zum kurz vorher

---

266 Vgl. dazu nur o. (bei) Anm. 251f.

267 Vgl. dazu LÜHRMANN, Tage, 444, und vor allem den wichtigen Aufsatz: MARTYN, Antinomies (bes. 417f.420). Der Beitrag erörtert im übrigen weitere Belege (u.a. 4,21ff.; 5,16f.) dafür, daß Paulus im Galaterbrief angesichts der eingetretenen eschatologischen Wende auf den alten Äon bezügliche Oppositionspaare in neue überführt, in „new and surprising opposites“ (ebd., 416; vgl. o. [bei] Anm. 232.262). Zudem weist M. auf den (traditionellen) Zusammenhang der Thematik mit der auf den richtigen Weg bezüglichen Metaphorik hin (bes. Antinomies, 422f. [Anm. 12 zu 413]; vgl. 421); besonders 1QS 3,13–4,26 kann unsere präzisierenden Erwägungen nachhaltig stützen, sofern dieser Passus in einer ganzen Reihe von Begriffen bzw. Vorstellungen („neue Schöpfung“, „Wahrheit“, „Weg[e]“, „Gerechtigkeit“, „Werke“) mit Gal 2 (sowie Gal 5f.) zusammenstimmt. Vgl. zur auf Weg und Lokales bezüglichen Bildlichkeit des Galaterbriefes das sogleich o. im Text Nachfolgende. Zu einer sich von der Struktur des Schreibens her nahelegenden Absicherung des Bezuges des παραβάτης von Gal 2,18 auf Schöpfung bzw. Neuschöpfung s. u. Kap. 3, bes. bei Anm. 86.

268 Als Stichwörter kommen hier neben „Kreuz (Christi)“ (vgl. bes. 3,1; 6,14) und „Gläubigwerden/Glaube“ (vgl. bes. 2,16; 3,23) vor allem noch „(Wahrheit des) Evangelium(s)“ (vgl. etwa 2,5 [und dazu o. Anm. 249]), „Geist“ (vgl. etwa 3,2), „Freiheit“ (vgl. etwa 5,1) und „Liebe“ (vgl. etwa 5,6), auch „Gesetz Christi“ (s. 6,2), in Frage.

269 Obwohl der Begriff ὁδός in diesem Schreiben (anders als z.B. im Römerbrief) nicht begegnet, ist hier eine immerhin beachtliche Zahl von (Bildern und) Stellen von Belang, bes.: 1,14; 2,2.14; 4,9; 5,1.7.16.18; 6,1.2.5 (vgl. ferner etwa 1,6.7.13.15; 2,12; 3,19.23.25; 4,4.17.29.30; 5,4.25; 6,16).

270 Vgl. o. Anm. 217 (zu Gal 5,4), ferner o. Anm. 216 sowie o. bei Anm. 242 (zu Gal 2,21a; 3,15.17). Aus dem Römerbrief ist neben 10,3 (s. dazu o. bei Anm. 228–230.264) vor allem noch 4,14 (im Blick auf Gal 3,17) zu vergleichen.

271 S. dazu nur o. (bei) Anm. 239.

verwandten (οὐκ) ὀρθοποδεῖν von 2,14a[272] (und etwa auch zu der ebenfalls an der Ausrichtung auf die ἀλήθεια messenden Stelle 5,7) fügen[273].

Die durch Ringkompositionen und Chiasmen charakterisierte Struktur des Teiltextes 2,15–21, wie sie durch die Entgegensetzung von, verkürzt gesagt, „Gesetz" (s. im Tableau die Umrahmungen durch ununterbrochene Linien) und „Christus" (s. die Umrahmungen durch gestrichelte Linien) bestimmt wird, steht nunmehr nicht nur vor Augen, sondern konnte auch schon in semantischer, ansatzweise überdies in pragmatischer Hinsicht fruchtbar gemacht werden. Ein anderes Moment des Aufbaus, eine weitere Polarität, die sich mit jener Gegenüberstellung beim ersten Glied trifft, ist indes bislang nur eben angesprochen worden[274]: nämlich die zumindest in V. 15 vorliegende, die es irgendwie mit „Juden" und „Sündern" zu tun hat. Schon das ist freilich eine zu verteidigende These, und sie wird zudem noch zu präzisieren sein.

Schwerlich überzeugend ist zunächst der vor wenigen Jahren vorgelegte Vorschlag[275], den Wortlaut anders als üblich aufzufassen und den Terminus ἁμαρτωλοί zum Folgenden zu ziehen[276]. Schon daß man dabei gezwungen ist, das textlich doch recht gut bezeugte δέ gegen Anfang von V. 16 für sekundär zu erklären[277], empfiehlt diesen Ansatz nicht sonderlich. Auch wäre der Ausdruck „der Herkunft nach Juden und nicht aus den Heiden"[278] insofern merkwürdig, als Paulus in Röm 9,24 (und ähnlich in 2Kor 11,26) auch hinsichtlich der jüdischen Seite ἐκ verwendet. Und die Kontextentsprechungen[279] zum καὶ οὐκ von V. 15, also V. 14b und V. 16b, ließen ebenfalls eine parallelere Formulierung erwarten. Vor allem die Einbettung in den Zusammenhang ist es denn auch, die gegen diesen Vorschlag entscheidet: Nach V. 14 nämlich sollte man in V. 15

---

272 Hinsichtlich des seltenen Wortes ist nach KILPATRICK, ὀρθοποδοῦσιν, 274, sicher: es ist „a verb of motion used metaphorically", und er hält (u.a. wegen der Wiedergabe durch *recta uia incedere* bzw. *rectam uiam incedere* [s. 269f.] in Teilen der lateinischen Überlieferung, aber auch aufgrund des Kontexts) gegen Schluß seiner das Material zusammenstellenden Studie als Übertragung von V. 14aβ für angemessen: „they were not on the right road toward the truth of the Gospel" (274). Eben dies gilt nach allem, was wir gesehen haben, auch für den παραβάτης von V. 18b! (Überdies paßt zu unseren auf παραβάτης bezüglichen Beobachtungen bemerkenswert gut, daß ὀρθοποδεῖν nicht ethisch zu verstehen ist [KILPATRICK, ebd.] und im kirchlichen Sprachgebrauch auf Orthodoxie abheben kann [ebd., 272; vgl. dazu o. Anm. 260: παραβάτης als Apostat].)

273 Vielleicht darf man darüber hinaus bei der schnellen Abwendung von Gott, wie sie in 1,6 charakterisiert wird, an Stellen wie Ex 32,8 denken (vgl. nochmals o. [bei] Anm. 239).

274 O. bei Anm. 168–170.

275 Und zwar durch NEITZEL, Interpretation, 16–26.

276 Ablehnend: BÖTTGER, Paulus, 82 Anm. 17; moderater, nämlich auch zustimmend: SUHL, Galaterbrief, 3102–3106.

277 S. dazu o. Anm. 170. Ein Ausfall des vor allem in p^{46} fehlenden, aber z.B. durch א, B und D* gebotenen δέ ist nicht sonderlich schwer zu erklären, nämlich als Angleichung an Stellen wie Röm 5,3; 6,9 und 2Kor 4,14 (wo es jeweils εἰδότες ὅτι heißt).

278 Vgl. dazu NEITZEL, Interpretation, 18.

279 Sie werden von NEITZEL, ebd., hervorgehoben.

nicht lediglich eine ethnische, sondern eine auf den religiös-ethischen Status gehende Charakterisierung erwarten; zudem wollen das καὶ ἡμεῖς von V. 16b und das καὶ αὐτοί von V. 17a fraglos etwas nicht von vornherein Selbstverständliches herausstellen[280]. Diese Spannung bleibt ebenfalls nicht hinreichend erhalten, wenn man, was auch sprachlich nicht ohne Probleme ist[281], Ἰουδαῖοι als Adjektiv und als zu ἁμαρτωλοί gehörig begreift[282] oder wenn man zwar auf ein Substantiv erkennt, aber gleichwohl die Juden wiederum schon hier den Sündern ausdrücklich zugerechnet wissen möchte[283]. Auch der Wortlaut spricht gegen diese Deutung: „es müßte dann heißen ἁμαρτωλοὶ ἐξ Ἰουδαίων καὶ οὐκ ἐξ ἐθνῶν."[284]

Damit legt sich, auch aufgrund der Konstruktion, die herkömmliche Interpretation[285] nahe, nach der Paulus an dieser Stelle in Anknüpfung an die traditionelle „Überzeugung, daß die Heiden als Menschen, die das jüdische Gesetz nicht kennen, deswegen ἄνομοι und somit ἁμαρτωλοί sind"[286], in der Tat – ähnlich wie in V. 14b – eine religiös-ethische Unterscheidung trifft, nämlich zwischen gebürtigen Juden und „Sündern aus den Heiden"[287]. Dagegen läßt sich im übrigen auch nicht durchschlagend einwenden, der Apostel gerate so in einen (Selbst-)Widerspruch – zu

---

280 Vgl. dazu o. (bei) Anm. 21.

281 Paulus verwendet nämlich (wie schon o. Anm. 168 vermerkt) Ἰουδαῖος (sonst) stets als Substantiv, und außerdem betont NEITZEL, Interpretation, mit einigem Recht, „daß der Herkunftsbegriff φύσει sich nicht mit ἁμαρτωλοί verträgt" (17 Anm. 4), sofern „‚Sünder'... keine mögliche Antwort auf die Frage nach der Herkunft" (18) bildet.

282 So in jüngerer Zeit vor allem BARTH (Kerygma, 142 Anm. 42; Jews, 247 [samt Anm. 7]; Stellung, 508 samt Anm. 27), nachdem früher etwa schon Marius Victorinus (s. dazu NEITZEL, Interpretation, 17 Anm. 4, mit dem Hinweis auf PL 8,1164B) entsprechend verstanden hatte (nicht eigentlich indes 1516/17 Martin Luther, obwohl BARTH, Stellung, 508 Anm. 27, sich auf WA 57 [II],17 beruft [vgl. u. (bei) Anm. 291]).

283 So in jüngerer Zeit vor allem SUHL (Paulus, 24; Galaterbrief, 3102–3106), der freilich durchaus Wert auf die den Teiltext bestimmende Entgegensetzung legt. Aber er trifft schwerlich die Pointe, dürfte sie vielmehr verderben, wenn er seine Deutung von V. 15 durch die Bemerkung zu stützen sucht, daß die ἡμεῖς „ja ohnehin V. 17 ausdrücklich als solche (sc. als Sünder) charakterisiert werden" (Galaterbrief, 3103). Sein Umschreibungsversuch von V. 15 kommt überdies offenkundig nicht ohne erhebliche Eintragungen aus: „Wir, die zwar von Natur Juden und nicht aus den Heiden stammende, aber gleichwohl [wie diese!] Sünder sind" (ebd.; Klammern schon bei S.).

284 ZAHN, Gal, 121. Vgl. dazu Röm 9,24.

285 Vertreten nicht nur von ZAHN, ebd., 121f., sondern etwa auch von SCHLIER, Gal, 88f., MUSSNER, Gal, 167f., und H.D. BETZ, Gal, 215f.

286 KÜMMEL, „Individualgeschichte", 132. Er bietet ebd., 132 samt Anm. 14.16f., Belege (wie PsSal 2,1[f.]) für diese (vor allem frühjüdische) Auffassung. Vgl. dazu ferner BILLERBECK, Kommentar IV, 375, und RENGSTORF, ἁμαρτωλός, bes. 328–330.332.

287 Natürlich ist es richtig, daß es Paulus, wie NEITZEL, Interpretation, 19 (vgl. SUHL, Galaterbrief, 3104), gegenüber einer solchen Auslegung hervorhebt, im Zusammenhang um Christen unterschiedlicher Herkunft geht (vgl. dazu o. bei Anm. 19). Aber zu klären ist doch gerade, ob und inwieweit diese Herkunft den religiös-ethischen Status weiterhin betrifft.

V. 16(–21) –[288] und er könne von seiner Theologie her ein derartiges jüdisches „Vorurteil" schwerlich übernehmen[289]. Das „Vorurteil" bestimmt seine Aussagen nämlich auch in anderen Zusammenhängen (und dürfte für ihn theologisch zentral sein)[290]. Und die Formulierung benutzt zwar die Sünder-Kategorie ganz betont im Blick auf die Heiden, Nicht-Juden; aber es „ist ... durch den Gegensatz von Juden und Sündern aus den Heiden nicht verneint, daß auch Juden Sünder seien"[291] – ebensowenig wie die Selbsteinschätzung von britischen Fußballanhängern: „Wir sind Engländer und nicht italienische Schönlinge" ausschließt, daß sich, zumindest bei ruhigerer Überlegung, auch der eine oder andere Fan von der Insel als äußerlich attraktiv und als um diese Attraktivität bemüht einschätzen wird.

Wenn Paulus also in V. 15 in dieser Weise Juden und „Sünder aus den Heiden" gegenüberstellt, dann deutet er mit der abschließenden Formulierung so etwas wie einen traditionellen Tabu-Bereich an (s. im Tableau rechts oben die doppelte Linie). Ihm, diesen Eindruck läßt der Verfasser bewußt zu, scheinen die Juden gerade nicht anzugehören. Auch V. 16, wo nun der jüdischen Sicht des vorangehenden Verses eine judenchristliche Überzeugung und die Negation der Möglichkeit folgt, aus Gesetzeswerken gerechtfertigt zu werden, läßt – gleichwohl – nicht explizit werden, daß es etwa mit solchen Juden anders stehen könnte, die zum Glauben an Christus finden. Erst mit dem Fazit, V. 17a[292], kommt es, indem jetzt überraschenderweise auch auf sie der Terminus ἁμαρτωλοί angewandt

[288] So jedoch NEITZEL, Interpretation, 20–22, und SUHL, Galaterbrief, 3105.

[289] So jedoch NEITZEL, Interpretation, 18.21.24f., und SUHL, Galaterbrief, 3105.

[290] Zu vergleichen sind etwa 1Kor 5,1 oder 1Thess 4,5, aber auch Belege aus dialektischeren Zusammenhängen, z.B. Röm 2,14 und 9,30, wohl auch Röm 4,5 (vgl. zum ἀσεβής dieses Verses die Bezugnahme auf die Unbeschnittenheit in V. 9-11 und dazu LIEBERS, Gesetz, 33f. samt Anm. 55). Vgl. ferner den auf Heiden gehenden Terminus ἄνομοι in 1Kor 9,21 (vgl. STEGEMANN, Tora, 9) und dazu Röm 9,4. Vgl. u. Kap. 3, bes. (bei) Anm. 208–211.

[291] ZAHN, Gal, 121 (ähnlich übrigens auch Luther an der schon o. Anm. 282 genannten Stelle WA 57 [II],17). Wenn NEITZEL, Interpretation, 19, sagt, für „die herkömmliche Deutung von V. 15" gelte, „die Juden seien φύσει nicht ἁμαρτωλοί", und wenn entsprechend SUHL, Galaterbrief, 3105, darauf insistiert, daß „nicht von einer Sündlosigkeit der Juden ... die Rede sein kann", so kann beider Agieren in der exegetischen Auseinandersetzung leider insofern nicht sonderlich glücklich sein, als von ihnen die wirkliche Position der oder doch (da nämlich etwa WILCKENS, Paulus, 59, in der behaupteten Weise interpretiert) einiger „Gegner" nicht voll realisiert wird (vgl. indes immerhin NEITZEL, Interpretation, 17 samt Anm. 12). Beide begeben sich damit der Möglichkeit, Paulus' dialektischen Geschicks, wie es in anderen Zusammenhängen, gerade auch in solchen, welche es mit dem Volk der Juden zu tun haben (vgl. z.B. Röm 2,17–3,20; 9–11), unverkennbar ist, auch in unserem Teiltext ansichtig zu werden. Vgl. dagegen etwa LIGHTFOOT, Gal, 115 (vgl. 117): „Here ἁμαρτωλός is used in preference to ἔθνη, not without a shade of irony, as better enforcing St. Paul's argument."

[292] Hier und in den folgenden Sätzen wird weithin auf Ergebnisse der vorangehenden Darstellung knapp zurückgegriffen, und zwar auf schon bislang betonte Resultate. Auf Rückverweise darf deshalb wohl verzichtet werden.

wird[293], zu einer Verletzung des Tabus[294] – und ein (ebenfalls beabsichtigter) Fehlschluß, V. (17a-)17b, ist die Folge!

Die den Text einleitende Polarität sorgt demnach für Spannung und Bewegung. Sobald dieser Zweck erreicht ist, können die Tabu-Begriffe „Heiden", „Sünder" und „Sünde" wegfallen. Denn nun wirkt die angestoßene Problematik weiter: Bringt der einstige Schritt von einem durch Gesetzeswerke charakterisierbaren jüdischen Bereich hin zum – nicht anders als bei „Sündern aus den Heiden" vollzogenen (und insofern mit ihnen zusammenführenden) – Anschluß an Christus (s. im Tableau den ersten Pfeil mit geradem Schaft) dann nicht für Gegenwart und Zukunft verheerende (religiös-)ethische Folgen mit sich, gerät nicht damit Christus in ein ganz negatives Licht (s. den ersten Pfeil mit gewelltem Schaft)? Unmöglich! Wenn aber doch? Das würde bedeuten, nach der Vergangenheit des Anschlusses an Christus (Aorist κατέλυσα, korrespondierend dem ἐπιστεύσαμεν) in der Gegenwart (Präsens οἰκοδομῶ) den Weg sozusagen in die Vorvergangenheit (πάλιν) zurückgehen zu müssen (s. den zweiten, nach links gerichteten Pfeil mit gewelltem Schaft)[295]. Wer so denkt und handelt, verstößt massiv gegen Gottes gutes Wollen und Tun in Christus! Das lehrt die – theologisch-heilsgeschichtlich vermittelte – wirkliche Erfahrung der Judenchristen (s. die beiden letzten Pfeile, nun wieder mit geradem Schaft): Sie haben nämlich nicht nur, gerade indem sie dem Pfad des Gesetzes, der Gesetzeswerke, zu folgen unternahmen, in der Verbindung mit Christi Tod einen Bruch mit jeder durch Gesetzeswerke bestimmten Ausrichtung auf das Heil vollzogen (Vergangenheit), sondern sie stehen infolge des Aufgehens in Christus auch in einem durch ihn, den Sohn Gottes, bestimmten Leben für Gott (Gegenwart) – weshalb für so etwas wie eine Regression in die Vorvergangenheit, genau besehen, keinerlei Anlaß vorliegt –. Judenchristen, die diese Erfahrung ernst nehmen, verwerfen gerade nicht den (sich eben im Christusgeschehen dokumentierenden) Gnadenwillen Gottes! Wenn man (wieder) auf Gesetzeswerke setzt, eben dann negiert man die Notwendigkeit des Kreuzes Christi!

---

293 Dieser Überraschungseffekt spiegelt die ähnlich erstaunliche Erfahrung wider, die (zumindest eigentlich) im Zusammenhang der Bekehrung zu machen war und durch das εὑρέθημεν auch in dieser Richtung charakterisiert wird (vgl. dazu o. [bei] Anm. 76).

294 Vgl. etwa LIGHTFOOT, Gal, 117 („subtle irony of ἁμαρτωλοί" [vgl. dazu o. Anm. 291]), und BERGER, Exegese, 14.

295 Vgl., was die angesprochene Gegenläufigkeit angeht, EBELING, Gal, 176.

2.4 Deutlichkeiten

Der Versuch, die wichtige wie schwierige Passage Gal 2,15–21 über die Kontextfunktion des „Diatribe"-Merkmals μὴ γένοιτο und über weitere Strukturbeobachtungen zu erschließen, hat sich zumindest insofern gelohnt, als dieses eher auf Formales ausgerichtete Vorgehen, wenn nicht alles täuscht, zu beachtlichen Klärungen geführt hat. Jedenfalls boten sich, vor allem von daher, für die zu Beginn dieses Kapitels unserer Untersuchung (in 2.1) genannten Einzelprobleme, welche ganz erheblich dazu beigetragen haben, dem Passus den Stempel *crux interpretum* aufzudrücken, durchweg klare Lösungsmöglichkeiten dar. Sie brauchen hier schwerlich im einzelnen wiederholt zu werden[296].

Hervorgehoben sei aber immerhin eigens, daß die These, bei V. 18 handle es sich um eine Interpolation, am Aufbau des Teiltextes scheitert[297]. Nur *mit* V. 18 bleibt die durchgehend von Ringkompositionen (insbesondere: A, B, A' sowie C, D, C') und Chiasmen (insbesondere: X, X_1, X_1', X') bestimmte Struktur unverletzt. Nur *mit* V. 18 auch – wo (wie in V. 19f.) mit einem (rein) individuellen Verständnis des Ich nicht durchzukommen ist – tritt der springende Punkt und damit die pragmatische Dimension dieser Verse prägnant genug hervor, die zwar an den antiochenischen Zwischenfall anknüpfen, aber auf die Bewältigung der Krise in Galatien abzielen. Als wesentliches Element der bedrohlichen Entwicklung läßt die von Paulus in V. 17b gebotene Formulierung des – (wie die dann folgende nachdrückliche Entgegnung anzeigt) in ähnlicher Weise wirklich geltend gemachten[298]: – galatischen Arguments die Auffassung erkennen, das christliche Leben sei, wenn es weiter gemäß der bisher befolgten Linie geführt werde, ethisch in skandalöser Weise defektiv; und die Wendung „Sünder aus den Heiden" von V. 15 weist möglicherweise darauf hin, daß zugleich mit dem ethischen Status auch der religiöse als windig empfunden wird[299]. Erst V. 18 indes macht, weiterhin am Modell der Judenchristen, hinreichend deutlich, deutlicher als die Oppositionen von (V. 15 und) V. 16, deutlicher selbst als V. 21b, wie man, nach Paulus, das empfundene Problem zu lösen versucht: durch Zuflucht zu Gesetzeswerken. Und erst V. 18 auch macht deutlich genug, wie der Apostel auf die Vorwürfe, nach denen sein Evangelium zu derartig negativen Konsequenzen führen soll, und auf das sich mit diesen Vorhaltungen verbindende Verhalten reagiert: nicht nur, wie schon am

[296] Die betreffenden Querverweise o. Anm. 4.8.9.10.12.13 dürften dieser Mühe und Redundanz entheben. Auch sonst wird in diesem summierenden und wichtige Beobachtungen neu beleuchtenden Abschluß des Kapitels mit genauen Rückverweisen sparsam umgegangen werden können.

[297] S. dazu nur o. (bei) Anm. 10; dort auch Querverweise.

[298] S. dazu o. (bei) Anm. 209f.

[299] S. dazu etwa o. bei Anm. 208.280.

μὴ γένοιτο (V. 17c) abzulesen war, im Ton scharf, sondern vor allem in der Sache fundamental. Beides nämlich ist damit gegeben, daß Paulus der „Sünder"-Vorhaltung, der Formulierung von Christus als „Diener der Sünde", und der sich, seiner Darstellung nach, daraus ergebenden Zuflucht zu Gesetzeswerken entgegenhält: Wer so denkt und handelt, stellt sich als jemand heraus, mit dem es offenkundig noch schlimmer steht als mit einem ἁμαρτωλός; er ist nämlich seltsamerweise selbst ein παραβάτης, freilich nicht „Übertreter" (lediglich) einer Einzelvorschrift des Gesetzes, vielmehr des heilvollen Wollens und Handelns Gottes in Christus, des Christusgeschehens – und der „Übertreter" verfehlt damit das, was den neuen Äon bestimmt –. Der Apostel beschränkt sich indes nicht auf die mit einigem Sinn für Ironie und Effekte[300] vorgetragene Übertrumpfung der „Sünder"-Vorhaltung durch den „Übertreter"-Vorwurf, sondern zeigt im Anschluß an diese den Sachverhalt grell, aber auch nur kurz beleuchtende Qualifizierung dann – nämlich in V. 19f. –, wie es um das Christusgeschehen, das in frommer Absicht ausgeschlagen zu werden droht, im Blick auf Gesetz und Ethik wirklich steht, ehe er schließlich – in V. 21 – von da aus mit den Judenchristen gerade auch die Galater nochmals vor der Gefahr des Verwerfens der Gnade Gottes zu warnen und vom Vertrauen auf Gesetzeswerke wegzuführen sucht.

Es legten sich also aufgrund des befolgten Vorgehens Lösungsmöglichkeiten für eine ganze Reihe von Einzelproblemen nahe, und es ergaben sich zudem Einsichten in die von Paulus zu meisternde Situation und in seine bei dem brieflichen Bewältigungsversuch benutzten argumentativen Techniken. Von ihnen sei hier außer der soeben bereits berührten Verwendung der *modus-tollens*-Struktur[301] nur noch dies wiederholend angesprochen, daß der Apostel die (zugespitzte) Formulierung, die er in V. 17b für die zu widerlegende und zu überwindende Auffassung wählt, durch einen gewollten Fehlschluß erreicht, bei dem Bekehrung und christliches Leben unzulässigerweise vermengt werden[302]. Erweist sich das textorientierte Verfahren also, wie es scheint, als recht fruchtbar, so darf vielleicht auch für die in Kap. 1 umrissenen Arbeitsfelder, in die unsere Überlegungen eingebettet sind, und für die dort skizzierten Probleme, die unser Nachfragen stimulierten und stimulieren, Erhellendes von den zusammengetragenen Beobachtungen erwartet werden.

Hinsichtlich desjenigen Diskussionspunktes nun, der die Konsistenz oder Inkonsistenz der paulinischen Argumentation betrifft[303], ist für Gal 2,15–21 nach dem soeben schon Resümierten jedenfalls soviel deutlich, daß der Verfasser eine wohlüberlegte Komposition bietet und daß der inhaltliche Sprung, der zwischen dem ersten (X, X_1) und dem zweiten Teil

[300] S. dazu nur o. (bei) Anm. 261f.

[301] S. dazu bes. o. (bei) Anm. 130–134.139–146.211–217.

[302] S. dazu bes. o. in 2.2 unter Punkt *(3)*. Vgl. ferner o. bei Anm. 294.

[303] S. dazu bes. o. Kap. 1 (bei) Anm. 42–53.

(X_1', X') des Textsegments geschieht, dem Autor nicht sozusagen unterlaufen, vielmehr ebenfalls beabsichtigt ist. Erhebliche argumentative Inkohärenz scheint also, läßt man der Textstruktur ihr Recht, ausgeschlossen. Inwiefern dennoch Spannungen unter der Oberfläche existieren könnten, ist natürlich nicht leicht zu sagen. Auf die Frage wird indes besser zurückzukommen sein, wenn kurz darauf eingegangen worden ist, daß auch im Blick auf den das Gesetz bei Paulus betreffenden inhaltlichen Diskussionspunkt[304] die obigen, eher auf Formales gehenden Beobachtungen nicht ohne Resultate blieben und bleiben.

Daß der Apostel nach unserem Teiltext das Urteil, man werde aus Gesetzeswerken nicht gerechtfertigt, zumindest primär des Christusgeschehens wegen vertritt und vertreten wissen will, drängt sich vom Aufbau her geradezu auf. Erstens nämlich steht eben das Christusgeschehen im Zentrum sowohl von X als auch von X', und zwar in Gestalt von B und D. Zweitens bestimmt die positive Konstatierung des Gerechtfertigtwerdens aus Glauben an Jesus Christus in B offenkundig die Negationen, welche in A (genauer: in V. 16aα) und A' (genauer: in V. 16bγ.c) ausgedrückt werden. Drittens kommt der Formulierung des Christusgeschehens, die in D erfolgt, wie wir sahen[305], eine ganz analoge Funktion zu, sofern damit die einteilige Prämisse gegeben (und in V. 21a auch bündig auf den Begriff gebracht) ist, die der zweiten Hälfte (V. 18b bzw. 21bβ) der (jeweiligen) zusammengesetzten Prämisse (C bzw. C') gegenübersteht und zu dem Schluß (auf die Negation der ersten Hälfte der zusammengesetzten Prämisse) führen soll: kein erneutes Setzen auf Gesetzeswerke (s. V. 18a), Gerechtigkeit nicht durch das Gesetz, nicht aus Gesetzeswerken (s. V. 21bα)!

Die christologische Antwort wird also von Paulus extrem stark gewichtet. Sie ist, wie vor allem V. 21a (vgl. noch V. 19b, auch V. 17c.18b) – aber auch die Rechtfertigungsterminologie, bei der natürlich Gott als logisches Subjekt zu denken ist – zeigt, gleichzeitig eine theologische Antwort: Gott hat das Christusgeschehen gnädig ermöglicht. Und damit ist sie überdies eine heilsgeschichtliche Auskunft: Eine neue Zeit ist angebrochen, von der aus die Vergangenheit klarer, klar, einzuschätzen ist. Möglicherweise wird dabei mit dem παραβάτης-Begriff sogar auf die im Galaterbrief auch sonst, ganz explizit in 6,14f. (vgl. 3,28; 4,10 [mit den Anspielungen auf Gen 1,14.27LXX]), belegte und mit dem Christusgeschehen verbundene Vorstellung von der neuen Schöpfung Bezug genommen[306]. Natürlich fügt sich die christologische Antwort insbesondere gut zu dem, was E.P. SANDERS (unter häufigem Hinweis auf Gal 2,21) vertritt[307]. Und es ergibt sich nicht zuletzt von dieser Akzentuierung aus

304 S. dazu bes. o. Kap. 1 (bei) Anm. 54–75.

305 Querverweise schon o. Anm. 301.

306 S. dazu o. (bei) Anm. 240f.251–257.266–268.

307 S. dazu o. Kap. 1 (bei) Anm. 48.62–70.

überdies die Möglichkeit, auch zu anderen prominenten Ansichten Stellung zu nehmen, die in der jüngeren Forschungsgeschichte vertreten wurden und werden.

Zuvor sei indes zu dem gerade von SANDERS hervorgehobenen formaleren Problem zurückgekehrt, ob Paulus nicht – auch in unserem Teiltext – zwei christologische Konzeptionen, eine traditionelle juridische und eine dominante partizipatorische, verknüpfe, ohne sie wirklich auszugleichen und zu verschmelzen[308]. Nun, wenn man schon von zwei christologischen Konzeptionen sprechen will, so dürfte in V. 15–17a wohl allein die erstere von Bedeutung sein, zudem vom Verfasser noch eigens hinsichtlich der rechtlichen Seite betont werden. Denn das ἐν Χριστῷ von V. 17a weist schwerlich auf eine unterschwellig präsente Partizipationsvorstellung hin[309], sondern greift in dieser zusammenfassenden Protasis[310] offenbar knapp – auf das der πίστις vorgeordnete Christusgeschehen hin konzentrierend – auf das zurück, was vorher durch διά bzw. ἐκ πίστεως (Ἰησοῦ) Χριστοῦ (V. 16aβ.bβ; vgl. V. 16bα) zur Sprache gekommen war. Und zwar nimmt Paulus hier, wie schon das εἰδότες von V. 16a andeutet[311], eine die Judenchristen verbindende Überzeugung[312] über die Bedeutung des Glaubens an Christus für das – anders nicht mögliche – Gerechtfertigtwerden auf[313]. Aber der Apostel selbst ist es, der die (für ihn) damit gegebene Implikation[314] hervorhebt: Der „Glaubenssatz" be-

---

308 S. dazu o. Kap. 1 (bei) Anm. 26–28.46–48.

309 Gegen SANDERS, Jesus, 446.

310 S. dazu o. in 2.2 unter Punkt *(3)*.

311 Vgl. dazu das o. (bei) Anm. 83.94 zum „Wissen" Vermerkte, ferner das o. Anm. 84.176 zur traditionellen Verknüpfung von Rechtfertigung (aus Glauben an Christus) und Bekehrung bzw. Taufe Gesagte.

312 Vgl. z.B. DUNN, Perspective, 104, und SUHL, Galaterbrief, 3085.

313 Da die vorgegebene Formulierung (vgl. zu ihr etwa Act 13,38; 15,10) im judenchristlichen Milieu beheimatet gewesen sein muß, kommt den von WILCKENS, Paulus, 62 (samt Anm. 27f.), genannten jüdischen Parallelen (1QH 16,11 [WILCKENS, ebd. Anm. 27, fälschlich: 16,1]; äthHen 81,5 u.a.) für (das „Wissen" um) die dem Menschen nicht eignende Gerechtigkeit und (dabei) für die Aufnahme von Ps 143(142),2 (s. Gal 2,16c) hinsichtlich der Rekonstruktion der Tradition erhebliche Bedeutung zu. Wie die negative Seite der Aussage genau gelautet hat, wird sich kaum exakt sagen lassen. Daß da insbesondere der – allerdings geprägt wirkende (vgl. u. Anm. 392, ferner bei Anm. 373–377) – Ausdruck „Gesetzeswerke" seinen Platz gehabt habe (so, wie es scheint, SUHL, Galaterbrief, 3085.3095; anders etwa WILCKENS, Paulus, 62), ist angesichts dessen doch recht fraglich, daß dieses Syntagma (im Neuen Testament) allein bei Paulus belegt ist (s. dazu u. bei Anm. 340–398, bes. bei Anm. 360).

314 Den deduktiven Charakter paulinischer Rechtfertigungsaussagen allgemein und der Formulierung von Gal 2,16aα speziell hebt auch TRUMMER, Aufsätze, 81–94, bes. 84, hervor. Vgl. u. (bei) Anm. 331.

sagt, daß bemerkenswerter- und für manchen sicherlich überraschenderweise[315] gerade auch der gebürtige Jude sich bei seiner Bekehrung bzw. im Blick auf diesen Zeitpunkt eingestehen muß oder zumindest müßte, Sünder zu sein, (letztlich wie der Heide) dem Gesetz nicht genügt zu haben.

In V. 17b–21, genauer: in V. 19c.20, freilich sind dann partizipatorische Elemente unübersehbar. Das hat jedoch hier mit der beobachteten Verschiebung hin auf das Leben der Christen zu tun[316], das dauerhaft[317] durch das Christusgeschehen und Christus geprägt ist oder doch sein sollte. Sofern indes der Fehlweg des πάλιν οἰκοδομεῖν gegeißelt werden soll, greift Paulus auch hier auf den Zeitpunkt der Bekehrung zurück (s. bes. V. 19aβ[318]) und kann er auch hier das Christusgeschehen im Blick darauf bedenken, daß der zum Juden*christen* Werdende den Sühnetod Christi nötig hatte. Das dürfte sich, wie sogleich begründet werden soll, vor allem aus den einander korrespondierenden Sätzen V. 18 und V. 21b ergeben. Ist das der Fall, so bietet Paulus in unserem Teiltext nicht ein Gemenge schwer vereinbarer oder gar inkompatibler christologischer Konzeptionen, sondern „juristic/covenantal justification (forgiveness) as the preliminary to the fulness of new life in Christ“[319].

Von den beiden parallelen zweiteiligen *modus-tollens*-Prämissen[320], V. 18 und V. 21b, ist die am Schluß stehende zwar weniger raffiniert, damit aber auch nicht so elliptisch formuliert wie die andere. Schon deshalb scheint es sinnvoll, sich auf V. 21b zu konzentrieren. Hier spricht zunächst der Wortlaut des Nachsatzes dafür, daß es Paulus um Sühne in bezug auf Sünden, und zwar zumindest primär in bezug auf solche vor der Bekehrung geht. Denn erstens wird δωρεάν, wie der mitzuberücksichtigende Septuaginta-Hintergrund nahelegt, wahrscheinlich im Sinne von „ohne Grund“ zu verstehen sein[321], und als verursachend kommt (bzw. kommen) nach dem Kontext, besonders angesichts von V. 17a(.b) und V. 20dγ, vor allem Sünde(n), (insbesondere) sozusagen vorchristliche Sünde(n), in Betracht, die bzw. deren Folgewirkung(en) nicht länger

[315] S. dazu o. (bei) Anm. 76.293.

[316] S. dazu (nur) o. (bei) Anm. 88.155.208.

[317] Darauf weist das Perfekt συνεσταύρωμαι von V. 19c (s. dazu o. Anm. 179) ebenso hin, wie das die präsentischen Formen von ζῆν in V. 20 tun (vgl. o. das im Anschluß an Anm. 180 Ausgeführte).

[318] Vgl. zum ἀπέθανον (ebenfalls) o. (bei) Anm. 179.

[319] So SANDERS, Jesus, 447, nach dem diese Vorstellung bei Paulus indes allenfalls in Röm 5,1 zu finden sein könnte, ansonsten fehlt.

[320] S. dazu nur (nochmals) o. (bei) Anm. 211–217.

[321] S. dazu o. Anm. 184.

den Menschen bedrohen soll(en)[322]. Zweitens verdient der Aorist ἀπέθανεν Beachtung, der auf eine gewisse Gleichzeitigkeit mit dem die Bekehrung betreffenden ἀπέθανον von V. 19aβ hin angelegt sein könnte, jedenfalls anders als das Perfekt συνεσταύρωμαι von V. 19c schwerlich einigermaßen unmittelbar auf das christliche Leben zu beziehen ist. Neben dem Wortlaut von V. 21bβ dürfte indes auch der gesamte Satz auf eine juridische Ausrichtung hindeuten. Darauf führen natürlich schon die mit δικαιοσύνη gegebenen Konnotationen[323]. Außerdem ist im Blick auf diese Prämisse zu erwägen, inwiefern Paulus von ihrer Wahrheit ausgehen kann, die ja für einen Schluß nach der Regel des *modus tollens* notwendig ist[324]. Die Argumentationsparallelen 1Kor 15,13 und Gal 3,29a lassen mit der Möglichkeit rechnen[325], der Apostel gebe mit der zweigeteilten Prämisse verkürzt einen eigentlich drei Sätze umfassenden Schluß wieder, der aufgrund der Syllogistik, wie sie durch Aristoteles inauguriert wurde, als korrekt zu gelten hat. Berücksichtigt man das soeben zur Apodosis, insbesondere zum δωρεάν, Vermerkte und versucht man im Blick auf sie und die Protasis etwas zusammenhängender zu formulieren, so mag man etwa erhalten:

Es gibt mindestens einen „Gesetzeswerke-Menschen", für den gilt: er erlangt anders (als über Christus) Gerechtigkeit (vgl. V. 21bα).

Es gibt mindestens einen „Gesetzeswerke-Menschen", für den gilt: er braucht den Sühnetod Christi nicht (vgl. V. 21bβ).

Die vom jeweiligen Rezipienten zu ergänzende[326] Zeile müßte, als *maior* eines aristotelischen Syllogismus (der Ersten Figur)[327], dann etwa so aussehen:

---

[322] Obwohl in V. 17b der bei Paulus bekanntlich (vgl. z.B. KIRCHSCHLÄGER, Herkunft, 334) dominierende Singular von ἁμαρτία erscheint und in V. 20dγ das Lexem gar nicht benutzt ist, wird doch auch hier an Sünde und – wie auch in V. 17b (vgl. dazu o. Anm. 88) – Sünden zu denken sein. Darauf führt vor allem die engste Entsprechung zu V. 20dγ im Galaterbrief (vgl. STANDAERT, rhétorique, 35), nämlich 1,4: τοῦ δόντος ἑαυτὸν ὑπὲρ τῶν ἁμαρτιῶν ἡμῶν (vgl. etwa ZAHN, Gal, 135, und BRUCE, Gal, 146), der außerhalb dieses Schreibens vor allem die Paulus-Belege Röm 4,25; 5,6.8 und 1Kor 15,3.17 zur Seite zu stellen sind (vgl. Jes 53,6LXX), ferner 2Kor 5,21 und auch Röm 8,3 (vgl. noch Eph 5,2[ff.].25[f.]). (Zur These, u.a. angesichts dieses Befundes sei im Blick auf Gal 2,20dγ von einer „Formel" zu sprechen [so z.B. H.D. BETZ, Gal, 234 samt der weitere Literatur nennenden Anm. 103], zuletzt und sehr skeptisch: BERÉNYI, Gal 2,20.) Zumindest dann, wenn man die Wendung τῶν παραβάσεων χάριν von Gal 3,19 so versteht, wie es o. Anm. 244 vorgeschlagen wurde, dürfte dazu auch 3,13 mit der Vorstellung vom Loskauf vom „Fluch des Gesetzes" und der Formulierung von Christus als dem, der „ὑπὲρ ἡμῶν zum Fluch geworden ist", passen. Vgl. u. Kap. 3 (bei) Anm. 224–239.

[323] S. dazu nur KERTELGE, „Rechtfertigung", 120–123.

[324] S. dazu BACHMANN, Rezeption, 85 (vgl. DERS., Logik, 102–104) – mit dem Hinweis auf DOPP, Logik, 31.

[325] S. dazu und zu den genannten Stellen o. Anm. 132.

[326] Vgl. dazu o. Anm. 64.132, ferner Kap. 1 Anm. 137.

[327] Vgl. dazu etwa DOPP, Logik, 141–146, bes. 145f.

Für alle, die anders (als über Christus) Gerechtigkeit erlangen, gilt: sie brauchen den Sühnetod Christi nicht.

Sollte diese Rekonstruktion das Richtige treffen, so argumentiert Paulus hier nicht nur mit der juridisch gefärbten Sühnevorstellung, sondern hält sie – zumindest nach dem in V. (16.)17a(.b) und V. 20dγ Gesagten – im Blick auf die Funktion Christi für so naheliegend, daß er eine derartige Auffüllung den Adressaten überlassen zu können meint.

Es ist also zwar mit E.P. SANDERS[328] für unsere Verse die ausgesprochen christologische Begründung der These, Gerechtfertigtwerden aus Gesetzeswerken sei unmöglich, zu betonen, aber doch ohne daß dabei mit ihm[329] so etwas wie eine christologische Unausgeglichenheit behauptet werden müßte. Von hier aus und von dem schon Ausgeführten her lassen sich nun auch noch leicht und schnell andere Positionen beleuchten und prüfen.

U. WILCKENS[330] etwa hat zwar fraglos darin recht, daß Paulus mit faktischem Sündigen bei allen – Judenchristen – rechnet. Aber dieses Faktum wird vom Apostel nicht mehr oder weniger statistisch dargetan, sondern geradezu erschlossen[331]: Wie es sich bei der Bekehrung in Konsequenz einer die Judenchristen einenden Überzeugung einigermaßen verblüffend herausstellt oder doch herausstellen könnte, wenn nicht sollte (s. V. 16–17a)[332], ergibt es sich bei den Anwendungen der Regel des *modus tollens* (s. V. 18–21) daraus, daß das Christusgeschehen als – Sündenvergebung bewirkender – Gnadenakt Gottes zu verstehen ist, jedenfalls als solcher angenommen wurde.

Mit der betont christologischen Akzentuierung ist auch eine Auskunft im Sinne R. BULTMANNS nicht verträglich, daß nämlich das Tun, „Leistungsgerechtigkeit“, verurteilt werde[333]. Nicht nur wird in V. 19b – und auch in V. 20 – richtiges Tun offenbar positiv bewertet und schon ab V. 17c die Vorhaltung zurückgewiesen, Christus produziere Sünde, und das muß nach dem Kontext heißen: Konflikte mit dem Gesetz. Noch wichtiger ist, daß der Gegenvorwurf, derjenige, der sich ans πάλιν οἰκοδομεῖν mache, sei ein παραβάτης (s. V. 18b), verwerfe die Gnade Gottes (vgl. V. 21a), nicht eigentlich den Widerspruch zum *Vertrauen* auf Christus und Gott meint, sondern zu dem, was mit dem Tod Jesu und mit der

---

[328] Vgl. die Querverweise o. Anm. 307.

[329] Vgl. die Querverweise o. Anm. 308.

[330] S. dazu o. Kap. 1 bei Anm. 58f.

[331] Ähnlich urteilt, auf über Gal 2,15–21 hinausgehender Textbasis, im Blick auf WILCKENS' Position auch ECKSTEIN, Erwägungen, 205 samt Anm. 1 (vgl. HOFIUS, Rechtfertigung, 127 [samt Anm. 34]). Auch der durch P. VON DER OSTEN-SACKEN geprägte Ausdruck vom „eschatologische(n) Systemzwang“ (Verständnis, 176 [vgl. bes. 175]; aufgenommen ist die Formulierung bei (SMEND/)LUZ, Gesetz, 97, während WEDER, Gesetz, 361, sich ihr gegenüber skeptisch äußert) weist in die gleiche Richtung. Vgl. u. bei Anm. 397.

[332] Vgl. nochmals o. (bei) Anm. 76.83.293.

[333] S. dazu o. Kap. 1 (bei) Anm. 60f. Vgl. u. Kap. 3 (bei) Anm. 234f.

damit parallelisierten Bekehrung (für den und an dem [der Sündenvergebung bedürftigen] Menschen) *geschehen* ist. Stützend kommt im übrigen hinzu, daß es, wie schon[334] angesprochen, in V. 17a ἐν Χριστῷ heißen, der mitzubedenkende, aber zweitrangige πίστις-Begriff wegfallen kann[335].

Eine analoge Beobachtung am Ausdruck ἔργα νόμου spricht nicht nur gegen die These von der durch Paulus verworfenen „Leistungsgerechtigkeit", sondern auch gegen die ganz anders geartete Sicht J.D.G. DUNNS[336]. Wenn in V. 19aα und in V. 21bα statt von ἔργα νόμου offenbar einigermaßen synonym einfach vom νόμος die Rede sein kann[337], so liegt der Ton nicht auf den Werken, sondern auf dem Gesetz[338]. Nicht „Leistungs-" oder „Werkgerechtigkeit"[339], aber auch nicht – primär – das Insistieren auf Merkmalen wie der Beschneidung im Sinne von „boundary markers" wird also abgelehnt, sondern dies wird kritisiert: Christen, genauer: zunächst Judenchristen, leugnen *in praxi* oder drohen durch ihr Verhalten zu leugnen, daß gerade auch für sie nicht das fordernde Gesetz, sondern Christus das Heil bedeutet. So wird man zumindest dann zu verstehen haben, wenn der Ausdruck ἔργα νόμου nicht eine andere Auslegung erzwingt. Und das ist, wie in möglichster Kürze (und unter Einbeziehung auch diachron erhobener Daten) skizziert sei, nicht der Fall.

Denn zwar ist keineswegs zu bestreiten, vielmehr zu betonen, daß das mit Gesetzeswerken selbstverständlich irgendwie verbundene Verhältnis zur Tora eine wichtige soziologische Dimension aufweist[340], sofern das mosaische Gesetz

---

334 O. bei Anm. 309f.

335 Hervorgehoben von COSGROVE, Justification, 661. – Daß es hier bei πίστις nicht um eine Glaubenshaltung, sondern um einen bestimmten Inhalt geht, betonen mit einigem Recht (auch) WILCKENS, Paulus, 76, und SCHENK, Philipperbriefe, 312. Vgl. HOFIUS, Glaube, 154–156.

336 S. dazu o. Kap. 1 bei Anm. 71–75.

337 S. dazu schon o. (bei) Anm. 190. Zu vergleichen ist auch das Verhältnis von Röm 3,20b.21 zu Röm 3,20a.28 (vgl. dazu [und zu Röm 4,2.6; 9,12] u. bei Anm. 362–364). Wenn dann im Anschluß daran sozusagen statt der ἔργα nun der νόμος wegfällt, so hat das in Röm 4,2.6 und 9,12 offenkundig damit zu tun, daß Paulus die chronologische Nachordnung der Sinai-Geschehnisse (vgl. Röm 5,13.20; Gal 3,17.19) respektiert (vgl. MOO, Legalism, 81.94f., wo daraus jedoch schwerlich die richtigen Konsequenzen gezogen werden).

338 So wiederum COSGROVE, Justification, 661f., der sich dabei indes auf die Korrespondenz von 2,16a und 3,11a (sowie 5,4aβ) bezieht (vgl. nochmals o. Anm. 190). Vgl. etwa LOHMEYER, Probleme, 64 (samt Anm. 3), SCHLIER, Gal, 91, VAN DÜLMEN, Theologie, 23f.174f., WILCKENS, Paulus, 76, BERGER, Exegese, 44, TYSON, Works, 429, GASTON, Torah, 104, und LIEBERS, Gesetz, bes. 48f.

339 Diese Charakterisierung wählt z.B. MAURER, Gal, 74 (vgl. o. Kap. 1 [bei] Anm. 18.60). Weitere in der exegetischen Diskussion in ähnlichem Sinne verwandte Ausdrücke stellt LIEBERS, Gesetz, 49 (samt Anm. 48–50: Literatur) zusammen (vgl. 92).

340 Besonders betont bei BOUSSET (Gal, 50), BARTH (Stellung, 518–522), TYSON (Works, bes. 430f.), DAHL (Studies, 95–120), DUNN (Perspective, 107–118; Works, 524–532), HEILIGENTHAL (Werke, 127–134; Implikationen), und GORDON (Galatians 3.24–25, 151.154). Vgl. WATSON, Paul, 64f., und HAMERTON-KELLY, Violence, 111f.

gerade Israel gegeben worden ist und damit dieses Volk von anderen Gruppierungen unterscheidet, entsprechend umgekehrt sie von ihm fernhält (vgl. z.B. Gal 4,21ff.; Röm 2,12ff., bes. V. 14; 9,4; 1Kor 9,20f.[341]). Zwar auch spielen im Galaterbrief mit der Beschneidungsforderung (s. bes. Gal 5,2f.; 6,12f.) und mit der im Blick auf kultische Reinheit wichtigen Frage der Mahlgemeinschaft (s. 2,11–14)[342] solche gesetzlichen Regelungen eine erhebliche Rolle, die eine Trennung zwischen Juden und Nichtjuden besonders sichtbar werden lassen[343]. Aber das bedeutet schwerlich, daß der Verfasser „by ‚works of law' ... intended his readers to think of *particular observances of the law like circumcision and the food laws*"[344]. Gegenüber einer solchen engen Interpretation macht neben dem soeben schon genannten Tatbestand, daß der Ausdruck ἔργα νόμου durch νόμος ersetzt werden kann, also semantisch kaum auf ein (sehr begrenztes) Segment dieser Größe zu beschränken ist, auch das Fehlen des Syntagmas in einem Passus wie 5,2ff. skeptisch. Eine die Genitivverbindung verwendende Kennzeichnung der angesprochenen „Zeremonialbestimmung(en)" unterbleibt hier bemerkenswerterweise nicht anders als in 2,1–14, weshalb angesichts der früher[345] erwähnten Wortfeldverschiebung vor 2,15 auch 2,16 nicht einfach in einem solchen Sinne verstanden werden darf[346]. Vielmehr ist zu beachten, daß Paulus der bloßen Beschneidungsforderung die nach ihm[347] eigentlich mit ihr zu verbindende Befolgung des (ganzen) Gesetzes gegenüberstellt (5,3; 6,13; vgl. Röm 2,25). Es scheint von daher gut möglich, daß der Verfasser auch dort, wo er pluralisch ἔργα νόμου sagt, die sich, seinem Verständnis nach, mit der Beschneidungsforderung ergebenden Konsequenzen in Rechnung stellt und den Ausdruck demgemäß im Blick auf die Gesamtheit der Forderungen der Tora benutzt. Eben

[341] Weitere Belege aus dem Corpus Paulinum bei Moo, Legalism, 80–84, einige aus dem außerneutestamentlichen Schrifttum bei Dunn, Works, 525f.

[342] Vgl. ferner 4,10: Tage, Monate, Zeiten, Jahre (und s. dazu u. Kap. 3 [bei] Anm. 153).

[343] Vgl. zum Hintergrund und dazu, inwiefern hier von gesetzlichen Regelungen gesprochen werden darf, Heiligenthal, Werke, 129–133, und Böttger, Paulus, 83–86. Daß Paulus Beschneidungsforderung und Reinheitsgebote für (derart) soziologisch relevant erachtet, läßt etwa die in 2,3.7–10.14; 5,6 und 6,15f. verwandte Terminologie deutlich hervortreten.

[344] Dunn, Perspective, 107 (Hervorhebung schon bei D.) – der später vorsichtiger und damit wohl entschieden angemessener formuliert (s. Ders., Works, 527) –. Vgl. Barth, Stellung, 509: „eine minimale Anzahl von Vorschriften aus den biblischen Geboten und Verboten" (vgl. Ders., Kerygma, 145). – Ablehnend im Blick auf Lösungsversuche dieser Art etwa auch Ebeling, Gal, 244, Schreiner, Evaluation, 264f., und Cosgrove, Justification, 655 Anm. 8.

[345] O. bei Anm. 23.

[346] Gegen Dunn: Perspective, 107; Works, 525.528. Noch weniger leuchtet bei Röm 3,20.28 Dunns Hinweis auf den Kontext ein (ebd., 528f.); denn die (ihrerseits zur Stützung seiner Sicht keineswegs zwingenden) Verse 2,25–29 liegen doch recht weit zurück, und 3,20.28 eignet erhebliche, das Gesetz als ganzes (vgl. V. 27) betreffende Grundsätzlichkeit. – Nicht bestritten werden soll und kann mit dem Gesagten, daß Paulus gerade auch die Beschneidungsforderung (irgendwie) dem Bereich der ἔργα νόμου zuordnen wird (vgl. dazu u. das im Anschluß an Anm. 382 Auszuführende, ferner u. bei Anm. 396f.).

[347] Zum Hintergrund dieser seiner Ansicht s. Hübner, Herkunft, 224f. (vgl. Moo, Legalism, 84f., und Stanley, Galatians 3. 10–14, 490 [samt Anm. 35], auch (Smend/)Luz, Gesetz, 51f., sowie Burchard, Nächstenliebegebot, 528 samt Anm. 30). Vgl. ferner Jub 15,33f., auch Did 6,2f. Vgl. u. Kap. 3 (bei) Anm. 81.

dies ist auch vom unmittelbaren Kontext der Belege des Galaterbriefes her wahrscheinlich.

Was 2,16 angeht, so ist daran zu erinnern, daß in 2,15f. mit „Gesetzeswerke“ auf jüdisches Selbstverständnis Bezug genommen werden soll[348] und daß die Zurechnung der so charakterisierten Juden(christen) zu den Sündern den intendierten Überraschungseffekt von 2,15–17a bildet[349]. Sinn macht das aber nur, wenn bei den Gesetzeswerken z.B. nicht vom (ethischen) Dekalog abzusehen ist; denn daß jemand, der etwa stiehlt, Gefahr läuft, zu den Sündern gezählt zu werden, ist so überraschend nicht (vgl. nur Röm 2,21–23). Entsprechend ist für (Gal) 3,2.5.10 vor allem der durch γάρ (V. 10b) signalisierte Zusammenhang von V. 10a und V. 10b–12[350] aufschlußreich. Er leuchtet nämlich allenfalls dann ein[351], wenn es die ἔργα νόμου recht direkt mit πᾶσιν τοῖς γεγραμμένοις ἐν τῷ βιβλίῳ τοῦ νόμου (V. 10b) zu tun haben, und diese letztere Formulierung kann natürlich[352] nicht nur oder primär Beschneidungsforderung und Reinheitsgebote meinen[353].

Die Beobachtung an 3,10(ff.) erlaubt wohl noch eine Präzisierung, die für das Verständnis dieser schwierigen Stelle hilfreich sein dürfte und überdies den recht rätselhaften Ausdruck ἔργα νόμου besser begreifen läßt und damit auch die mit

---

348 S. dazu o. bei Anm. 169f.

349 S. dazu nochmals o. (bei) Anm. 76.293.

350 Zur Kohärenz von V. 10–12 – und damit auch von V. 10b–12 – s. u. Anm. 357 sowie Kap. 3 bei Anm. 227–238. Das γάρ von V. 10a wird auf Verbindung auch mit dem Vorangehenden deuten (vgl. dazu u. Kap. 3 [bei] Anm. 177–183).

351 Da es für die Absicherung lediglich dessen, daß die Befolgung allein einiger ausgewählter Gesetzesvorschriften – und das Mißachten der übrigen – den Fluch (bzw. die Fluchandrohung) bedeute, nur der Aussage von V. 10b, nicht jedoch des argumentativen Anschlusses von V. 10b–12 bedürfte, wird ja ein Verständnis von V. 10 dem Kontext nicht gerecht, für das eine (auch wegen des γάρ von V. 10b nicht eben wahrscheinliche) semantische Opposition von ἔργα νόμου und πᾶσιν τοῖς γεγραμμένοις ἐν τῷ βιβλίῳ τοῦ νόμου konstitutiv ist.

352 Das ergibt sich vor allem aus dem von Paulus gemäß dem (hierin vom masoretischen Text abweichenden) Septuagintawortlaut von Dtn 27,26 gesetzen πᾶσιν (vgl. TILING, Lehre, 12, auch ZEHNPFUND, Gesetz, 390). Es kommt indes möglicherweise hinzu, daß das gegen Dtn 27,26LXX verwandte Dativ-Partizip auf „eine offizielle Rechtsformel“ (H.D. BETZ, Gal, 263 Anm. 56, der die Frage offenläßt, indes die diesbezügliche Literatur nennt) weisen könnte. Vgl. HAMERTON-KELLY, Violence, 111.

353 Ein derart restringierendes Verständnis vertritt freilich auch DUNN, Works, 533–535, nicht (bzw. nicht mehr [vgl. o. Anm. 344]). Seine Ansicht, Paulus gehe hier gegen die Auffassung an, es genüge, die Tora nationalistisch zu verstehen und zu leben, indem er darauf verweise, Gesetzeserfüllung bedeute (wie etwa aus 5,14 und Röm 2,26–29 zu ersehen) Tieferes bzw. Höheres, wird schwerlich dem τοῦ ποιῆσαι αὐτά am Ende des Verses gerecht. SCHLIER, Gal, 132, akzentuiert zwar befriedigender, daß das „Schwergewicht auf dem ποιῆσαι ruht“; aber wenn er meint, das Zitat solle „im Sinne des Paulus nicht die Ursache angeben..., um deretwillen über denen, die aus den Gesetzeswerken leben, der Fluch liegt“ (ebd.), „vielmehr nur bekräftigen, d a ß die Gesetzesleute unter dem Fluch stehen“ (ebd., 133; Hervorhebung schon bei SCH.), und zwar eben als Tuende (s. ebd., 133f.), so paßt das wohl weder zum γάρ noch auch zum Wortlaut der in V. 10b angeführten Schriftstelle, nach welchem doch das Nicht-Tun zur Verfluchung führt.

ihm (wie gerade auch J.D.G. DUNN betont[354]) gegebene soziologische Komponente. Die sogleich noch ein wenig von anderen Seiten her abzustützende Präzisierung besteht in der These, die ἔργα νόμου hätten es nicht nur recht direkt – im Sinne von Erfüllungen von Gesetzesvorschriften –, sondern sogar direkt mit „allem, was im Buch des Gesetzes geschrieben ist", zu tun: es handle sich also bei den Gesetzeswerken um die Gesetzesvorschriften selbst, nicht (wie üblicherweise[355] verstanden wird:) um ihre Erfüllung. Sollte die These das Richtige treffen, dürfte sich das oft benannte Hauptproblem von (Gal) 3,10 in Wohlgefallen auflösen, daß nämlich „Deut 27,26 gerade das Gegenteil von dem, was Paulus daraus entnimmt", zum Ausdruck bringe, sofern an der zitierten Stelle und im Zitat selbst die Nicht-Täter verflucht werden, gerade nicht aber, wie V. 10a doch begriffen werden müsse, die Täter[356]. Spricht nämlich V. 10a gar nicht vom faktischen Erfüllen von Ge- und Verboten, sondern vom „Sein aus Gesetzesvorschriften" und damit allenfalls von so etwas wie einer Orientierung an solchen Normen, so bleibt deren Erreichen hier gänzlich offen – und damit Raum für die Schriftaussage von der Verfluchung derjenigen, die diesen Maßstäben nicht gerecht werden. Für unseren Vorschlag darf also zunächst verbucht werden, daß V. 10a und V. 10b(–12) bei ihm (erstens) inhaltlich engstens verbunden sind,

---

[354] S. dazu o. (bei) Anm. 340.

[355] Vgl. z.B. OEPKE, Gal, 72, und BECKER, Gal, 36 (vgl. DERS., Paulus, 309). Entsprechend hinsichtlich des paulinischen Sprachgebrauchs auch jenseits dieser Stelle etwa LIETZMANN, Röm, 41, MOO, Legalism, 94f, und (selbst [vgl. u. (bei) Anm. 395f.]) LIEBERS, Gesetz, (bes.) 44.92. Vgl. u. Anm. 373, ferner (bei) Anm. 392.

[356] H.D. BETZ, Gal, 263. Ähnlich prägnant z.B. MEEKS, St. Paul, 16 Anm. 4, und EBELING, Gal, 243 („Wäre nicht daraus [sc. aus Dtn 27,26] für die Gesetzestäter der Segen zu folgern?"). Einige Versuche, dem Problem beizukommen, sind bei H.D. BETZ, Gal, 263–265, MEEKS, St. Paul, 16 Anm. 4, und STANLEY, Galatians 3. 10–14, 481–486, aufgeführt. Zwei davon wurden schon o. Anm. 353 kritisch beleuchtet, ein weiterer wird sogleich o. im Text (und u. in der nachfolgenden Anm.) in modifizierter Form aufgenommen. Der Vorschlag STANLEYS (Galatians 3. 10–14, 486–511), es gehe in 3,10 schon nach Ausweis der Formulierung ὅσοι ... ἐξ ἔργων νόμου εἰσίν (s. bes. 497f. samt Anm. 50f.) darum, primär hinsichtlich der galatischen *Heiden*christen darzustellen, daß die Übernahme von (bestimmten) Tora-Verpflichtungen zum Zweck des Anteils am Segen Israels entgegen dieser Absicht „the *negative* potentiality of Torah-observance (a ‚curse' in case of non-fulfilment)" (505) mit sich bringe, scheint nicht nur wegen der (498 Anm. 51 [ebenso wie Gal 3,27]) nicht aufgeführten ὅσοι-Parallele Röm 2,12b (καὶ ὅσοι ἐν νόμῳ ἥμαρτον, διὰ νόμου κριθήσονται) heikel, sondern vor allem wegen der mangelnden Kontextberücksichtigung: Wenn der Eingang von (Gal) 3,10, wie S. mit einigem Recht sagt, „a shorthand version of the formulation in 2. 16" (498 Anm. 50) sein wird, dann ist kaum glaublich, daß für die Abkürzung anders als für die Vorlage (s. bes. 2,16bß.γ) gelten soll: „referring primarily to Gentiles" (ebd.); noch weniger gut fügt sich der derartig aufgefaßte Vers in den engeren Zusammenhang (V. 10ff., bes. V. 15ff) ein, da dieser es, wie S. durchaus sieht (s. etwa 507f. [doch s. 491 Anm. 38]), mit Heilsgeschichtlichem und insbesondere mit der Frage zu tun hat, welche Rolle hier „the Jewish law" (499) zukomme (vgl. u. Kap. 3, bes. [bei] Anm. 189–241). Natürlich kann der Blick auf das, was es im Judentum mit der Tora auf sich hat, für die heidenchristlichen Adressaten daneben auch von unmittelbarerer Relevanz sein.

ohne sich (zweitens) im geringsten zu widersprechen[357]. Es kommt (drittens) hinzu, daß erst so wirklich verständlich wird, wieso Paulus überhaupt „Gesetz" abkürzend für „Gesetzeswerke" benutzen kann[358]. Damit hängt der weitere (also vierte) Vorzug zusammen, daß sich dem in V. 12 der Gebrauch von νόμος und der aus Lev 18,5LXX mitaufgenommenen Pronomina (αὐτά, αὐτοῖς) nahtlos einfügt: Es ist dann bei ihnen an – Gesetzeswerke und damit (wie in Lev 18,5 selbst) unmittelbar an – Gesetzesvorschriften zu denken[359].

Natürlich fragt sich, ob ein solches Verständnis des Ausdrucks ἔργα νόμου, der im Neuen Testament bekanntlich ausschließlich bei Paulus erscheint[360], sich sowohl mit den übrigen Belegen und der paulinischen Gesetzesterminologie als auch mit sonstigem Vergleichsmaterial vereinbaren läßt. Nun, das dürfte, wie hier nur knapp skizziert werden kann[361], der Fall sein. Selbstverständlich soll –

[357] Die Argumentation erscheint dann im übrigen nicht nur in V. 10, sondern sogar in V. 10–11a gut überschaubar. Wenn man nur berücksichtigt, daß die ἔργα νόμου von V. 10a und der νόμος von V. 11a einander inhaltlich entsprechen werden (s. dazu nur o. [bei] Anm. 337), daß V. 11a auf dem Hintergrund von 2,16–17a (wo das Wissen um das Nicht-Gerechtfertigtwerden aus Gesetzeswerken zur Konstatierung des Sünder-Seins führte [s. dazu nur o. bei Anm. 331f.]) zu verstehen sein wird und daß selbstverständlich die Aussage, keiner sei gerecht (s. V. 11a), der anderen, alle seien ungerecht, äquivalent ist (s. dazu etwa Dopp, Logik, 129), läßt sich die Satz-Folge wohl etwa so nachzeichnen:

V. 10a: Alle, „die aus Gesetzesvorschriften sind", sind verflucht.
V. 10b: Alle Verletzer (von mindestens einer) der Gesetzesvorschriften sind verflucht.
V. 11a: Alle, „die aus Gesetzesvorschriften sind", sind Verletzer (von mindestens einer) der Gesetzesvorschriften.

Es handelt sich dabei um einen Syllogismus der Ersten Figur (*modus Barbara*), bei dem das zu Beweisende, die *conclusio*, – als *propositio* plaziert – den durch γάρ und δέ geradezu in typischer Weise gekennzeichneten Prämissen vorangestellt ist (vgl. im Blick auf die Vorordnung von V. 10a Ebeling, Gal, 230f., und was die genannten Syllogismus-Merkmale anbetrifft, vor allem Lausberg, Elemente, § 370, ferner o. Anm. 132.142 sowie u. Kap. 3 Anm. 229). Die Rekonstruktion dürfte übrigens auch deutlich machen, daß der gegenüber ähnlichen, schon mit Justin (Dialog mit dem Juden Tryphon 95,1) einsetzenden Deutungen (s. die Nachweise bei Schlier, Gal, 133 Anm. 1) gern erhobene Einwand, daß dabei „der entscheidende Gedanke ergänzt werden müßte: es erfüllt niemand das Gesetz" (Schlier, ebd., 132f. [ähnlich z.B. H.D. Betz, Gal, 264, und Dunn, Works, 534]; vgl. Koch, Schrift, 266), zumindest bei der vorgeschlagenen Interpretationsvariante schwerlich zutrifft, sofern die Aussage V. 11a (die, wie das οὐδείς in Justins Formulierung: καὶ οὐδεὶς ἀκριβῶς πάντα ἐποίησεν [Dialog 95,1] anzeigt, bereits von diesem Apologeten zu der von V. 10b/Dtn 27,26 hinzugenommen worden sein dürfte) eben diesen Gedanken bieten wird (gegen Oepke, Gal, 72). Vgl. u. Kap. 3 bei Anm. 227f.236.

[358] S. dazu (nochmals) o. (bei) Anm. 190.337f. (wobei insbesondere die Verweisung auf Lohmeyer, Probleme, 64, zu beachten ist; denn L. sieht klar, daß mit dem terminologischen Wechsel das ἔργον „nicht als Geleistetes, sondern als zu Leistendes, vom Gesetz Gefordertes angesehen wird").

[359] Vgl. Ebeling, Gal, 243, Lambrecht, Gesetzesverständnis, 118 (samt Anm. 99), und Stanley, Galatians 3. 10–14, 504 Anm. 60. Ist auch in Röm 10,5, wie Lindemann, Gerechtigkeit, bes. 235–237, zu begründen versucht, das αὐτά (und auch das αὐτοῖς) von Lev 18,5LXX zu lesen, so wird dort wohl entsprechend an die ἔργα von Röm 9,32 zu denken sein (s. ebd., 236.240 samt Anm. 33). Vgl. u. Kap. 3 (bei) Anm. 234.

[360] Die Stellen wurden schon o. Kap. 1 Anm. 54 aufgeführt. Vgl. o. (Kap. 2) Anm. 313.

[361] Etwas breiter wurde die Thematik in der öffentlichen Habilitationsvorlesung behandelt, die ich im Sommersemester 1991 in Basel zu halten hatte. Eine Druckfassung soll in ThZ 48 (1992) erscheinen.

insbesondere schon angesichts des soeben zu Gal 3,10.12 Gesagten – nicht bestritten werden, daß ἔργα νόμου auf die (der Tora bzw. gewissen Normen mehr oder weniger entsprechende) Praxis hin betrachtet werden; daran läßt ja vor allem Röm 4,4f. (vgl. 9,11f.) mit dem Verb ἐργάζεσθαι, das von Bezugnahmen auf ἔργα (νόμου) flankiert ist (3,27.28; 4,2.6), kaum einen Zweifel zu (vgl. Gal 3,11f.; 5,3)[362]. Aber das bedeutet nicht, daß Gebot bzw. Verbot und ihm gemäßes Handeln identisch wären. Und jedenfalls bei Röm 3,20 ist, sobald man eben den Aspekt des Handelns nicht unmittelbar für die Gesetzeswerke veranschlagt, entschieden besser durchzukommen; denn dann redet V. 20b nicht an V. 20a vorbei, wie es der Fall wäre[363], wenn es hier um das Erfüllen der Tora – und nicht um (das Kriterium der) Gesetzesvorschriften – ginge. Entsprechend vermag es, zumindest wenn man Röm 2,13 noch im Ohr hat, nicht recht einzuleuchten, warum nach Röm 3,28 (χωρὶς ἔργων νόμου) und 4,6 (χωρὶς ἔργων) bei der Rechtfertigung gerade von Gesetzeserfüllungen abgesehen werden muß, und das um so weniger, als dann in 4,7f. ja auch – ganz im Gegensatz zu einer solchen Vorstellung – auf die Vergebung im Blick auf „Gesetzesverstöße" und „Sünden" abgehoben wird; die Schwierigkeit fällt hingegen völlig weg – und die Entsprechung zum χωρὶς νόμου von 3,21 springt ins Auge –, wenn es um das erstaunliche Faktum einer letzten Irrelevanz der Vorschriften des Gesetzes – und damit des fordernden Gesetzes selbst – für die Rechtfertigung geht. Daß so zu verstehen ist, erhellt zum einen wohl auch noch aus Röm 9,11f., sofern der Terminus ἔργα im Sinne norm(en)gerechten Handelns – anders als im Sinne eines Maßstabes bzw. eines Maßstabsystems – nicht zum guten *und* schlechten Tun von V. 11 passen will[364], und es erhellt zum anderen sehr wahrscheinlich zudem aus Röm 2,15. Denn zwar ist hier im Unterschied zu den besprochenen Belegen weder eine der die ἔργα νόμου stets negativ beleuchtenden und durchgängig oder fast durchgängig[365] in Opposition bzw. Nebenordnung zu einer positiven Charakterisierung stehenden präpositionalen Wendungen[366] ἐξ bzw.[367] χωρὶς ἔργων νόμου verwandt noch auch der Plural; aber die Formulierung τὸ ἔργον τοῦ νόμου entspricht dem diskutierten Ausdruck doch ausgesprochen eng, und sie ist überdies inhaltlich auch auf V. 14 bezogen und damit nicht nur auf νόμος, sondern gerade auch auf

---

[362] Der Vorschlag GASTONS (Torah, bes. 100–106), die Verbindung ἔργα νόμου, welche „eine große Zahl von Exegeten ... im Sinne eines Genitivus objectivus auffaßt" (LIEBERS, Gesetz, 41), als *genitivus subiectivus* zu verstehen, respektiert diesen Sachverhalt nicht hinreichend (vgl. GASTON, Torah, 101f.; zum Genitiv s. u. Anm. 394). Außerdem läßt sich GASTON (s. bes. Torah, 104f.) zu stark von zwei Stellen bestimmen, bei denen ein enger Bezug zum Ausdruck „Gesetzeswerke" sehr fraglich ist, nämlich von Röm 4,15 („das Gesetz nämlich bewirkt [κατεργάζεται] Zorn") und Gal 5,10 („Werke des Fleisches"). Ähnlich merkwürdig versucht HÜBNER, Werke, 130–132, Gal 2,16 und 3,10 von Röm 3,27 (und Gal 5,3f.) aus zu interpretieren.

[363] Das Problem entspricht dem o. bei Anm. 356 für Gal 3,10 genannten. Die Schwierigkeit ist bei BORNKAMM, Teufelskunst, 147, und G. KLEIN, Sündenverständnis, 260f., immerhin angedeutet.

[364] Gegen MOO, Legalism, 95.

[365] Eine Ausnahme bildet am ehesten Röm 3,20 (doch s. V. 21ff.).

[366] Vgl. die tabellarischen Übersichten bei MOO, Legalism, 93, und GASTON, Torah, 103.

[367] Nämlich in Röm 3,28 (vgl. bes. 3,21; 4,6).

τὰ τοῦ νόμου[368]. Daß diese Wendung offenkundig auf die „Vorschriften"[369] des Gesetzes geht und daß deren Ausführung eigens durch ποιεῖν bezeichnet wird, ist dann natürlich auch für den Singular τὸ ἔργον τοῦ νόμου, der sich der „Grundsätzlichkeit der Aussage"[370] verdanken wird, von Belang. Und es ist ja in der Tat dieses ἔργον, sofern es als in die Herzen von Heiden γραπτόν gekennzeichnet wird[371], trotz der damit ausgedrückten Unmittelbarkeit deutlich vom Handeln unterschieden (s. V. 12a.14a.16). Zu den zusammenstimmenden Einzelbeobachtungen kommt ein weiterer Sachverhalt innerhalb der paulinischen Schriften hinzu, den E. LOHMEYER in seiner wichtigen und wohl allein mit einigem Nachdruck der hier vertretenen Sicht vorarbeitenden Studie zu den Gesetzeswerken[372] herausgestellt hat: Dem Syntagma „fehlt immer ein persönlicher Genitiv oder ein analoger Ausdruck"[373], „auch dort, wo die Wendung sich zu dem schlichten Worte ‚Werke' verkürzt"[374]. Und das läßt um so weniger an konkrete Gebotser-

---

[368] S. dazu bes. WILCKENS, Röm I, 134 Anm. 315 (Literatur).

[369] Dieses Wort fügt LIETZMANN, Röm, 40, in seiner Übersetzung – in Klammern – ein (wie WILCKENS, Röm I, 131: „Forderungen"). Und SCHLIER, Röm, 78 (vgl. KÄSEMANN, Röm, 58), verweist auf die vergleichbare Formulierung τὰ δικαιώματα τοῦ νόμου in Röm 2,26 (vgl. Röm 8,4, ferner Röm 1,32). Für LIEBERS, Gesetz, 41 Anm. 3, der (wie andere ebd. genannte Autoren) τὰ τοῦ νόμου nicht von den δικαιώματα, sondern von den ἔργα des Gesetzes her verstehen will (doch vgl. ebd., 92), handelt es sich bei diesen Möglichkeiten nahezu um sich gegenseitig ausschließende Alternativen (vgl. u. Anm. 372), für unsere Erwägungen hingegen gerade nicht. Dennoch fragt sich natürlich, warum Paulus in 2,14 nicht „Gesetzeswerke" schreibt. Nun, die in V. 26 gewählte Ausdrucksweise läßt es nicht als ausgeschlossen erscheinen, daß er mit der Wendung „aus Gesetzeswerken" (vgl. „ohne Gesetzeswerke") auch das Syntagma „Gesetzeswerke" selbst nicht als sonderlich positiv empfindet (vgl. Röm 3,27) und deshalb in V. 26 und eben auch in V. 14 anders formuliert. Andererseits zeigt die Parallelität von V. 14f. und V. 26 gleichzeitig und legt auch der für V. 15 zu vermutende Hintergrund (s. nur Jer 38(31),33) nahe, daß der Begriff „Gesetzeswerk" für den Apostel nicht grundsätzlich negativ besetzt ist. Und das wird auch für den Plural zu beachten sein – der in V.14 dann möglicherweise wegen seiner auch die Beschneidung betreffenden Konnotationen (s. dazu o. [bei] Anm. 342f.347) vermieden wird. Vgl. u. Anm. 395.

[370] HEILIGENTHAL, ἔργον, 126. Vgl. DERS., Werke, 282, ferner nochmals WILCKENS, Röm I, 134 Anm. 315.

[371] Die Dimension der Schriftlichkeit der Gesetzesvorschriften (vgl. Röm 2,26f.) ist (nicht nur, aber insbesondere von hierher) möglicherweise auch bei der Gegenüberstellung von ἐξ ἔργων νόμου und ἐξ ἀκοῆς πίστεως in Gal 3,2.5 in Rechnung zu stellen, zumal Gal 3,10b stützend hinzukommt.

[372] LOHMEYER, Probleme, 31–74: Gesetzeswerke (vgl. dazu schon o. Anm. 358); zuerst erschienen 1929 (ZNW 28, 177–207). Recht eng an diese Untersuchung lehnt sich an: TYSON, Works. LIEBERS, Gesetz, 41 Anm. 3 (vgl. 44), kommt unserer These immerhin insofern nahe, als er im Blick auf KÄSEMANN und WILCKENS (vgl. zu ihnen o. Anm. 369) einigermaßen ironisch anmerkt: „es sei denn, sie setzen ‚Werk' mit ‚Forderung' gleich."

[373] LOHMEYER, Probleme, 71 (vgl. 64.68).

[374] Ebd., 64. Ganz anders als bei Paulus ist in dieser Hinsicht der Sprachgebrauch in dem offenkundig (vgl. dazu nur o. Kap. 1 [bei] Anm. 4) eben auf paulinisches Reden von Gesetzeswerken und Rechtfertigung Bezug nehmenden Passus Jak 2,14–26. Die Formulierung ἐκ τῶν ἔργων μου (V. 18b) ist da besonders deutlich (vgl. auch V. 14.17.18a.22, ferner 3,13). Vgl. etwa noch Apk 2,2.

füllung und an „Werkgerechtigkeit" denken[375], als Paulus sonst (z. B. in Röm 2,6 [κατὰ τὰ ἔργα αὐτοῦ] oder in 1Kor 9,1 [τὸ ἔργον μου]) anders formulieren kann[376].

Was den Hintergrund des – etwa wegen dieses unpersönlichen Gebrauchs, aber auch angesichts des stereotypen Vorkommens in präpositionalen Ausdrükken – recht fest wirkenden Syntagmas ἔργα νόμου angeht, so ist LOHMEYERS Auskunft, daß syrBar 57,2 „die einzige sprachlich genaue Parallele zu der paulinischen Wendung"[377] sei, nach den Qumranfunden zwar nicht mehr zu halten; aber im Unterschied zu den meisten Exegeten[378] sieht er klar, daß hier die mit „Gesetzeswerke" – immerhin einigermaßen – vergleichbare Genitivverbindung „Werke der Gebote" dem zuvor benutzten Terminus „Gesetz" entspricht und daß ihr Denotat bei der Formulierung: „die Werke der Gebote wurden damals schon getan"[379] vom Tun unterschieden ist, „Werk" also „auf die Forderung des ‚Vollbringens', nicht auf die Tatsache des ‚Vollbrachtseins' tendiert"[380]. Und LOHMEYER ist es auch, der gezeigt hat, daß der Begriff „Werk(e)" ebenfalls in der Septuaginta und an manchen Stellen des intertestamentarischen Schrifttums in gleicher Weise gebraucht werden kann[381], wie er denn auch in Joh 6,28 und Apk 2,26 analog verwandt wird[382]. Anfügen mag man etwa noch die Art, wie Josephus in Ant 20,42.43.46 von der Beschneidungsforderung als ἔργον redet, wobei dem Zusammenhang nach gerade umstritten ist, ob dem zu τὰ προστασσόμενα des mosaischen Gesetzes (§ 44) gerechneten ἔργον mit der πρᾶξις (§ 46f.) zu entsprechen ist oder (s. § 42) nicht. Was nun die Qumranschriften anbetrifft, so korrespondiert dem Ausdruck ἔργα νόμου sprachlich nicht eigentlich „Werke der Gerechtigkeit", auch nicht „Werke in der Tora", sondern מעשי (ה)תורה[383]. Dabei kann nicht ausgeschlossen werden, daß in 4QFlor 1,(6-)7 „der ganzheitliche Toragehorsam, die Tora-Observanz im ganz umfassenden Sinn"[384] gemeint

[375] Vgl. LOHMEYER, Probleme, 68: „hier ist nirgends von einem Ich die Rede, das daran verzweifeln müßte, sich durch Werke zu begründen".

[376] S. dazu bes. ebd., 63.

[377] Ebd., 40 (samt Anm. 2). Vgl. BILLERBECK, Kommentar III, 160.

[378] Vgl. z.B. BILLERBECK, ebd., 160f., KÄSEMANN, Röm, 83, und HEILIGENTHAL, Werke, 280 – wo durchweg die Charakterisierung der „Gesetzeswerke" durch „Gebotserfüllung(en)" gerade auch mit syrBar 57,2 „belegt" wird.

[379] So übersetzt A.F.J. KLIJN (JSHRZ V, 162).

[380] LOHMEYER, Probleme, 40.

[381] Keineswegs: muß (s. nur ebd., 37f.). LOHMEYER nennt (ebd., 39f.) u.a. Ex 36,1.3; Num 3,7.8; 4,30.43; 8,19 und TestLev 19,1; TestBenj 5,3.

[382] Vgl. LOHMEYER, ebd., 60, ferner u. Anm. 394.

[383] Vgl. z.B. MOO, Legalism, 91, wo auf 1QH 1,26; 4,31, auf 1QS 5,21; 6,18 (vgl. die nachfolgende Anm.) und auf 4QFlor 1,7 verwiesen wird.

[384] HOFIUS, Rechtfertigung, 127 Anm. 35; ähnlich FITZMYER, Scrolls, 614: „conduct prescribed by the Mosaic law". Vgl. HEILIGENTHAL, Werke, 281, der ebenfalls auf das Tun abhebt, ja, im Blick auf die Stelle auch den Ausdruck „gute Werke" (vgl. z.B. Eph 2,10, ferner etwa Röm 2,7) verwenden kann (ebd., 243 Anm. 236; vgl. u. Anm. 392). Differenzierter ist die Auskunft BAUMGARTENS, Law, 83, der auf „scrupulous observance of the Law and particularly ... the study of the Law in accordance with sectarian principles" bezieht und in bezug auf das Verständnis des Ausdrucks „the cultic value attributed by the sect to *midraš ha-torah*, the study and searching of the Law, as a form of sacrifice" (84 Anm. 29) betont. Auch bei 1QS 6,18 z.B. ist nach ihm dieser Aspekt mitzubedenken (s. 83). Vgl. BROOKE, 4QFlorilegium, 187.

ist (vgl. 2,2), obwohl die Metaphorik des Zusammenhangs ein solches Verständnis nicht jedem Zweifel enthebt[385]. Überdies und vor allem ist keineswegs sicher, daß hier wirklich von Werken des *Gesetzes* die Rede ist, nicht vielmehr von solchen des *Dankopfers*; denn „the reading of תודה ... is ... confirmed from the original manuscript and earliest photographs"[386]. Zweifelsfrei belegt ist die Wendung im Epilog des noch nicht lange bekannten Briefes 4Q394–399. Es heißt dort מקצת מעשי התורה . Wegen des Bezuges auf den Inhalt des über zwanzig halakhische Fragen behandelnden Schreibens benennen E. QIMRON und J. STRUGNELL es mit eben dieser Formulierung[387], und sie geben sie aus diesem Grunde und deshalb, weil es in der nachbiblischen (rabbinischen) Literatur „many ... examples of מעשים ... with the meaning ‚precepts'"[388] gibt – eine Bedeutung, die schon in Ex 18,20 belegt ist[389] –, mit „some of the precepts of the Torah"[390] wieder. Daß מעשים (bzw. מעשי) ebenso wie מצות auch auf Erfüllungen von Ge- bzw. Verboten gehen kann[391], ist angesichts dessen von sekundärer Relevanz, daß es bei diesem eindeutigen Qumran-Beleg nicht so ist und daß bei Paulus, wie wir sahen, mit „Gesetzesvorschriften" ganz entschieden besser durchzukommen ist. Es erklärt freilich zu einem Teil, warum beim Ausdruck ἔργα νόμου weithin ans Tun oder gar an „Leistungs-" bzw. „Werkgerechtigkeit" gedacht wird[392] und warum selbst E. LOHMEYER seine im Vorangehenden angesprochenen Beobachtungen hinter der von ihm für das Syntagma vorgeschlagenen Übersetzung durch „Dienst des Gesetzes"[393] eher versteckt.

Klarer und, wie es scheint, auch angemessener ist es, zu sagen, daß es sich bei

---

385 Vgl. die vorige Anm. Auch die o. Anm. 381 genannten Pentateuchstellen haben es im übrigen mit kultischen „Werken" zu tun.

386 BROOKE, 4QFlorilegium, 108 (vgl. 87.92.192), der so offenkundig aufgrund eigenen Augenscheins urteilt und nicht lediglich STRUGNELL, Notes, 221, folgt („lire peut-être מעשי תודה avec *dalet* endommagé"), auf den sich im übrigen auch GASTON, Torah, 220 (Anm. 8 zu 101), für die textkritische Entscheidung zugunsten von „Werke des Dankopfers" beruft. Anders wieder FITZMYER, Scrolls, 614 Anm. 16.

387 QIMRON/STRUGNELL, Letter, 400f. Daher auch die (inzwischen übliche) Abkürzung 4QMMT.

388 Ebd., 406 (Anm. 5 zu 401 [Literatur]). Vgl. QIMRON, Hebrew, 101: ‚precepts'.

389 Vgl. dazu nochmals: QIMRON/STRUGNELL, Letter, 406 (Anm. 5 zu 401), und QIMRON, Hebrew, 101.

390 QIMRON/STRUGNELL, Letter, 401. Vgl. LICHTENBERGER, Literatur, 13: „Teil der Vorschriften der Tora".

391 S. dazu nur BILLERBECK, Kommentar III, 161, und LOHMEYER, Probleme, 41f.71f. Vgl. FLUSSER, Opponents, 82 samt Anm. 20 (vgl. DERS., Gesetz, 33 samt Anm. 11), ferner LÖWY, Gesetz (1903), 432 samt Anm. 4.

392 Eine noch größere Rolle dürfte einerseits der neutestamentliche Sprachgebrauch jenseits der paulinischen Belege für ἔργα νόμου (und für die „Abbreviatur" ἔργα) spielen (s. zu ihm nur o. [bei] Anm. 374–376.384), andererseits dies, daß das Wort ἔργον selbst nun einmal „gleichen indogermanischen Stammes und gleicher Bedeutung wie das deutsche ‚Werk'" (BERTRAM, ἔργον, 631) und wie das englische „work" ist, so daß sich bei ἔργα νόμου die Assoziation „Werke des Gesetzes" bzw. „works of the law" sogleich einstellen und den Eindruck, es gehe um „Werkerei", nahelegen muß, so daß eine erheblich andersartige Prägung des Ausdrucks durch den (biblischen und) frühjüdischen Hintergrund (oft) gar nicht erst erwogen wird. Vgl. o. (bei) Anm. 321.355.378.384, ferner (bei) Anm. 333.

393 LOHMEYER, Probleme, 67 (u. ö.). Ähnlich spricht TYSON, Works, 426 (u. ö.), von „nomistic service".

den Gesetzeswerken um die Gebote und Verbote der Tora (vgl. Eph 2,15)[394] handelt und daß nach Paulus diesem Maßstab schon kein Jude genügt (s. nochmals bes. Röm 3,20; Gal 2,16). Nicht die Tora wird getadelt[395], nicht das Erfüllen von Regelungen des mosaischen Gesetzes wird gebrandmarkt[396], nicht einmal eigentlich ein nationalistisches Insistieren auf „*einigen* (besonders augenfälligen) Vorschriften der Tora", sondern das – sich für Paulus in einem Fall wie der galatischen Krise freilich gerade auch im Beschneidungswunsch (vgl. nochmals Gal 5,2f.; 6,12f.) dokumentierende – Verkennen jenes Sachverhalts des faktischen wie prinzipiellen Nicht-Genügens[397], der angesichts des Christusgeschehens[398] nicht verkannt werden dürfte.

Spätestens nach diesen – wohl auch über den jetzigen Zusammenhang hinaus interessierenden – Beobachtungen zum Ausdruck ἔργα νόμου wird also gesagt werden dürfen: Unser eher an formalen Sachverhalten orientiertes Vorgehen hilft offenkundig hinsichtlich wichtiger, die gegenwärtige Paulus-Diskussion bestimmender Streitpunkte weiter. Vor allem ist festzuhalten, daß der Apostel vom Christusgeschehen aus, wie es in frühchristlichen Sätzen festgehalten und interpretiert wurde, im Blick auf eine konkrete, zu bewältigende Situation argumentiert, nicht – jedenfalls nicht auf Bewußtseinsebene – von Erfahrungen aus, die er vor seiner Bekehrung als jemand, der sich dem Gesetz besonders verpflichtet wußte

---

394 Wie sich die für ἔργα νόμου gewonnene Auffassung gut zu der in Eph 2,15 verwandten Formulierung ὁ νόμος τῶν ἐντολῶν (ἐν δόγμασιν) fügt (welche ja bei ἐντολαί an die „Einzelgebote der Tora" [SCHRENK, ἐντολή, 548] denken läßt), so natürlich erst recht zum von Röm 3,27 heraufbeschworenen Ausdruck (ὁ) νόμος τῶν ἔργων (wenn man hier nur ἔργα wie in 3,20.28 [von den Gesetzesvorschriften] versteht). Diese beiden Verbindungen, bei denen νόμος nun gerade nicht im Genitiv steht, wird man bei „den mannigfachen Gebrauchsmöglichkeiten des adnominalen Gen." (BLASS/DEBRUNNER/REHKOPF, Grammatik, § 163; vgl. RADERMACHER, Grammatik, 108), die einer Klassifizierung nicht eben förderlich sind, am ehesten dem „Genitiv des Inhalts" (BLASS/DEBRUNNER/REHKOPF, Grammatik, § 167) zuordnen, während umgekehrt bei ἔργα νόμου der Genitiv νόμου nach unserer These den *Bereich* angibt (s. BORNEMANN/RISCH, Grammatik, § 175,a), dem die ἔργα angehören und der sie – ähnlich (nicht: genauso) wie das durch die Genitive τοῦ θεοῦ bzw. μου von Joh 6,28(f.) und Apk 2,26 hinsichtlich der dortigen ἔργα (vgl. o. [bei] Anm. 382) geschieht – in ihrer Eigenart und Qualität näher bestimmt (vgl. BLASS/DEBRUNNER/REHKOPF, Grammatik, § 163 Anm. 1, § 164 und § 165,1 samt Anm. 1 [und zu dieser Anmerkung, wo für den *genitivus qualitatis* Einfluß aus dem Hebräischen geltend gemacht wird, auch RADERMACHER, Grammatik, 109, einschließlich des Hinweises auf die Wendung ἡ κυρία τοῦ νόμου [Demosth. 21,93, ohne von Demosthenes zu stammen]). Vgl. o. Anm. 362.

395 Anders TYSON, Works, 430: „it is *nomos* which carries the pejorative weight" (vgl. LIEBERS, Gesetz, 93: Es „richtet sich die paulinische Kritik ... gegen die Tora (als Machtbereich), die sich im Tun durchsetzt"; damit werde allerdings nicht die Tora selbst negativ gewertet, vielmehr sei „die Relation von Tora und Täter ... das eigentliche Problem" [ebd., 94]). Vgl. o. Anm. 369, ferner o. bei Anm. 365.

396 So zu Recht auch LIEBERS, Gesetz, bes. 93f.

397 Vgl. dazu o. (bei) Anm. 331.

398 Das Argumentationsgefälle ist insbesondere richtig erfaßt bei TYSON, Works, 426–429. Vgl. LIEBERS, Gesetz, bes. 94.

(vgl. etwa 1,13f.[399]), eben am Gesetz gemacht hat[400]. Diese Einsicht hilft im übrigen auch bezüglich einer anderen Frage weiter, um die eine Theologie nach dem Holocaust nicht herumkommt: ob nämlich Paulus das Judentum, gerade auch in unserem Teiltext, negativ als legalistisch qualifizieren wolle. Nun, die Antwort fällt nach dem Dargestellten nicht schwer. Erstens ist die Front, gegen die Paulus hier irgendwie ankämpft, (sehr wahrscheinlich) nicht (allgemein) eine jüdische, sondern eine christliche, für die speziell ein erheblicher judenchristlicher (Anteil oder) Einfluß anzunehmen sein wird[401]. Und damit hängt zusammen, daß der Verfasser im Wir-Ich-Passus 2,15–21 „lediglich" einen gerade an Judenchristen[402] demonstrierbaren Selbstwiderspruch[403] verurteilt, ein πάλιν οἰκοδομεῖν. Zweitens wird als Ursache dessen, was hinter dem Vordergrund des πάλιν οἰκοδομεῖν, ebenfalls einigermaßen metaphorisch, als καταλύειν gezeichnet wird, eben nicht geltend gemacht, es sei zu negativen Erfahrungen mit dem Gesetz gekommen, sondern dies, daß die Begegnung mit Christus bzw. dem Evangelium von ihm zeigt: Hier hat das Heil seinen Ort. Es ist also nicht etwa von der – vielmehr von daher als unmöglich einzuschätzenden[404] – perfekten Einhaltung der Gesetzesvorschriften zu erwarten gewesen und auch nicht zu erwarten[405].

Angesichts des sachlichen Gehaltes der Passage 2,15–21 und angesichts dessen, daß ihr verschiedentlich eine wichtige Position im Aufbau des Galaterbriefes zugewiesen wurde[406], darf man schließlich wohl hoffen, daß zumindest über die erreichten inhaltlichen Klärungen – insbe-

---

399 Vgl. dazu Phil 3,4ff., bes. V. 6. Vgl. indes HAMERTON-KELLY, Violence, 100 (samt Anm. 7).

400 Auch und gerade dann, wenn man das διὰ νόμου von V. 19a modal zu verstehen hat (s. dazu o. [bei] Anm. 198), ist dort eine unmittelbare Erfahrung des Scheiterns am Gesetz nicht zum Ausdruck gebracht und nicht einmal angesprochen. Es geht dann vielmehr um die Umstände, aus denen heraus es beim gebürtigen Juden – beim nunmehrigen Judenchristen – zur Annahme der Christusbotschaft gekommen ist.

401 S. dazu bes. MUSSNER: Wurzel, 55–57; Gesetz, 203f.206.208.217. Vgl. dagegen den o. Kap. 1 bei Anm. 18 angesprochenen Strang der Forschungsgeschichte.

402 Vgl. dazu nur o. bei Anm. 19–21.112.

403 Vgl. dazu o. Anm. 224.

404 S. dazu (bes.) o. (bei) Anm. 314.331.357.397.

405 Es leidet keinen Zweifel, daß bei der modernen, stets durch die Reformation mitgeprägten Lektüre der paulinischen Schriften „the strong impression" entstehen kann, „that Paul actually does give his readers a distorted picture of Judaism", „suggesting that, within it, salvation is by works and the Torah plays a role analogous to that of Christ in Paulinism" (RÄISÄNEN, Paul, 188; vgl. nochmals o. Kap. 1 bei Anm. 18, ferner o. [Kap. 2] [bei] Anm. 170). Aber abgesehen von der Frage, ob dabei nicht der – hier zu „works" verkürzte – Ausdruck ἔργα νόμου mißverstanden ist (vgl. dazu das soeben [bei] Anm. 340–398 Ausgeführte), wird bei solcher Rezeption, zumindest was unseren Teiltext betrifft, die paulinische Argumentationsrichtung und werden die konkreten Adressaten außer acht gelassen. Allenfalls bei Beachtung von Intention und Situation wird Sachkritik an paulinischen Aussagen (vgl. etwa VON DER OSTEN-SACKEN, Verständnis, 185–195, und (SMEND/) LUZ, Gesetz, 97f.) sinnvoll sein können.

406 Vgl. dazu o. Kap. 1 bei Anm. 80–83, ferner (bei) Anm. 42–75.91–93.

sondere: Sünde im Christenleben *vs.* Übertreten des sich im Christusgeschehen dokumentierenden Heilswillens Gottes – unsere ja bei Formalem einsetzenden Beobachtungen auch einen Beitrag zur Erfassung der Struktur des Gesamttextes leisten können. Vielleicht indes kann die Architektonik unseres Textsegments dafür auch noch direkter fruchtbar werden. Zu beachten wäre vor allem die Zweiteilung, die sich durch „Bekehrung" einerseits, „christliches Leben" andererseits charakterisieren läßt. Zu beachten wäre damit auch, daß beide Teile, wie ihre Nahtstelle zeigt, deshalb nebeneinanderstehen, weil christliche Ethik und wohl auch der Status der (Juden-)Christen nicht über jeden Verdacht erhaben wirken und darum ein (πάλιν) οἰκοδομεῖν, ein (erneutes) Setzen auf den νόμος zu empfehlen scheinen. Hinter der Zweiteilung wird also, (wie im obigen Tableau durch die Abfolge der Pfeile, den Wechsel von geradem zu gewelltem und wieder zu geradem Schaft angedeutet wurde und) wie nun nicht mehr zu verkennen und weiterhin zu berücksichtigen ist, so etwas wie ein Dreischritt sichtbar: Bekehrung! Rückschritt hinter dieses Datum? Ziel der Bekehrung: christliches Leben!

3 Zum Aufbau des Briefes

3.1 Anhaltspunkte

„Den Aufbau eines Textes zu erkennen, ist schon eine kleine Argumentationsanalyse“, sagt F. SIEGERT[1]. Man möchte, wenn es sich bei dieser Formulierung nicht um understatement handelt, korrigieren: Es ist eine sich der Perfektion mindestens schon annähernde Argumentationsanalyse. Zu solcher Qualität oder doch dazu, solche Qualität mit einiger Bestimmtheit ausmachen zu können, scheint die Erforschung des Paulus-Schreibens an die Gemeinden in Galatien noch nicht gelangt zu sein. Jedenfalls urteilt A. SUHL[2]: Es „ist ... die Gliederung des Briefes als ganzen noch nicht überzeugend gelungen“.

Der Auffassung wird man wohl auch noch nach dem von diesem Exegeten selbst vorgelegten, durchdachten Strukturierungsvorschlag[3] beipflichten dürfen. Merkwürdig berührt bei SUHLs im wesentlichen auf semantischer Ebene gewonnener Analyse zumal die Einschätzung: „‚Eigentlich‘ ... hätte Paulus nach 3,1–5 schon unmittelbar mit 5,2ff. fortfahren können.“[4] Denn dabei kommen Passagen doch recht stiefmütterlich weg, die nicht nur in der Theologiegeschichte bekanntlich oft als besonders gewichtig gewertet wurden, sondern auch schon rein formal einen zentralen Ort im Galaterbrief einnehmen.

Auf der anderen Seite verdient Beachtung, daß bei SUHL – dafür – der Passus 5,13–25 in Verbindung mit 2,19f. verstanden und anders als üblich beurteilt wird: „Nicht um Paränese geht es hier, sondern um theologische Argumentation, welche die Verdächtigung gegen das paulinische Evangelium begründet zurückweist.“[5] Aufmerksamkeit empfiehlt sich schon deshalb, weil sich hier die Vermutung[6] zu bestätigen scheint, wohl allein unter entschiedener Berücksichtigung des wichtigen, hinsichtlich

---

1 Argumentation, 112. Vgl. (hingegen) G. KLEIN, Individualgeschichte, 180.

2 Galaterbrief, 3067. Vgl. dazu schon o. Kap. 1 (bei) Anm. 159.

3 SUHL, Galaterbrief, 3127–3132 (bes. 3131: Struktur-Tableau [vgl. DERS., Galater, 296 Anm. 100]).

4 DERS., Galaterbrief, 3132. Doch vgl. nun immerhin DERS., Galater, 268.273 (samt Anm. 24) sowie 286–296.

5 DERS., Galaterbrief, 3122 (vgl. 3119.3126); dazu, daß wohl auch der Vers 5,26 nach SUHL noch recht eng dem genannten Passus zuzuordnen ist, vgl. ebd., 3127.3131 (doch s. ebd., 3119.3128).

6 S. o. Kap. 1 bei Anm. 162.

der mit ihm gegebenen Schwierigkeiten indes zunächst aufzuhellenden Textsegments 2,15–21 könne die Struktur des Gesamtschreibens einigermaßen befriedigend erfaßt werden.

Es kommt hinzu, daß auch stärker formal – zumal an Syntax und/oder Rhetorik (damit auch: an Pragmatik) – orientierte Arbeiten eine ähnliche Neubewertung des traditionell als „paränetisch" eingeschätzten Teils vertreten[7], der noch H.D. BETZ bei seiner These, wir hätten es mit einem apologetischen Brief zu tun, nicht sonderlich behagte[8]. Und es kann nicht wundernehmen, daß das Paulus-Schreiben (dabei) nun gern dem *genus deliberativum* zugewiesen wird[9].

Wird deshalb – unter Einbeziehung unserer Beobachtungen zu 2,15–21 – die Möglichkeit einer betont argumentativen Ausrichtung von 5,13ff. zu erwägen und methodisch ein Miteinander von syntaktischen, semantischen und pragmatischen Aspekten sinnvoll sein, so heißt das durchaus nicht, die im Eingangskapitel geäußerte Zurückhaltung[10] gegenüber einem primär rhetorisch bestimmten Zugang sei nun aufgegeben. Es bestehen vielmehr die in jenem Zusammenhang schon genannten Bedenken weiter, die Angemessenheit des rhetorischen Rasters für Schreiben wie die paulinischen und speziell für das an die galatischen Gemeinden gerichtete sei nicht von vornherein vorauszusetzen und er scheine bei seinem Gebrauch zu Zwecken der Analyse überdies reichlich variabel verwendbar. Gerade eines der jüngsten Beispiele für solche rhetorische Kritik verschärft (trotz in mancher Hinsicht zuzugestehender methodischer Umsicht[11] und trotz einer Reihe von guten Beobachtungen) die Anfrage noch, ob dem Gesamttext „Galaterbrief" bei derartigem Vorgehen nicht zu leicht Gewalt angetan wird: Wenn nämlich J. SMIT just den Passus 5,13–6,10 für sekundär in den Brief gelangt erklärt[12], so wirkt dieses Urteil doch arg kühn, und zwar weniger, weil es dem exegetischen Konsens und damit auch der Einschätzung durch Vertreter der rhetorischen Kritik[13] widerspricht, vielmehr vor allem deshalb, weil es alles andere als gut zur konstatierten Betonung des Christenlebens in 2,18–21 paßt, die ihrerseits dem hinter 2,17b sichtbar gewordenen galatischen Problem etwaiger defektiver Ethik korrespondiert[14].

---

[7] S. bes. KENNEDY, Rhetorical Criticism, 145f.150f., STANDAERT, rhétorique, (bes.) 35.36, MATERA, Culmination, 81f.85–87, und HARNISCH, Einübung, 286–296. Vgl. u. bei Anm. 95.

[8] S. dazu o. Kap. 1 Anm. 114.

[9] S. auch dazu o. Kap. 1 Anm. 114. Vgl. u. (bei) Anm. 300–322.

[10] S. o. Kap. 1 (bei) Anm. 108–129.

[11] Vgl. etwa nochmals (s. schon o. Kap. 1 Anm. 113) SMIT, Letter, 5–7.

[12] Ebd., 8f.25f. Entsprechend schon SMIT, Redactie, 114f.127–133.139–142. Vgl. u. Anm. 33.65.

[13] Ausdrücklich zurückgewiesen wird SMITS Urteil über 5,13–6,10 von MATERA, Culmination, 85.

[14] S. dazu (nur) o. Kap. 2 bei Anm. 298–300.

Es dürfte also die jüngere nicht-rhetorische wie rhetorische Diskussion hinsichtlich der Gliederung des Galaterbriefes unser ins Auge gefaßtes Vorgehen sowohl sachlich als auch methodisch stützen und präzisieren. Eine entsprechende Förderung ist indes von der Voranstellung eines Überblicks über neuere und ältere Strukturierungsversuche, wie sie in den Kommentaren nahezu durchweg und darüber hinaus in zahlreichen weiteren Untersuchungen vorgelegt wurden, deshalb schwerlich zu erwarten, weil auch nur von einer allmählichen Konvergenz der Bemühungen um den Aufbau des Schreibens noch nicht wird die Rede sein dürfen. Darauf weist eben das Nebeneinander von nicht-rhetorischem und rhetorischem Zugang einigermaßen nachdrücklich hin, und auch der erwähnte 5,13ff. betreffende Dissens ist ein in die gleiche Richtung deutendes Indiz. Es wird darum auch in diesem Kapitel besser auf einen eigenen forschungsgeschichtlichen Überblick zu verzichten sein.

Das heißt natürlich zum einen nicht, daß die Sekundärliteratur unter den Tisch fallen soll. Sie wird vielmehr auch hier eher unter den Strich rutschen, also vornehmlich in den Anmerkungen zu würdigen sein. Zum anderen soll nicht gesagt sein, es würde eine Durchsicht vorliegender Gliederungsversuche nicht auf wichtige Probleme aufmerksam machen, die offenbar mit dem Galaterbrief selbst gegeben sind. Neben den beiden aus der jüngeren Diskussion hervorgehobenen Fragen nach einem bloß paränetischen oder eher argumentativen Charakter von 5,13ff. und danach, ob das Schreiben an die galatischen Gemeinden, obwohl es sich ausweislich des Präskripts 1,1–5 und des abschließenden christologischen Grußes 6,18 fraglos um einen Brief handelt[15], gerade auch im Sinne einer der antiken Rhetorik verpflichteten Rede zu analysieren ist, springen vor allem noch zwei weitere Diskussionspunkte ins Auge, die zu vernachlässigen sträflich wäre. Dabei ist es im übrigen schwerlich Zufall, daß sie in Verbindung mit den schon genannten Fragen und mit dem bereits zu Beginn des vorigen Kapitels[16] erörterten Problem stehen, ob die antiochenische Paulus-Rede allein in 2,14b oder durch 2,14b–21 dokumentiert werde.

Erstens ist bei Durchsicht der Literatur unverkennbar, daß weder durch den kurzen Artikel von W. NAUCK zum „οὖν-paräneticum" noch auch durch den längeren, ältere Lösungsvorschläge aufarbeitenden Beitrag von O. MERK zum „Beginn der Paränese im Galaterbrief" die Diskussion darüber zu einem gewissen Abschluß gebracht werden konnte, wie die „Ermahnungen", die in 5,13ff. und auch noch in 6,1–10 gegeben werden, genauer in das Ganze des Briefes einzuordnen sind. NAUCK hatte unter Hinweis auf das οὖν von 5,1b und auf die Verwendung der

[15] S. dazu SCHNIDER/STENGER, Briefformular, bes. 147.

[16] Nämlich o. Kap. 2 (bei) Anm. 19–27.

Partikel an anderen Stellen des Neuen Testaments (Röm 6,12; 12,1 u.a.) die schon vor ihm gelegentlich[17] vertretene These zu sichern gesucht, „daß Paulus bereits mit 5_1 zu dem ermahnenden Schlußteil übergeht“[18]. Mit dieser Einschätzung ist indes, wie ihm selbst nicht verborgen geblieben war, jedenfalls die Schwierigkeit verbunden, daß dann sogleich in 5,2–12 ein „Exkurs“[19] folgen würde. Außerdem kann man mit einigem Recht fragen, ob οὖν wirklich ein zumindest relativ verläßliches Indiz des Beginns eines ganzen paränetischen Abschnittes ist[20] und ob Paulus in 5,1b, insbesondere bei der Warnung vor dem „Joch der Knechtschaft“, wirklich an Ethik und nicht vielmehr, um es mit Worten MERKS zu sagen, an „einer geforderten Glaubensentscheidung“[21] gelegen ist. Demgemäß hat nicht zuletzt eben MERK die Auffassung NAUCKS zurückgewiesen[22]. Auch die Vorschläge, die Paränese beginne entweder früher, mit 4,12 (Imperativ) bzw. mit 4,21 („Freiheit“), oder etwas später, mit 5,2 („Ich, Paulus“) bzw. mit 5,7 („laufen“)[23], vermögen ihn nicht zu überzeugen, und zwar zumal deshalb nicht, weil überall die Verbindung mit der vorangehenden Argumentation, die in 5,1–12 noch einmal zusammenge-

[17] NAUCK, οὖν-paräneticum, 134, vermag lediglich auf BURTON, Gal, 269 (vgl. lxxiv), zu verweisen, hätte aber etwa auch noch LIGHTFOOT, Gal, 67 (doch s. 185.202f.), LIETZMANN, Gal, 2.36 (vgl. 39), LYONNET, Gal, 19.38, und BONNARD, Gal, 16.100f., nennen können. In jüngerer Zeit haben H.D. BETZ, Gal, 66.433–436, EBELING, Gal, XIII.321–323, BERGER, Formgeschichte, 110, VOUGA, construction, 262f., EGGER, Gal, 11.34, STANDAERT, rhétorique, 35f. (der übrigens für Gal 5f. von „probatio-exhortatio“ [35] spricht), MATERA, Culmination, bes. 83, und SCHWEIZER, Einleitung, 73, hinsichtlich der Ermahnungen entsprechend gegliedert (vgl. noch MACK, Rhetoric, 71f., wo indes neben 5,1–6,10 auch noch 4,8–20 als „Exhortation“ beurteilt wird). Vgl. die Literaturbelege bei MERK, Paränese, 84 Anm. 4.

[18] NAUCK, οὖν-paräneticum, 135.

[19] Ebd.

[20] Die Partikel begegnet bekanntlich (s. W. BAUER, Wörterbuch, 1199f.) nicht selten in argumentativen Zusammenhängen (s. z.B. Röm 5,18; 6,4; 7,3.13). Dementsprechend kann sie die „Schlußpassagen von Paränesen oder Argumentationen“ (BERGER, Exegese, 21) anzeigen, und diese Passagen können ausgesprochen kurz sein (s. nur 1Kor 15,11 einerseits, Gal 6,10 andererseits; BERGER, ebd., verweist, ohne sich klar von NAUCK zu distanzieren [vgl. o. Anm. 17], auf 1Kor 4,16). Vgl. u. (bei) Anm. 124.

[21] MERK, Paränese, 99, der zum Vergleich auf Kol 2,16 verweist.

[22] Ebd., 98f.

[23] Diese Gliederungsmöglichkeiten (zu denen noch die These eines Neuansatzes mit 4,31 [vgl. nur BLIGH, Discussion, xiv, und SUHL, Galaterbrief, 3132; S. unterscheidet indes von 4,31–5,26 noch einen eigenen ermahnenden Abschnitt, die „Schlußparänese 6,1–10“] hinzukommt [vgl. ferner o. Anm. 17: 4,8ff.]) wurden indes, wie die Literaturzusammenstellung bei MERK, Paränese, 84 Anm. 2.3.5.6, erkennen läßt, nicht eben häufig verfochten. In der Zeit nach MERKS Aufsatz scheint sich von ihnen nur noch die Auffassung von einem tieferen Einschnitt vor 5,2 einer gewissen, freilich auch eher bescheidenen Beliebtheit zu erfreuen (s. dazu u. Anm. 60). Sehe ich recht, so vertritt gegenwärtig allein BORSE, Gal, 163.261, die Ansicht, der letzte (von ihm als argumentativ verstandene) Hauptteil des Briefes beginne mit 4,21 (doch vgl. immerhin noch SMIT, Letter, 17–19).

faßt werde, deutlich sei[24]. Er folgert deshalb: „so ist der Beginn des ethischen Abschnittes in 5_{13} die wahrscheinlichste Annahme."[25] Allerdings ist schon dieses Schlußverfahren anfechtbar, sofern sich einwenden läßt: MERK „untersucht Gal 5,13ff. selbst... nicht mehr, um den positiven Nachweis zu führen, daß hier tatsächlich der Beginn der Paränese vorliege"[26], seine „analysis... seems to rest upon the presumption that the final chapters of Galatians form a paraenetic section distinct from Paul's earlier theological argument."[27] Da A. SUHL und F.J. MATERA darauf den Finger legen[28], ist deutlich, daß, wenn auch eine tiefere Zäsur vor 5,13 verschiedentlich[29] – und eher öfter als ein solcher Einschnitt vor 5,1(b)[30] – vertreten wird, sie gleichwohl in der gegenwärtigen Diskussion nicht mehr als hinreichend gesichert gelten kann. Zumal beide Exegeten auch wichtige Gründe auf ihrer Seite haben – SUHL, wie erwähnt[31], vor allem den Zusammenhang mit 2,19f., MATERA primär die Berührungen zwischen den die Verse 5,13ff. umgebenden Passagen 5,1ff. und 6,11ff.[32] –, wird man urteilen müssen, daß die Frage, welche Stellung die „ermahnenden" Aussagen von 5,13ff. und 6,1ff. im Galaterbrief haben, und die weitergehende nach der Gliederung von 5,1–6,18 wieder bemerkenswert offen sind. Damit verbindet sich die zuvor schon hervorgehobene Anfrage an eine solche Wertung der „Paränese" dieses Schreibens, wie sie etwa J. BECKER vertritt, nach dem der Passus 5,13–6,10 „gar nicht nur die Galater ansprechen" wolle, „vielmehr traditionelle und allgemeingültige Unterweisung" biete[33].

Zweitens ist, spätestens seitdem H.D. BETZ die Verse 2,15–21 als *propositio* bewertet und insofern recht deutlich mit 3,1ff. – nach ihm *probatio*

---

[24] S. MERK, Paränese, 84–104.

[25] Ebd., 104. MERK formuliert hier sehr vorsichtig, und vorher (ebd., 100) sagt er: „Der Einsatz der Paränese in 5_{13} ist leichter behauptet als bewiesen."

[26] SUHL, Galaterbrief, 3119. Ähnlich H.D. BETZ, Gal, 433 Anm. 1.

[27] MATERA, Culmination, 81.

[28] S. die vorangehenden beiden Fußnoten. Vgl. u. (bei) Anm. 94f.

[29] S. die Literaturbelege bei MERK, Paränese, 84 Anm. 7. Man könnte (z.B.) ergänzen: BOUSSET, Gal, 69f., DEHN, Gal, 14.177–179, und BRING, Gal, 11.213. Außer MERK selbst treten etwa hinzu: ECKERT, Streit, 132 samt Anm. 6, MUSSNER, Gal, VIII.364–366, LÜHRMANN, Gal, 5.85, KRIMMER, Gal, 6.170, BECKER, Gal, 67, und HANSEN, Abraham, 50f. (vgl. noch SMIT: Redactie, 127–133; Letter, 25).

[30] Obwohl, nach den o. Anm. 17.29 angesprochenen Daten zu urteilen, in jüngerer Zeit offenkundig häufiger für einen Einschnitt vor 5,1(b) plädiert wird, überwiegen fraglos in den Kommentaren, wohl jedoch auch in der Literatur insgesamt, die Voten für einen Neuansatz mit 5,13 (vgl. BORSE, Gal, 163: es wird ein „Schnitt üblicherweise nach 5,12" behauptet).

[31] O. (bei) Anm. 5.

[32] MATERA, Culmination, bes. 83.88. Vgl. u. (bei) Anm. 62–64.

[33] BECKER, Gal, 67 (vgl. 4). Ähnlich SMIT, der diese Verse (ja) für gegenüber dem übrigen Brief sekundär hält (s. o. [bei] Anm. 12) und „the more general perspective" (Letter, 25) des Abschnittes hervorheben zu können meint.

– zusammengenommen hat[34], unsicher, ob die Verbindung zum rückwärtigen oder zum nachfolgenden Kontext enger ist. Obwohl auch weiterhin ziemlich häufig die früher dominante[35] Ansicht vertreten wird[36], der tiefere Einschnitt verlaufe hinter 2,21, sind doch einige Exegeten der von BETZ empfohlenen Linie gefolgt[37]. Und im Rückblick fällt ins Auge, daß die Zuordnung von 2,15–21 auch bis dahin keineswegs stets durch Eindeutigkeit gekennzeichnet gewesen ist. So waren, wie schon angesprochen[38], „von jeher ... die Ausleger verschiedener Meinung darüber, ob in v. 15–21 die damals in Ant. an Pt gerichtete Ansprache sich fortsetze, oder ob Pl, an die kurze Darstellung des Vorgangs in Antiochien anknüpfend, seine und aller aufrichtigen Judenchristen grundsätzliche Stellung zum Gesetz und zu Christus darlege"[39]. Th. ZAHN selbst, der dieses auslegungsgeschichtliche Urteil formuliert, verficht[40] die zweitgenannte Möglichkeit und faßt 2,15–21 als recht eigenständigen Abschnitt auf[41], als „ergänzenden Abschluß" zu 1,12–2,14[42], fügt indes hinzu, daß wegen des *einen* Evangeliums von 1,6–9 „damit", mit 2,15–21, „auch schon das Christentum der wahren Christen aus den Heiden den Grundzügen nach beschrieben" sein müsse, insofern also dem Briefteil 3,1–5,12 vorgearbeitet sei[43]. Auch wer, wie etwa J.B. LIGHTFOOT[44], zwischen V. 14b und V. 15 weniger deutlich trennt als ZAHN, kann dem Empfinden Ausdruck geben, es gehe hier um eine verbindende Funktion[45]. Und ebenso kann R.G. HALL, der 2,14b–21 als „part of Paul's admonition to Cephas" auffaßt[46], die These von 2,15–21 als *propositio* zurückweist[47] und entsprechend die *narratio* erst mit 2,21 enden läßt[48], sich des Eindrucks nicht

[34] S. dazu o. Kap. 1 (bei) Anm. 80. Vgl., was den Zusammenhang von *propositio* und *probatio* angeht, Quint., inst 3,9,2. Zur gleichzeitig engen Verbindung mit der *narratio* s. nur LAUSBERG, Handbuch, § 346.

[35] So wird man nach einer Durchmusterung der (Inhaltsverzeichnisse der) Kommentare urteilen müssen, von denen die von LIGHTFOOT (Gal, 66), SIEFFERT (Gal, 22), BOUSSET (Gal, 33), BURTON (Gal, lxxiif.), DEHN (Gal, 13), MAURER (Gal, III), RIDDERBOS (Gal, 9f.), SCHLIER (Gal, 8) und MUSSNER (Gal, VII) genannt seien.

[36] So in den Kommentaren von EBELING (Gal, XIII), BORSE (Gal, 259f.) und BECKER (Gal, 27.31) – auch in den u. Anm. 52 zu nennenden –. Vgl. ferner etwa KENNEDY, Rhetorical Criticism, 148f., STANDAERT, rhétorique, 35, HALL, Outline, 284–287, SUHL, Galaterbrief, 3128.3131, und SMIT, Letter, 11–13.

[37] So BERGER, Formgeschichte, 110, HESTER, Structure, 224, und SCHWEIZER, Einleitung, 73, ferner BRUCE, Gal, 57f., auch MACK, Rhetoric, 69f.

[38] S. o. (bei) Anm. 16 (und den dortigen Querverweis).

[39] ZAHN, Gal, 119, der ebd. Anm. 53 einige Belege aus der christlichen Antike nennt.

[40] Ebd., 119f.

[41] S. ebd., 119.136.

[42] Ebd., 136.

[43] Ebd. Vgl. u. bei Anm. 286.

[44] S. o. (bei) Anm. 35.

[45] LIGHTFOOT, Gal, 66 (vgl. 133). Vgl. z.B. SIEFFERT, Gal, 22.

[46] HALL, Outline, 286 (vgl. o. [bei] Anm. 36).

[47] Ebd., 285f. (vgl. 283f.).

[48] Ebd., 286f.

erwehren: „Paul's address to Peter ... does introduce something“[49]. Die exegetische Diskussionslage dürfte demnach jetzt nachdrücklicher als noch vor einigen Jahren die Verfolgung der Frage danach empfehlen, welche inhaltlichen und strukturellen Beziehungen zwischen 2,15ff. und 3,1ff. bestehen mögen. Daß Wortfeld-Beobachtungen immerhin auf einen gewissen Zusammenhang deuten, wurde nun schon im vorigen Kapitel vermerkt[50]. Solche Indizien dürfen indes nicht dazu führen, den gewissen Neuansatz, den die ausgesprochen auffällige Anrede ὦ ἀνόητοι Γαλάται von 3,1 signalisiert[51], zu minimalisieren[52] – wie es indes bei J. Bligh geschieht (der anrät, „to drop the word ‚Galatians‘ from 3 : 1“, und der 3,1–4 als „the continuation of St Paul's admonition to the Jewish Christians at Antioch“ begreift[53]).

Für das weitere Vorgehen bedeutet das Gesagte: Nachdem die Beobachtungen an 2,15–21 den Teiltext, wie es zumindest den Anschein hat, haben besser verstehen lassen (s. Kap. 2), ist nun zunächst zu fragen, inwieweit Inhalte und Strukturen dieser Passage Entsprechungen in 3,1ff. finden (s. 3.2), und dabei ist insbesondere Offenheit für die Möglichkeit angeraten, der Aufbau von 5,1ff. könnte anders und die Aussagen von 5,13ff. könnten argumentativer und spezifischer gemeint sein, als üblicherweise interpretiert wird. Erst danach und auch nur kurz soll dann noch die Einordnung von 2,15ff. und 3,1ff. in das Briefganze erörtert (s. 3.3) und soll der gewonnene Gliederungsansatz unter dem Blickwinkel rhetorischer Kritik betrachtet werden[54].

Eine Überlegung sei indes dem Versuch, einen solchen Gliederungsansatz – und damit in der Tat lediglich „eine kleine Argumentationsanalyse“ – zu erarbeiten, noch vorausgeschickt: Wer (heute) Texte produziert, weiß, daß die genaue Abgrenzung von Absätzen der Willkür nicht ganz entbehrt. Oft läßt man eine Formulierung, die man zunächst zum

[49] Ebd., 286.

[50] O. Kap. 2 bei Anm. 23f.

[51] S. dazu o. Kap. 2 (bei) Anm. 24.

[52] Obwohl Oepke (Gal, VII), Bring (Gal, 9f.) und Lührmann (Gal, 5) den ersten Hauptteil des Briefes weit über 2,21 und 3,1 hinausreichen lassen, nämlich durchweg bis 5,12, kann bei ihnen von einer solchen Minimalisierung nicht die Rede sein; denn für sie beginnt mit 3,1 doch immerhin ein Abschnitt auf der darunterliegenden Hierarchie-Stufe. Vgl. o. Anm. 36.

[53] Bligh, Discussion, 225 (nach dem Paulus selbst dann in diesen Schluß seiner antiochenischen Rede den direkten Bezug auf die Galater und mit 3,3b einen indirekten eingetragen hat). Der Lösungsversuch beruht darauf, daß Bligh auch hier (wie so oft [s. nur ebd., iiif.]) eine Ringkomposition ausmachen zu können meint. Aber 2,21 und 3,4, das Sterben Christi und die Erfahrung (πάσχειν) der Angeredeten, zusammenzubringen (s. ebd., 224f.), ist alles andere als überzeugend. – Lietzmann, Gal, 1(f.), läßt in dieser seiner „Inhaltsübersicht“ 3,1–5 ebenfalls zum Vorangehenden gehören – freilich ohne daß das seine Auslegung sonderlich bestimmte (s. ebd., 15.17) –, und Mack, Rhetoric, 69(f.), faßt 2,14–3,5 unter der Überschrift „Issues and Thesis“ zusammen. Vgl. u. (bei) Anm. 182.

[54] Vgl. einerseits das schon o. Kap. 1 im Anschluß an Anm. 129 Gesagte, andererseits das dann gegen Ende von 1.4 zum Vorgehen Vermerkte.

Vorangehenden gefügt hatte, dann doch den Eröffnungspart im Blick auf das Nachfolgende übernehmen – und umgekehrt. Diese unterschiedliche Zuordnungsmöglichkeit weist auf den Überleitungscharakter von Ausdrücken, Sätzen, ja, ganzen Passagen hin. Weiche Verbindungen empfehlen sich nicht nur beim Abfassen von Schriftstücken oft von selbst, sondern können etwa auch von der antiken Rhetorik für die Gestaltung von Reden und Redeteilen angeraten werden[55]. Gilt es nun, einen Text, der keine recht direkt auf den Autor zurückgehende graphische Abhebung von Absätzen aufweist, oder eine entsprechend dargebotene Verschriftlichung einer Rede zu gliedern, so werden sich die am Beispiel des Niederschreibens angedeuteten Unwägbarkeiten natürlich gelegentlich wiederholen. Formale Abweichungen von Strukturierungsversuchen untereinander müssen also nicht in jedem Fall eine Differenz in der Argumentationsanalyse bedeuten. Tabellarische Übereinstimmung und tabellarische Darstellung sind darum nicht eigentlich Ziele, sondern eher Veranschaulichungshilfen des Gliederns[56].

3.2 Gedankenführung in 3,1ff. und 2,15ff.

Hauptthese dieses Teils der Untersuchung ist, daß eine ausgesprochen enge Korrespondenz zwischen der zunächst Judenchristen betreffenden Argumentation in 2,15–21 und der sich direkt an die Galater richtenden in 3,1ff. besteht. Im Unterschied zu der Auffassung von H.D. Betz, in 2,15–21 liege eine die Ergebnisse der folgenden *probatio* vorgreifend zusammenfassende *propositio* vor, wird dabei der nicht nur behauptenden, sondern, wie etwa die *modus-tollens*-Strukturen zeigen, primär begründenden Art jenes kurzen, voranstehenden Passus[57] Rechnung getragen. Mit der Gedankenführung in 2,15–21 gelangt selbstverständlich auch die des nachfolgenden Kontexts in eine ganz andere Beleuchtung. Und die These besagt nun genauer, daß nicht nur die im Anschluß an 2,17a erfolgende und von der Bekehrung zum Christenleben übergehende Schwerpunktverlagerung in 3,1ff. ihre Entsprechung findet (s. nur 3,1–3.5 einerseits, 5,25 andererseits), sondern auch der dahinterstehende Dreischritt[58]: Wenn Paulus in 2,15–21 zunächst zu bedenken gibt, was das Faktum der Bekehrung, des Anschlusses an Christus, für die Frage der Gerechtigkeit und des Heils implizierte und impliziert, wenn er so-

---

[55] S. dazu nur Lausberg, Handbuch, § 288.343.

[56] Vgl. Bruce, Gal, 58, ferner Bring, Gal, 176f.

[57] Mit einigem Recht heißt es bei Kennedy, Rhetorical Criticism, 148f.: „The main objection to calling it a proposition, as Betz does ..., is that it is argumentative" (vgl. ebd., 148: „Verses 2:15–21 constitute an epicheireme, or argument with the parts fully stated"). Vgl. Standaert, rhétorique, 34 samt Anm. 5.

[58] Vgl. zu ihm (bes.) o. den Abschluß von Kap. 2.

dann die sich aufgrund ethischer – und den religiös-ethischen Status betreffender – Unsicherheiten nahelegenden Bemühungen als so etwas wie einen Rückschritt klassifiziert und wenn er schließlich zu zeigen unternimmt, daß diese Bestrebungen einen Widerspruch zum Christusgeschehen bedeuten, das, genauer besehen, ein auf Gott ausgerichtetes Leben bedingt, so ist es, wie jetzt näher zu belegen ist, eben diese Gedankenfolge, welche die breiteren und sich unmittelbar(er) an die Adressaten richtenden Ausführungen in 3,1ff. bestimmt, und zwar so, daß der erste Schritt (wahrscheinlich) mit 3,1 (vgl. 3,6), der nächste mit 4,8, der letzte mit 5,2 seinen Anfang nimmt[59].

Beim Versuch, diesen Gliederungsvorschlag zu verteidigen und zu präzisieren, dürfte es sich insbesondere angesichts der aufgeführten forschungsgeschichtlichen Anhaltspunkte (s. o. 3.1) empfehlen, sozusagen von hinten zu beginnen. Denn gerade für die Schlußpassagen des Galaterbriefes wurde deutlich, daß traditionelle Einschätzungen des Aufbaus und des Charakters in jüngerer Zeit fraglich geworden und Berührungen mit 2,18–21 hervorgehoben worden sind. Und eben mit diesen neueren Anfragen konveniert in recht auffälliger Weise das, was im vorangehenden Kapitel dieser Untersuchung zur Argumentation in 2,(17.)18ff. erarbeitet wurde.

Was nun *5,2ff.*[60] anbetrifft, so fällt, wenn man von unserer Analyse des Passus 2,18–21 herkommt, sogleich ins Auge, daß es nicht an einer gewissen Parallele zu der – dortigen – ringkompositorischen Aufeinanderfolge C, D, C' fehlt. Wie da nämlich die rahmenden Teile (C, C') jeweils mit εἰ γάρ einsetzen, berühren sich auch der Beginn von 5,2ff. und der von 6,11ff. sehr eng; denn in 5,2 steht ein ἴδε voran, in 6,11 ein ἴδετε[61]. Und es kommt als entscheidend Korrespondenz in der Sache hinzu: 5,2ff. und 6,11ff. weisen, wie sogleich ein wenig auszuführen ist, erhebliche Übereinstimmungen auf, und die Passagen stehen 2,18 und 2,21b jedenfalls insofern nahe, als der durch diese Konditionalsätze geleisteten negativen Qualifizierung des Strebens, aus Gesetzeswerken ge-

---

[59] H.D. Betz, Gal, (bes) 61–68, unterscheidet hingegen in 3,1–4,31 sechs Argumente und faßt 5,1–6,10, wie angesprochen, als *exhortatio* auf.

[60] Ein Neuansatz mit 5,2 wird, wie aus dem o. in 3.1 Gesagten (s. bes. [bei] Anm. 29f. [und die dortigen Verweise]) erhellt (und o. Anm. 23 auch schon angesprochen wurde), nicht sonderlich oft behauptet. Merk, Paränese, 84 Anm. 5, nennt lediglich Duncan, Gal, 152. Indes ist nicht nur daran zu erinnern (s. dazu o. bei Anm. 19), daß W. Nauck hier einen Exkurs beginnen läßt, sondern auch darauf zu verweisen, daß einen mehr oder weniger tiefen Einschnitt vor 5,2 etwa Holsten, Evangelium I,1, XVIII (entsprechend: Ders., Evangelium II, 141), Zahn, Gal, 225.246, Bring, Gal, 10f.206, Bruce, Gal, 57.226–229, Suhl, Galaterbrief, 3121.3131f., und vor allem Kennedy, Rhetorical Criticism, 150f. (vgl. Hall, Outline, 283), behaupten (unklar: Vouga, Gattung, 292).

[61] Die Berührung ist auffällig, da Paulus erstens die eine (Röm 2,17*v.l.*; 11,22; Gal 5,2) wie die andere (Gal 6,11) imperativische Form nur sehr selten bietet und zweitens die Betonung sowohl in Gal 5,2 als auch in Gal 6,11 durch einen Hinweis auf sich selbst noch steigert.

rechtfertigt zu werden, immerhin die Zurechtweisung der beschneidungswilligen Galater (s. bes. 5,2–4; vgl. 6,11.16f.) und der Angriff auf die hinter ihnen und ihrem Wollen stehenden Personen (s. bes. 5,7–10.12; 6,12f.) entsprechen, welche, Paulus zufolge, die Adressaten „überreden" (vgl. 5,8), „verwirren" (s. 5,10), „aufwiegeln" (s. 5,12), benutzen (vgl. 6,12).

Um die Analogie zwischen der ringkompositorischen Makrostruktur in 2,18–21 und einer solchen in 5,2ff. abzusichern, soll also zunächst und kurz auf Übereinstimmungen zwischen 5,2ff. und 6,11ff. eingegangen werden, und es erscheint sinnvoll, dabei zugleich Berührungen mit 2,18–21 zu beachten und zu bedenken. In ähnlicher Weise soll danach die durch 5,2ff. und 6,11ff. gerahmte Passage (5,13–6,10) etwas näher betrachtet werden.

Daß zwischen 5,2ff. und 6,11ff. „several literary parallels"[62] bestehen, hat in jüngerer Zeit, wie oben in 3.1[63] angesprochen, vor allem F.J. MATERA hervorgehoben. Er stellt (u.a.) nebeneinander (und deutet an Gemeinsamkeiten an):

5,2a und 6,11 (Paulus persönlich),
5,3 und 6,13a (Beschneidung verlangt eigentlich Beachtung des [ganzen] Gesetzes),
5,6 und 6,15 (weder Beschneidung noch Unbeschnittenheit, vielmehr...),
5,11 und 6,12 (Zusammenhang von Kreuz, Beschneidung [bzw. besser: Nicht-Beschneidung], Verfolgung)[64].

Diese deutlichen Entsprechungen lassen in der Tat kaum einen Zweifel an der sachlichen Korrespondenz von 5,2ff. und 6,11ff.[65].

Hinzu kommt der vergleichbare Aufbau der beiden Passagen: Paulus wendet sich in 5,2ff. nach dem Insistieren auf seiner Person (V. 2a) zunächst den galatischen, insbesondere die Beschneidung betreffenden Bestrebungen zu (V. 2b–4), ehe er (die 1.*pers.plur.* benutzend) die Bedeutung des Christusgeschehens charakterisiert (V. 5f.), um dann – im Interesse der Angeredeten (s. V. 7.10) – auf diejenigen zu sprechen zu

---

[62] MATERA, Culmination, 83. S. dazu u. Anm. 64.

[63] Genauer: bei Anm. 32.

[64] MATERA, Culmination, 83 (samt Anm. 14 [wo M. neben dem Vergleich von 5,2a und 6,11 weniger überzeugende von 5,4 und 6,14 sowie von 5,7 und 6,12a aufführt). Die Stellenangaben deuten, obwohl MATERA (vgl. dazu o. bei Anm. 62) ausdrücklich 5,*1*–12 und 6,11–17 in Parallele zueinander setzt (und zusammen als „bracket" [ebd., 83] um 5,13–6,10 auffaßt), an, daß in seiner Argumentation der Vers 5,1 keine Rolle spielt.

[65] Wie MATERA weist auch STANDAERT, rhétorique, 35, auf die nach ihm jedenfalls Kreuz, Verfolgung und Beschneidung einschließenden Kontaktpunkte zwischen, wie er abgrenzt, 5,1–12 und 6,11–15 hin, und für SMIT, Letter, 8, ist es nicht zuletzt „the unmistakable connection between Gal 5. 7–12 and 6. 11–18", was er zur Rechtfertigung seiner These von der Interpolation von 5,13–6,10 vorbringt (vgl. o. [bei] Anm. 12). Ähnlich auch BECKER, Paulus, 290.292.

kommen, die er hinter der Krise in den Gemeinden Galatiens auszumachen meint (V. 7-12); und ziemlich genau gegenläufig ist ja die Aufeinanderfolge in 6,11ff. Denn im Anschluß an den auf den Verfasser weisenden Satz V. 11 wird zuerst auf jene Unruhestifter (V. 12f.), danach (unter Verwendung der 1.*pers.plur.*) auf das Christusgeschehen (V. 14f.) eingegangen und endlich gerade auch den (betroffenen) Galatern ein Identifikationsangebot gemacht, das die schwierige, auf Paulus lastende Situation bereinigen soll (V. 16f.)[66]. Es führt dabei der Gedankengang von der Zurechtweisung der Adressaten hin zu einem freundlicheren Ton (s. 6,16; vgl. 5,10), freilich nicht ohne daß der dunkle Hintergrund nochmals angedeutet würde (s. 6,17a)[67]. Die Beobachtungen zum Aufbau bestätigen also die enge – ringkompositorische – Korrespondenz von 5,2ff. und 6,11ff., und sie erlauben wohl auch, die Passagen mit einiger Bestimmtheit zu umgrenzen, nämlich als 5,2–12 und 6,11–17.

Daß ihr Anfang mit 5,2 und 6,11 richtig bestimmt sein dürfte, wurde schon durch die Hinweise auf das gemeinsame ἴδε bzw. ἴδετε und auf die übereinstimmende Hervorhebung des Verfassers[68] gestützt, und es treten weitere, gewichtige Indizien wie die ganz ungewöhnliche Renominalisie-

---

[66] BUSCEMI, sviluppo, (bes.) 172, gliedert Gal 6,11–17 ähnlich (V. 11: „Formula di introduzione"; V. 12–17: „la ‚recapitulatio'", unterteilt in V. 12f.: „Polemica sulla circoncisione", V. 14f.: „Il messagio centrale del cristianesimo"; V. 16f.: „Augurio e invito"). Und dieser Strukturierungsversuch ist dem jüngeren, von SCHNIDER/STENGER, Briefformular, 146f., vorgelegten vorzuziehen, der strikt auf eine Ringkomposition (nun) innerhalb dieser Passage hin deutet. Denn so richtig es ist, daß das zweimalige ὅσοι (V. 12.16) eine Korrespondenz anzeigt, so künstlich ist es doch, dem Paar περιτομή/ἀκροβυστία von V. 15 die Aussage von V. 13 folgendermaßen als Entsprechung gegenüberzustellen: „Die *beschnittenen* Gegner wollen, daß sich die *nicht-beschnittenen* Galater beschneiden lassen" (ebd., 146). Auch ist es nicht zwingend, wenn ebd. V. 11, V. 14 und V. 17 unter dem Titel „Ich des Paulus" zusammengeordnet werden; (zumindest) in V. 14 nämlich, wo sich Paulus in der Tat von den die Galater beunruhigenden Personen betont absetzt, will er doch, wie die (bei ihm zwar eindeutig dominante, aber doch nach Ausweis der im übrigen ja sachlich verwandten Stelle Phil 3,8 [„Christi Jesu, meines Herrn"] nicht gänzlich invariable) Formulierung vom „Kreuz *unseres* Herrn Jesus Christus" zeigt – und wie das Wir in der Struktur-Parallele 5,5(f.) ohnehin vermuten läßt –, zugleich die Adressaten auf das sie seit der Taufe bestimmende Christusgeschehen erneut (vgl. 5,24) verpflichten (vgl. H.D. BETZ, Gal, 540 Anm. 63: „Die erste Person Singular weist auf Paulus im Gegensatz zu den Gegnern (vgl. 6,12f) und auf das exemplarische ‚Ich', das für jeden Christen steht (vgl. 2,19–21), hin"). Es bildet das Ich von 6,(11.)14(.17) somit im übrigen keinen Einwand gegen eine (primär) überindividuelle Deutung des Ich von 2,18–21 (vgl. dazu o. Kap. 2 [bei] Anm. 91.101–112 und, was 6,14 angeht, dort bes. Anm. 106.112).

[67] Nach (H.D. BETZ, Gal, 544, und) LÜDEMANN, Heidenapostel I, 64, ist dieser Hintergrund auch in 6,16 mitgemeint (vgl. noch BECKER, Paulus, 290): „der Friedenswunsch in der Form des Konditionalsatzes impliziert einen Fluch gegen solche, die dem paulinischen Kanon nicht folgen wollen" (vgl. 1,8f.). Ausgedrückt ist das freilich hier nicht, und es ergibt sich aus der übrigens, genau genommen, keinen Konditionalsatz bildenden Formulierung auch nicht im Sinne einer logischen Konsequenz. Vgl. u. (bei) Anm. 75f.

[68] S. dazu o. (bei) Anm. 61.

rung in 5,2[69] und der Wechsel vom Wir zum Ich/Ihr sowohl zwischen 5,1 (doch s. 5,1b[70]) und 5,2 als auch zwischen 6,10 und 6,11 hinzu[71]. Was den Abschluß der Passagen angeht, so erhellt die Zugehörigkeit von 5,12 zum Vorangehenden aus dem nochmaligen Bezug auf diejenigen, welche für die Unruhen in Galatien verantwortlich gemacht werden, und wohl auch aus dem ἀποκόπτεσθαι, das sarkastisch auf die Beschneidungsforderung anspielen wird[72] – und möglicherweise auch an das ἐγκόπτειν von V. 7 anklingen soll –. Da ein derartig expliziter Bezug in 5,13–6,10 durchweg fehlt, ist also mit 5,12 in der Tat das Ende der mit 5,2 einsetzenden Einheit erreicht[73]. Daß Entsprechendes für 6,17 – und nicht etwa für 6,16[74] – im Blick auf 6,11ff. gilt, läßt sich nicht nur daraus erschließen, daß erst mit 6,18 die Abschlußformulierung des Briefes folgt[75], sondern

[69] H.D. Betz, Gal, 442, urteilt: „dieser eindringliche Appell hat nur in 2 Kor 10,1 eine Parallele“, und an in etwa vergleichbaren Stellen lassen sich aus dem Corpus Paulinum lediglich noch Phlm 19 (vgl. 9) und Eph 3,1 nennen (vgl. 1Thess 2,18; 2Thess 3,17, ferner Kol 1,23). Zur textgliedernden Funktion der Renominalisierung allgemein s. etwa Gülich/Raible, Textanalyse, 94–97, und Johanson, Brethren, 31. Folgt man der Terminologie von Gülich/Raible, Textanalyse, bes. 87, und Johanson, Brethren, bes. 26, so hat man in der gesamten Wendung: „siehe, ich, Paulus, sage euch“ (vgl. V. 3: „ich bezeuge aber wiederum jedem Menschen“) einen „metakommunikativen Satz“ zu sehen, und er ist – nach diesen Autoren – als ein noch höherrangiger Trenner zu werten.

[70] Das Ihr wird an dieser Stelle weniger auf 5,2ff. vorausweisen, vielmehr primär das starke Hervortreten der *2.pers.plur.* in 4,8ff. widerspiegeln (vgl. dazu u. [bei] Anm. 120f.).

[71] Daß ein Einschnitt vor 6,11 verläuft, wird in der Literatur durchweg gesehen. Anders verhält es sich, wie o. Anm. 60 dokumentiert, bei der Einschätzung von 5,2.

[72] S. dazu etwa H.D. Betz, Gal, 461f., und Bruce, Gal, 238.

[73] Auch dies ist *opinio communis*.

[74] Recht deutlich von den vorangehenden Versen abgehoben wird 6,17 etwa durch Lightfoot, Gal, 67.225 (vgl. z.B. Borse, Gal, 218.262). Anders u.a. Buscemi und Schnider/Stenger (s. dazu o. Anm. 66) – trotz des τοῦ λοιποῦ, das die Nähe des Briefschlusses (vgl. u. Anm. 307) signalisiert (s. dazu nur Schnider/Stenger, Briefformular, 76).

[75] Jedenfalls hat man bei 6,18 vom „christologischen Schlußgruß“ zu sprechen, wie er so oder ähnlich am Ende der paulinischen Briefe (1Kor 16,23f.; 2Kor 13,13; Phil 4,23; 1Thess 5,28; 2Thess 3,18; Phlm 25; vgl. Eph 6,23f., ferner Kol 4,18; 1Tim 6,21; 2Tim 4,22; Tit 3,15; doch s. Röm 16,20) zu stehen pflegt (s. dazu Schnider/Stenger, ebd., 131–135; vgl. 73). Es scheint, wenn man die von Schnider/Stenger, ebd., 75, gebotene Synopse zu den Briefabschlüssen beachtet, indes – im Unterschied zur Ansicht dieser Autoren (s. ebd., 75.109.132.135f.) – so zu sein, daß Gal 6,18 zugleich das gesamte Eschatokoll bildet, welches ja ohnehin „meist nur aus dem christologischen Gnadenwunsch besteht“ (ebd., 73). Der einzige Hinweis auf einen früheren Beginn dieses Briefteils ist, da „Grußausrichtung“ und „Grußauftrag“, die in aller Regel vorangehen, im Schreiben an die Galater fehlen (und da hier die Existenz einer eigentlichen Schlußparänese gerade fraglich ist), der „Eigenhändigkeitsvermerk“ in 6,11. Er aber weicht deutlich von den Vergleichsstellen ab, sofern es erstens in 1Kor 16,21 und 2Thess 3,17 (sowie in Kol 4,18) durchweg heißt: ὁ ἀσπασμὸς τῇ ἐμῇ χειρὶ Παύλου, in Gal 6,11 aber weder ἀσπασμός erscheint, noch auch ein Gruß eingeleitet wird, und sofern zweitens, wie wir sahen, dieser Vers mit 5,2 zusammengehört (weshalb übrigens gelegentlich erwogen wird, Paulus schreibe [schon] ab 5,2 selbst [s. dazu nur Bring, Gal, 206, und Bruce, Gal, 228f.]). Außerdem weist die Passage 6,12–17 (wie Schnider/Stenger, Briefformular, 135, wenn sie in 6,11–18 ein erheblich „ausgeweitetes Eschatokoll“ ausmachen wollen, selber andeuten) wenig an Berührungspunkten mit ande-

auch aus dem Korrespondenzverhältnis zwischen 6,11ff. und 5,2–12. Denn angesichts der Schärfe von 5,2b–4 wäre als die Adressaten betreffendes Analogon die Formulierung allein von 6,16 doch wohl zu optimistisch[76], erscheint ein dämpfendes Wort, wie es V. 17(a) bietet, erforderlich. Ferner läßt die ähnliche Einführung der Passagen (mit 5,2a und 6,11) auch einen vergleichbaren Ausgang erwarten. Und er ergibt sich eben bei Zurechnung von 6,17 zum Vorangehenden, sofern dann die Kastrierung, die Paulus den Unruhestiftern „wünscht" (5,12), welche nach ihm mit der dem Kreuz Christi widersprechenden Beschneidungsforderung Verfolgung umgehen (s. 6,12; vgl. 5,11), ihr Gegenstück in den στίγματα τοῦ Ἰησοῦ findet, die der Apostel als Verfolgter (s. 5,11) und mit jenem Kreuz (s. 6,14) Verbundener an seinem σῶμα trägt (6,17b)[77].

Zu den teils sogar wörtlichen Übereinstimmungen, zum ähnlichen, gegenläufigen Aufbau und zur vergleichbaren Rahmung kommt ein weiteres Element der Korrespondenz zwischen 5,2–12 und 6,11–17 hinzu, das besonders deutlich hervortritt, wenn man von unseren Erwägungen zu 2,18–21 herkommt. Auch es klingt bei MATERA an, nach dem der Passus 5,1/2–12 „is almost syllogistic in character" und nach dem zu dieser „rigorously logical" Argumentation die Stelle 2,21 (und auch 3,21) zu vergleichen ist[78]. Seine Beobachtungen lassen sich indes, was das Verhältnis zu 2,18–21 angeht, noch präzisieren und überdies auf 6,11–17 übertragen.

In der Tat findet die zweiteilige Prämisse 2,21 b und mit ihr die entsprechende in 2,18 – wie anmerkungsweise schon erwähnt[79] – in 5,4 eine

ren paulinischen Eschatokoll-Versionen auf. (SCHNIDER/STENGER, ebd., 75, verweisen auf 1Kor 16,22 und Kol 4,18b; aber in 1Kor 16,22 geht es in einem Konditionalsatz um Verfluchung, in Gal 6,16 bei anderer sprachlicher Gestaltung um εἰρήνη und ἔλεος [vgl. dazu o. Anm. 67], und das „Mneiamotiv" liegt zwar in Kol 4,18b fraglos vor, nicht indes [zweifelsfrei] in Gal 6,17.) Nach ROLLER, Formular, 189f. samt Anm. 501f., weist 6,11 (denn auch) darauf, „daß der Apostel den ganzen Brief eigenhändig geschrieben hat" (189), und in diesem speziellen Fall sei (wie innerhalb des Corpus Paulinum sonst nur noch im Ersten Timotheusbrief) der „Schlußgruß unmittelbar an den eigentlichen Briefkörper" (196) angeschlossen worden, nämlich lediglich der Vers 6,18 (s. dazu die Tabelle Nr. 7, auf die ebd. verwiesen wird). Vgl. u. (bei) Anm. 306f., ferner HANSEN, Abraham, 51f.

[76] Doch vgl. o. Anm. 67.

[77] Ähnlich, wiewohl nicht auf *Ver*schneidung und nicht unmittelbar auf eine Parallelität zwischen 5,*12* und 6,17 abhebend, WALTER, στίγμα, 663: Es „erlaubt der weitere Kontext im Gal (bes. 5,1–11 und 6,12–15) die Erwägung, daß Pls seine στίγματα als Gegenstück zur Beschneidung ansieht, wie sie die Gegner ... propagieren". Skeptisch hinsichtlich dieses Vorschlags BORSE, Gal, 225, der doch (im Blick auf die Interpretation von Paulus' Malzeichen) den „Bezug zum Vorausgehenden" (ebd., 224), auf „Leiden als Teilhabe am Kreuz Christi" (ebd., 225) und darauf, „daß er (sc. Paulus) – im Gegensatz zu den Beschneidungsleuten – Verfolgungen erleiden muß", mit Recht hervorhebt. – Ob man auch die Berührung zwischen κόπος (6,17) und ἀποκόπτεσθαι (5,12; vgl. nochmals 5,7: ἐγκόπτειν) als beabsichtigt auffassen darf, erscheint unsicher.

[78] MATERA, Culmination, 84f.

[79] O. Kap. 2 Anm. 217.

einigermaßen frappante Entsprechung. Neu ist hingegen in 5,2ff. (und 6,11ff.) gegenüber der früheren, zunächst Judenchristen geltenden Aussage, daß Paulus nicht nur, und zwar in 5,2 erstmals innerhalb des Briefes[80], die Beschneidungsbestrebungen bei den – zumindest in der Mehrzahl heidenchristlichen – Galatern erwähnt, sondern auch die Aussage gegenüber 2,18 und 2,21b entsprechend verschärft: Schon wer sich beschneiden läßt, kommt mit dem Christusgeschehen in Konflikt (5,2b). Erreicht wird diese – die Protasen jener Prämissen betreffende – Zuspitzung, an der dem Verfasser, wie etwa die unmittelbare Verknüpfung mit der seine Autorität herausstellenden Eingangswendung und auch die 2.*pers.plur.* erkennen lassen, entscheidend liegt, dadurch, daß Paulus einen nicht nur die Adressaten angehenden Grundsatz als gültig „bezeugt", nach dem „jeder Mensch, der sich beschneiden läßt", „das ganze Gesetz zu tun hat" (5,3)[81]. Die Verkettung dieser Aussage mit der schon in 2,18 und 2,21b formulierten und nun in 5,4 wiederholten erlaubt die neue von 5,2b. Und sie kehrt in recht deutlicher Anspielung auf die logisch äquivalente Umformung[82], daß nämlich das Christusgeschehen, das Kreuz Christi, die Beschneidung(sbestrebung) notwendig ausschließe, nicht nur in 5,11 wieder, sondern – hier wie dort mit dem Verfolgungsmotiv verbunden – auch in 6,12, so daß also ebenfalls die zweite unserer beiden Passagen des syllogistischen Charakters nicht entbehrt. Zudem findet das, worauf diese Umformung hinauswill, auch im christologischen Mittelabschnitt beider Passagen (5,5f.; 6,14f.) immerhin eine gewisse Entsprechung, und zwar so, daß nicht die Illegitimität der Beschneidung(sbestrebung), sondern die eschatologische Irrelevanz der Kategorien „Beschneidung" und „Unbeschnittenheit" konstatiert wird. Natürlich ist diese allgemeine und logisch einteilige Umschreibung des Christusgeschehens nicht mit jener Umformung identisch. Sie läßt aber doch erahnen, wieso Paulus zum Veto gerade gegenüber der Beschneidung(sbestrebung) bei Heidenchristen gelangen kann: Das Insistieren auf diesem Akt stünde im Widerspruch zu der eschatologischen Irrelevanz von Beschneidung wie Unbeschnittenheit – während Bereitschaft zum Bleiben im vorgegebenen Status der eschatologischen Einebnung Rechnung trägt –[83]. Daß also diese Mittelabschnitte 5,5f. und 6,14f., indem sie das Christusgeschehen derart benennen, der Funktion nach dem Passus 2,19–21a nahekommen und daß an ihn überdies zumal die Formulierung von 6,14 mit ihrer Betonung der existentiellen Bedeutung

[80] Z.B. auch durch MATERA, Culmination, 84, hervorgehoben.

[81] Der auf etwas Feststehendes weisenden Formulierung entspricht, daß das von Paulus angeführte Prinzip religionsgeschichtlich vorgeprägt sein wird (s. dazu o. Kap. 2 Anm. 347 [samt den dortigen Verweisen]).

[82] Vgl. dazu etwa BOCHEŃSKI, Logik, 139f., und DOPP, Logik, 63.

[83] Vgl. MARTYN, Antinomies, 417f., und vgl. ferner 1Kor 7,17–24 (bes. V. 18f.) – einen Zusammenhang, an den aus unseren Passagen nicht nur 5,6 und 6,15 denken lassen, sondern auch 5,8 anklingt.

des Kreuzes Christi für den (heidenchristlichen) Gläubigen erinnert[84], der – wie das (judenchristliche) Ich von 2,19 „in bezug auf das Gesetz" nun – „in bezug auf den Kosmos gekreuzigt worden ist"[85], bestätigt vollends die Verbindung von 5,2–12 und 6,11–17 mit 2,18–21. Es verdient dabei unbedingt hervorgehoben zu werden, daß sich damit die schon oben in 2.3 – zunächst aufgrund ganz anderer Beobachtungen – gewonnene Hypothese[86] nachdrücklichst bewährt, der παραβάτης gerate, indem er gegen das Christusgeschehen verstoße, nach Paulus gerade mit einem „Prinzip" der καινὴ κτίσις in Konflikt. Denn es ist ja die unter Verwendung eben dieses Ausdrucks in 6,15[87] und ähnlich in 5,6 gegebene, in 6,16 als zu befolgender κανών bezeichnete Interpretation des Christusgeschehens, der entsprechend man in Galatien nicht mehr „laufen" will (s. 5,7). Und sie steht der negativ qualifizierenden, logisch nachgeordneten Aussage innerhalb der zweigeteilten Prämisse von 5,4, von 5,2b, von 2,21b und eben auch von 2,18 gegenüber[88] – und gebietet so, Paulus zufolge, den Schluß, das Streben, aus Gesetzeswerken gerechtfertigt zu werden, bzw. die Beschneidungsbestrebung sei *post Christum crucifixum* aufzugeben –.

Wenn 5,5f. und 6,14f. wie 2,19f. (und wie in knapper Form 2,21a) sozusagen für die einfache *modus-tollens*-Prämisse sorgen[89], so bedeutet das indes, daß 5,2–12 und 6,11–17 etwas mehr bieten als 2,18 und 2,21b, als der Rahmen (C, C') von 2,18–21. Sofern es sich bei diesem Überschuß jedoch (lediglich) um die Negation des logisch nachgeordneten Teils der zusammengesetzten Prämisse handelt, ist das unter strukturellen Gesichtspunkten wohl nicht sonderlich aufregend. Wichtiger scheint, daß das, was in 2,19–21a – als Konsequenz von Christusgeschehen und Bekehrung – im Zentrum steht: das ethisch nicht-defektive christliche Leben, in diesen Passagen nur eben so anklingt (s. 5,6c.7a; vgl. 6,16f.). Einigermaßen spürbar wird der Paulus – jedenfalls nach dem zu 2,17b Beobachteten[90] – geltende Vorwurf, seine Theologie und seine Sicht von Christusgeschehen und Gesetz förderten Sünde(n) im Alltag der Christen, und wird seine (ethische) Antwort hier lediglich in einer Formulierung des ersten der beiden christologischen Abschnitte 5,5f. und 6,14f. Es heißt da (in 5,6c) von der πίστις knapp: δι' ἀγάπης ἐνεργουμένη. Man wird nach dieser Andeutung und nach 2,19–21a erwarten, daß über das christliche Leben noch formal wie sachlich zentraler gehandelt wird

[84] Vgl. o. Kap. 2 Anm. 179.
[85] Vgl. u. bei Anm. 126.
[86] S. o. Kap. 2, bes. (bei) Anm. 251–257.266–268.306.
[87] S. dazu H.D. Betz, Gal, 544. Vgl. o. Kap. 2 Anm. 106.
[88] Und sie korrespondiert deshalb dem ersten Teil der in 5,11 und 6,12 angesprochenen äquivalenten Umformung.
[89] Vgl. dazu o. Kap. 2, bes. (bei) Anm. 211–217.
[90] S. dazu o. Kap. 2 (bei) Anm. 209f.298.

und daß das nicht ohne Bezug auf die Themen „Christusgeschehen“ und „Gesetz“ erfolgt.

Diesen Erwartungen entspricht natürlich die zwischen 5,2–12 und 6,11–17 stehende Passage, die insofern 2,19–21a, D, korrespondiert. In 5,13–6,10 nämlich wird das Liebesmotiv von 5,6c (und 2,20) aufgegriffen (5,13.14.22), hier auch begegnet das Stichwort ζῆν (von 2,19f.) wieder (5,25), und um Christus (5,24[f.]; 6,2) und den νόμος (5,14.18.23; 6,2) geht's hier (wie schon in 2,19f.) ebenfalls.

Besonders augenfällig sind die Berührungen mit 2,19–21a im Textsegment 5,13–26, zumal zu den soeben genannten Kontaktpunkten etwa noch hinzukommt, daß „die des Christus τὴν σάρκα ἐσταύρωσαν ...“ (5,24); denn diese Formulierung entspricht natürlich zunächst einmal dem ἀπέθανον und dem Χριστῷ συνεσταύρωμαι von 2,19[91], dann aber auch der einschränkenden Weise, in der gemäß 2,20 von einem Leben ἐν σαρκί – nach dem Sterben des Ich und angesichts des Lebens Christi in diesem Ich – nur noch die Rede sein kann[92]. Daß in 5,13ff. als Gegenüber der σάρξ anders als in 2,19–21a nicht nur Christus (und die πίστις), sondern mit einiger Betonung auch das πνεῦμα erscheint (5,16ff.), ändert an der engen Beziehung kaum etwas, weil Paulus ja erst ab 3,2f. mit der für die – heidenchristlichen – Galater so wichtigen Initiationserfahrung[93] des Geistes argumentiert. Zusammen mit dem, was 6,2 zum „Gesetz Christi“ sagt, rät indes eben das Widerspiel von „Geist“ und „Fleisch“ davon ab, 6,1–10 nicht ebenso wie 5,13–26 als in Korrespondenz zu 2,19–21a stehend zu begreifen, und damit davon, diese zehn Verse grundsätzlich anders zu werten als 5,13–26[94]. Es kommt nämlich das Gegeneinander von „Geist“ und „Fleisch“ auch in 6,1–10, nämlich in 6,8, vor, und es nimmt dort eine ähnliche Position ein wie in 5,13–26. Das ist zugleich ein Hinweis auf einen in etwa parallelen Aufbau von 5,13–26 und 6,1–10 und auf eine vergleichbare Funktion beider Abschnitte. Was die Struktur angeht, so sei lediglich notiert, daß jedenfalls einige wichtige Momente gleichermaßen hier wie dort aufeinanderfolgen:

(a) Anrede der Adressaten als ἀδελφοί (5,13; 6,1);
(b) Erfüllung des Gesetzes (Christi) (5,14; 6,2), flankiert von einem vorangehenden (5,13; 6,1) und von einem durch εἰ eingeleiteten nachfolgenden (5,15; 6,3f.) Hinweis auf die Gefahr falschen Handelns;
(c) Imperativ (5,16; 6,6) und eschatologisch relevantes Widerspiel von „Geist“ und „Fleisch“ (5,16–24; 6,6–8);
(d) Ethisches im Wir-Stil (5,25f.; 6,9f.).

---

[91] Vgl. SUHL, Galaterbrief, 3127.
[92] Vgl. z.B. MUSSNER, Gal, 183.
[93] Vgl., was sie betrifft, etwa HOFIUS, Glaube, (169-)170.
[94] Anders selbst SUHL, Galaterbrief, 3127.3131f., der etwa von „der üblichen Schlußparänese 6,1–10“ (3132) spricht (vgl. o. [bei] Anm. 5.23.26.28).

Diese Übereinstimmungen lassen erkennen, daß es Paulus in beiden Abschnitten um ein vom Geist und von Christus geprägtes Verhalten geht, das als ganzes Gott zu genügen vermag. Und dies wiederum bestätigt den Zusammenhang mit 2,19–21a, sofern dort das christliche Leben als Leben „für Gott" (2,19b), als Leben Christi selbst im an ihn, den Sohn Gottes, Gläubigen (s. 2,20) beschrieben wird.

Der Eindruck, daß demnach nicht eine der üblichen, unterschiedliche Anweisungen zusammenfügenden Schlußparänesen vorliegt[95], verflüchtigt sich nicht, wenn man auch den Differenzen zwischen 5,13–26 und 6,1–10 auf die Spur zu kommen sucht. Zwar ist selbstverständlich der Imperativ von 6,6 entschieden praktischer als der von 5,16, rückt also 6,1ff. dem paränetischen *genus* etwas näher[96]. Aber es zeigt sich doch mit einiger Deutlichkeit, daß diese Konkretisierung sich der spezifischen Frontstellung verdankt, die das Schreiben insgesamt bestimmt.

In 5,13–26 sucht der Apostel nämlich in einem ersten Durchgang zu zeigen, daß sittlich vollkommenes Leben der Christen möglich ist und daß es, wenn sie auch nicht ὑπὸ νόμον sind (5,18b), doch nicht in Konflikte mit dem νόμος führt. Beides läßt den Vorwurf durchschimmern, Paulus' Auffassung vermöge für eine derartige Ethik gerade nicht zu sorgen[97], und beides ist so nachdrücklich nur in 5,13–26 gesagt. Denn nur hier wird das Widerspiel von „Geist" und „Fleisch" durch die allgemeine und betonte Versicherung, der Geist könne, besser: werde, durchweg die Oberhand behalten (5,16.17–18)[98], eingeleitet, und nur hier wird die Harmonie mit dem Gesetz unmißverständlich hervorgehoben (5,14.23b) – eine Harmonie, die sich freilich nicht durch die Ausrichtung am Gesetz (ὑπὸ νόμον [5,18b])[99], sondern als Resultat dessen ergibt, daß der Macht, welche die Christen bestimmt, dem πνεῦμα, entsprochen wird (s. bes. 5,16.25), wobei sich gerade auch – und nach 5,22f. sozusagen zuerst – ἀγάπη einstellt, und damit das, was, 5,14 zufolge, das „ganze

---

[95] Vgl. – nochmals (s. o. [bei] Anm. 26–29) – MATERA, Culmination, 81.85–87, und, was 5,13–25/26 angeht, SUHL, Galaterbrief, 3119(–3127.3131), ferner die Verweise o. Anm. 7. Anders die überwiegende Mehrzahl der Exegeten, bes. deutlich z.B. BECKER (s. dazu o. [bei] Anm. 33).

[96] Vgl. etwa MATERA, Culmination, 86.

[97] Vgl. dazu bes. H.D. BETZ, Gal, 466f.(und 503), HEILIGENTHAL, Implikationen, 51, und SUHL, Galaterbrief, 3122–3126.

[98] Daß V. 16 (vgl. V. 18) mit der „die bestimmteste Form der verneinenden Aussage über Zukünftiges" (BLASS/DEBRUNNER/REHKOPF, Grammatik, § 365) aufweisenden Formulierung ἐπιθυμίαν σαρκὸς οὐ μὴ τελέσητε in diesem Sinne zu verstehen ist, unterliegt keinem Zweifel, und SUHL, Galaterbrief, 3122–3125, hat wahrscheinlich gemacht, daß in V. 17d (anders als in Röm 7,15ff.) das Wollen ein sarkisches ist. Deshalb gilt nach diesem Autor für den Vers, „daß der Geist ein der selbstsüchtigen Beliebigkeit des einzelnen anheimgestelltes Tun des Glaubenden verhindern wird" (3124f.).

[99] Diese wenig präzise Umschreibung sei hier erlaubt, da die Belege aus Gal 3f. für „ὑπό mit Akkusativ" noch nicht näher in die Betrachtung einbezogen worden sind.

Gesetz“ erfüllt[100]. Dabei ist schwerlich daran zu zweifeln, daß Paulus grundsätzlich mit seinen Kritikern die Überzeugung von der bleibenden Gültigkeit der im νόμος bezeugten sittlichen Forderung teilt[101], so unterschiedlich die praktische Umsetzung dieser Gemeinsamkeit auch ist.[102]

Neben solcher Konvergenz tritt indes, auch abgesehen von der Divergenz hinsichtlich der Ausrichtung am νόμος oder am πνεῦμα, eine ethische Spitze gegenüber den mindestens über die Beschneidungsbestrebung auf das Gesetz hin orientierten (vgl. 5,2f. sowie 4,21) Galatern hervor; denn der in der 2.*pers.plur.* gehaltene Hinweis auf den tierischen Umgang miteinander in 5,15[103] kann um so weniger ein allgemeines Gegenbild zu 5,14 meinen[104], als in dem Lasterkatalog 5,19–21 auffällig viele auf

---

[100] Denn es dürfte, wie schon die – enge (s. BORSE, Gal, 192) – Parallele Röm 13,8(.10) (vgl. Röm 8,4; Gal 6,2) wahrscheinlich macht, in 5,14 zumindest nicht nur um das Liebesgebot als so etwas wie eine Zusammenfassung des Gesetzes gehen (vgl. Röm 13,9), sondern wenigstens *auch* um das erfüllende Handeln (s. dazu MUSSNER, Gal, 370, und BORSE, Gal, 192).

[101] Daß die Wendung ὁ πᾶς νόμος aufgrund der attributiven Stellung des Adjektivs „nicht ganz gleichbedeutend mit ὅλος (oder πᾶς) ὁ νόμος“ ist, sofern sie im Unterschied zu letzterer Formulierung eher „die Zusammenfassung der Teile zu einer Einheit, die Gesamtheit bezeichnet“ (ZAHN, Gal, 261), ist so oder ähnlich oft konstatiert worden (s. die Literaturbelege bei HÜBNER, Stoa, 241 Anm. 11). Wenn jedoch HÜBNER – u.a. deshalb – den Ausdruck ὅλος ὁ νόμος aus 5,3 vom mosaischen Gesetz versteht, hingegen das attributive ὁ πᾶς νόμος als „kritisch-ironische Wendung“ (Gesetz bei Paulus, 38; vgl. DERS., Stoa, 246.252) auffaßt, mit der das *eine* Liebesgebot der quantitativ gesehenen Tora gegenübergestellt, „als Ausdruck des sittlichen Willens Gottes von der mosaischen Torah unterschieden wird“ (ebd., 248; vgl. U. SCHNELLE, Wandlungen, 60), so überzeugt das schwerlich (s. DAUTZENBERG, Rez. Hübner, 142, SANDERS, Law, 96f., und WESTERHOLM, Law, 233 samt Anm. 13). Denn Paulus bezieht sich beim Liebesgebot ja erkennbar auf Lev 19,18, und damit nicht nur eben auf ein Tora-Gebot, sondern zugleich auf ein solches, „on which was based a standard Jewish summary of the law“ (SANDERS, Law, 96 [samt Anm. 8: Belege und Verweise]). Außerdem zeigen die Verse Gal 5,(20f.)22f. und zeigt der erneute Bezug auf den νόμος in 5,23b, daß Paulus bei der in 5,14 geknüpften Verbindung von „ganzem Gesetz“ einerseits, dem „einen Wort“ des Liebesgebotes andererseits durchaus an eine positive Vielheit denkt. Angesichts der durch die nicht pejorativ gemeinten νόμος-Belege 5,14a und 5,23b gebildeten Klammer befriedigt auch die Akzentuierung nicht ganz, die sich bei LINDEMANN, Toragebote, 264f., im Blick auf 5,16ff. findet: „Die das menschliche Zusammenleben ordnenden ... Maßstäbe stehen ... nicht deshalb in Geltung, weil sie den inhaltlichen Normen der Tora entsprechen; sondern nach Paulus verdanken sie ihre Geltung dem πνεῦμα – und erst von daher wird dann ihre (teilweise) Konvergenz mit dem νόμος konstatiert“. Vgl. EBELING, Gal, 345, ferner u. Anm. 117.

[102] WESTERHOLM, Law, bes. 233–235, macht wahrscheinlich, daß Paulus die Differenz mit den unterschiedlichen Verben des Handelns, die insbesondere in 5,3 und 5,14 (vgl. 6,2) gesetzt sind, zum Ausdruck bringt: ποιεῖν *vs.* (das auf das Resultat, nicht auf die Anforderungen und Leistungen gehende:) πληροῦν (vgl. MATERA, Culmination, 85f.).

[103] S. zur Bildlichkeit SCHLIER, Gal, 246 samt Anm. 1, und H.D. BETZ, Gal, 472f.

[104] Gegen H.D. BETZ, ebd. Daß der Realis nicht im Sinne einer „simple condition“ (s. dazu o. Kap. 2 [bei] Anm. 164) zu verstehen ist, sondern auf die Verhältnisse in Galatien verweist (so bes. ZAHN, Gal, 261, und SCHLIER, Gal, 246), wird eben durch den erneuten Übergang zur 2.*pers.plur.* wahrscheinlich gemacht.

zwischenmenschlichen Dissens weisende Begriffe erscheinen[105] – und als der zu 5,15 parallele εἰ-Satz 6,3 auch kaum des konkreten Bezuges entbehrt[106] –. Spielt Paulus hier also wahrscheinlich auf gravierendes[107] Fehlverhalten gerade (auch) bei denen an, die seinem Evangelium, nicht zuletzt aus ethischen Gründen, untreu zu werden drohen[108], so ist damit der Boden für den zweiten Durchgang, 6,1–10, bereitet – zu dem denn auch die nochmalige Andeutung von Gefahren im Bereich der Beziehungen zwischen einzelnen und Gruppen, die in 5,26 erfolgt, überleitet.

Wenn Paulus hier eingangs in einer gewissen Spannung zu der Versicherung von 5,16b: ἐπιθυμίαν σαρκὸς οὐ μὴ τελέσητε nun die Möglichkeit „παράπτωμα" einräumt, so dürfte er damit – einerseits – nicht nur einem etwaigen Vorwurf zuvorkommen, angesichts der seiner Position geltenden, nach 2,17b wahrscheinlich mit dem Sünden- oder Sünder-Begriff operierenden[109] ethischen Anfragen unrealistisch, utopisch zu argumentieren, sondern eben auch das zuvor nur angesprochene Fehlverhalten der Galater unmittelbarer benennen. Auf derartige Konkretheit dürfte, wie soeben[110] erwähnt, der schwerlich zufällig an 2,6 (vgl. 2,9) erinnernde εἰ-Satz 6,3 (vgl. V. 4f.) weisen und wird überdies die Aufforderung 6,6 deuten, hinter der sich die Weigerung abzeichnet, den in der Gemeinde Lehrenden – und damit wohl auch Paulus[111] – volle Gemeinschaft zu gewähren. Der Apostel nimmt – andererseits – die Gelegenheit wahr, am konkreten sittlichen Verstoß gerade auch von Adressaten christliche Ethik, wie er sie in 5,13–26 dargestellt hatte, sowohl zu empfehlen als auch, wie spätestens der zum versöhnlichen Wir und zu der Formulierung „Genossen des Glaubens"[112] findende Abschluß 6,9f. zeigt, zu praktizieren. Nicht zuletzt im (Ausnahme-)Fall[113] von παράπτωμα haben die πνευματικοί (6,1) sich auf die „Frucht des Geistes"

---

[105] Vgl. ZAHN, Gal, 261f. (von dem sich OEPKE, Gal, 131f., in diesem Punkt explizit absetzt).

[106] Auch und gerade dann, wenn der Satz nicht ohne gewisse Entsprechungen in der „Diatribe" ist (s. dazu H.D. BETZ, Gal, 511f.), darf die Berührung mit 2,6(.9) (die z.B. bei BORSE, Gal, 211, registriert ist) ja nicht übersehen werden.

[107] Die den Lasterkatalog (5,19–21) abschließende Warnung, man werde das „Reich Gottes nicht ererben", läßt daran schwerlich einen Zweifel.

[108] Vgl. bes. EBELING, Gal, 335f. Er hebt seine Auslegung mit guten Gründen von der üblichen ab, Paulus gehe allein gegen Pneumatiker und Libertinisten (oder gar Gnostiker) vor.

[109] Vgl. dazu o. Kap. 2 (bei) Anm. 209f.298–300.

[110] O. (bei) Anm. 106.

[111] Nach 6,17 bereitet man Paulus (in Galatien) „Mühen" – statt ihm volle Gemeinschaft zu gewähren. Vgl. OEPKE, Gal, 150.

[112] Vgl. das ὑμεῖς οἱ πνευματικοί in 6,1.

[113] S. dazu nur H.D. BETZ, Gal, 502f. (samt Anm. 37: Literatur [zu ergänzen durch: SANDERS, Law, bes. 7.93–122]).

(5,22[f.]) hin ansprechen zu lassen, und damit auch auf πραΰτης (6,1; vgl. 5,23) und ἀγάπη hin. Obwohl dieser Terminus und das Liebesgebot in 6,2[114] nicht explizit genannt sind, wird es hier doch deshalb gemeint sein müssen, weil dieser den νόμος-Begriff aufweisende Vers ja eine ganz analoge Stellung wie 5,14 einnimmt. Dürfte bei dem „Gesetz Christi" also an das Liebesgebot zu denken sein[115], das sich demnach gerade auch im Zurechtbringen des – wie Paulus sich, da es um postbaptismale Geschehnisse geht, unter Meidung des (wie zu vermuten: in Galatien verwandten) ἁμαρτωλός- bzw. ἁμαρτία-Begriffes[116] ausdrückt – „Fehlenden" erweist, so bestätigt sich nochmals und nachdrücklich die enge Verbindung mit 2,19–21a. Denn nach 2,20d ist Christus derjenige, der „mich geliebt und sich für mich dahingegeben hat"[117]. Leben von dorther, wie es den einzelnen seit der mit der Bekehrung verbundenen Geisterfahrung – eigentlich – bestimmt, ist Leben gemäß dem „Gesetz Christi". Solches Leben harmoniert – als Leben „für Gott" (2,19b) – mit dem mosaischen Gesetz, ohne daß eine Ausrichtung an ihm, an seinen Einzelregelungen, nötig, sinnvoll und (für den Heidenchristen) richtig[118], ohne daß der einzelne ὑπὸ νόμον wäre. Freilich, die dem Christusgeschehen und dem Vorbild Christi entsprechende pneumatische, nicht-sarkische Grundorientierung gilt es beizubehalten. Und die (verglichen mit einem παράπτωμα:) erhebliche Gefahr, – als Heidenchrist – mit der Beschneidung die eschatologische Wende zu verfehlen, schärft Paulus in den 5,13–6,10 rahmenden Passagen 5,2–12 und 6,11–17, wie wir sahen, ein – in 6,12f. sogar dadurch, daß er σάρξ- und Beschneidungsbegrifflichkeit verknüpft (vgl. 3,3) –.

---

[114] Vgl. zu unterschiedlichen Auslegungsansätzen hinsichtlich dieser vielumstrittenen Stelle H.D. BETZ, Gal, 509–511 (samt Anm. 68: Literatur), und HAYS, Christology, 273–275.

[115] Vgl. etwa MUSSNER, Gal, 399, SANDERS, Law, 97f., und BORSE, Gal, 210. Anders vor allem HOFIUS, Gesetz, 70–72, dessen Alternative: „Liebesgebot von Lev 19,18" oder „Weisung des Gekreuzigten" (ebd., 72; bei H. teils kursiv) indes nicht recht zu überzeugen vermag (vgl. jedoch ebd., 69). Vgl. u. Anm. 269.

[116] Vgl. etwa H.D. BETZ, Gal, 503 (vgl. 440 Anm. 35), ferner SANDERS, Law, 94, sowie o. Kap. 2 Anm. 88.

[117] Hervorgehoben durch HAYS, Christology, 277 u. ö. (vgl. ferner etwa H.D. BETZ, Gal, 511). Nicht einzuleuchten vermag indes angesichts des unmittelbaren Kontexts von 6,2 und damit angesichts des Zusammenhangs mit 5,14a.23b, daß nun hier (vgl. o. Anm. 101), beim Syntagma „Gesetz Christi", „an ironic formulation addressed to ‚those who want to be under law' (4:21)" vorliegen soll (HAYS, Christology, 275).

[118] Natürlich sind damit nicht alle Nachfragen überflüssig und abgewehrt; denn Paulus „does not explain *how* one who does not accept circumcision can fulfill the entire law" (SANDERS, Law, 97; Hervorhebung schon bei S.). Indes: „For Paul it is important to say that Christians ‚fulfill' the whole law, ... while allowing the ambiguity of the term to blunt the force of the objection that certain individual requirements ... have not been ‚done'" (WESTERHOLM, Law, 235). Vgl. o. Anm. 102.

Daß jedoch bei einem Heidenchristen die – naturgemäß erstmalige – Beschneidung und die mit ihr nach Paulus zu verbindende Gesetzesbeobachtung (s. nochmals 5,3) als so etwas wie ein Rückschritt in die Vorvergangenheit zu werten ist, wird nicht von vornherein einleuchten. Und doch ist es, wie nun ein wenig zu erläutern ist, dies, was der Apostel in *4,8–5,1* in Anlehnung an (2,17b und) 2,18a den Galatern begreiflich zu machen versucht.

Zunächst ist die Abgrenzung dieser mancherlei Schwierigkeiten bietenden, hier natürlich nicht in allen Einzelheiten zu exegesierenden Passage zu rechtfertigen, und das bedeutet – da eine Zäsur nach 5,1, der Neuansatz mit 5,2, bereits begründet wurde –: Es ist ein Einschnitt zwischen 4,7 und 4,8 und es ist die wesentliche Zusammengehörigkeit des so eingeleiteten Passus aufzuzeigen[119]. Als Indiz darf schon gelten, daß die 2.*pers.*-*plur.*[120] in diesem Teil des Galaterbriefes so stark hervortritt wie nirgends oder kaum sonst innerhalb dieses Schreibens[121]; jedenfalls unterscheidet dieses Merkmal 4,8ff. deutlich von dem, was vorangeht. Zugleich mit diesem Anzeichen, das ja auch auf einen Appell an die Adressaten deutet, tritt ins Blickfeld, daß die Passage von einer Warnung umgriffen wird: In dem durch 4,8 vorbereiteten Vers 4,9 hat sie noch die Form der Frage danach, ob es denn Sinn mache, daß sich die Angeredeten den „schwachen und armen ‚Elementen'"[122] erneut zuwenden, ihnen wieder δουλεύειν wollen; in 5,1b zieht Paulus dann, nachdem er offenbar eben mit solchem Wollen das Bestreben, ὑπὸ νόμον zu sein (4,21), parallelisiert hatte[123], die Summe mit einem (zweigliedrigen) Imperativ: „Stehet nun[124]

[119] Daß mit 4,8 ein gewisser Neuansatz gegeben ist, wird zwar durchgängig angenommen (doch s. BLIGH, Discussion, xiii); aber nur wenige Kommentatoren lassen mit diesem Vers eine größere Einheit beginnen. Ausnahmen sind OEPKE (Gal, VIII) und BRING (Gal, 10), nach denen der Zusammenhang indes über 5,1 hinaus bis nach 5,12 reicht (vgl. dazu u. [bei] Anm. 128).

[120] Es steht ihr in 4,11–21 das Ich des Paulus gegenüber (vgl. u. [bei] Anm. 154), und erst in 4,26.31 und 5,1 erscheint neben dem Ihr ein Wir (vgl. o. [bei] Anm. 70).

[121] Einigermaßen vergleichbar sind immerhin 3,1–5 und 5,13–6,10.

[122] Insbesondere E. SCHWEIZER (zuletzt: Slaves, bes. 466) vertritt mit bemerkenswerten (philologischen) Gründen die Auffassung, bei (τὰ) στοιχεῖα (τοῦ κόσμου) sei in Gal 4,3.9 (und Kol 2,8.20) an die Elemente Erde, Wasser, Luft und Feuer zu denken, mit denen (für die Seele) verbundene Gefahren durch die Einhaltung von bestimmten Vorschriften zu bannen versucht würde (vgl. u. Anm. 126). Anders in jüngerer Zeit etwa BRUCE, Gal, 203f., BELLEVILLE, Law, 64–69, und HÜBNER, Literaturbericht, bes. 2694 – der im übrigen ebd., 2691–2694, einen gerafften Überblick über die Literatur zur Frage gibt (vgl. BANDSTRA, Elements, 5–30, und BRUCE, Gal, 203–205). Vgl. LÜHRMANN, Tage, 443 samt Anm. 81, ferner u. Anm. 153.

[123] Außer in 4,9 und 4,21 ist innerhalb des Galaterbriefes allenfalls noch in 5,17 (vgl. dazu o. Anm. 98) von einem θέλειν der Adressaten die Rede.

[124] S. dazu, daß das οὖν einer Schlußposition des Satzes nicht entgegensteht, o. (bei) Anm. (18–)20.

fest und seid nicht wieder mit einem Joch der δουλεία belastet!"[125] Dieser Rahmen sichert im übrigen, wenn man die durch 4,21 vermittelte – und durch 4,1–5 (bes. 4,3) vorbereitete – Parallelisierung von στοιχεῖα und νόμος[126], genauer: von Dienst gegenüber den „Elementen" und Gesetzesobservanz[127], hinzunimmt, daß der Apostel die Adressaten in der Tat vor einem Rückschritt oder Rückfall in die Vorvergangenheit warnt[128]. Zudem weist diese Klammer mit dem Adverb πάλιν (4,9b.c; 5,1b) das wohl wichtigste Indiz für einen Neuansatz hinter 4,7 und für die Zusammengehörigkeit von 4,8–5,1 auf – ferner für die sachliche Korrespondenz mit 2,18a.

Für den rückwärtigen Kontext, in dem πάλιν zuletzt eben in 2,18a begegnete, ist nämlich ein ganz anderes, πάλιν ziemlich genau entgegengesetztes (Zeit-)Adverb, οὐκέτι, charakteristisch, das auf die mit der Bekehrung zustandegekommene positive und grundsätzliche Veränderung abhebt. Wie schon in 2,20a.b die Bedeutung des – die Gegenwart bestimmenden (und das Verhalten in ihr bedingenden) – „Christus... lebt in mir" profiliert wurde durch: „οὐκέτι lebe ich"[129], so wird dann ja auch in 3,25 und wird, wie das ὥστε erkennen läßt, in zusammenfassender Weise in 4,7 der eingetretene Wechsel fast triumphierend mit dem

[125] Auch ein Blick auf die Verteilung der δουλεύειν- (4,8.9.25, in positiver Bedeutung 5,13) und δουλεία-Belege (4,24; 5,1) des Galaterbriefes dürfte die These von der Zusammengehörigkeit eben von 4,8–5,1 stützen. Daran ändert die Verwendung von δοῦλος (1,10 [positiv]; 3,28 [sozial]; 4,1.7 [metaphorisch; Antonyme: κληρονόμος, κύριος, υἱός]) und von δουλοῦν (4,3 [s. dazu u. Anm. 127]; vgl. 2,4: καταδουλοῦν) nichts, sofern diese beiden Termini unserer Passage nicht angehören und sofern sie überdies andere Bedeutungen oder doch Bedeutungsnuancierungen erkennen lassen.

[126] Nahezu auf eben diese Entsprechung waren wir schon o. bei Anm. 84 gestoßen: Die Korrespondenz von 6,14 und 2,19 impliziert die von κόσμῳ und νόμῳ. Vgl. o. Anm. 122.

[127] Daß Paulus sehr wohl beides unterscheidet (doch s. etwa HOWARD, Crisis, 60–62, YOUNG, *Paidagogos*, 173, und HÜBNER, Literaturbericht, 2691.2694), erhellt, wenn man 4,1–5 und 4,8–10 vergleicht, etwa daraus, daß er im letzteren Passus anders als im vorangehenden (s. 4,4f.) den νόμος-Begriff meidet und umgekehrt (trotz des καταδουλοῦν von 2,4) nur bei den Galatern von einem aktiven δουλεύειν gegenüber den στοιχεῖα (4,9) spricht, während, wie das ἤμεθα δεδουλωμένοι von 4,3 erkennen läßt, nach dem Apostel „die Juden von Gott für eine bestimmte Zeit in die Lage von Knechten versetzt worden sind,... wovon bei den Heiden keine Rede sein kann" (ZAHN, Gal, 207 [vgl. 206–209]). Vgl. H.D. BETZ, Gal, 364 samt Anm. 59, BELLEVILLE, Law, 69, und DONALDSON, Inclusion, 96f.103f., ferner u. (bei) Anm. 163.173.277f.

[128] Recht zutreffend gibt BRING (Gal, 10) dem nach ihm mit 4,8 einsetzenden größeren Abschnitt (vgl. dazu o. Anm. 119) die Überschrift: „Der Rückfall in Gesetzesgerechtigkeit führt in die Knechtschaft", und OEPKE (Gal, VIII) formuliert für dieselbe Passage: „Persönliche Anwendung: Vorwärts, nicht rückwärts!" Vgl. LÜHRMANN, Tage, 443, ferner STEGEMANN, Thesen, 389.

[129] Natürlich wäre es im Sinne unserer zentralen These schöner, wenn das οὐκέτι nicht erst in 2,20a, sondern schon in 2,15–17a erschiene; aber es wird ja, wie wir (o. Kap. 2, bes. [bei] Anm. 179–181.318) sahen, in 2,18–21 (u.a. durch νόμῳ ἀπέθανον) auf das Christusgeschehen und die mit der Bekehrung erfolgte Änderung und damit auf das zurückgegriffen, was – unter einem durch Gerechtfertigtwerden und Sünder-Sein charakterisierbaren Aspekt – in 2,15–17a thematisch war.

Mittel der Kontrastierung hervorgehoben[130]: Der Glaube ist gekommen, du bist Sohn (und Erbe); οὐκέτι sind wir ὑπὸ παιδαγωγόν, οὐκέτι bist du δοῦλος. Diesem οὐκέτι, mit dem soeben noch in 4,7 die mit der Bekehrung erfolgte Wende zum Guten signalisiert wurde, steht nun sogleich und sachlich hart das zweimalige πάλιν von 4,9 gegenüber: „wie könnt ihr euch wieder (πάλιν) zu den schwachen und armseligen Elementen hinwenden, denen ihr nochmals (πάλιν) von neuem zu Sklaven werden (δουλεύειν) wollt?"[131] Den durch οὐκέτι angedeuteten Zeitpfeil dreht also πάλιν sozusagen um, und dem letzteren Adverb kommt (zumal in Verbindung mit dem vorangehenden) als „time co-ordinator"[132] hier – ähnlich und im gleichen Sinne wie in 2,18a – eine textgliedernde Funktion zu. Das dürfte noch klarer hervortreten und sich leichter für die Zusammengehörigkeit der in 4,19 und, wie erwähnt, in der Schlußanweisung 5,1b je einen weiteren πάλιν-Beleg bietenden Passage 4,8–5,1 auswerten lassen, wenn wir den Verweis-Charakter des Wortes etwas näher betrachten.

In Anlehnung an R. HARWEGS linguistische Studie: „Zum textologischen Status von *wieder*" wird man nicht nur beim deutschen „wieder", sondern auch beim griechischen πάλιν zwischen einem repetitiven Gebrauch im Sinne von „wiederum" bzw. „ein weiteres Mal" und einer restitutiven Verwendung, die zumeist an der Ersetzbarkeit durch „zurück" erkennbar ist, unterscheiden[133] können[134]. Dabei kommt dem repetitiven „wieder" insofern eine allgemeinere Rolle zu, als das restitutive wenigstens näherungsweise durch einen das repetitive verwendenden Ausdruck umschrieben werden kann[135]. Für die textliche Einbindung von „wieder" ist – deshalb – das beispielsweise durch: „einmal, (repetitives ‚wieder' =) ein weiteres Mal, als dieses Mal, diesmal" zu realisierende Miteinander von dem, was HARWEG Substituendum$_1$, Substituendum$_2$,

---

[130] Vgl. GORDON, Galatians 3.24–25, 152f. – Anders, nämlich „nicht zeitl., sondern logisch" (W. BAUER, Wörterbuch, 1199), ist das Adverb in Gal 3,18, dem einzigen noch nicht genannten Beleg des Briefes, verwandt.

[131] Dies die (durch Hinweise auf den griechischen Wortlaut angereicherte) Übersetzung bei EBELING, Gal, 282f.

[132] Vgl. JOHANSON, Brethren, 31, wo „time and place co-ordinators" als wichtige Gliederungshinweise gewertet werden. Bei GÜLICH/RAIBLE, Textanalyse, 90(–92 [vgl. 85–87]), heißt es, was die Zeitbestimmungen angeht, entsprechend: „Episoden- und Iterationsmerkmale".

[133] S. dazu HARWEG, *wieder*, 16f.38.

[134] Vgl. W. BAUER, Wörterbuch, 1227f. (wo die „restitutive" Bedeutung „zurück" voransteht und eher „repetitive" Verwendungen im Anschluß daran aufgeführt sind). Vgl. u. Anm. 138.

[135] S. dazu HARWEG, *wieder*, 39–44. Ebd., 38f., gibt H. das folgende Beispiel: der Satz

Karl ist (heute) wiedergekommen

wird durch den weiteren

Karl ist (heute) hierher gekommen und damit wieder(um) ánwesend (bzw. *dá*)

umschrieben.

$Substituens_1$ und $Substituens_2$ nennt, von Bedeutung, bei dem im konkreten sprachlichen Zusammenhang nicht alle Plätze besetzt sein müssen und der durch „$Substituens_1$" markierte in der Regel auch nicht besetzt ist[136]. Diese Beobachtungen – die HARWEG übrigens zu der These führen, „wieder" sei Kennzeichen „relativer TA-Sätze"[137] – erlauben wohl eine schnellere und bessere Verständigung über das πάλιν des Galaterbriefes (1,9.17; 2,1.18; 4,9b.c.19; 5,1.3).

Zum einen nämlich tritt auf diesem Hintergrund sogleich hervor, daß restitutives „wieder", abgesehen nur von der theologisch lediglich mittelbar relevanten Stelle 1,17[138], allein in 2,18a und eben in der Passage 4,8–5,1 (4,9b; 5,1) verwandt wird. Es kommt hinzu, daß nicht nur der Beleg in 4,9c, sondern auch der in 4,19 als Beispiel einer – im ersteren Fall: zusätzlichen – Umschreibung des restitutiven „wieder" durch ein repetitives aufgefaßt werden kann. Das bedarf für den Beleg in 4,9c angesichts des Erläuterungsverhältnisses, in dem der Relativsatz zu dem die Rückwendung bezeichnenden Hauptsatz 4,9b steht (vgl. nochmals 4,1–5; 4,21; 5,1b), keiner näheren Begründung. Und bei 4,19 macht schon das Bild[139] von den Wehen des Apostels und der Geburt Christi in denen oder der Christusförmigkeit derjenigen, die doch bereits „Kinder"[140] heißen[141], und macht darüber hinaus der rückwärtige Zusammenhang deutlich, daß das Resultat der früheren Geburt zerstört ist oder zerstört zu sein droht; sofern die Adressaten sozusagen in den pränatalen Zustand zurückgekehrt sind oder zurückkehren, ihn restituiert haben oder restituieren[142], ist dann auch die erneute Geburt eine Restituierung eines früher schon einmal erreichten Zustandes. Zumal eine solche Restituierung bei dem repetitiv zu nehmenden πάλιν von 1,9; 2,1 und 5,3 nicht im Blick ist[143], gehören also gerade die Belege in 2,18a; 4,9b.c.19 und 5,1 wegen des – zumindest letztlich – restitutiven Charakters des πάλιν zu-

136 S. dazu ebd., 17–23, bes. 22.

137 S. dazu ebd., bes. 29–38.44f. (Zitat: 45). „TA-Sätze" sind in der Nomenklatur HARWEGS Textanfangssätze und von Textfortsetzungssätzen („TF-Sätzen") zu unterscheiden (s. ebd., 14).

138 Bei W. BAUER, Wörterbuch, 1227, wird zwar auch noch der πάλιν-Beleg 2,1 der Bedeutung „zurück" zugeordnet (vgl. o. Anm. 134); aber Paulus will hier, wie eben 1,17 zeigt, – anders als in Röm 15,19 (vgl. Act 22,3) – Jerusalem eben nicht als Ausgangs- oder Stützpunkt seiner Mission kennzeichnen, und die schon angesichts der nahe verwandten Zeitbestimmungen unübersehbare Beziehung zwischen 1,18 und 2,1 macht deutlich, daß in 2,1 πάλιν repetitiv gebraucht ist.

139 S. zu ihm nur H.D. BETZ, Gal, 404–407.

140 Zur Frage, ob hier τέκνα μου oder τεκνία μου zu lesen ist, s. nur SCHLIER, Gal, 213 (samt Anm. 5), und BORSE, Gal, 158.

141 S. dazu MUSSNER, Gal, 312.

142 Vgl. dazu SANDERS, Judentum, 444f.

143 Wie in 5,3 ein im Bereich der Tora unveränderliches Prinzip wiederholend eingeschärft wird (s. dazu o. [bei] Anm. 81), dürfte in 1,9 erneut jedermann auf das *eine* Evangelium (s. 1,6f.) festgelegt werden sollen (vgl. dazu u. [bei] Anm. 145f.). Zu 2,1 s. o. Anm. 138.

sammen, und überall – indirekt auch in 4,19 – weist hier das Adverb auf einen beklagenswerten Rückfall in die Vorvergangenheit.

Zum anderen kann nun kaum noch übersehen werden, daß gerade (auch) im Zusammenhang der soeben genannten Stellen das in Anlehnung an Harweg – flüchtig – skizzierte Miteinander von Zeitbestimmungen von einigem Belang ist. Man wird freilich diese Belege nicht gegen die übrigen des Briefes ausspielen dürfen. Denn auch bei der Terminierung seiner Jerusalem-Besuche, um welche es im Kontext von 1,17 und 2,1 geht, bemüht sich Paulus offenkundig um Exaktheit und klare Zuordnung[144], und wenn er auch im Umkreis des πάλιν von 5,3 nicht so akkurat formuliert, so ist das doch bei dem – möglicherweise analog zu verstehenden – Beleg von 1,9[145] fraglos der Fall. Hier akzentuiert das Präfix von προειρήκαμεν den Verweis auf eine frühere Zeit, und das ἄρτι legt (zusammen mit dem Präsens λέγω) das πάλιν sozusagen terminlich fest. Aber es verhält sich hier mit der früheren Zeit anders als an den Vergleichsstellen in der Passage 4,8–5,1 und als in 2,18a. Das in 1,9 im Unterschied zum vorangehenden εὐηγγελισάμεθα und zum nachfolgenden παρελάβετε gesetzte Perfekt προειρήκαμεν will nicht nur einen Zeitpunkt, sondern gerade auch Nachwirkung und weitere Gültigkeit hervorheben[146], weshalb es sich bei dem neuerlichen Reden, wie auch das ὡς andeutet, lediglich um eine – freilich energische – Bekräftigung handelt. Dieser Zug nun, der im übrigen den nicht-restitutiven Charakter des πάλιν von 1,9 bestätigt, hat bei den uns vor allem interessierenden Belegen keine Entsprechung. Durchweg ist dort beim „Substituendum$_1$" an eine in Richtung Gegenwart recht klar, nämlich durch das Datum der Bekehrung, abgegrenzte Zeitspanne zu denken – der dann jeweils, in der Funktion des „Substituens$_2$", eben der Hinweis auf die Gegenwart gegen-

---

[144] S. dazu nur Suhl, Paulus, 35–38 (samt Anm. 5).

[145] Für beide Stellen kann einerseits die These, das πάλιν meine eine innerhalb des Briefes (soeben) vorangegangene Äußerung (so z.B. wieder Bruce, Gal, 84.229) – nämlich 1,8 bzw. 5,2b (oder auch 3,10.12 [vgl. Borse, Gal, 180]) –, verfochten, andererseits Bezug auf ein früheres Datum behauptet werden (so in jüngerer Zeit etwa Mussner, Gal, 61.347). Die insbesondere von H.D. Betz, Gal, 193f.443 (samt Anm. 54), vertretene Kombination, 5,3 anders als 1,9 im ersteren Sinne zu verstehen, könnte durch den Vergleich mit Phil 4,4 im Gegenüber zu 2Kor 13,2 wohl noch ein wenig gewinnen. Aber es ist doch, wie bereits (o. bei Anm. 81f.) angesprochen, die in 5,3 „bezeugte" Aussage keineswegs mit der von 5,2b identisch (und überdies fraglos auch nicht mit der von 3,10 oder der von 3,12 [vgl. nochmals Borse, Gal, 180]). Und bei 1,9 spricht eine ganze Reihe von Gründen ebenfalls für einen Rückgriff auf eine zeitlich deutlich vorausliegende Äußerung. Hingewiesen wurde schon auf die „Parallele" 2Kor 13,2, und erwähnt sei ferner der auffällige Wechsel vom Wir zum Ich in Gal 1,9a, der wahrscheinlich die frühere Situation des Redens von der jetzigen unterscheiden soll. Zu weiteren Indizien s. Zahn, Gal, 50f., und das sogleich o. im Text Auszuführende.

[146] Vgl. Blass/Debrunner/Rehkopf, Grammatik, § 342.

übersteht, in der die Restituierung des präbaptismalen Status zumindest droht –[147].

Am wenigsten explizit ist das, wie angesichts der gedrängten Formulierung von 2,15–21 nicht verwunderlich, noch in 2,18a. Aber der Aorist κατέλυσα, der, wie wir sahen[148], auf die mit dem Anschluß an die christliche Gemeinschaft erfolgte, das Gesetz betreffende Änderung im Rechtfertigungsstreben verweist, und das dieser finiten Verbform sachlich und zeitlich entgegentretende Präsens οἰκοδομῶ sind doch deutlich genug.

Nachdrücklichst kommt das kontrastive Miteinander dann jedoch im Umkreis des πάλιν von 4,9b(.c) zum Ausdruck. Denn dem Wort stehen hier nicht nur bemerkenswerterweise die weiteren Zeitadverbien τότε (4,8) und νῦν (4,9a) zur Seite, sondern es wird zugleich auch die präbaptismale Zeit unter Benutzung des Aorists ἐδουλεύσατε als zurückliegend und als durch religiöse Fehlorientierung bestimmt charakterisiert (s. 4,8), die Trennung der Gegenwart von ihr durch die auf (richtige) Gotteserkenntnis und schon damit auf die Bekehrung[149] weisenden partizipialen Wendungen von 4,9a[150] hervorgehoben und fragend (s. 4,9) wie aussagend (s. 4,10)[151] mit präsentischen Verbformen sowie mit dem das repetitive πάλιν unterstreichenden ἄνωθεν[152] das trotz jener Wende derzeit zumindest drohende erneute δουλεύειν (4,9c) vor Augen geführt. Da Paulus solcherart die Orientierung an – in 4,10 sehr wahrscheinlich gemeinter – jüdischer, auf die Tora bezogener „Zeiteinteilung"[153] betont als

[147] Diese Besonderheit der Zeitbestimmungen von 4,8–5,1 nicht in Rechnung gestellt zu haben ist die wohl entscheidende Schwäche der von SUHL, Galaterbrief, bes. 3127–3132, vorgelegten Gliederung des Galaterbriefes, in der so 3,1–5; 4,13–20 und 5,7–12 gemeinsam dem Oberbegriff „Vergangenheit und Gegenwart" (vgl. 3131) zugeordnet werden können und in der 4,8–11 – obwohl S. wenigstens in Klammern 4,8–10 als weiteren Beleg für die „Konfrontierung von einst und jetzt in Galatien" zu nennen sich gezwungen sieht (3132; vgl. 3130) – noch dem „ersten Schriftbeweis" (3,10–4,11 [vgl. 3132]; vgl. HANSEN, Abraham, 43f.) zugeschlagen wird. Angemessener scheint es da schon, wenn BECKER, Paulus, 292, von den „zwei Argumentationsabläufen" 3,1–4,7 und 4,8–31 spricht, die er freilich – ohne daß das (etwa) der πάλιν-Verteilung gerecht würde – als „gleichsam parallel" auffaßt.

[148] Nämlich o. in Kap. 2, bes. (bei) Anm. 179.191.222–232.295.

[149] Vgl. nur 1Thess 1,9, ferner aus der Sekundärliteratur MUSSNER, Gal, 292 samt Anm. 12, LÜHRMANN, Tage, 443, und MARTYN, Antinomies, 423f. (Anm. 25 zu 420).

[150] Da die Partizipien im Aorist stehen, das (in 4,9b) nachfolgende Verb jedoch im Präsens, wird das gegenwärtige ἐπιστρέφειν mit der zurückliegenden, einstigen Bekehrung kontrastiert (vgl. BLASS/DEBRUNNER/REHKOPF, Grammatik, § 339,1).

[151] Vgl. BRUCE, Gal, 205: „It is possible to treat this sentence as a question, but there seems to be no good reason for doing so."

[152] S. dazu W. BAUER, Wörterbuch, 153: „verstärkend" (vgl. 1227).

[153] S. dazu MUSSNER, Gal, 299–301, BORSE, Gal, 18.146f., BECKER, Gal, 51, und vor allem LÜHRMANN, Tage, bes. 432–440.442f.; L. macht hier Gal 4,(8–)10 auf dem Hintergrund jüdischer Auslegung von Gen 1,14 begreiflich (s. bes. Weish 7,17–19 [V. 17: στοιχεῖα]; Phil., Op 53f.): „Die Frage der richtigen ‚Zeiteinteilung' ist für verschiedene Schichten des Judentums eine Frage von elementarer theologischer Bedeutung gewesen, weil sie verbunden war mit der Frage nach dem richtigen Gehorsam gegenüber dem Gesetz" (439),

Rückschritt in die (heidnische) Vorvergangenheit darzustellen vermag, kann er abschließend und überleitend in 4,11[154] die Befürchtung formulieren, seine Missionsarbeit an den Adressaten könne sich so als vergeblich erweisen. Ob dabei nun das Perfekt κεκοπίακα gerade auch „die im Gange befindliche Arbeit, vielleicht einschließlich des Briefeschreibens"[155], meint oder aber, wie etwa das in 3,4 auf die pneumatischen Initiationserfahrungen der Angesprochenen gehende εἰκῇ[156] nahelegt, besagt, „daß das *damalige* missionarische Bemühen des Apostels um die Galater *jetzt* seine Erfolglosigkeit anzuzeigen droht"[157], ist nicht ganz sicher. Jedenfalls ist zumindest *auch* an die zur Bekehrung führende und mit ihr seinerzeit unmittelbar zusammenhängende Tätigkeit des Apostels in Galatien zu denken.

Im Passus 4,12–20, der „eine Reihe von Topoi, die zum Themenkreis der ‚Freundschaft' (περὶ φιλίας) gehören"[158], verbindet, spielt eben jene Spanne schon insofern einen entscheidenden Part, als die (angesichts des εὐηγγελισάμην) gerade sie meinende Zeitbestimmung τὸ πρότερον (4,13) es ist, die (nun) dem ἄρτι (4,20) entgegensteht. Entsprechend wird das damalige positive Verhalten der Galater Paulus gegenüber (4,[13–] 14.15b; vgl. 4,12c, auch 4,18) mit den jetzigen Beziehungen verglichen, die, was die Relation zu ihm angeht, als weniger erfreulich charakterisiert werden (4,15a.16; vgl. 4,18), zumal einem Werben anderer um die Adressaten Erfolgsaussichten einzuräumen sind (4,17; vgl. 4,16.18). Diese negative Entwicklung soll offenkundig als Hinweis darauf gewertet werden, daß die Galater jetzt, obwohl Paulus doch nach wie vor die Wahrheit vertritt (s. 4,16; vgl. 2,5.14; 5,7), sozusagen in das frühere Stadium zurückzufallen im Begriffe sind, in dem sie dem – dann wie ein Bote Gottes, ja, wie Christus Jesus selbst (s. 4,14) aufgenommenen – Apostel noch nicht begegnet waren oder doch seinem Evangelium noch nicht entsprochen hatten. Daß es darum geht, zeigt spätestens und, wie bereits konstatiert, unmißverständlich das Bild von der zu wiederholenden (πάλιν) Geburt (4,19). Natürlich will es nicht nur die Gefahr des Rückfalls deut-

---

und so „dient Paulus in 4,10 die Orientierung am durch den Gang der Gestirne bestimmten Lauf der Welt" als Exempel für „die Hinwendung zum Gesetz" (443).

[154] Da Paulus in 4,11 anders als in 4,8–10 und wie in 4,12–21 sein Ich im Gegenüber zum auf die Adressaten gehenden Ihr einbringt (vgl. dazu o. [bei] Anm. 120), scheint dieser Vers auch zum Folgenden gezogen werden zu können (wie es bei BLIGH, Discussion, xiii, geschieht). Dafür, trotz der benannten Affinität von 4,11 und 4,12ff. und mit der ganz überwiegenden Mehrzahl der Exegeten nicht so zu verfahren, spricht erstens die ἀδελφοί-Anrede in 4,12 und spricht zweitens: Der Passus 4,12–20 setzt wie der nachfolgende mit einem Imperativ ein und endet wie der vorangehende, um es mit H.D. BETZ, Gal, 64f., zu sagen, mit einem „Ausdruck der *dubitatio*".

[155] Ebd., 381 Anm. 55.

[156] Vgl. zu ihm u. (bei) Anm. 181–184.

[157] MUSSNER, Gal, 304 Anm. 58.

[158] H.D. BETZ, Gal, 383. Neben seiner schon o. Kap. 1 Anm. 96 hervorgehobenen Auslegung ist jetzt zu nennen: BUSCEMI, amicizia.

lich machen, sondern gerade als paradoxes ebenso wie die abschließende Bekundung der Ratlosigkeit (4,20), wie die Freundschaftstopoi und wie speziell der den Passus einleitende Appell (4,12) die Adressaten (zugleich) auch veranlassen, sich jetzt der Bekehrung und damit dem Christusgeschehen gemäß zu reorientieren.

Eben ein derartiger Appell steht, wie schon angesprochen, am Schluß des nachfolgenden Passus 4,21–5,1 und damit am Ausgang der gesamten Passage 4,8–5,1. Der Satz: „Zur Freiheit hat uns Christus befreit (ἠλευθέρωσεν)" (5,1a) benennt nicht nur – und zwar innerhalb des mit 4,8 einsetzenden Zusammenhangs erstmals (doch vgl. immerhin 4,14.19)[159] – das, was sich mit dem Christusgeschehen und bei seiner Aneignung durch die ἡμεῖς in der Bekehrung einst punktuell ereignet hat, sondern läßt auch erkennen, daß damit eine Phase der Sklaverei beendet (vgl. 3,13; 4,4f.) und die Grundlage für den Äon der Freiheit geschaffen wurde. Und der Abwehr eines Rückfalls hinter jenes Datum der grundstürzenden Wende und damit der Reorientierung auf das hin, was die Gegenwart der Adressaten eigentlich bestimmen müßte, gilt die Aufforderung: στήκετε οὖν καὶ μὴ πάλιν ζυγῷ δουλείας ἐνέχεσθε.

Allenfalls von dieser Koinzidenz mit dem her, was in 4,8–11 und 4,12–20 zur Einbindung des πάλιν zu beobachten war, und höchstens bei Berücksichtigung dessen, daß der νόμος-Begriff innerhalb von 4,8ff. erst zu Beginn dieses dritten Abschnitts, in 4,21, begegnet[160], dürfte eine einigermaßen befriedigende Antwort auf die Frage nach der Funktion der recht rätselhaft[161] scheinenden Verse möglich sein, die es mit Abrahams Frauen und Kindern zu tun haben, und damit auf die Frage nach dem „Gedankenfortschritt"[162] gegenüber der ebenfalls mit Abraham operie-

---

[159] Vgl. dazu u. bei Anm. 186.

[160] Vgl. dazu u. Anm. 179.

[161] Vgl. COSGROVE, Sarah, 219: „Paul's appeal... to the story of Abraham's wives has proven enigmatic to interpreters in a number of respects." Während COSGROVE dann (ebd., 219f.) auf die mit der Plazierung, der Form und der Frage nach dem springenden Punkt verbundenen Probleme hinweist, kennzeichnet BOUWMAN, Hagar, 3135f., den Passus nicht nur als „eine berüchtigte anti-jüdische Stelle im Neuen Testament" (3135), sondern auch als „in ihrer Deutung noch heftig umstritten" (3136 [Anm. 3: Bezug auf SUHL, Galaterbrief, 3067]).

[162] Nach ihm fragt im Zusammenhang mit dem Problem der – scheinbar verspäteten – Plazierung des Passus (s. die vorangehende Anm.: COSGROVE, Sarah, 219; vgl. SUHL, Galaterbrief, 3120f. samt Anm. 192 [Literatur]) etwa auch SUHL (ebd., 3129; vgl. DERS., Galater, 273). Seine eigene Antwort lautet, dem „Fragezeichen" von 4,11, also zum Abschluß des „ersten Schriftbeweises" (s. dazu o. Anm. 147), folge mit 4,30 am Ausgang des „zweiten Schriftbeweises", ein „Ausrufungszeichen" (DERS., Galaterbrief, 3129; vgl. DERS., Galater, 285). Die Interpretation von 4,30 im Sinne eines Aufrufs zur „Trennung von den Irrlehrern" (DERS., Galaterbrief, 3121 [vgl. 3128]; vgl. ZAHN, Gal, 242f., und HANSEN, Abraham, 48 u.ö., ferner COSGROVE, Sarah, 233) verkennt jedoch nicht nur, daß, wie aufgezeigt, die Verse 4,31 und 5,1 noch unmittelbar zu 4,8ff. und zu 4,21ff. hinzugehören, sondern wohl auch die Funktion dieses Zitates. Denn zum einen läßt die ähnliche Einführung alttestamentlicher Worte in Röm 4,3 und Röm 11,2b.4 damit rechnen, daß das Zitat

renden Argumentation in 3,6ff. Zwar bestimmt die Gefahr des Seins ὑπὸ νόμον fraglos auch schon die Ausführungen in 4,8–20, und der Abschnitt 4,8–10/11 kann, wie hervorgehoben, auf dem Hintergrund von 4,1–5 nur so verstanden werden, daß Paulus hier eine Parallele zwischen Toraobservanz und στοιχεῖα-Dienst zieht. Aber was ansatzweise (bereits) in 4,1–5 verglichen – nicht identifiziert[163] – wird, sind, genau genommen, zeitlich zurückliegende Sachverhalte (s. bes. 4,3). Gegenwärtigen Beschneidungswunsch oder, wie es in 4,(8–)10 geschieht, gegenwärtige Orientierung an jüdischer „Zeiteinteilung" durch Aufnahme dieses Vergleiches diskreditieren zu wollen, kann – abgesehen von der (dann in 5,2ff. sozusagen aufgegriffenen) Frage, ob solches Wollen und Tun wirklich auf Beobachtung der ganzen Tora aus ist oder sein muß – schon wegen des „Tempus-Wechsels" heikel erscheinen, dann aber vor allem auch deshalb, weil nach 3,6ff. – wie insbesondere das Wir in 3,13f.23–25 und 4,3–6[164] deutlich macht – Juden trotz der ihnen geltenden Gesetzgebung gerade nicht von der Abraham-Verheißung (s. 3,14 u.ö.) und der mit diesem Mann verbundenen, positiven διαθήκη (s. 3,15.17) ausgeschlossen sind. Dem doppelten argumentativen Problem wäre erst abgeholfen, wenn gezeigt wäre, daß auch und zumal gegenwärtige Ausrichtung am mosaischen Gesetz δουλεία bedeutet und daß solche Orientierung einer jener διαθήκη jetzt oppositorisch gegenüberstehenden Größe zuordnet.

Eben diesen zweifachen „Gedankenfortschritt" leistet der Passus 4,21ff. Denn er spricht – als νόμος-Auslegung (s. 4,21) – von δύο διαθῆκαι (4,24), kennzeichnet die gegenüber 3,6ff. neu eingeführte und voranstehende als Sinai-διαθήκη, verbindet sie betont mit der Sklavin Hagar (4,24b.c.25a) und weist diese Frau ebenso akzentuiert als ἡ νῦν Ἰερουσαλήμ gerade auch der Gegenwart zu (4,25b.c), ehe dem allen dann in 4,26ff. – vorbereitet durch die Oppositionspaare παιδίσκη/ἐλευθέρα (4,22b; vgl. 4,30b.31) und κατὰ σάρκα/δι' ἐπαγγελίας (4,23; vgl. 4,29) – in ringkompositorischer Anordnung[165] die positive Linie als eine mit der negativen wechselseitig unverträgliche entgegengesetzt wird. Sofern dabei der Ausdruck ἡ ἄνω Ἰερουσαλήμ (4,26) und nicht der wohl näher-

---

eine Paulus-Aussage belegt, nicht ersetzt (s. Röm 4,2.5; 11,2.5), und zum anderen gibt die am Schluß erfolgende Abänderung des Gen 21,10-Wortlauts („mit dem Sohn der Freien" statt „mit meinem Sohn") das paulinische Interesse zu erkennen, zumal der Apostel dann mit 4,31 allein eben auf den zweiten Teil des Zitates zurückgreift (vgl. BARRETT, Abraham, 165, und BRUCE, Gal, 225). Vgl. u. (bei) Anm. 168.172.

163 S. dazu o. (bei) Anm. (125-)127.

164 Vgl. dazu die eingehenderen Erwägungen u. (bei) Anm. 191–204.

165 So mit Recht BOUWMAN, Hagar, bes. 3144f., dessen Strukturanalyse allerdings durch Einbeziehung von 5,1 noch gewinnen würde. Es zeigt sich, nimmt man 5,1 hinzu, in 4,21–5,1 das folgende Beziehungsgefüge:

a (4,21), b (4,22), c (4,23), d (4,24), e (4,25a), f (4,25b.c)
a' (5,1), b' (4,30f.), c' (4,29), d' (4,28), e' (4,27), f' (4,26)

liegende ἡ καινὴ Ἰερουσαλήμ[166] verwandt wird, bestätigt sich, daß der Eindruck einer zeitlichen Ablösung der Sinai-διαθήκη vermieden, die Gegenwartsrelevanz dieser διαθήκη eingeschärft werden soll[167]. Und die im νῦν von der Korporation ἡ νῦν Ἰερουσαλήμ drohende Gefahr wird noch dadurch hervorgehoben, daß vor dem Hintergrund des einstmaligen (τότε), auf den κατὰ πνεῦμα gezeugten Isaak ausgerichteten, von seinem entsprechend durch κατὰ σάρκα gekennzeichneten Bruder ausgehenden διώκειν[168] die gegenwärtige (νῦν) Verfolgungssituation[169] beleuchtet wird (4,29f.)[170]. Die Verfolgung zeigt das aktuelle Gegeneinander, ein gegenwärtiges Entweder-Oder an, und die Richtung der Verfolgung weist den Galatern ihren Platz in diesem apokalyptischen Widerspiel[171] zu: „Deshalb, Brüder, sind wir nicht Kinder der Sklavin, sondern der Freien" (4,31), hat man nach Paulus zu schließen[172]. Waren die Adressaten aufgrund des Christusgeschehens von der δουλεία zur ἐλευθερία und zur Gemeinschaft der ἐλευθέρα, zur Korporation ἡ ἄνω Ἰερουσαλήμ, gestoßen (s. 5,1a), so würde, wie der Apostel nun summieren kann, das gegenwärtige Streben der gebürtigen Heiden, auch und erstmals ὑπὸ νόμον zu sein (s. 4,21), jetzt auf die andere Seite der apokalyptischen Front in die – keineswegs mit dem Judentum identische[173] –

---

[166] Er hätte an unserer Stelle eine klarere – nämlich einigermaßen temporale („nun" *vs.* „neu") – Gegenüberstellung garantiert, und er ist außerdem schon relativ früh, nämlich in Apk 3,12 (vgl. 21,1), bezeugt, während sich eine gewisse Analogie zu dem Begriff aus Gal 4,26 erst in den Paraleipomena Jeremiou (5,35) findet (s. W. BAUER, Wörterbuch, 152, und COSGROVE, Sarah, 230): ἡ ἄνω πόλις Ἰερουσαλήμ (doch vgl. immerhin Hebr 12,22). Umgekehrt: Da Paulus vom „oberen Jerusalem" spricht, ist es (wie die bei BILLERBECK, Kommentar III, 573, zusammengestellten rabbinischen Belege zeigen) erstaunlich und erklärungsbedürftig, daß er als Antonym nicht „das untere", sondern „das jetzige Jerusalem" verwendet. (Zu Entstehung und Geschichte der Vorstellung vom oberen, neuen Jerusalem s. nur BRUCE, Gal, 220f.)

[167] Vgl. BOUWMAN, Hagar, 3149.3151.

[168] Paulus greift hier fraglos an Gen 21,9 anknüpfende, aber eben auch über die Aussage dieser Stelle hinausgehende jüdische Tradition auf (s. dazu BILLERBECK, Kommentar III, 575f., MUSSNER, Gal, 330 [samt Anm. 69], und BARRETT, Abraham, 164f.).

[169] Vor allem der kurze Hinweis in 5,11 (vgl. 6,12, ferner 1,13.23) spricht dafür, daß die Adressaten von gegenwärtigem wirklichem Verfolgtwerden sehr wohl wissen. Es liegt deshalb nahe, 4,29 (wie die übrigen διώκειν-Belege des Briefes) nicht im übertragenen Sinne zu verstehen (vgl. COSGROVE, Sarah, 224.229f. samt Anm. 26.39). Doch vgl. etwa MUSSNER, Gal, 330f.

[170] Wenn STÄHLIN, νῦν, 1110, Gal 4,29 zusammen mit Hebr 12,26 und 1Petr 3,21 als Beispiel „typologischer Entsprechung" aufführt, so gilt doch allein für unsere Stelle, daß sich in der Korrespondenz nicht zugleich „ein Gegensatz" (ebd.) verbirgt. Vielmehr verbirgt und entbirgt sich im neuen Widerspiel sozusagen das alte.

[171] Vgl. MARTYN, Antinomies, 417–420.

[172] Vgl. dazu o. Anm. 162.168, ferner MACK, Rhetoric, 71f.

[173] Jedenfalls der Jude Paulus, der die Heidenchristen betontermaßen und erstaunlicherweise zu den Kindern der „Freien" zählt (4,26.31; 5,1a; vgl. 4,27, also das Zitat von Jes 54,1, und vgl. dazu Jes 54,3), ordnet sich selbst nach 4,26 dem „oberen Jerusalem" zu – und muß nach dem in 3,6ff. Ausgeführten entsprechend für die übrigen Judenchristen urteilen (zumindest so weit, wie sie nicht „rückfällig" werden). Es umgreift deshalb das „jetzige

Gemeinschaft der παιδίσκη und damit „wieder" (πάλιν) in δουλεία führen, wäre also merkwürdiger-, aber auch gravierenderweise ein Rückschritt in die präbaptismale Vorvergangenheit (s. 5,1b)[174].

Erst mit diesem nach 4,8–11 und 4,12–20 dritten Anlauf zur Charakterisierung der galatischen, mit dem judenchristlichen „Wiederaufbau" von 2,18a zusammengesehenen Bestrebungen als Rückschritt kann Paulus sich zufriedengeben, sofern nun die Gefahr heidenchristlicher Gesetzesobservanz direkt angegangen wurde. Und so tritt nun an die Stelle der Befürchtung von 4,11 und der Ratlosigkeit von 4,20[175] das bestimmtere: στήκετε οὖν (5,1b).

Es hat, wie Paulus in 5,2–6,17 ausführt, sein christologisches und ethisches Recht. Und es ist, wie er zuvor, in *3,1ff.* (bzw. *3,6ff.*) – und zwar in Aufnahme von 2,15–17a – darstellt, bedingt dadurch, daß auch die Heiden ihr Heil im Anschluß an Christus finden konnten – und können –. Der Rückblick auf die Bekehrung der Galater kann nämlich nicht nur verdeutlichen, daß da Gesetzeswerke (s. nur 3,2.5) keine (positive) Rolle spielten, sondern auch, daß dies heilsgeschichtlich begründet ist und der Funktion des Gesetzes nicht widerspricht, ihr vielmehr gerade gerecht wird.

Dies nachzuvollziehen mag zunächst schwierig erscheinen; denn es gibt

---

Jerusalem" durchaus nicht alle Juden. Kann das Judentum deshalb nicht mit dem „jetzigen Jerusalem" identifiziert sein (vgl. zur Diskussion darüber nur MUSSNER, Gal, 325), so erst recht nicht mit dem Bereich der δουλεία (anders in jüngerer Zeit wieder BECKER, Paulus, 320), die nach 4,8 und 5,1 gerade auch eine heidnische Möglichkeit ist (vgl. dazu o. Anm. 127) – obwohl (insbesondere durch 4,24f. und 5,1) das „jetzige Jerusalem" zu so etwas wie einem Symbol der Knechtschaft wird. Ist darum richtig, „that the polemic is not focused on Judaism, but rather on pairs of opposites" (MARTYN, Antinomies, 420; vgl. BOUWMAN, Hagar, 3149), so dürfte die These BOUWMANS (ebd., 3151) den Sachverhalt wohl überspitzen und sich schwerlich verifizieren lassen: „Die beiden Frauen ... sind ... zwei Existenzweisen ..., die synchron nebeneinander bestehen und seit Abraham immer bestanden haben" (bei B. teils gesperrt).

[174] Weil sich der Passus 4,21–5,1, sieht man ihn im Zusammenhang mit 4,8ff. und 2,18a, doch (vgl. [dagegen] o. Anm. 161) bemerkenswert geschlossen (und in Harmonie mit 3,6ff.) interpretieren läßt, scheint Vorsicht gegenüber Auslegungen am Platze, die zu schnell diachrone Erwägungen einbringen (vgl. EBELING, Gal, 224f.). Zwar bietet der Text Anhaltspunkte für sie, etwa die ungewöhnliche Art, wie Paulus in 4,22 mit γέγραπται „a quantity of Old Testament material spread over a number of chapters in Genesis" (BARRETT, Abraham, 161 [samt Anm. 18]) einführt; aber jenseits der allgemeinen Annahme, daß zu „the opponents' lines of argument, which we may ... see reflected in Paul's reply, ... an appeal to Scripture, and in particular the Abraham naratives" (BARCLAY, Mirror-Reading, 87), gehörten, werden die Unsicherheiten doch wohl zu groß (so jüngst wieder bei HAMERTON-KELLY, Violence, 108). Jedenfalls macht es nachdenklich, daß Paulus' Gegner Hagars Sohn Ismael nach BARRETT (Abraham, bes. 161f.) und MARTYN (Antinomies, 419f.; Mission, bes. 319–322) im Munde führten, um die Galater von Ismaeliten zu Isaak-Nachkommen werden zu lassen, nach BOUWMAN (Hagar, bes. 3148) hingegen, um sie überhaupt erst zu Ismaeliten zu machen. Vgl. HANSEN, Abraham, 167–174.

[175] Zum (auch) rhetorischen Charakter dieser Äußerungen vgl. (o. Anm. 154 sowie) H.D. BETZ, Gal, 380.408.

in der Tat leidvolle exegetische Erfahrung wieder, wenn T.L. DONALDSON formuliert: „The path of Paul's argumentation in Gal 3. 1–4. 7 presents vexing problems for any who would attempt to retrace it."[176] Aber vielleicht ist die vorsichtige Erwartung nicht zu kühn, von den obigen Beobachtungen zu den „Argumentationspfaden" in 2,15–21 – insbesondere in 2,15–17a – und auch in 4,8ff. her lasse sich die dazwischen liegende Wegstrecke leichter einschätzen.

Das gilt jedenfalls für die beidseitige Abgrenzung, sofern ja Einschnitte hinter 2,21 und vor 4,8 schon zu konstatieren waren. Und daß damit wirklich eine recht kohärente Passage[177] umrissen ist, ergibt sich sogleich daraus, daß die in 3,2 angeschlagene Thematik des Geistempfangs nicht nur in den folgenden Versen weiterwirkt (3,3.5.14; vgl. 3,4), sondern auch noch, und zwar letztmals, in 4,6 aufgegriffen[178] wird[179]. Die Verteilung der derart verwandten πνεῦμα-Belege spricht im übrigen auch dafür, trotz des in 3,3 gegebenen und an 4,23ff. und 5,13ff.[180] immerhin anklingenden Hinweises auf sarkische Fehlorientierung und trotz der – zumal durch das εἰκῇ signalisierten – Berührung zwischen 3,4 und 4,11[181] (sowie 4,20) den Passus 3,1–5 weniger als Einleitung (fast) alles Nachfolgenden (3,6–6,17) denn spezieller von 3,1–14 und damit von 3,1–4,7[182] aufzufassen[183]. Zu Beginn dieses Abschnitts wird dabei indes – ähnlich wie bei dem auf die erst mit 1Kor 15,12 explizit werdende Problematik vorausweisenden εἰκῇ von 1Kor 15,2[184] – schon angedeutet, weshalb überhaupt die Eingangsthematik behandelt werden, vom Geistempfang und von der

[176] DONALDSON, Inclusion, 94.

[177] Als zusammengehörig begriffen ist sie außer bei DONALDSON, ebd., 94.103 (u. ö.), auch bei OEPKE, Gal, VII.66, und BRING, Gal, 10.101.

[178] Vorausgesetzt ist der Geistempfang dann besonders deutlich in 5,5.25 (vgl. 5,16.18.22, ferner den Terminus πνευματικοί in 6,1). Für 4,29; 5,16.17.18.22 ist charakteristisch, daß der „Geist" als Gegenüber des „Fleisches" fungiert (vgl. 3,3, ferner das o. im Anschluß an Anm. 118 Gesagte). Anders 6,18, wohl auch 6,1.

[179] Ähnlich steht es mit der Gesetzesbegrifflichkeit (einschließlich des Ausdrucks ἔργα νόμου). Wenn (dieses Syntagma und wenn) der Terminus νόμος auch schon ab 2,16 begegnet (vgl. dazu o. Kap. 2 bei Anm. 23f., ferner o. Kap. 3 bei Anm. 50), so ist doch zu beachten, daß er vor allem in der Passage 3,1–4,7 benutzt wird (die von 3,2 an 18 der 32 Belege des Schreibens aufweist), und nach 4,5 kommt die Vokabel (wie o. bei Anm. 160 angesprochen) erst wieder in 4,21 vor.

[180] Vgl. o. Anm. 178.

[181] S. dazu o. bei Anm. 155–157.

[182] Von 3,6–4,7 abgesetzt ist der Passus 3,1–5 bei SIEFFERT, Gal, 22. Vgl. o. (bei) Anm. 53.

[183] Dann ist auch die bei Paulus – und nicht nur bei ihm – singuläre Zitateinführung durch die „Kurzformel" (H.D. BETZ, Gal, 256 Anm. 9) καθώς in 3,6 eher verständlich (vgl. STANLEY, Galatians 3. 10–14, 492–495 samt Anm. 41.44). (Daß das bloße καθώς das Aufgreifen einer gegnerischen Argumentation mittels der Schrift anzeige [so BARRETT, Abraham, 158f., und KING, Tannaim, 364f.], wird als Erklärung schwerlich hinreichen.)

[184] S. dazu SCHENK, Strukturanalyse, 471f., und BACHMANN, Rezeption, 99f. (vgl. DERS., Gedankenführung, 274f.).

Bekehrung der Galater die Rede sein soll: Das damit Bewirkte ist gefährdet.

Auch inhaltlich freilich kann das, was im Blick auf die angrenzenden Briefteile zu sagen war, für 3,1–4,7 fruchtbar gemacht werden. So ist, was 4,8–5,1 angeht, daran zu erinnern, daß das dort begegnende – letztlich – restitutive πάλιν dem οὐκέτι von 3,25 und 4,7 gegenübersteht[185]. Geht es dort, in 4,8–5,1, um die insofern bedrohliche Gegenwart, als jetzt die Negativa der Vergangenheit wieder das Feld zu beherrschen drohen, so hier um eine Gegenwart, die deshalb als uneingeschränkt positiv gelten kann, weil es vorbei ist mit der Zeit ὑπὸ παιδαγωγόν (3,25) und der Zeit des δοῦλος-Seins (4,7). Nicht nur der Unterschied in der Orientierung des Zeitpfeils und damit die Differenz zwischen einem massiven „eschatologischen Vorbehalt" und der Konstatierung der eschatologischen Wende springt indes ins Auge.

Mindestens ebenso auffällig und ebenso wichtig für die Erfassung der Eigenart von 3,1–4,7 ist, daß bei der Charakterisierung der galatischen Bestrebungen nach dem Modell eines Rückschritts oder Rückfalls in die Vorvergangenheit das gegenwärtige Wollen zwar mit dem eigentlich schon erlangten Positiven kontrastiert und mit der – ebenfalls: eigentlich – schon überwundenen dunklen Vorvergangenheit parallelisiert wird (vgl. nur 4,8f.), dabei aber das eschatologische Ereignis, hinter das zurückgegangen zu werden droht, in 4,14 und 4,19 nur eben so angesprochen und lediglich im Schlußvers, 5,1, nachdrücklich als den einstigen, positiven Umschwung bei den Adressaten bedingend benannt wird[186]. In dieser Hinsicht verhält es sich nämlich in 3,1–4,7 ganz anders. Der Formulierung von 5,1a: „Zur Freiheit hat uns Christus befreit" entsprechen ja in dieser Passage zumal[187] die Aussagen in 3,13 („Christus hat uns losgekauft vom Fluch des Gesetzes..."), in 3,25 („Kommend aber der Glaube...") und in 4,4f. („... sandte Gott seinen Sohn..., damit der die unter dem Gesetz loskaufe...")[188]. Sie übertreffen 5,1a natürlich an Zahl und nehmen darüber hinaus in 3,1–4,7 wichtige Positionen ein. In diesem Briefteil ist also im Unterschied zum nachfolgenden nicht nur der Zeitpfeil anders, entgegengesetzt, ausgerichtet, sondern auch der heilsgeschichtliche Höhe- und Wendepunkt stark betont.

Schon diese Akzentuierung, erst recht die Beobachtung, daß in unserer Passage den soeben genannten Aussagen über das mit Christus verbundene eschatologische Geschehen jeweils eine Bezugnahme auf die Bekehrung der – heidenchristlichen – Galater beigegeben ist (s. [nur] 3,14; 3,26–29; 4,6f.), läßt nun natürlich außer der Andersartigkeit gegenüber 4,8ff. auch die Nähe zum Passus 2,15–16(–17a), X, erkennen, in dem ja

[185] S. dazu o. bei Anm. 129f. (sowie bei Anm. 138–143).

[186] Vgl. dazu o. bei Anm. 159.

[187] Vgl. ferner 3,1.

[188] Vgl. DONALDSON, Inclusion, 95.98.

εἰς Χριστὸν Ἰησοῦν ἐπιστεύσαμεν (2,16bα) im Zentrum steht[189]. Die uns auf diese Berührung aufmerksam machenden Sachverhalte, die im übrigen, zusammen mit eben ihr, auf eine durch die Schlußposition einnehmenden Verse 3,14; 3,29 und 4,7 markierte Dreiteilung von 3,1–4,7 hindeuten, stehen indes nicht alleine da.

Zu dem, was 2,15–17a mit dieser Passage verbindet, gehört neben dem vom vorchristlichen Status in die Gegenwart weisenden Zeitpfeil und neben der Betonung von Christusgeschehen und Bekehrung nämlich auch die doppelte Polarität, die, wie wir im zweiten Kapitel dieser Arbeit sahen[190], den früheren Passus bestimmt, also die zwischen „Juden" und „Sündern aus den Heiden" und die weitere zwischen „Gesetz" und „Christus". Wenn diese Polaritäten in 3,1–4,7 durchgehend weiterwirken, ist das natürlich im Zusammenhang damit für die Erfassung der paulinischen Argumentation und Intention von erheblichem Belang, daß der Apostel, obwohl er doch nun die – heidenchristlichen – Galater unmittelbar anspricht (s. 3,1), die mit dem jüdischen Erbe gegebene Problematik gerade nicht schnell hinter sich und über die Bühne bringt – etwa indem er sich diesbezüglich auf die Konstatierung einer Spannung zwischen einem Geistempfang als Initiation, der sich nicht „aus Gesetzeswerken" ergab, und einem Leben „unter dem Gesetz" (vgl. 3,2.5, ferner 4,21) beschränkte –.

Es empfiehlt sich indes, ehe dieser Auffälligkeit[191] und jenen Polaritäten weiter nachgegangen wird, einen mit ihnen zumindest locker verbundenen Zug zu beachten, die Verwendung des Wir, das, nachdem es in 2,15–17a durchweg gesetzt wurde, nun auch in unserer Passage verschiedentlich (3,13a.14b.23–25; 4,3.5b.6b.) erscheint; denn dieser Sachverhalt dürfte die Struktur des Briefteiles und das Weiterwirken des für 2,15–17a beobachteten zweifachen Gegenübers wohl deutlicher zu erfassen erlauben. Freilich ist die Frage, wie die 1.*pers.plur.* hier zu verstehen ist[192], recht heftig umstritten[193]. Oft wird die Auffassung vertreten[194], das Wir sei – wie dann in den folgenden Abschnitten des Briefes (s. 4,26.31; 5,1a.5.25f.; 6,9f.14.18; vgl. 1,3f., ferner 2,4) – ausnahmslos inklusiv gebraucht, also so, daß der judenchristliche Autor mit sich (und anderen Judenchristen) die – überwiegend – heidenchristlichen Adressaten zu-

---

189 S. dazu o. Kap. 2 (bes.) bei Anm. 175f.

190 O. Kap. 2 (bei) Anm. 168–170, präzisiert (bei) Anm. 275–291.

191 Vgl. zu ihr EBELING, Gal, 233, und DONALDSON, Inclusion, 102.

192 Vgl. o. bei Anm. 164.

193 Für 3,13a werden Vertreter der einander entgegenstehenden Ansichten bei H.D. BETZ, Gal, 269 Anm. 97, DONALDSON, Inclusion, 107 (Anm. 2f. zu 94), und STANLEY, Galatians 3. 10–14, 506 Anm. 68, verzeichnet (vgl. außerdem HOLSTEN, Evangelium I,1, 162f. [Anm. 47 zu 93]), und für die übrigen Stellen sind die diesbezüglichen Ausführungen bei DONALDSON, Inclusion, 95–99, zu vergleichen. Vgl. auch CLASSEN, Rhetorik, 12.

194 Vgl. dazu nur nochmals H.D. BETZ, Gal, 269 Anm. 97, und DONALDSON, Inclusion, 107 (Anm. 2 zu 94), ferner LULL, Law, 481 samt Anm. 1.

sammenfaßt. So wird es auch wirklich sehr wahrscheinlich dort verwandt sein, wo Paulus unmittelbar nach der Bezugnahme auf die Heiden (3,14a) bzw. auf die mit der 2.*pers.plur.* gemeinten Galater (4,6a) (abschließend) vom Geistempfang in der 1.*pers.plur.* (3,14b; 4,6b) spricht, der Unterpfand des Christ-Seins der Angeredeten ist (vgl. bes. 3,2–5), sie jedoch überdies mit Paulus – und den Judenchristen – verbindet (vgl. 5,5.25)[195]. Aber diese auf inklusiven Gebrauch weisende (direkte) Aufeinanderfolge fehlt bei den übrigen Wir-Belegen unserer Passage[196], und zudem scheint es angesichts der das Schreiben und Verlesen[197] eines Briefes kennzeichnenden Linearität heikel, die früheren Stellen von den späteren her verstehen zu wollen. Der rückwärtige Kontext jedoch bietet mit 2,15–17a einen Zusammenhang, in dem bei ἡμεῖς nun spezifischer – exklusiv – an gebürtige Juden, Judenchristen, gedacht ist[198], die mit diesem Personalpronomen oder doch mit der 1.*pers.plur.* von Menschen heidnischer Herkunft unterschieden werden (s. bes. 2,15)[199]. Von dorther wird der Leser das Wir von 3,13a natürlicherweise begreifen wollen und sollen[200], dies um so selbstverständlicher, als diesem (zweimaligen) Wir wie in 2,15 die Nennung der Heiden folgt (3,14a)[201] und als es in Parallele zu ὅσοι ... ἐξ ἔργων νόμου εἰσίν (3,10a) steht[202], „Gerechtfertigtwerden aus Gesetzeswerken" aber eben nach 2,15.16a(–21) als mögliches Kenn-

---

[195] Obwohl in 4,6b eine ganze Reihe von Manuskripten (und Übersetzungen) das ὑμῶν stützt (so z.B. D^c und 33), gilt doch: „ἡμῶν is the best attested reading" (BELLEVILLE, Law, 78 [Anm. 70 zu 70], für deren Urteil sich etwa auf p46, ℵ, B und D* verweisen läßt). Wenn an dieser Lesart in der handschriftlichen Überlieferung und in der Exegese (s. nur BELLEVILLE, ebd.) Anstoß genommen worden ist, so ist das zwar angesichts des Ihr von 4,6a verständlich (vgl. BRUCE, Gal, 198); aber man dürfte damit, wie eben das ähnliche Nacheinander in 3,14 nahelegt, Paulus nicht gerecht geworden sein bzw. werden. Daß dem Ihr (und dem Wir) von 4,6 dann in 4,7 ein Du folgt, wird im übrigen darin begründet sein, daß hier der Singular κληρονόμος aus 4,1 aufgenommen werden soll und wird (vgl. dazu u. bei Anm. 209).

[196] Und zwar auch in 4,5, wo DONALDSON, Inclusion, 98 samt Anm. 33, das Wir des zweiten ἵνα-Satzes (V. 5b) schwerlich zu Recht inklusiv versteht. Die beiden ἵνα-Sätze stehen also (im Gegensatz zur Ansicht DONALDSONS [ebd. Anm. 33]) ähnlich wie die von 3,14 (s. ebd. 109 [Anm. 32 zu 98]) einigermaßen parallel zueinander (beziehen sich indes anders als die letzteren ausschließlich auf Juden bzw. Judenchristen). Richtiger als DONALDSON, was 4,5b angeht: BELLEVILLE, Law, 68.70.

[197] Vgl. 1Thess 5,27 (und Kol 4,16).

[198] Beim Wir von 1,8f.; 2,5 und 2,9f. ist (dagegen) an Paulus und seine Mitarbeiter (vgl. 1,2) zu denken. Vgl. noch 2,4.

[199] S. dazu o. Kap. 2 bei Anm. 20 sowie (nochmals) bei Anm. 168f.275–291.

[200] Hervorgehoben auch von H.D. BETZ, Gal, 269 Anm. 97, und DONALDSON, Inclusion, 97.

[201] DONALDSON, ebd., spricht in diesem Zusammenhang von „the emphatic placement of ἡμᾶς (v. 13) and τὰ ἔθνη (v. 14) at the beginning of their respective clauses".

[202] Das Substantiv κατάρα begegnet ja im Corpus Paulinum allein in (Gal) 3,10a.13a (vgl. 3,10b.13b), und der Fluch hat es nach 3,10a wie nach 3,13a mit dem Gesetz (bzw. mit den Gesetzeswerken) zu tun. Vgl., was 3,10a angeht, o. Kap. 2 Anm. 356.

zeichen eines jüdischen Selbstverständnisses aufzufassen ist[203]. Wird deshalb das Wir in 3,13a im exklusiven Sinne zu verstehen, auf Juden (-christen) zu beziehen sein, so angesichts der sachlichen Entsprechung (vgl. zumal 4,5 mit 3,13) und (insbesondere) angesichts dessen, daß in 3,23 und 4,5 (vgl. 3,25; 4,3) ein ὑπὸ-νόμον-Sein der mit der 1.*pers.plur.* Bezeichneten angesprochen ist, auch das Wir von 3,23–25 und von 4,3.5b[204].

Im Zusammenhang mit dem, was schon über die Dreiteilung unserer Passage zu vermerken war, hat dieses Ergebnis, wie vor allem T.L. DONALDSON[205] herausgearbeitet hat, erhebliche Konsequenzen im Blick auf Aufbau und Aussage des Briefteiles. Denn es ergibt sich, daß jedes der Textsegmente 3,1–14; 3,15–29 und 4,1–7 die folgenden vier Strukturelemente aufweist und nacheinander bietet:

(i) „Israel's plight" (3,10.13; 3,23f.; 4,3.5);
(ii) „Christ identifies with Israel's plight" (3,13; 3,23.25; 4,4);
(iii) „In order to redeem Israel from this plight" (3,13; 3,25; 4,5);
(iv) „With the result that Gentiles share in salvation on equal terms with Jews" (3,14; 3,26; 4,6)[206].

DONALDSON, von dem die Formulierung dieser Titel stammt, versteht die Übereinstimmung in der Aufeinanderfolge als „Paul's christological revision of the traditional scenario", in dem „the inclusion of the Gentiles in salvation is one by-product of Yahweh's final deliverance of Israel" und in dem insbesondere „the redemption of Israel is the necessary prelude to the blessing of the Gentiles"[207]. Dieser Interpretationslinie wird zumal deshalb zuzustimmen sein, weil sie gerade auch den Tatbeständen auf synchroner Ebene[208] Rechnung trägt: Neben der zentralen Position des Christusgeschehens und der Verteilung der Wir-Belege ist natürlich geltend zu machen, daß es ab 3,1 direkt um die Galater und damit eben um Christen geht, die – jedenfalls mehrheitlich – der Herkunft nach Heiden sind, und gerade auf sie läuft nach DONALDSONS Erklärungsmodell und läuft nach dem Abschluß der drei Textsegmente

---

[203] S. dazu o. Kap. 2 (bei) Anm. 170.

[204] Nur im Blick auf 4,5b (s. dazu o. Anm. 196) anders, sonst ganz entsprechend urteilt DONALDSON, Inclusion, 97f. (vgl. die Literaturbelege ebd. 107 [Anm. 3 zu 94]), der dafür (ebd., 95–97) außerdem noch – diachron – die Art geltend macht, wie Paulus den in 3,23a und 4,4.5a (sowie in 4,21 und 5,18b [vgl. 3,10a.22a.25; 4,2.3]) begegnenden Ausdruck ὑπὸ νόμον außerhalb des Galaterbriefes verwendet (Röm 6,14.15; 1Kor 9,20).

[205] Inclusion, bes. 95.98.

[206] Zitate (im Original kursiv) und Stellenangaben (abgesehen von „4,6" statt „4,5" [s. dazu o. Anm. 196.204]): DONALDSON, ebd., 98.

[207] Zitate: ebd., 106.99.99.

[208] Zu der unter diachronem Aspekt zu berücksichtigenden Vorstellung von einem Anteil der Heiden an Israels Heil, die sich bei Paulus – außerhalb des Galaterbriefes – zumal in Röm 11 (bes. V. 11f.14f.16.17–24.25–32) und Röm 15 (bes. V. 19.25–27; vgl. auch Röm 1,16 [u. ö.]: Ἰουδαίῳ τε πρῶτον καὶ Ἕλληνι) widerspiegelt (vgl. dazu zuletzt STUHLMACHER, Jerusalem, 150.153–155), s. nur DONALDSON, ebd., 99f. (Literatur).

(ἵνα-Satz von 3,14a [bzw. ἵνα-Sätze von 3,14]; Ihr von 3,29; Ihr und Du[209] von 4,6f.) die Argumentation zu. Nicht zuletzt wird so die bereits[210] angesprochene Auffälligkeit verständlicher, daß Paulus in 3,1ff. der mit dem jüdischen Erbe gegebenen Problematik erheblichen Raum gewährt, sie nicht schnell und scharf bewältigt. Die sich in der beobachteten Weise strukturell niederschlagenden Sachverhalte erlauben nämlich zu schließen, daß hier nicht, jedenfalls nicht primär, taktische Rücksichtnahme auf die Empfindungen derer, die der Beschneidung und damit dem Proselyten-Status, dem Anschluß ans Judentum, zuneigen, den – nach Ausweis von 1,6 (vgl. 5,12) in dieser Hinsicht nicht sonderlich zimperlichen – Apostel bestimmt. Entscheidend ist vielmehr seine Überzeugung von einer besonderen heilsgeschichtlichen Rolle des Volkes der Tora[211]. Das wird noch deutlicher, wenn man beachtet, daß, wie bislang nur behauptet, gerade auch in dem, was in unserer Passage zu Judentum und Gesetz gesagt wird, die Polaritäten von 2,15–17a weiterwirken.

Für die Polarität von „Gesetz" und „Christus" ist das schwerlich zu verkennen. Erstens war ja schon längst zu konstatieren[212], daß es trotz des Einschnittes hinter 2,21 eine über diesen Graben führende Wortfeldverbindung gibt, die insbesondere die Lexeme νόμος, πίστις und (Ἰησοῦς) Χριστός einschließt. Und wenn sogleich in 3,2.5 die Gegenüberstellung ἐξ ἔργων νόμου (...) ἢ ἐξ ἀκοῆς πίστεως begegnet, so stimmt sie jedenfalls in ihrem ersten Teil mit den Oppositionen von 2,16 überein. Das zweite Glied des Paares steht überdies dem Syntagma ἐκ bzw. διὰ πίστεως (Ἰησοῦ) Χριστοῦ von 2,16bβ bzw. 2,16aβ sehr nahe. Daß nämlich wie hier auch bei ἐξ ἀκοῆς πίστεως mit πίστις der Glaube an (Jesus) Christus[213] gemeint ist, erhellt spätestens aus 3,22b[214], wahrscheinlich indes schon aus dem 3,2 vorgeordneten, eine „Kurzformel des ‚Kerygmas'"[215] verwendenden Hinweis auf den gekreuzigten Christus und aus den einigermaßen parallelen[216] ἵνα-Sätzen von 3,14, in denen das

---

[209] S. dazu o. (bei) Anm. 195.

[210] Und zwar o. bei Anm. 191.

[211] Vgl. Donaldson, Inclusion, 106: „Because of his fundamental convictions, a soteriology that provided for no fundamental role for Israel was for Paul unthinkable." Vgl. o. Kap. 2 (bei) Anm. 290.

[212] Nämlich o. Kap. 2 bei Anm. 23f. (vgl. o. [Kap. 3] bei Anm. 50, ferner o. Anm. 179).

[213] Wenn Christus hier im Unterschied zu 2,16aβ und 2,16bβ nicht explizit genannt ist (doch s. 3,1), wird sich das daraus erklären, daß Paulus zunächst auf die πίστις Abrahams und auf Gen 15,6 hinauswill (s. 3,6[–9]).

[214] Schon weil in 2,16aβ und 2,16bβ unter πίστις (Ἰησοῦ) Χριστοῦ der Glaube *an* (Jesus) Christus zu verstehen ist (s. dazu o. Kap. 2 Anm. 176), wird das auch für 3,22b gelten müssen (vgl. ferner das sogleich im Text [und u. Anm. 217] noch zu Sagende). Anders vor allem Hays, Faith, 157–170, jedoch etwa auch Donaldson, Inclusion, 101.

[215] H.D. Betz, Gal, 242 Anm. 36 (der im übrigen Vergleichsstellen nennt).

[216] Vgl. dazu o. Anm. 196 (und damit insbesondere: Donaldson, Inclusion, 109 [Anm. 32 zu 98]). Anders (wie früher Lightfoot, Gal, 140, jetzt wieder) Ebeling, Gal, 225f.

fraglos auf 3,2.5 zurückweisende διὰ τῆς πίστεως (3,14b) in Verbindung mit dem entsprechenden voranstehenden Ausdruck ἐν Χριστῷ Ἰησοῦ (3,14a; vgl. 3,8: ἐν σοί) zu verstehen sein wird[217]. Zweitens nimmt, wie wir sahen, in den drei Textsegmenten 3,1–14; 3,15–29 und 4,1–7 durchweg das Christusgeschehen eine wichtige Position ein, und überall hat es Christus dabei mit der Überwindung von „Israel's plight" zu tun, ja, von Beeinträchtigungen, die ihrerseits ausnahmslos mit dem νόμος in Zusammenhang gebracht werden: „Fluch des Gesetzes" (3,13a; vgl. 3,10a); Sein „unter dem ‚Pädagogen'" (3,25), d.h. (wie man nach 3,24 schon diesen Ausdruck zu verstehen hat) „unter dem Gesetz" (4,5a).

Vielleicht weniger augenfällig, aber keineswegs weniger wichtig ist, daß die mit dieser Polarität über das Moment des Gesetzes verbundene andere von „Juden" und „Sündern aus den Heiden" ebenfalls 3,1–4,7 bestimmt. Man hat – wie erinnerlich sein wird[218] – die Bedeutung dieses Gegenübers für Paulus schon im Blick auf 2,15–17a verschiedentlich nicht recht wahrhaben wollen, und man hat sich deshalb manchmal den Zugang zu der dialektischen Sicht des Apostels verbaut, der einerseits in 2,15 den heilsgeschichtlichen Vorrang der Juden vor denen festhält, die als Heiden die Tora nicht „besitzen" und insofern ἁμαρτωλοί sind, und der andererseits in 2,17a die angesichts dessen überraschende – aus dem Christusgeschehen und der Bekehrung abgeleitete – Aussage verficht, auch die Juden(christen) seien Sünder bzw. als Sünder erfunden worden. Nicht verwundern kann es, berücksichtigt man diese exegetische Unsicherheit, daß die Einsicht, eben die benannte Dialektik präge (auch) die Passage 3,1–4,7, nicht einmal bei DONALDSON ganz klar hervortritt, obwohl er doch in bestechender Weise den drei Untereinheiten gemeinsame Strukturelemente erfaßt und vor dem Hintergrund jüdischer Endzeiterwartungen interpretiert.

DONALDSON, der sich der Auffassung anschließt, 3,1–4,7 werde durch eine partizipatorische Christologie zusammengehalten[219], verzichtet nämlich bemerkenswerterweise darauf, 3,10–12 entschieden für die Ge-

---

[217] Es kommt hinzu, daß das sowohl vom masoretischen Text von Hab 2,4 („seine Treue") als auch vom Septuagintawortlaut („meine [sc. Gottes] Treue") abweichende bloße, kein Possessivpronomen bietende ἐκ πίστεως in Gal 3,11b (vgl. Röm 1,17) sehr wahrscheinlich bewußt gesetzt ist: Nicht um die Treue des Menschen oder Gottes geht es Paulus an dieser Stelle, sondern um „den unlöslichen und exklusiven Zusammenhang von δικαιοσύνη und πίστις Ἰησοῦ Χριστοῦ" (KOCH, Text, 83; vgl. DERS., Schrift, 127f.). Es ist also „πίστις hier im Sinne von πίστις Ἰησοῦ Χριστοῦ (... Glaube an Jesus Christus ...) ... zu verstehen" (EBELING, Gal, 243). Vgl. o. Anm. 214, ferner o. Kap. 2 Anm. 176.

[218] S. o. Kap. 2 (bei) Anm. 274–294.

[219] S. DONALDSON, Inclusion, 101f. (samt Anm. 60: Bezug auf HAYS, Faith, bes. 193–235). Entsprechend HAMERTON-KELLY, Violence, 101 (samt Anm. 9), dessen interessante Ausführungen zum „Fluch des Gesetzes" (3,13) und zur nach ihm damit verknüpften Travestie traditioneller Opfervorstellungen (ebd., 102–118) vor allem wegen dieser nicht hinterfragten Voraussetzung und deswegen sehr hypothetisch wirken, weil seine Exegese von 2,15–21 (ebd., 100–102) extrem knapp (und wenig überzeugend) ausfällt.

samtauslegung fruchtbar zu machen, und zwar deshalb, weil hier „apparently divergent arguments" kombiniert seien: das nicht wirklich ausgeführte von „an inability to ‚do'" (s. 3,10) und das, welches „the ‚doing' itself" betreffe (s. 3,11f.)[220]. Obwohl ihm wichtig ist, daß „the tacit assumption that the law cannot be kept probably does underly the argument in v. 10"[221], gewinnt er sein Verständnis davon, worin denn der „Fluch des Gesetzes" (3,13a) bestehe, vom nachfolgenden Kontext her, ja, genauer besehen, so, daß 3,19(f.) vom Römerbrief aus in dem Sinne gefaßt wird, als sei es Aufgabe des Gesetzes, Gesetzesübertretungen zu produzieren[222].

Ganz abgesehen von den mit solch diachronem Vorgehen grundsätzlich gegebenen Schwierigkeiten ist indes unverkennbar, daß der Ausdruck „Fluch des Gesetzes" nun geradezu zurückweist, nämlich auf 3,10[223], und daß auch das ὑπὲϱ ἡμῶν von 3,13a innerhalb des Galaterbriefes seine engsten Entsprechungen im rückwärtigen Zusammenhang hat[224], und zwar in 2,20dγ (ὑπὲϱ ἐμοῦ) und in 1,4 (ὑπὲϱ τῶν ἁμαϱτιῶν ἡμῶν). Blickt man darum vom Vorangehenden aus auf 3,1ff., so fragt sich nun zum einen, ob der skizzierten Dialektik – und damit dem Festhalten am gerade auch durch das Gesetz charakterisierten Vorrang Israels –, die natürlich auch bei DONALDSONs Grundansatz und insbesondere bei seinem Insistieren darauf schon im Blick ist, daß Paulus hinsichtlich „the redemptive road from Abraham to the gentiles" bemüht ist, „to find a place on this road for the law"[225], nicht noch besser entsprochen wäre, wenn der Tora nicht der aktive Part eines Verführens zur Sünde zugewiesen würde, sondern der eher passive, das Nicht-Genügen des Menschen zu konstatieren[226]. Das dialektische Verhältnis näherte sich dann nicht einer Diastase an. Zum anderen ergibt sich, wie weiter oben[227] sozusagen nebenbei deutlich wurde, dann, wenn man die durch ein γάϱ zum Ausdruck gebrachte Verbindung von 3,10a und 3,10b ernst nimmt und die im rückwärtigen Kontext verwandte Gesetzes- und Rechtfertigungsterminologie beachtet, daß eben solches Nicht-Genügen in 3,10–11a nicht nur vorausgesetzt, sondern herausgestellt wird: Daraus (3,11a) und aus dem aus Dtn 27,26 aufgenommenen Wort ([Gal] 3,10b)

---

220 Zitate: DONALDSON, Inclusion, 103. Vgl. dazu o. Kap. 1 (bei) Anm. 51–53.60–68.

221 DONALDSON, Inclusion, 104. Eine solche Annahme ist weithin üblich (s. dazu nur KOCH, Schrift, 266 samt Anm. 8). Vgl. o. Kap. 2 (bei) Anm. 65.

222 S. DONALDSON, Inclusion, 103f. S. dazu (schon) o. Kap. 2 Anm. 244.

223 S. dazu o. (bei) Anm. 202. Vgl. KOCH, Schrift, 265.268, und STANLEY, Galatians 3. 10–14, 505 (samt Anm. 64).

224 Vgl. dazu o. Kap. 2 (bei) Anm. 322.

225 Zitate: DONALDSON, Inclusion, 102.

226 Vgl. HOFIUS, Gesetz, 62: Die Tora „verstrickt ihn (sc. den Menschen) nicht in Schuld, sondern sie bringt seine Schuldverstrickung an den Tag." Vgl. u. (bei) Anm. 258–276.

227 Nämlich o. Kap. 2 (bei) Anm. (356–)357.

wird gefolgert, daß alle, die „aus ἔργα νόμου“, aus Gesetzesvorschriften[228], „sind“, „unter dem Fluch sind“ (3,10a). Nicht die Tora hat also den Schwarzen Peter, sondern der ihr nicht genügende Mensch, zunächst und merkwürdigerweise: der an sie gewiesene Jude.

Dieser – gegenüber DONALDSONS Sicht: verständlicheren – Dialektik widerspricht im übrigen der sich anschließende Argumentationsschritt nicht. Wie bei dem vorangehenden (3,10–11a) handelt es sich hier, in 3,11a–12a(.b), – das hat etwa schon Thomas von Aquin gesehen[229] – um einen Syllogismus (freilich nun nicht der Ersten, sondern der Zweiten Figur). Wieder auch steht das Ergebnis, 3,11a, voran[230]. Und wieder bringt die *maior* (3,11b) das entscheidende Zitat: Stammte es vorher aus Dtn 27,26[231], so jetzt aus Hab 2,4[232]. Das in (Gal) 3,12b folgende aus Lev 18,5 paßt indes nicht ganz als *minor*, und so wird es – ähnlich wie das Mischzitat (Gen 12,3; 18,18) von (Gal) 3,8b in 3,8a[233] – in 3,12a ein wenig für den Zusammenhang zugerichtet, so daß dem ἐκ πίστεως (ζήσεται) statt (ζήσεται) ἐν αὐτοῖς nun die Umformulierung οὐκ... ἐκ πίστεως wirklich oppositorisch gegenübersteht. Weil bei der Änderung der Wortlaut aus Hab 2,4 leitend ist und weil dabei in (Gal) 3,12a das durch Lev 18,5 doch an die Hand gegebene ποιήσας nicht aufgegriffen wird[234] – auch nicht das ζήσεται –, ist die Auffassung, diese Modifikation lasse als eigentliches Anliegen des Apostels erkennen, er nehme gegen das Tun Stellung, alles andere als überzeugend[235]. Zudem zeigt die Verket-

---

228 S. zu dieser Umschreibung von ἔργα νόμου o. Kap. 2 (bei) Anm. 340–398.

229 S. dazu nur LAMBRECHT, Gesetzesverständnis, 116 (samt) Anm. 92. Wie Thomas z.B. auch C.L. BAUER, Logica Paullina, 343, und jüngst STANLEY, Galatians 3. 10–14, 503 samt Anm. 58 (vgl. u. [bei] Anm. 235). Daß zu bzw. gegen Beginn der beiden Prämissen ein ὅτι bzw. ein δέ gesetzt ist, paßt gut zu dem, was am Eingang von V. 10b.11a zu beobachten war (s. dazu nur o. Kap. 2 Anm. 357) und ist.

230 Was 3,11a angeht, s. C.L. BAUER, Logica Paullina, 343, und s. LAMBRECHT, Gesetzesverständnis, 116 (samt) Anm. 92 (Thomas; H.C.C. CAVALLIN, LAMBRECHT selbst), und zur analogen Position von 3,10a und 3,11a vgl. EBELING, Gal, 230f.

231 Vgl. EBELING, ebd., 243: „Dieses Wort aus Dtn 27,26 trägt die Hauptlast der Argumentation.“

232 Es gibt die die Rechtfertigung – und den Glauben – betreffende Terminologie an die Hand (wie Dtn 27,26 die auf die Verfluchung bezügliche), und es ist für Paulus, wie Röm 1,17 belegt, auch sonst wichtig.

233 Paulus interpretiert hier offenbar das ἐνευλογεῖσθαι durch δικαιοῦν (... ὁ θεός) (vgl. H.D. BETZ, Gal, 259), und er fügt, ebenfalls mit Rücksicht auf den Zusammenhang, gegenüber dem Wortlaut des Mischzitates sozusagen ἐκ πίστεως hinzu.

234 Auch inhaltlich wird, anders als man bei KOCH, Schrift, 267 (samt Anm. 16), den Eindruck gewinnt, mit dem Terminus νόμος von 3,12a nicht eigentlich eine Entsprechung zu jenem ποιήσας geboten, vielmehr sehr wahrscheinlich zum αὐτά von 3,12b bzw. Lev 18,5 (vgl. dazu o. Kap. 2 [bei] Anm. 359).

235 Das betrifft nicht nur DONALDSON (s. dazu o. [bei] Anm. 220), sondern darüber hinaus die von ihm aufgegriffene, insbesondere durch G. KLEIN repräsentierte Auslegungstradition (s. dazu o. Kap. 1 [bei] Anm. 60f. und Kap. 2 bei Anm. 333f.), die sich im übrigen ferner nicht sonderlich gut zu 5,14.23–25 und 6,2 fügt (vgl. dazu o. [bei] Anm. 97–118). STANLEY, Galatians 3. 10–14, 504 (samt Anm. 62; vgl. 484), der doch

tung beider Syllogismen, die durch das ihnen (in unterschiedlicher Funktion) gemeinsame Glied (Gal) 3,11a erfolgt[236], daß es Paulus letztlich um die Ableitung von 3,10a, also um die Ableitung des Fluchs derer aus der Schrift geht, die „aus Gesetzesvorschriften sind". Und das offenkundig deshalb, weil für ihn nach 3,13 (und Dtn 21,23) feststeht, daß Christus von solchem Fluch befreit hat[237]. Vom Ungenügen gegenüber dem Gesetz dürfte also darum die Rede sein, weil vom Christusgeschehen als rettendem her gedacht und ausgegangen wird[238]. Daß, wie außer dem Achtergewicht tragenden Vers 3,13 auch der schon in 3,1 erfolgende Hinweis auf den Gekreuzigten (vgl. 3,13b: ὁ κρεμάμενος ἐπὶ ξύλου) zeigt, das – mit dem Pneumaempfang (3,2.14; vgl. 3,5) angeeignete – Christusgeschehen Angelpunkt der Argumentation ist und daß dabei zumindest in 3,10–12 nicht inkonsistent verfahren wird und hier juridische Kategorien bestimmend sind, ist im übrigen angesichts der Diskussionslage hervorzuheben. Und es paßt natürlich gut – und darum ist es uns im Augenblick zu tun – zu dem, was an 2,15–17a(–21) zu beobachten war[239].

Hinsichtlich der Polarität von „Juden" und „Sündern aus den Heiden" und der mit ihr verbundenen Dialektik ist nun bemerkenswert, wie diese Übereinstimmungen mit 2,15–17a in 3,1–14 betont heilsgeschichtlich fungieren: Nur wenn beachtet wird, was das Christusgeschehen und die von ihm her gesehene Schrift über die Tora und über diejenigen, die „aus Gesetzeswerken sind" (s. 3,10a), erkennen lassen, kann die Bedeutung dessen, was mit Abraham begann und in Aussicht gestellt wurde (s. 3,6–8), ermessen werden[240]. Und von der mit diesem Mann verbunde-

---

V. 12a für die zweite Prämisse des Syllogismus hält (s. dazu o. [bei] Anm. 229), liest in diese Aussage gleichwohl das nachfolgende Schriftwort hinein: „By placing ὁ νόμος in direct contrast to the ἐκ πίστεως picked up from the Habakkuk citation, v. 12a declares the law to be absolutely disqualified as a channel leading to ‚life', despite its promises, for the simple reason that ‚doing the law' is not ‚faith'."

[236] Immerhin angesprochen wird diese Interpretationsmöglichkeit bei Oepke, Gal, 72, der indes 3,11a – schwerlich mit triftigen Gründen (s. nochmals o. Kap. 2 Anm. 357) – doch lediglich zum Nachfolgenden zieht.

[237] Jedenfalls sind die Berührungen zwischen 3,10(a) und 3,13(a) nicht zu übersehen (s. dazu o. [bei] Anm. 202.223), und in 3,13 schließt sich Paulus (wie sich zumal aufgrund des ἐξαγοράζειν und des ὑπὲρ ἡμῶν nahelegt [s. dazu nur H.D. Betz, Gal, 270–273; vgl. Haubeck, Loskauf, 152–155]) zumindest locker – vielleicht sogar eng (s. zu dieser Möglichkeit nur Bruce, Gal, 166) – an ihm vorgegebene christologische Tradition an.

[238] Vgl. Donaldson, Inclusion, 103, auch Stanley, Galatians 3. 10–14, 495 samt Anm. 48.

[239] S. dazu bes. o. Kap. 2 (bei) Anm. 303–338, ferner o. Kap. 1 (bei) Anm. 33–76.

[240] Vgl. Ebeling, Gal, 234: „Man könnte... sagen: Paulus lege den Heiden die Tora zwar nicht als Heilsbedingung auf, wohl aber als ein unerläßliches Element der Heilsgeschichte." Vgl. dazu u. Anm. 269.

nen Gerechtigkeit (s. 3,6.8a) und von dem mit ihm verknüpften Segen (s. 3,8b.9.14) kann nur so die Rede sein, daß am Volk der Tora gezeigt wird, was Verfehlung der Beobachtung des Gesetzes und damit des Gotteswillens (vgl. 3,11a: παρὰ τῷ θεῷ) bewirkt, nämlich: Fluch (s. 3,10a. 13a), und daß Christus sogar Juden(christen) hat loskaufen müssen. Erst damit, daß dies geschah, konnte wie für sie nun auch für die übrigen Völker (s. 3,8.14a) – für die (wie man aus 2,15 zu ergänzen versucht ist:) „Sünder aus den Heiden" – der „Segen Abrahams" (s. 3,14a) verfügbar werden, und zwar so, daß das Heil mit Christus, mit dem Glauben an ihn[241], gegeben ist (s. 3,14b), nicht mit der Orientierung an Gesetzeswerken, Gesetzesvorschriften (s. 3,2.5). Es ist ein bemerkenswerter heilsgeschichtlicher Parforceritt, den Paulus den Galatern zumutet, indem er sie über ihre Bekehrung, ihren Geistempfang (s. 3,2.14b), nachzusinnen zwingt. Insbesondere mutet er ihnen zu, dialektisch zu denken: Einerseits gebührt dem Volk der Tora heilsgeschichtliche Priorität; wenn darum von der in ihm geschehenen und erfahrenen Rettung durch Christus zu lernen ist, so macht diese doch andererseits nur auf dem – dunklen – Hintergrund der Verfehlung des Gotteswillens Sinn, wie er sich im Gesetz dokumentiert.

Der Parforceritt hat so viel so schnell an den Adressaten vorbeiziehen lassen, daß offenbar nicht zuletzt eben deshalb einige Aspekte vom Verfasser – bei Beibehaltung der angesprochenen dialektischen Perspektive – in zwei weiteren Durchgängen, in 3,15–29 und 4,1–7, deutlicher akzentuiert werden. Dabei steht im ersten dieser beiden Textsegmente die heilsgeschichtliche Rolle des Israel gegebenen Gesetzes im Blickpunkt des Interesses, während im zweiten – welches nicht nur der Einfachheit, sondern auch der zu beobachtenden Struktur[242] halber hier in Verbindung mit dem vorangehenden in die Erwägungen einbezogen werden soll – versucht wird, trotz des gerade auch durch den Tora-„Besitz" markierten Unterschiedes eine gewisse Parallele zwischen dem anzudeuten, was das Christusgeschehen bei Judenchristen einerseits und Heidenchristen andererseits an Befreiung bedeutet hat – und bedeutet –.

Wird in 3,1–14 die heilsgeschichtliche Aufeinanderfolge insofern verletzt, als das Kreuz Christi, der Geistempfang der Galater und die Gesetzesthematik schon sogleich am Anfang (s. 3,1–5) eine Rolle spielen, und ist das, was in 3,10–12 zum νόμος bemerkt wird, deutlich von der Christus-Aussage in 3,13 her bestimmt[243], so orientiert Paulus sich in 3,15–29

---

241 S. dazu nur o. (bei) Anm. 213–217.

242 S. dazu u. (bei) Anm. 266.

243 S. dazu o. (bei) Anm. 237f.

entschieden nachdrücklicher an der Chronologie – auch wenn er in 3,16 schon den Bogen von Abraham zu Christus schlägt –. Die Chronologie gibt dem Verfasser, der die Geschichte sozusagen aus der Perspektive Gottes betrachtet (s. bes. 3,17.20; vgl. 3,16.21c), gerade ein wichtiges Argument dafür an die Hand, dem Gesetz, das formal im Zentrum des Textsegments steht (s. 3,17–25), seinen Platz in der „Heilsökonomie" zuzuweisen. Denn die zeitliche Nachordnung der Tora gegenüber Abraham (s. 3,17[244]), dem und dessen „Samen" die Verheißungen zugesprochen worden waren (s. 3,16), läßt sich nach Paulus mit dem Bild (vgl. 3,15a) einer unauflöslichen διαθήκη – zu denken ist sehr wahrscheinlich an das Rechtsinstitut מתנת בריא [245] – erhellen (s. 3,15b): Der νόμος kann die Abraham-διαθήκη nicht beeinträchtigen (s. 3,17), was sich indes – wie die voranstehende Prämisse der *modus-tollens*-Figur in 3,18[246] fraglos zu verstehen geben will – als Konsequenz ergäbe, wenn die nämliche κληρονομία aufgrund des Gesetzes erlangt werden könnte. Mit dieser in 3,16–18 erfolgenden Abweisung der unmöglichen Möglichkeit einer Konkurrenz[247] der Tora hinsichtlich dessen, was an Abraham und seinen „Samen" Christus gebunden wurde (s. 3,16), ist ihr Platz immerhin negativ eingegrenzt: Es ist nicht der der Verheißung. Damit soll das Gesetz jedoch keineswegs als Negativum charakterisiert werden. Das läßt sich spätestens[248] daran ablesen, wie Paulus von 3,20b aus in 3,21a ein zweites Mal auf jene – zumindest nach ihm – für die Adressaten offenkundig durchaus erwägenswerte Möglichkeit zu sprechen kommt, die er dann sofort mit einem μὴ γένοιτο (3,21b) abqualifiziert. Denn es gilt der Konkurrenz-These, nicht dem ihr in 3,20b vorausgehenden Sach-

---

[244] LÜHRMANN, Verheißungen, bes. 421f., hat jüngst wahrscheinlich gemacht, daß Paulus, wenn er die Spanne zwischen Abraham und Gesetzgebung hier mit 430 Jahren angibt, den *terminus a quo* für die Zeitangabe von Ex 12,40f.LXX nicht einigermaßen willkürlich bestimmt, vielmehr „eine schon im Pentateuch intendierte und von dem Exegeten Demetrios am Ende des 3. Jh.s. v.Chr. erkannte Strukturierung der Geschichte" (ebd., 423) aufgreift.

[245] So zuerst BAMMEL, Rechtsdenken, bes. 314f. Vgl. H.D. BETZ, Gal, 280f. samt Anm. 19.

[246] Vgl. dazu nur BAMMEL, Rechtsdenken, 318 Anm. 1 (mit Bezug auf HOLSTEN, Evangelium I,1, 163 [Anm. 49 zu 99]), ferner STEGEMANN, Thesen, 392 („reductio ad absurdum"). Zum *modus tollens* s. bes. o. Kap. 2 (bei) Anm. 132–134.140–146.211–217.

[247] S. dazu schon o. Kap. 2 (bei) Anm. 135.

[248] „Spätestens" etwa deshalb, weil z.B. die chronologische Angabe von 3,17 dem Gesetz einen Platz in der Heilsgeschichte beläßt (vgl. o. Anm. 244) und weil dem auch das προσετέθη von 3,19 korrespondiert, sofern hier wahrscheinlich „das Passiv besagt, daß Gott die Tora offenbarte" (H.D. BETZ, Gal, 298, der darin freilich ein vorpaulinisches Relikt zu sehen geneigt ist). Vgl. SUHL, Galater, 290f.

verhalt, daß Gott *einer* ist[249], als solcher also sowohl hinter der Abraham-Verheißung als eben auch hinter der Tora steht[250]. Diese Voraussetzung tastet der Verfasser gerade nicht an, so daß schon deshalb, aber auch wegen der Wertschätzung der Engel (Gottes) in 4,14 und selbst in 1,8[251], der Hinweis auf die Anordnung des Gesetzes δι' ἀγγέλων (3,19)[252] – nicht: ὑπ' ἀγγέλων[253] – nicht im Sinne eines minderwertigen oder dämonischen[254] Ursprungs des Gesetzes begriffen werden darf[255]. Dem entspricht, daß der Ausdruck ὑπὸ νόμον ἐφρουρούμεθα συγκλειόμενοι (3,23a), in dem die passivischen Formen auffallen[256], angesichts der Berührungen im Vokabular auf die das Aktiv verwendende Formulierung von 3,22a zurückzubeziehen ist, nach der immerhin jene γραφή, die nach 3,8 auch die Abraham-Verheißung „vorhersah" und „vorherverkündigte", es ist, welche συνέκλεισεν ... ὑπὸ ἁμαρτίαν. Durch die zeitliche und sachliche Eingrenzung der Tora einerseits und durch das Festhalten an ihrer letztlich göttlichen Herkunft sowie an ihrer Verortung in der Heilsgeschichte andererseits wird also die dialektische Wertung von 2,15–17a und 3,1–14 fortgeführt.

Der Zusammenhang – und auch die dialektische Perspektive – wird noch deutlicher, wenn man beachtet, welchen heilsgeschichtlichen Aufgabenbereich Paulus im Anschluß an die zweifache Abweisung der Konkurrenz-These (3,17f.21) – sozusagen positiv – für die Tora jeweils benennt. Denn daß er in 3,19 die „Übertretungen", in 3,22(f.) die „Sünde"

---

[249] Das versteht sich angesichts der Bezugnahme auf das von Paulus nirgends in Frage gestellte (vgl. bes. Röm 3,30; 1Kor 8,4.6) jüdische (s. Dtn 6,4) – und nicht nur jüdische – „Dogma der monotheistischen Religion" (H.D. Betz, Gal, 307 [samt Anm. 79: Belege und Literatur]) nahezu von selbst. Es kommt die Beobachtung hinzu, daß bei den paulinischen μὴ-γένοιτο-Belegen von etwas als wahr Geltendem ausgegangen und erst danach das Zurückzuweisende formuliert wird (s. dazu o. Kap. 2 [bei] Anm. 69). Vgl. u. Anm. 265.

[250] Vgl. bes. Bammel, Rechtsdenken, 317f., ferner (nochmals) o. Kap. 2 Anm. 135 sowie u. Anm. 265.

[251] Wenn Paulus in 1,8 auf das gerade auch ihn selbst meinende Wir die Bezugnahme auf einen ἄγγελος ἐξ οὐρανοῦ folgen läßt, so intendiert er dabei, wie der Zusammenhang, der Hinweis auf die himmlische Herkunft und das ähnliche Nacheinander in 4,13f. (vgl. Borse, Gal, 49) erkennen lassen, fraglos eine Steigerung.

[252] Vgl. Hebr 2,2 (s. dazu u. Anm. 259). Doch vgl. (zum „διά mit Genitiv") auch Hebr 2,10; 7,21.

[253] Hervorgehoben z.B. von Bammel, Rechtsdenken, 317 samt Anm. 3, und Mussner, Gal, 247. Doch vgl. die vorige Anm.

[254] So vor allem Schoeps, Paulus, 190f., G. Klein, Individualgeschichte, 209f., Hübner, Gesetz bei Paulus, 28–33, und U. Schnelle, Wandlungen, 59. Vgl. Hamerton-Kelly, Violence, 116f.

[255] Vgl. Donaldson, Inclusion, 112 (Anm. 71 zu 103), und Suhl, Galater, 290f., ferner u. (bei) Anm. 259.

[256] Zum *passivum divinum* vgl. o. Anm. 248.

ins Spiel bringt, paßt natürlich gut zu 2,17a (vgl. 2,15.17b) und zu 3,10–13. Ging es an den früheren Stellen um das Ungenügen gegenüber der Tora, das nach 3,10a.b mit einem Fluch bzw. einer Fluchandrohung[257] verbunden ist, so dürften in diesem Sinne, nicht in dem des Anstachelns zur Sünde[258], auch die Aussagen unseres Textsegments zu verstehen sein. Dies um so mehr, als zum einen die Vermittlung des Gesetzes δι' ἀγγέλων, wie soeben schon zu konstatieren war, jedenfalls nicht dämonologisch zu verstehen ist, hingegen wahrscheinlich die Engel als „Anwälte der göttlichen Heiligkeit und der *middat had-dîn*, der strengen richterlichen Gerechtigkeit Gottes“[259], kennzeichnen soll. Zum anderen wird das Bild des παιδαγωγός[260] (s. 3,24f.) ohne weitere Erläuterung nicht auf dessen in Einzelfällen schlechten Einfluß[261] gehen, sondern die mit diesem Beruf gegebene – zeitlich begrenzte[262] – Pflicht meinen müssen, Verfehlungen (der dem ihn Ausübenden Anvertrauten) zu rügen[263] und solches Fehlverhalten sowie andere Gefahren nach Möglichkeit zu

---

257 So wird man möglicherweise schon wegen der Formulierung und Funktion des Wortes aus Dtn 27,26 zu interpretieren haben; (Gal) 3,13 macht dann vollends deutlich, daß der Fluch sozusagen noch umgeleitet werden konnte (vgl. MUSSNER, Gal, 225). Vgl. Röm 3,25f.

258 Vgl. dazu schon o. (bei) Anm. 226 sowie Kap. 2 Anm. 244.

259 HOFIUS, Gesetz, 62 (aufgenommen auch von STEGEMANN, Thesen, 392f.), der sich dabei auf SCHÄFER, Rivalität, 220ff. (s. bes. 220–222), bezieht (vgl. ebd., 30–32.64.65–67). Eben in einem solchen Sinne heißt es auch in Act 7,53 (vgl. V. 38): „die ihr das Gesetz εἰς διαταγὰς ἀγγέλων (vgl. Gal 3,19!) empfangen und nicht gehalten habt“; und ähnlich ist in Hebr 2,2 ὁ δι' ἀγγέλων (vgl. Gal 3,19!) λαληθεὶς λόγος ein solcher, der jeder παράβασις (vgl. Gal 3,19!) bzw. παρακοή ihren „gerechten Lohn“, ihre Strafe, zuweist. SCHOEPS, Paulus, 191, nennt diese beiden Belege zwar, zieht es jedoch vor, seine Auslegung des Verses Gal 3,19 (s. dazu o. [bei] Anm. 254) von andersgearteten späteren Aussagen wie Barn 9,4 stützen zu lassen.

260 Der Metapher sind in jüngerer Zeit mehrere Aufsätze gewidmet worden: LONGENECKER, Law,; BELLEVILLE, Law; LULL, Law; YOUNG, *Paidagogos*; HANSON, Origin; GORDON, Galatians 3.24–25 – freilich ohne daß es dabei zu einem wirklichen Konsens im Blick auf (Gal) 3,24f. (und Kontext) gekommen wäre ([doch] vgl. u. Anm. 264).

261 Belege dafür bei LONGENECKER, Law, 55, LULL, Law, 492f., und YOUNG, *Paidagogos*, 152.163f. Vgl. ferner Quint., inst 1,1,9.

262 S. dazu bes. YOUNG, *Paidagogos*, 168f.

263 Belege dafür (bes.) bei YOUNG, ebd., 160–163 (vgl. 154f.). Oft ist mit solcher moralischen Reglementierung körperliche Züchtigung verbunden (s. ebd., 162f.) – freilich ohne daß solche Praxis nicht auch ernsthaften Widerspruch gefunden hätte (s. ebd., 163) –. Daß in 1Kor 4,21, also im nachfolgenden Kontext des neben (Gal) 3,24f. noch verbleibenden paulinischen Belegs für παιδαγωγός, 1Kor 4,15, die ῥάβδος genannt wird, ist (also) schwerlich Zufall (vgl. C. SCHNEIDER, ῥάβδος, 968). (Übrigens: „it is incorrect to construe the hooked staff that pedagogues are seen holding in numerous vase paintings as a corrective rod. It is a sign of a freedman“ [YOUNG, *Paidagogos*, 163; doch vgl. C. SCHNEIDER, ῥάβδος, 968].)

verhindern bzw. abzuwehren[264]. Sofern die Tora nach 3,20a durch den μεσίτης nicht *einem*, sondern, wie bei der Nachordnung hinter 3,16 auszulegen sein wird, vielen, nämlich Israel, übermittelt wurde[265], fügt

---

[264] Belege dafür (bes.) bei YOUNG, *Paidagogos*, 158f. Wenn YOUNG, ebd., 158, formuliert: „The pedagogue's first task... was preventive and protective", so bestimmt dieser Aspekt in der einen oder anderen Weise alle o. Anm. 260 angesprochenen Interpretationen von (Gal) 3,24f. (und Kontext). Aber während YOUNG selbst dabei eher soziologisch und eschatologisch verfährt und darauf abhebt, „that the restrictive regulations which separated Jew and Gentile, which Sinai epitomized, were only temporary" (ebd., 176; vgl. 170–175), deuten BELLEVILLE und GORDON (vgl. auch HANSON, Origin, bes. 71f.75) positiver auf die – mit Christus endende – Funktion des Gesetzes „as guardian and custodian" (BELLEVILLE, Law, 70; vgl. GORDON, Galatians, 3.24–25, 153: „‚guardian' understanding of παιδαγωγός" [vgl. ebd., 154: „protective task"]). Es dürfte indes dem, was man sich in der Antike unter einem παιδαγωγός vorstellte (vgl. YOUNG, *Paidagogos*, 168: „The role of the pedagogue was... ambivalent"), und auch dem paulinischen Kontext von 3,24f. (s. bes. 3,10–12.19) – sowie von 1Kor 4,15 – besser entsprechen, wenn auch der Zug des Aufweisens und Tadelns, wenn nicht Strafens, von Fehlverhalten berücksichtigt wird (vgl. dazu die vorige Anm.), wie es bei LONGENECKER, Law, bes. 58 („Paul sets out a twofold purpose of the Law: (1) to condemn sin..., and (2) to supervise and have custodial care over the righteous"), und LULL, Law, bes. 485 („The function of the Law... was merely to punish and prevent transgression"), geschieht. Ein komplexer Sachverhalt verlangt manchmal ein komplexes Bild, und Paulus wählt das des παιδαγωγός möglicherweise in Abhängigkeit von einer (den Terminus gelegentlich als Lehnwort verwendenden) auf Num 11,11f. bezüglichen „Jewish exegetical tradition", die „Moses... regarded as a sort of παιδάγωγος (sic) to Israel" (s. dazu HANSON, Origin, bes. 71–73 [Zitat: 72], der dafür [ebd., 72] vor allem auf CN Num 11,12 [„comme le *pédagogue* porte l'enfant", so die Wiedergabe des Targum-Wortlauts durch R. LE DÉAUT, SC 261, 105] verweisen kann) und vermutlich in Abhebung von dem eindeutigeren, positiveren des παιδευτής, das in 4Makk 5,34 (vgl. LONGENECKER, Law, 55, und HANSON, Origin, 73), und damit in einem Zusammenhang, der sich in vielfacher Weise mit Gal 2,(1ff.)15ff. berührt (s. nur 4Makk 4,20.23.26; 5,11.16.17. 24.27.33.34), auf das Gesetz angewandt und auch in Röm 2,20 (vgl. V. 18!) immerhin locker auf die Tora bezogen wird. Den mit diesem letzteren, auf einen erfolgreichen Erziehungsprozeß weisenden Bild (vgl. 4Makk 1,17; 5,24) verknüpften Optimismus teilt Paulus gerade nicht bzw. nicht mehr (s. [Gal] 2,17a; 3,10–12.19.21.22 [und vgl. auch Röm 2,17–24, bes. V. 20f.]; vgl. STEGEMANN, Thesen, 394), ohne doch dem Gesetz jede Präventivfunktion absprechen zu müssen (vgl. dazu die jüdischen Belege bei BILLERBECK, Kommentar III, 557, und HANSON, Origin, 71–73, ferner auch YOUNG, *Paidagogos*, 173 samt Anm. 241).

[265] Angesichts dessen, daß „man... von 430 Erklärungen" (OEPKE, Gal, 82) des (auf 3,17 und damit auf die Zahl „430" [vgl. o. Anm. 244] recht bald folgenden) Verses 3,20 hat reden können (vgl. dazu H.D. BETZ, Gal, 305 Anm. 70), scheint eine Lösung der Interpretationsprobleme fast ausgeschlossen. Aber vielleicht ist es der übliche Ansatz, besonders prägnant zum Ausdruck gebracht von BRUCE, Gal, 179: „We can scarcely hope to grasp Paul's meaning unless we point a logical relation between ἑνός in the former clause and εἷς in the latter", der die Schwierigkeiten heraufbeschwört. Da eine „logische Relation" zwischen 3,20a und 3,20b weder durch ein... μὲν... δὲ... (so mit Recht BAMMEL, Rechtsdenken, 317 Anm. 5) noch auch durch ein bei der unmittelbaren Aufeinanderfolge zweier Prämissen (wie sie für 3,20a.b u.a. von LIETZMANN, Gal, 22f., OEPKE, Gal, 84, und MUSSNER, Gal, 249, vertreten wird) am ehesten zu erwartendes... γάϱ... (νυνὶ) δὲ... (vgl. 3,10b.11a und dazu o. Kap. 2 Anm. 357) angedeutet wird, es vielmehr in *3,20a* wie 3,20b

sich die Funktion des Gesetzes, in diesem derart herausgehobenen soziologischen Bereich beim Fehlverhalten gegenüber Gott zu behaften, nicht nur gut zu 2,17a und 3,10–13, sondern bestens. Denn auch dort ging es, wie wir sahen, um den – angesichts von 2,15 und angesichts einer Zuordnung des Gesetzes zum „heilsgeschichtlichen Weg" – erstaunlichen Tatbestand: Sünde bei denen, welchen die Tora gegeben wurde.

Was dieser Tatbestand heilsgeschichtlich zu bedeuten hat, wurde in 2,15–17a indes nicht sonderlich expliziert und in 3,1–14, wo die Heiden (anders als in 2,15) nicht einmal ausdrücklich als „Sünder" charakterisiert werden, nur durch das aufgenommene endzeitliche Schema zum Ausdruck gebracht. In dieser Hinsicht nun ist das Textsegment 3,15–29 und ist das mit ihm über eine die παιδαγωγός-Metaphorik – in einigermaßen chiastischer Anordnung[266] – weiterführende[267] Bildlichkeit verbundene nachfolgende deutlicher. Denn erstens wird, wie schon anklang[268], das heilsgeschichtliche Miteinander von vorgängiger Abraham-Verheißung und Gesetz durch die nachdrückliche Versicherung präzisiert, daß die in Israel beim Fehlverhalten behaftende Funktion der Tora

---

δέ heißt, wird es sich empfehlen, 3,20a nicht von 3,20b, sondern vom Vorangehenden her zu verstehen. Und da gibt 3,16 den Gegensatz von „einem" und „vielen" – welcher der Ausdrucksweise nach auch in 3,20a intendiert sein muß (s. dazu ZAHN, Gal, 176f.) – vor, eine Gegenüberstellung, die für 3,20a um so uneingeschränkter zu berücksichtigen ist, als sie schon in 3,16f. die Funktion hat, zwischen Abraham-διαθήκη (3,16) und (Volk [vgl. 3,16] der) Gesetzgebung (3,17) zu unterscheiden und als diese Differenz auch noch danach (s. 3,18.21) bestimmend bleibt. Daß für das Verständnis von *3,20b* der μὴ-γένοιτο-Beleg 3,21(a.b) heranzuziehen sein wird, wurde schon o. (bei) Anm. 249 gesagt. Zwar betont auch OEPKE, Gal, 83: Es „geht die Auslegung am besten vom Schema der μὴ γένοιτο-Sätze... aus". Aber es ist alles andere als überzeugend, wenn er dekretiert: Es „kann... v 20b unmöglich die Einheit von Gesetz und Verheißung betonen wollen" (ebd.), sofern dann „ja das Problem v 21a gar nicht entstehen" (ebd.) könne. Ganz im Gegenteil! „Erst dadurch, daß es sich um *zwei Werke* des *einen* Gottes handelt, wird das Problem ἐπαγγελία-νόμος ein so spitzes und die Verhältnissetzung der beiden Größen so dringend" (BAMMEL, Rechtsdenken, 317; vgl. o. [bei] Anm. 250, ferner o. Kap. 2 Anm. 135). Auf dieses Problem wird in 3,20b durch εἷς hingewiesen, und dieser Satz, der von 3,20a besser durch einen Punkt denn durch ein Komma getrennt würde (s. BAMMEL, Rechtsdenken, 317 Anm. 5, dem sich auch SUHL, Galater, 293, anschließt), bezieht sich nicht nur auf 3,20a, sondern auf 3,19–20a und damit auf 3,15–20a zurück.

[266] S. dazu BELLEVILLE, Law, 55.70. Insbesondere fällt auf, daß in 3,15–29 die Metapher vom „Pädagogen" (3,24f.) auf die Gesetzesaussage von 3,23 folgt, während in 4,1–7 zunächst von den „Vormündern" und „Haushaltern" die Rede ist (4,1f.), ehe diese Bildlichkeit dann auf die στοιχεῖα τοῦ κόσμου und den νόμος angewandt wird (4,3–5). Wichtig ist die Beobachtung vor allem insofern, als damit 3,22 als „principal thesis" (BELLEVILLE, ebd., 54) auf 3,23ff. *und* 4,1ff. bezogen werden kann.

[267] Vgl. dazu – außer BELLEVILLE, ebd., 54.70 – noch LONGENECKER, Law, 56f. Nach YOUNG, *Paidagogos*, 156 (samt Anm. 71), wird im rabbinischen Bereich zwischen „Pädagoge", „Vormund" und „Verwalter" nicht immer scharf getrennt.

[268] Nämlich o. bei Anm. 262 (vgl. o. Anm. 264).

mit Christus, dem – jüdischen (s. 4,4) – „Samen" Abrahams, endet[269] (s. 3,19 [ἄχρις οὗ ἔλθῃ τὸ σπέρμα ᾧ ἐπήγγελται]) oder doch mit dem Glauben an ihn (s. 3,22b.23b.24; vgl. 4,4f.). Zweitens wird klarer gesagt, welchen Sinn es hat, daß Juden durch das Gesetz bei der, bei ihrer Sünde behaftet werden. Die Schrift hat nämlich τὰ πάντα, alle Völker, – im Blick auf das Glaubensangebot für alle (s. 3,22b.26) – ὑπὸ ἁμαρτίαν zusammengeschlossen (3,22a [vgl. 2,15.17a!])[270]; aber nur für die mit dem Wir von 3,23–25 (und 4,3.5b) gemeinte jüdische Gemeinschaft gilt (gemäß 3,23a): als ὑπὸ ἁμαρτίαν[271] zusammengeschlossene ὑπὸ νόμον ἐφρουρούμεθα. Soll diese nur Israel zuteilgewordene Bewachung, wie nicht zuletzt die παιδαγωγός-Metapher nahelegt, für Paulus offenbar durchaus *auch* den Effekt des Bewahrens haben[272], so liegt dem Apostel doch zugleich und nicht weniger daran, daß der „Pädagoge" Fehlverhalten, das selbst und gerade hier vorkommt, nicht grundsätzlich verhindern kann (vgl. 3,21c), vielmehr als strafwürdig benennt (s. 3,19)[273]. Erst derart dialektisch gesehen, kann das Privileg des jüdischen Tora-„Besitzes" in seiner heilsgeschichtlichen Rolle richtig verstanden werden: Wie es Israel „objektiv"[274] an seine Sünde weist und auf einen Status hoffen läßt, in dem kein παιδαγωγός mehr nötig ist, so weist es entsprechend die „Sünder aus den Heiden" durch das jüdische Paradigma an ihre Sünde und auf Christus hin, dessen rettendes Handeln selbst, gerade und zuerst denen „unter dem Gesetz" (s. 3,23a; 4,5a) gelten mußte[275]. Die angespro-

[269] Das gilt nicht für jede Funktion des Gesetzes oder gar das Gesetz selbst. Denn Paulus macht ja gerade im Galaterbrief (3,6ff.; vgl. 4,21ff.) *Christen* gegenüber die heilsgeschichtliche Rolle der Tora geltend (vgl. o. [bei] Anm. 240, ferner MERKLEIN, Gesetzesthematik, 10, und MACK, Rhetoric, 68.72, auch HOFIUS, Gesetz, 65f.), und ihm liegt nach (Gal) 5,14.23 und 6,2 (vgl. 2,17.19f.) an einer Harmonie von christlicher Ethik und Gesetz (vgl. o. [bei] Anm. 97–118, ferner HOFIUS, Gesetz, 69 [doch vgl. auch ebd., 66.70–72], auch CRANFIELD, Law, 54–64).

[270] Zur hervorgehobenen Stellung von 3,22 s. o. Anm. 266.

[271] Daß wegen des (o. bei Anm. 256 schon angesprochenen) terminologischen Rückbezugs von 3,23a auf 3,22a so zu ergänzen ist, hat vor allem LULL, Law, 487f., richtig gesehen und betont.

[272] S. dazu o. Anm. 264. Dazu paßt auch das Verb φρουρεῖν (3,23), das nicht nur auf Bewachung (vgl. 2Kor 11,32), sondern gerade auch auf Bewahrung (s. Phil 4,7; 1Petr 1,5) gehen kann, und eben in dieser Nuancierung kann der Wortstamm auch außerhalb des Galaterbriefes gelegentlich hinsichtlich der Aufgabe des παιδαγωγός verwandt werden (s. dazu YOUNG, *Paidagogos*, 159: Libanios, oratio 58,7). – Zur jüdischen Vorstellung von einer bewahrenden Funktion des Gesetzes s. bes. SCHOEPS, Paulus, 203–206 (vgl. ferner die o. am Schluß von Anm. 264 gegebenen Literaturhinweise).

[273] Vgl. nochmals o. Kap. 2 Anm. 244.

[274] S. zu dieser Näherbestimmung u. Anm. 276.

[275] Ähnlich STEGEMANN: Es „ist deutlich, daß die Tora als παιδαγωγὸς εἰς Χριστόν die Funktion hat, den Status aller Menschen ante Christum (und außerhalb des Glaubens post Christum) als defizitären transparent zu machen" (Thesen, 394), sofern sie „die Einheit in der Menschheit e contrario, nämlich als eine die Juden einschließende universale Verlorenheit an die Sünde und damit an das Gericht erweist" (ebd., 392). Vgl. DERS., Tora, bes. 15, und DONALDSON, Inclusion, 106, ferner auch BORNKAMM, Paulus, 132f.138.

chenen Heidenchristen jedenfalls sollen angesichts der derart interpretierten jüdischen Privilegien „Abraham-Verheißung" und „Gesetz" sich dessen freuen, daß sie trotz ihres eigenen einstigen Seins ὑπὸ ἁμαρτίαν (s. 3,22) seit dem Geistempfang und damit durch den Glauben an Jesus Christus ungeschmälert am Heil Israels partizipieren dürfen (s. 3,26–29; 4,6f.), und zwar, wie durch die Bildlichkeit von 4,1–5 unterstrichen wird, ohne sich der Illusion hinzugeben, das Gesetzesprivileg sei für diejenigen, die seiner teilhaftig waren (und sind) „objektiv"[276] eine angenehme und (in sich) heilsame Sache gewesen (bzw. sei es noch).

Versucht Paulus so, den Adressaten ein derartiges heilsgeschichtliches Verständnis nun (auch) der zweiten schon 2,15–17a bestimmenden Polarität, der von „Juden" und „Sündern aus den Heiden", und der mit ihr gegebenen Dialektik zu vermitteln, so ist das nicht nur für das von ganz erheblicher Relevanz, was er im Galaterbrief mit dem Begriff νόμος verbindet. Es darf damit vielmehr auch die Auffassung als gesichert gelten, in 3,1–4,7 werde eben die Bekehrungsthematik von 2,15–17a im Blick auf die – primär heidenchristlichen – Adressaten bedacht. Daß der Verfasser mit der in 4,1–5 erfolgenden Parallelisierung dessen, was vor der Bekehrung den Juden, der noch nicht die (von ihm erst später wahrzunehmenden) Rechte des κληρονόμος ausüben kann, und den Nicht-Juden, den δοῦλος[277], charakterisiert, die dann in 4,8–5,1 erfolgende Warnung an die Heidenchristen vor einem – merkwürdiger- und signifikanterweise – mit der Beschneidungsbestrebung drohenden Rückfall in die Vorvergangenheit vorbereitet, war bereits gesagt worden[278]. Und das läßt, zusammen mit dem schon zu 4,8–6,17 Ausgeführten, kaum einen Zweifel daran, daß der gedankliche Dreischritt, der angesichts der strukturellen Zweiteilung von 2,15–21 zu konstatieren war, in 3,1–4,7; 4,8–5,1 und 5,2–6,17 wiederkehrt: Bekehrung! Rückschritt hinter dieses Datum? Ziel der Bekehrung: christliches Leben!

3.3 Funktion von 2,14bff. und 1,1ff.

Kaum hervorgehoben braucht zu werden, daß die im Vorangehenden verzeichneten Beobachtungen an und zu 3,1ff. nicht nur dem oben im zweiten Kapitel Gesagten nicht selten einen Zuwachs an Tiefenschärfe zu

---

[276] Wenn Paulus hier (Heiden-)Christen anredet, wenn er letztlich vom Christusgeschehen aus argumentiert und wenn er dabei die Heilsgeschichte gleichsam aus dem Blickwinkel Gottes Revue passieren läßt (s. dazu bes. o. bei Anm. 243f.), so kann schwerlich davon die Rede sein, er wolle subjektive Erfahrungen mit dem Gesetz zur Darstellung bringen (vgl. dazu o. Kap. 2 [bei] Anm. 399–405). Vgl. o. bei Anm. 274.

[277] Zu Recht betont Donaldson, Inclusion, 104: „despite the similarities, a distinction remains between minor sons and slaves." Vgl. Belleville, Law, 68–70, ferner o. (bei) Anm. 127 (und die dortigen Verweise).

[278] S. dazu bes. o. (bei) Anm. 127.

verdanken haben, sondern daß sie auch umgekehrt die früheren, an dem als besonders wichtig und schwierig geltenden Teiltext 2,15–21 gewonnenen Ergebnisse – zumindest weithin – in ein recht vorteilhaftes Licht zu rücken geeignet sind. Insbesondere wird angesichts dieses Stützungsverhältnisses davon die Rede sein dürfen und müssen, daß sich das bewährt hat, was in 2.4 im Blick auf Konsistenz und Christuszentriertheit der paulinischen Aussagen zu Gesetz, Rechtfertigung und Fehlverhalten zu formulieren war.

So relativ optimistisch wird man, was die Einblicke in Theologie, Argumentation und Gliederung des Galaterbriefes angeht, jedenfalls dann urteilen können, wenn der Verdacht nicht gar zu viel Nahrung erhält, es sei hier seitens des Exegeten – bewußt oder unbewußt – kräftig angeglichen, harmonisiert worden. Gegen einen solchen Einwand dürfte etwa sprechen, daß (in 3.2) ein erheblicher sachlicher Konnex von 2,15–21 und 3,1–6,17, ein beiden Passagen gemeinsamer gedanklicher Dreischritt verfochten wurde, obwohl doch (in 2.3) für die erste anders als (in 3.2) für die zweite (3,1–4,7; 4,8–5,1; 5,2–6,17) kein dem völlig korrespondierender Aufbau behauptet worden ist, vielmehr eine Zweiteilung (2,15–17[b]; 2,18–21). Mag diese Differenz Manipulationsvorhaltungen zügeln, so ist sie andererseits schwerlich gegen den gewonnenen neuen Gliederungsansatz geltend zu machen. Denn daß Paulus in 2,15–21 gedrängt formuliert, ist unumstritten[279] (und trägt zu den durch das Textsegment heraufbeschworenen Schwierigkeiten bei), und außerdem bestimmt, wie hervorgehoben[280], die dann in 4,8–5,1 aufgenommene – zweite, sozusagen mittlere – Thematik von einem Rückschritt in die Vorvergangenheit ja gerade die Berührungsstelle von 2,15–17(b) und 2,18–21, die Formulierungen zu beiden Seiten des μὴ γένοιτο von 2,17c, also 2,17b und 2,18a[281].

Darf deshalb für einen beachtlichen Teil des Galaterbriefes, für 2,15–6,17[282], von dem vorgetragenen und begründeten Strukturierungsvorschlag ausgegangen werden, so sind damit natürlich noch nicht alle Wünsche erfüllt. Alle erfüllen zu wollen wäre indes auch vermessen, und nicht einmal versucht werden soll eine noch mehr ins Detail gehende Untergliederung. Zwei Fragen drängten und drängen sich indes auf, denen noch kurz nachzugehen ist: die umfassendere, gerade auch unter dem Aspekt der rhetorischen Kritik[283] interessierende nach dem Gesamtaufbau des Schreibens an die galatischen Gemeinden und die mit dem

---

279 S. dazu etwa EBELING, Gal, 165, BECKER, Gal, 29, und H.D. BETZ, Gal, 216 (vgl. HAHN, Gesetzesverständnis, 54 Anm. 77). Vgl. o. bei Anm. 147f.

280 Nämlich am Ende von Kap. 2.

281 Zum Miteinander von Zwei- und Dreigliedrigkeit vgl. LAUSBERG, Handbuch, § 443 (bes. § 443,1a).

282 Es handelt sich um fast drei Viertel des Schreibens.

283 Vgl. dazu o. Kap. 1 (bei) Anm. 77–129, ferner o. (Kap. 3) bei Anm. 8-15.

Problem des Abschlusses der in 2,14b einsetzenden antiochenischen Paulus-Rede[284] verbundene speziellere danach, warum der Apostel – mit 2,15–21 – Judenchristen betreffende Darlegungen dem vorausschickt, was er ab 3,1 unmittelbar an die mehrheitlich heidenchristlichen Adressaten richtet.

Mit dem letzteren Problem zu beginnen empfiehlt sich nicht nur deshalb, weil dann, wenn sich hier weiterkommen ließe, auch für den gesamten Brief mehr Klarheit erreicht wäre, sondern vor allem noch insofern, als sich von dem (in 3.2) zu 3,1–4,7 Beobachteten und Erwogenen her sogleich eine Lösungsmöglichkeit nahelegt. Stimmt es nämlich, daß in 3,1–14; 3,15–29 und 4,1–7 jeweils das Christusgeschehen sozusagen als ein „Israel's plight" überwindender Faktor im Zentrum steht und daß nach Paulus ohne die (derart) dialektisch gesehenen Privilegien Israels die endzeitliche Rettung der Heiden nicht denkbar ist[285], dann dürfte das etwas von der Funktion des Passus 2,15–21 im übergreifenden Zusammenhang zu erkennen geben: Eben auf die hier artikulierte Erfahrung von Juden(christen), die mit der Bekehrung ihrer Sünde innewurden – oder doch eigentlich hätten innewerden müssen – und die nur unter Verwerfung des sie seitdem (auch ethisch positiv) bestimmenden Christusgeschehens – wieder – zu „Gesetzeswerken" ihre Zuflucht nehmen könnten, soll im Anschluß zurückgegriffen werden können[286]. Weil heidenchristliche Erfahrung zu ihrem rechten Verständnis aus heilsgeschichtlichen Gründen des Paradigmas, ja, des Typos judenchristlicher Erfahrung und Erkenntnis bedarf[287], stellt Paulus 2,15–21 voran. Damit wird nicht nur die Darstellung in 3,1ff. entlastet, sondern auch deutlich, daß das, was die Heidenchristen bestimmt und bestimmen soll, ein Zweites gegenüber dem bzw. eine Weiterung dessen ist, was an Juden, Judenchristen geschah und geschieht.

Daß die Aufeinanderfolge in dieser Art zu begreifen ist, dürfte sich nun bemerkenswerterweise auch aufgrund der sprachlichen Gestalt des Paulus-Wortes von 2,14b ergeben. Zwar hat man gelegentlich so verstanden, als werde diese „Frage mit dem in ihr ausgesprochenen Zwang gegenüber den Heidenchristen", als werde gerade auch dieser „Vorwurf... alsbald

---

284 Vgl. dazu o. Kap. 2 (bei) Anm. 19–27, ferner o. (Kap. 3) (bei) Anm. 16.34–53.

285 Auch G. Klein, Individualgeschichte, 192–219, etwa spricht von „Dialektik". Aber Formulierungen wie die von einer paulinischen „Disqualifikation der Geschichte Israels in nuce" (210; vgl. 216: in 4,21–31 werde „die Dignität Israels vernichtet" [vgl. dazu 219: „das den jüdischen Vorrang konkret vernichtende Mitgekreuzigtsein mit Christus"]) werden dem Festhalten des Apostels an einer besonderen heilsgeschichtlichen Rolle Israels schwerlich gerecht – und bestimmt nicht dem, was unsere historische Situation an (sprachlicher) Sensibilität verlangt –.

286 Vgl. o. bei Anm. 43.

287 Anders akzentuiert Barth, Recht, 453 (der sich dazu ebd., 453f., auf 2,16f. bezieht): „Die Juden gingen zwar den Heiden voran im Empfang der Verheißung dieses Lebens. Aber sie folgen den Heiden als Empfänger desselben Lebens." Vgl. Ders., Jews, 250.

auf seine theologische Berechtigung hin ausgewiesen“[288]. Aber von einem „Zwang gegenüber den Heidenchristen“ ist in 2,15–21 mit keiner Silbe die Rede. Es geht hier vielmehr, jedenfalls auf einer ersten, elementaren Bedeutungsebene, um Judenchristen, und zwar insbesondere darum, ob bei ihnen selbst ein πάλιν οἰκοδομεῖν, so etwas wie eine Restitution des Setzens auf ἔργα νόμου, nötig oder zu vertreten sei. Sofern diese Möglichkeit angesichts des Christusgeschehens, das gebürtige Juden zu der Erfahrungserkenntnis führte, eben auf Christus angewiesen zu sein, und das ihnen den nur scheinbaren Weg des „Gerechtfertigtwerdens aus Gesetzeswerken“[289] verwehrt, vehement bestritten wird, hat es der Teiltext nicht direkt mit dem Vorwurf eines auf Heiden ausgeübten Judaisierungsdruckes zu tun, sondern entschieden unmittelbarer mit der in 2,14b vorangehenden Aussage über die heidnische, über die, wie sogleich erläutert wird, nicht-jüdische Lebensweise des dort angeredeten Kephas.

Eben daß solche – gerade nicht durch Ausrichtung an den Gesetzesvorschriften bestimmte – Lebensweise in 2,15–21 legitimiert werden soll, ist auch aufgrund der Formulierung des Paulus-Wortes von 2,14b wahrscheinlich. In ihm weist nämlich das πῶς fraglos auf einen Widerspruch hin[290]. Und wie der derart angedeutete indirekte Beweis in ausgeführter Gestalt ungefähr auszusehen hat, erlaubt insbesondere die engste sprachliche Parallele innerhalb des paulinischen Schrifttums zu erahnen, also 1Kor 15,12, wo ja ebenfalls die mit πῶς eingeleitete Frage an einen εἰ-Satz anschließt[291]. Denn dort beschränkt sich Paulus nicht wie sonst oft[292] auf die Andeutung des Beweises, sondern er bietet ihn – wie hier nicht eingehender wiederholt werden muß[293] – ziemlich komplett (1Kor 15,13.20a: zusammengesetzte und einfache Prämisse; vgl., was die *conclusio* angeht, 1Kor 15,20b.21).

Aus jenem *modus tollens* von 1Kor 15 ist im Blick auf (Gal) 2,14b(ff.)

---

[288] Zitate: BECKER, Gal, 29.

[289] Vgl. dazu (nur) o. Kap. 2 (bei) Anm. 170.

[290] S. dazu o. Kap. 2 Anm. 72, ferner – ebenfalls o. Kap. 2 – (bei) Anm. 130–133. – Nicht erfaßt ist die durch das πῶς signalisierte logische Struktur bei BÖTTGER, Paulus, 80f., nach dem Paulus insbesondere das „ἐθνικῶς ζῆν des Petrus“ (80) tadelt (und das seltsamerweise im Sinne des erneuten Seins ὑπὸ νόμον).

[291] Einziger weiterer Beleg des Corpus Paulinum dafür ist (sofern in 2Kor 3,[7–]8 auf das πῶς eine die Bewertung der Frage umkehrende Negation folgt [s. auch dazu o. Kap. 2 Anm. 72]) 1Tim 3,5; hier steht indes im durch πῶς eingeleiteten Fragesatz das Verb – anders als in 1Kor 15,12 und Gal 2,14b – im Futur. In 1Kor 14,7.9.16 nimmt den Platz des εἰ jeweils ein ἐάν ein (vgl. Röm 10,15). Vgl. noch Röm 6,2.

[292] Vgl. die in der vorigen Anm. genannten ἐάν-πῶς-Belege, ferner die Stellen mit „umgekehrter Satzfolge (und darum mit deliberativem Konj.) Röm 10,14a.b.c.15“ (SCHENK, πῶς, 491; vgl. u. [bei] Anm. 294), bei denen der enthymematische Charakter (vgl., was ihn angeht, o. Kap. 1 [bei] Anm. 137 sowie o. Kap. 2 Anm. 132) besonders deutlich ist.

[293] Die für die vorliegende Arbeit und im gegenwärtigen Zusammenhang wichtigsten Ergebnisse der Diskussion (und meiner diesbezüglichen Aufsätze) wurden schon o. Kap. 2 Anm. 132 zusammengefaßt.

zunächst für die zusammengesetzte Prämisse zu lernen, daß sie sich sozusagen durch Umstellung der durch εἰ und πῶς eingeleiteten Aussagen und durch Negation der ursprünglich voranstehenden ergibt[294] und daß der so zustandegekommene wenn-dann-Satz – da in sich einleuchtend – nicht eigens als wahr abgesichert wird. Das scheint auch bei dem derart konvertierten Paulus-Wort von 2,14b entbehrlich, da es gut nachvollziehbar ist, daß dann, wenn schon Heiden jüdisch leben sollen, das erst recht von Juden zu fordern ist[295].

Sodann ist für die einfache Prämisse, die der Aussage des dem πῶς vorgeordneten εἰ-Satzes entspricht und die dem zweiten Teil der zusammengesetzten Prämisse gegenübersteht, eine Begründung zu erwarten. Das weniger darum, weil es in 2,14bα um eine alles andere als selbstverständliche These geht, sondern vor allem eben deshalb, weil 1Kor 15,(12a.)20a – die Behauptung der Tatsächlichkeit der Auferweckung Jesu – offenkundig durch 1Kor 15,1–11 abgestützt werden soll. Da aber eine nicht-jüdische Lebensweise von Judenchristen im rückwärtigen Kontext von (Gal) 2,14b noch nicht verfochten worden ist, kommt für eine solche Absicherung nur 2,15–21 in Frage. Selbstverständlich paßt diese sich aufgrund der Formulierung von 2,14b ergebende Erwartung bestens zu dem, was soeben schon zu 2,15–21 zu sagen war.

Was aus 1Kor 15,12ff. schließlich für die *conclusio* zu lernen ist, bestätigt überdies, wie angekündigt, die vorgetragene Ansicht zur Funktion der Vorordnung von 2,15–21 vor 3,1ff. Wenn nämlich in 1Kor 15,20b.21 eine sorgfältige Konstatierung eben der *conclusio* – also der Aussage: „Es gibt Auferstehung Toter/von den Toten“ – unterbleibt, hier vielmehr zu einer Weiterung, nämlich von Christi Auferweckung und der mit ihr notwendig verbundenen „Auferstehung Toter“ zum ebenfalls mit Christi Auferweckung gegebenen Auferstehen „aller“ (s. 1Kor 15,22) übergegangen wird[296], so läßt das darauf achten, ob es sich nicht im Anschluß an (Gal) 2,14b–21 ähnlich verhalten könnte. Und in der Tat: Das mit 2,14b anvisierte Beweisziel der Illegitimität des Judaisierungsdruckes wird in 3,1 lediglich berührt, und zwar mit dem Hinweis auf den „Zauber“, unter dem die Adressaten stehen. Es ist dieser Zwang, der ja hier zudem nicht

---

294 In Röm 10,14a.b.c.15 ist die Transposition – anders als die Verneinung – sozusagen schon vorgenommen worden (vgl. o. Anm. 292).

295 Liegt bei 1Kor 15,13 so etwas wie ein aristotelischer Syllogismus zugrunde (s. auch hierzu nur o. Kap. 2 Anm. 132), so ist hier, in Gal 2,14b, an einen – formallogisch heikleren (doch s. SCHWARZ, Syllogismus, bes. 157–171) – Schluß *a minore ad maius* (vgl. SIEGERT, Argumentation, 190f.: „Das Argument *a fortiori*“; ebd. [samt Anm. 40–42] auch zum [damit identischen] rabbinischen qāl-wachōmer-Schluß [vgl. zu ihm außerdem: SCHWARZ, Syllogismus]) zu denken (vgl. bes. den schon [o. Anm. 291 und o. Kap. 2 Anm. 72] angesprochenen πῶς-Beleg 2Kor 3,7f. [vgl. V. 9–11!], ferner, ohne die in 2Kor 3,8 mit πῶς verknüpfte Negation, Hebr 2,2f.).

296 S. dazu (bes.) BACHMANN: Gedankenführung, 276; Logik, 104 Anm. 8. (Vgl. ferner nochmals o. Kap. 1 [bei] Anm. 137 sowie o. Kap. 2 Anm. 132 zu enthymematischen Formulierungen.)

mehr der antiochenischen, sondern der galatischen Situation zugeordnet ist, weder zu Beginn noch gegen Ende (s. jedoch immerhin 6,12: οὗτοι ἀναγκάζουσιν ὑμᾶς περιτέμνεσθαι) des Briefteiles 3,1–6,17 zentrales Thema[297]. Eine solche Bedeutung kommt hingegen der Weiterung zu, daß auch den Heiden(christen) das Christusgeschehen und damit das Kreuz Christi galt und gilt (s. 3,1; vgl. 6,12.14 [und vor allem 3,13f.]). Und wie vom Auferstehen „aller" nicht ohne Christi Auferweckung (und die „Auferstehung Toter") die Rede sein kann (s. bes. 1Kor 15,21f.), so werden die Heidenchristen, was die – angesichts ihres *eigenen* (s. [Gal] 4,21; vgl. 5,3) Judaisierungswunsches nötige – Reflexion ihrer Bekehrung (und ihres Christ-Seins [s. 6,14f.]) angeht, an die Erfahrung der Judenchristen bei deren Anschluß an Christus gewiesen, wie sich schon an der Alternative ἐξ ἔργων νόμου (...) ἢ ἐξ ἀκοῆς πίστεως von 3,2b erkennen läßt, die ja offenkundig das entsprechende Gegenüber von 2,16 widerspiegelt[298].

Kurz: Nicht anders als die zentrale Rolle der Überwindung von „Israel's plight" in 3,1–14; 3,15–29 und 4,1–7 führt die sprachliche Gestalt des Paulus-Wortes von 2,14b zu dem Ergebnis, das Nacheinander von 2,15–21 und 3,1ff. solle im Sinne der heilsgeschichtlichen Vorordnung Israels und der Erfahrungen der Judenchristen begriffen werden. Abgesehen davon, daß damit vollends verständlich ist, warum Paulus in 2,15–21 nicht mehr die – einer solchen Typologie nicht hinreichend angemessene – Sprachform einer Anrede an Petrus wählt, ist dieses Resultat und sind die auf es führenden Beobachtungen zu 2,14b auch für die abschließend noch knapp zu erwägende allgemeinere Frage nach dem Gesamtaufbau und der rhetorischen Einordnung des Galaterbriefes von erheblichem Belang.

Erstens nämlich ist der Tatbestand, daß nicht die Auseinandersetzung mit denjenigen, welche einen Judaisierungszwang auszuüben versuchen, den Ton trägt, sondern die den Adressaten geltende Aufforderung, bei ihrem Durchdenken dessen, was bei ihrer Bekehrung geschehen ist und impliziert war, von judenchristlichen Erfahrungen zu lernen, ein wichtiger Hinweis darauf, daß es Paulus nicht eigentlich um Angriff und Verteidigung, vielmehr um die Beeinflussung des Lebens der galatischen Christen geht[299]. Nicht dem *genus iudiciale* wird also unser Schreiben zuzuweisen sein, sondern, wie es bei einem Brief ohnehin entschieden näherliegt, eher dem *genus deliberativum*[300]. Zweitens bestätigt sich damit, daß die

[297] Vgl. u. Anm. 314.

[298] S. dazu o. (bei) Anm. 212–217.

[299] Ähnlich formuliert KENNEDY, Rhetorical Criticism, 151, im Blick auf 6,11–18: „It is important to notice that what Paul thinks he has demonstrated to the Galatians is not that they should alter their judgment of him, but that ‚neither circumcision counts for anything nor uncircumcision, but a new creation' (6:15)." Vgl. u. (bei) Anm. 307.322. Zur Aufgabe deliberativer Reden s. nur u. (bei) Anm. 317.

[300] Vgl. dazu o. Kap. 1 (bei) Anm. 114 (Literatur), ferner o. (Kap. 3) bei Anm. 8f.

Passage 3,1ff. betont eine Weiterung gegenüber 2,15–21 bietet, die bereits weiter oben, und zwar aufgrund der argumentativen Struktur dieser Verse, vertretene Auffassung, bei ihnen handle es sich nicht um eine *propositio*[301]. Wenn auch die Heidenchristen nach Paulus in der Tat von der judenchristlichen Erfahrung und damit von der eschatologisch-soteriologischen Aufklärung über die ἔργα νόμου, über die Sünde(n) zu lernen haben, so ist doch die heilsgeschichtliche Position der gebürtigen Heiden zumindest bis zur Bekehrung eine andere als die der Juden und bedarf die mit der „inclusion" der ἔθνη geschehene – und geschehende – Wende einer eigenen Reflexion, die dieser Differenz Rechnung trägt. Drittens wird man – bei Berücksichtigung der Funktion von 1Kor 15,12 im dortigen Kontext – wohl sagen dürfen, daß Paulus mit (Gal) 2,14b die Richtung der weiteren Argumentation zumindest andeutet: Zunächst ist zu begründen, warum Judenchristen angesichts des Christusgeschehens nicht-jüdisch leben dürfen und von dieser Lebensweise nicht lassen sollen (und es ist damit die *conclusio* nahezulegen, Judaisierungszwang von ihrer Seite aus sei absurd); sodann sind die Heidenchristen dazu aufzufordern, davon zu lernen und nicht ihrerseits zu judaisieren. Es kommt also – nicht 2,15–21, sondern – 2,14b dem nahe, was nach den rhetorischen Handbüchern am Schluß der *narratio* bzw. zu Beginn der *argumentatio* zu stehen pflegt: der *partitio*[302].

Daß sich der Passus 1,11ff. als *narratio* auffassen läßt, ist verschiedentlich gezeigt worden[303] und bedarf ebensowenig eines erneuten Nachwei-

[301] O. (bei) Anm. 57. Vgl. o. Kap. 1 (bei) Anm. 80. Natürlich ist nach dem, was in (2.3–4 und) 3.2 zu beobachten war, gerade nicht zu bestreiten, daß die These von 2,15–21 als *propositio* mit Recht auf enge Berührungen zwischen diesem Passus und dem nachfolgenden Kontext hinweist.

[302] S. zu ihr und ihrer Plazierung in der Rede LAUSBERG, Handbuch, § 262.347. Man könnte, wie der Vergleich verschiedener Rede-Einteilungen ebd., § 262, aber etwa auch die Definition bei Quint., inst 4,5,1 (*partitio est ... propositionum ... ordine conlocata enumeratio*) urteilen läßt, statt von *partitio* von *propositiones* oder *propositio* sprechen; doch dürfte tendentiell „partitio ... der übergeordnete Begriff" (J. MARTIN, Rhetorik, 92) sein. Eine Fülle von *propositiones* ist dabei im *genus deliberativum* nicht zu erwarten, sofern gilt: *in consiliis plerumque simplicior quaestio est* (Quint., inst 3,8,67). Das spricht, wenn der Galaterbrief wirklich dem *genus deliberativum* nahesteht, natürlich ebenfalls dafür, eher 2,14b als 2,15–21 im Sinne einer *propositio* bzw. einer Aufreihung von *propositiones* zu verstehen.

[303] Vgl. neben H.D. BETZ, Gal, 122–128, vor allem LÜDEMANN, Heidenapostel I, 73–77, HESTER, Structure, bes. 229–231, KENNEDY, Rhetorical Criticism, bes. 148, STANDAERT, rhétorique, 34, HALL, Outline, bes. 285f., DUBUIS, narration, bes. 169–172, VOUGA, *narratio*, 147f. (vgl. DERS., Gattung, 291), SMIT, Letter, bes. 2f.11f., und BECKER, Paulus, 291 (ferner auch JEGHER-BUCHER, Betrachtung, bes. 315f., die zwar „1,13–2,16 als Teil der Beratungsrede bereits zur Argumentation" [ebd., 308 Anm. 10] zählt, indes hier doch „wichtige Vorschriften für die *narratio* ... erfüllt" [ebd., 316] findet). Zu den zwischen diesen Autoren bestehenden Differenzen hinsichtlich der beidseitigen Abgrenzung der *narratio* sei hier nur zweierlei vermerkt: das ὅτε von 2,11 fügt sich gut in die mit dem ὅτε von 1,15 einsetzende Reihe von jeweils Spitzenstellung einnehmenden Zeitadverbien bzw. -partikeln (1,15.18.21; 2,1; vgl. das ποτέ in 1,13.23 und das εὐθέως in 1,16); die Formulierung γνωρίζω γὰρ (bzw. [wie es in der Mehrzahl der Handschriften heißt:] δὲ) ὑμῖν, ἀδελφοί, τὸ

ses wie dies, daß man 1,6–10 als *prooemium*[304] begreifen kann, dem im übrigen mit 1,1–5 das Briefpräskript vorausgeht[305], welchem das Eschatokoll 6,18[306] korrespondiert. Es legt sich deshalb, verwendet man für unser Schreiben, abgesehen vom Briefrahmen, Termini der Rhetorik, folgende Grobgliederung nahe:

1,1–5 Präskript	
1,6–10	*prooemium*
1,11–2,14	*narratio*
	–endend mit 2,14b als *partitio*
2,15–6,17	*argumentatio*
	–2,15–21 (erster Beweisgang)
	–3,1–6,17 (zweiter Beweisgang)
6,18 Eschatokoll[307]	

Mit diesem Gliederungsvorschlag – bei dem die in der vorliegenden Untersuchung besonders zentralen Ergebnisse zur Binnenstruktur von 2,15–21 und von 3,1–6,17 der Übersichtlichkeit halber weggelassen worden sind – dürfte sich unser methodischer Ansatz[308] bewähren, nicht sogleich von den *partes orationis* auszugehen, vielmehr textorientiert ein-

εὐαγγέλιον von 1,11 markiert, wie die enge (wenn nicht buchstäbliche) Parallele 1Kor 15,1 bestätigt, einen betonten Neuansatz.

304 S. dazu LÜDEMANN, Heidenapostel I, 65–73, HESTER, Structure, 225–228, und KENNEDY, Rhetorical Criticism, 148. Zu dem Abgrenzungsproblem, das sich darin zeigt, daß H.D. BETZ, Gal, 98–102, noch den Vers 1,11 und SMIT, Letter, 2.10, – dann schon einleuchtender – 1,11f. zum *prooemium* rechnet, vgl. die vorige Anm. HALL, Outline, 283f.287, faßt 1,6–9 als *propositio* auf, ist dabei indes im Blick auf diesen Passus vorsichtig: „Whether it is better to call it an exordium of the direct type which states the proposition of the letter or to call it a proposition with certain features of an exordium is debatable. Probably the rhetoricians would allow either designation" (284).

305 S. dazu nur SCHNIDER/STENGER, Briefformular, 3–41, bes. 30–32. Vgl. (jedoch) auch HALL, Outline, 282f., nach dem in 1,1–5 Züge von „salutation" und „exordium" zusammenkommen (vgl. u. Anm. 307).

306 S. dazu o. ([bei] Anm. 72–77, bes. [bei]) Anm. 75.

307 Man mag in diesem Tableau dann, wenn man von Rede-Einteilungen der antiken Rhetorik (s. zu ihnen nochmals LAUSBERG, Handbuch, § 262) herkommt, die *peroratio* vermissen. Indes ist zu beachten: Quintilian erwähnt sie bei seiner Erörterung deliberativer Reden (inst 3,8,1–70) nicht. Außerdem: Auch wenn der Passus 6,11–17 fraglos 5,2–12 korrespondiert (s. dazu o. [bei] Anm. 62–90) und damit zur *argumentatio* zu rechnen sein wird, schließt das natürlich keineswegs aus, daß hier, wo sich der Briefschluß, wie bereits o. Anm. 74 zu konstatieren war (vgl. auch o. Anm. 66), schon bemerkbar macht, auch *peroratio*-Elemente begegnen (s. dazu nur H.D. BETZ, Gal, 529–532; nach B. liegt hier im übrigen ebenfalls ein Durchdringungsverhältnis vor, nämlich von Postskript und *peroratio* [vgl. o. Anm. 305]). Und jedenfalls das mit 2,14b angedeutete Hauptanliegen des Verfassers, die Adressaten möchten nicht ihrerseits judaisieren, sondern gemäß der eingetretenen Wende leben, kommt denn auch in 6,11–17, vor allem in 6,(14–)16, nochmals und betont zum Ausdruck. (Vgl., was zwei Beweisgänge angeht, o. Anm. 281, ferner o. Kap. 2 Anm. 139.)

308 S. zu ihm o. Kap. 1, bes. bei Anm. 129.

zusetzen und nach etwaigen Redeteilen erst im Anschluß an die durch eine synchrone Perspektive bestimmten Arbeitsgänge zu fragen.

So wird man zumindest dann zu urteilen und von einer Nähe des Galaterbriefes zum *genus deliberativum* wird man jedenfalls dann zu sprechen haben, wenn ein letzter, freilich nur scheinbar heikler Punkt[309] geklärt ist. Er ist damit gegeben, daß eine *narratio* in dieser Gattung ungewöhnlicher ist als in der dikanischen[310]. Indes läge in dem Fall, daß es sich beim Galaterbrief gemäß der These von H.D. BETZ um eine Apologie handeln sollte, bei der „die Adressaten identisch mit der Jury" und Paulus' „Gegner die Kläger sind"[311], innerhalb von Gal 1f. auch keine dafür sonderlich typische *narratio* vor. Denn daß dieser Jury hier die *res, de qua pronuntiaturus est, indicetur*[312], nämlich zumal Paulus' von den „Gegnern" (auch nach BETZ)[313] monierte konkrete Missionspraxis – etwa und gerade in Galatien –, wird man, insbesondere angesichts von 1,11–24 und 2,11–14, schwerlich sagen können[314]. Es könnte sich dann kaum um die übliche Art der Erzählung handeln, welche die *causa* selbst darstellt, sondern es müßte wohl die von Quintilian davon unterschiedene *species* herangezogen werden, in der es um mit der *causa* lediglich verbundene Sachverhalte geht[315].

Umgekehrt ist eine *narratio* beim *genus deliberativum* möglich, und hier auch hat der Redner dabei erhebliche Freiheit[316]. Zumal das für dieses *genus* charakteristische Zu- und Abraten[317] gerade auch Fragen des *fas* betreffen kann[318], machen hier die Verse 1,11–24 Sinn. Und zu wel-

309 Zu ihm nimmt auch KENNEDY, Rhetorical Criticism, 144f., Stellung.

310 S. dazu Aristot., rhet 3,16,11(1417b). Vgl. Quint., inst 3,8,10f. (doch vgl. auch ebd., 4,2,4.6.9).

311 Zitate: H.D. BETZ, Gal, 69. Vgl. dazu o. Kap. 1, bes. (bei) Anm. 77–80.

312 Quint., inst 4,2,1 (vgl. ebd., 4,2,31: *oratio docens auditorem, quid in controversia sit* [Apollodoros], ferner Cic., inv 1,19,27). Zu weiteren *narratio*-Definitionen s. LAUSBERG, Handbuch, § 289, und J. MARTIN, Rhetorik, 75–77.

313 S. dazu nur H.D. BETZ, Gal, (42-)46.

314 Vgl. KENNEDY, Rhetorical Criticism, 145, und SMIT, Letter, 3, ferner HALL, Outline, 278, sowie BECKER, Paulus, 291. Auch H.D. BETZ' (Gal, 128) folgende Aussage löst das Problem nicht: „Es kann kein Zufall sein, daß das Dilemma des Kephas, das Paulus am Ende der *narratio* in Gal 2,14 beschreibt, identisch ist mit der Frage, die die Galater selbst zu entscheiden haben: ‚Warum zwingt ihr die Heiden, nach jüdischer Art zu leben?'", und das um so weniger, als Paulus diese Frage danach eben nicht mehr mit einiger Betonung aufgreift (s. dazu o. bei Anm. 297).

315 S. Quint., inst 4,2,11. Wenn sich H.D. BETZ, Gal, 122, und LÜDEMANN, Heidenapostel I, 74, bei ihrer Erörterung der *narratio* zunächst auf Quint., inst 4,2,84 berufen, so offenbar, weil sie der hier konzedierten Variabilität bedürfen, um die – gerade auch – mit der These von Gal 1,11/12ff. als *narratio* einer apologetischen Rede gegebene Schwierigkeit bewältigen zu können.

316 S. dazu zumal KENNEDY, Rhetorical Criticism, 145, und HALL, Outline, 280, mit Hinweisen auf Quint., inst 3,8,10f.; 4,2,11f. (s. bes. 3,8,11: *extrinsecus possunt pertinentia ad deliberationem multa narrari*). Vgl. nochmals Aristot., rhet 3,16,11(1417b).

317 S. dazu nur LAUSBERG, Handbuch, § 229. Vgl. o. Kap. 1 Anm. 114.

318 S. dazu bes. Quint., inst 3,8,22.26.29.41.

chem Zweck der Apostel in der *narratio* bemüht ist, durchaus und gerade auch im Blick auf seine Person das ἦθος (positiv) zu etablieren[319], läßt sich daran ablesen, wie er an *einer* – der nach 1,11 (ἀδελφοί) einzigen – Stelle, in 2,5, die Adressaten direkt einbezieht: Letztlich geht es nicht um ihr Urteil über die Paulus geltenden Vorhaltungen, vielmehr darum, daß bei den Galatern die „Wahrheit des Evangeliums bewahrt bleibt". Mit dieser sich in der Lebenspraxis von Christen erweisenden „Wahrheit" hat es nicht nur der Passus 2,1–10, sondern, wie 2,14a zeigt, auch noch der nachfolgende, 2,11–14, zu tun. Unerläßlich für die richtige Praxis, die der Apostel in Galatien – wie schon in Antiochien – für bedroht hält, ist freilich die Theorie. Und daß hier in zwei Schritten – einem wuchtigen kürzeren und einem von der Kraft des ersten profitierenden längeren – die Lage von Judenchristen und die von Heidenchristen zu durchdenken ist, deutet Paulus in 2,14b an.

Der Ansatzpunkt solchen Denkens, nämlich das – in der Bekehrung angeeignete – Christusgeschehen, kommt dann sogleich in 2,15–21 nachdrücklich zum Ausdruck, war indes schon im amplifizierten Briefpräskript[320] angesprochen worden[321], wo es von Christus heißt: τοῦ δόντος ἑαυτὸν ὑπὲρ τῶν ἁμαρτιῶν ἡμῶν, ὅπως ἐξέληται ἡμᾶς ἐκ τοῦ αἰῶνος τοῦ ἐνεστῶτος πονηροῦ κατὰ τὸ θέλημα τοῦ θεοῦ καὶ πατρὸς ἡμῶν (1,4). Was dieses Ereignis der Überwindung der Sünden und dieses Äons für Juden- und dann auch für Heidenchristen bedeutet, ist nach Paulus zu reflektieren. Dem Heilswillen Gottes und dem neuen Äon gemäß nämlich gilt es, postbaptismal sein Leben zu führen. Andernfalls erwiese man sich als παραβάτης (vgl. 2,18b). Während man diesen Terminus und entsprechende Aussagen selbstverständlich im Sinne des strikten Abratens zu verstehen hat, wird dazu zugeraten, dem Kreuz Christi und damit der καινὴ κτίσις zu entsprechen (vgl. 6,14–16)[322].

---

319 S. dazu (nochmals) KENNEDY, Rhetorical Criticism, 145, und HALL, Outline, 280(–282). Vgl. KOPTAK, Identification, 98 (und 105).

320 Vgl. etwa KENNEDY, Rhetorical Criticism, 147f., ferner o. Kap. 2 Anm. 322.

321 Vgl. SUHL, Galater, 274 (samt Anm. 27) und 284.

322 Vgl. dazu o. (bei) Anm. 66.299–307 (auch o. Kap. 2 [bei] Anm. 106), ferner o. (Kap. 3) (bei) Anm. 86 (sowie die dortigen Querverweise).

Schluß

Ob Paulus die Gründe derjenigen, die sich in Galatien beschneiden lassen wollten, und die derer, die sie dazu zu bewegen suchten, genau gekannt hat, wissen wir nicht. Deutlich ist indes geworden, daß er den seiner Theologie geltenden Vorwurf, sie lasse die Christen ethisch ohne verläßlichen Halt, ausmacht und hervorhebt. Obwohl der Apostel nicht leugnet, daß es in der christlichen Lebenspraxis – in Ausnahmefällen – zu Fehlverhalten kommen kann (s. bes. 6,1), billigt er die jedenfalls auch mit diesem Tatbestand begründete Konsequenz nicht, und zwar deshalb nicht, weil es seinem Verständnis nach damit zu einem viel gravierenderen Fehlverhalten käme: Man überträte das, was den neuen Äon bestimmt; man käme in Konflikt mit dem gottgewollten Christusgeschehen. Vor diesem „Sündenfall" des neuen Äons die Adressaten zu bewahren, darum bemüht sich Paulus.

Er tut das, indem er in bemerkenswert konsistenter und stringenter, verschiedentlich – aristotelische wie nicht-aristotelische – Syllogismen verwendender Gedankenführung vom Christusgeschehen aus argumentiert. Das in der Bekehrung angeeignete Kreuz Christi ist ihm Erkenntnisgrund für das, was es mit der Sünde, den Geboten Gottes und daher auch mit der Geschichte Israels auf sich hat. Diese Sachverhalte gelangen durch den, der gesandt wurde, „damit er die unter dem Gesetz loskaufe" (4,5a), in eine neue, in eine „objektive" Beleuchtung. Wenn Jesus Christus diese Israel betreffende Aufgabe zukommt und er sich, wie es das den Christen gemeinsame Bekenntnis besagt (s. 1,4; vgl. 2,16.17a.20d; 3,13; 4,5a), „für unsere Sünden" hingab, dann ist das ernstzunehmen: Selbst der Judenchrist war bei seiner Bekehrung Sünder, und die von Gott gegebene, Israel von den „Sündern aus den Heiden" trennende Tora hat das nicht verhindern können und sollen. Davon, daß sie „objektiv" bei der Sünde behaftet und an Christus, den „Samen" Abrahams (s. 3,16), weist, hat der Heidenchrist zu lernen: Rettung ist allein bei Christus, und der Anschluß an ihn und damit das den neuen Status kennzeichnende πνεῦμα führen unmittelbar zur Gesetzeserfüllung. Wer seine Hoffnung dennoch „wieder" auf ἔργα νόμου setzt, hat nach Paulus nicht gelernt, was das Christusgeschehen Judenchristen über Israels Privilegien und insbesondere über das Gesetzesprivileg vorleben und – zumindest eigentlich – auch lernen ließ bzw. läßt (s. bes. 2,15–21). Und so wenig lernfähig sollten die Adressaten, die doch des Christus, des „Samens“ Abrahams, geworden und deshalb selbst „Same“ Abrahams sind (s. 3,29), nicht sein.

Von uns wird im Nachvollziehen solch paulinischer Lernanleitung schon das auffällige Vertrauen des Apostels in rationale Argumentationsabläufe zu bedenken sein. Vor allem aber werden wir uns wohl dem zu öffnen haben, daß es Paulus nicht um eine Beschreibung dessen geht, was im Judentum vor und neben Christus mit der Tora erfahren wurde und wird, sondern um einen Appell an Heidenchristen, der den heilsgeschichtlichen Vorrang Israels nicht angesichts der „allen Völkern“ geltenden Verheißung und Befreiung antastet, vielmehr in der Vorordnung judenchristlichen Erlebens und Heils wahrt. Insbesondere werden dabei – und das ist für eine Theologie nach dem Holocaust und im Zeitalter der Ökumene von einigem Belang – die ἔϱγα νόμου nicht im Sinne einer auf menschliche Leistungen bauenden „Werkgerechtigkeit“ aufgefaßt werden dürfen. Als, wie wir zu interpretieren Anlaß hatten, Gesetzesvorschriften gehen auch sie auf Gott zurück, verweisen auch sie auf ein *extra nos*. Aber das heißt, wie das Christusgeschehen nach Paulus zu schließen zwingt, eben nicht, daß sie und das Gesetz, das mit den (auf Gottes Gericht deutenden) Engeln in Zusammenhang gebracht wird (s. 3,19), Leben und Gerechtigkeit vermitteln könnten.

Muß man den auf die Tora bezogenen Beschneidungswunsch, muß man Orientierung an den Regelungen des Gesetzes im Sinne einer Hoffnung auffassen, welche die ἔϱγα νόμου als mit Christus konkurrierende Garanten des Heils begreift? Daß Paulus in seiner und seiner Adressaten Situation vom Christusbekenntnis aus keine andere Möglichkeit sah und ein solches Streben nicht als Adiaphoron werten konnte, leuchtet ein und will beachtet sein. Bei uns, 2000 Jahre nach dem Paulus als äonenwendend geltenden Christusgeschehen und in einer religionssoziologisch kaum noch vergleichbaren Lage, könnte indes der Blick auf vor allerlei Fährlichkeiten, wenn auch keineswegs vor jedem Fehlverhalten, bewahrende gute Regeln hilfreich sein, und die Konkurrenz zu Christus verbirgt sich heute möglicherweise an ganz anderen Stellen und bei ganz anderen Regelungen, als es die der Tora sind. Darüber wird indes auch in Kirche und Theologie unserer Tage wohl nur vom Christusgeschehen aus Klarheit zu gewinnen sein, das nicht zu „übertreten“ Paulus anrät.

Hinweise zu den Abkürzungen

Die wenigen in dieser Arbeit verwandten allgemeinen Abkürzungen sind gemäß S. SCHWERTNER, Theologische Realenzyklopädie. Abkürzungsverzeichnis, Berlin/New York 1976, IX-XIII, vorgenommen worden (freilich mit der leichten Modifikation, daß sowohl bei „s. o." als auch bei „s. u." beide Buchstaben als selbständig aufgefaßt wurden; also: Spatium, „o." für „oben" und „u." für „unten"); da indes zur Bezeichnung von Versteilen kleine lateinische Lettern (und für noch feinere Untergliederungen entsprechend griechische Buchstaben) benutzt wurden, ist zur besseren Unterscheidung davon „f." und „ff." statt „f" und „ff" für „folgende(r)" gesetzt worden. Außerdem wurde bei Bibelstellen nicht nur hinsichtlich der Septuaginta-Übersetzung „LXX" (s. ebd., XI), sondern analog in bezug auf die (Revision) Theodotions und Symmachus' „Θ" und „Σ" angefügt. Ferner meint „*v.l.*", ebenfalls so plaziert, „*varia lectio*", während „*pers.*" für „*persona*" (bzw. „Person") steht und (zumeist) den Kürzeln „*plur.*" und „*sing.*" vorangestellt ist. Schließlich: „bes." ist Abkürzung für „besonders" und „κτλ." für „καὶ τὰ λοιπά" (bzw. für „καὶ τὸ λοιπόν").

Auch für biblische Bücher und außerbiblisches antikes Schrifttum sind die Abbreviaturen so gebraucht worden, wie es von und bei SCHWERTNER, ebd., XIV-XVIII, vorgeschlagen wird; lediglich an den mit Spatium vorangestellten römischen Ziffern ist (gemäß ZNW 80, 1989, 136) nicht festgehalten worden (also etwa „1Thess" statt „I Thess"). Soweit darüber hinaus antike Schriftsteller und ihre Werke abkürzend bezeichnet worden sind, erfolgte das in Anlehnung an KP I, XXI-XXVI; dabei wurde jedoch (gemäß ZNW 80, 1989, 137) z.B. „Aristot., rhet" statt „Aristot.rhet." geschrieben.

Mit „KP" und „ZNW" sind soeben schon zwei Beispiele dafür gegeben worden, daß sich die für Lexika, Zeitschriften und Schriftenreihen (u.ä.) benutzten Siglen nach SCHWERTNER, Abkürzungsverzeichnis, 3–88.347–359 (bzw. 91–343.360–398), richten. Zusätzlich sind in diesem Bereich nur die folgenden, inzwischen recht oft begegnenden Abkürzungen gebraucht worden:

EWNT	-Exegetisches Wörterbuch zum Neuen Testament
JSNT	-Journal for the Study of the New Testament
JSNT.SS	-Journal for the Study of the New Testament. Supplement Series

JSOT.SS -Journal for the Study of the Old Testament. Supplement Series
RSR -Religious Studies Review

„Schwertner, Abkürzungsverzeichnis“ endlich kann als Exempel dafür dienen, wie innerhalb dieser Arbeit Sekundärliteratur unter Angabe (erstens) des oder der für die Abfassung oder die Herausgabe Verantwortlichen und (zweitens) eines Kurztitels herangezogen wurde. Die Kurztitel, (bei denen vorangestelltes „Rez.“ die [kürzeren] Rezensionen kenntlich macht und) unter denen „Gal“ und „Röm“ auf Kommentare zum Galater- bzw. Römerbrief verweisen, lassen sich (leicht und eindeutig) mit Hilfe des Literaturverzeichnisses entschlüsseln. Ausnahmen bilden dabei (neben „Schwertner, Abkürzungsverzeichnis“) die folgenden Festlegungen, die lediglich im Literaturverzeichnis selbst Verwendung finden:

Bühler/Habermacher, Narration – P. Bühler/J.-F. Habermacher [Hg.], La Narration. Quand le récit devient communication (Lieux théologiques 12), Genf 1988

Festschrift C.K. Barrett (1982) – Paul and Paulinism. Essays in honour of C.K. Barrett, hg. v. M.D. Hooker/ S.G. Wilson, London 1982

Festschrift E.E. Ellis (1987) – Tradition and Interpretation in the New Testament. Essays in Honor of E. Earle Ellis for His 60th Birthday, hg. v. G.F. Hawthorne/O. Betz, Grand Rapids, Michigan/Tübingen 1987

Räisänen, Torah – H. Räisänen, The Torah and Christ. Essays in German and English on the Problem of the Law in Early Christianity (Publications of the Finnish Exegetical Society 45), Helsinki 1986

Schanze/Kopperschmidt, Rhetorik – H. Schanze/J. Kopperschmidt (Hg.), Rhetorik und Philosophie, München 1989

Vanhoye, L'Apôtre Paul – A. Vanhoye [Hg.], L'Apôtre Paul. Personnalité, style et conception du ministère (BEThL 73), Löwen 1986

Literaturverzeichnis

ALTHAUS, P., Adolf Schlatters Verhältnis zur Theologie Luthers, in: DERS., Um die Wahrheit des Evangeliums. Aufsätze und Vorträge, Stuttgart 1962, 145–157 (zuerst 1953)

–, Paulus und Luther über den Menschen. Ein Vergleich (SLA 14), Gütersloh 1938

ANDERSON, H.G./T.A. MURPHY/J.A. BURGESS (Hg.), Justification by Faith. Lutherans and Catholics in Dialogue VII, Augsburg, Minneapolis 1985

AUNE, D.E., Rez. von: H.D. Betz, Galatians. A Commentary on Paul's Letter to the Churches in Galatia (Hermeneia), Philadelphia 1979, in: RSR 7, 1981, 323–328

BACHMANN, M., Noch einmal: 1Kor 15,12ff und Logik, in: LingBibl 59, Juni 1987, 100–104

–, Rezeption von 1. Kor. 15 (V. 12ff.) unter logischem und unter philologischem Aspekt, in: LingBibl 51, Juni 1982, 79–103

–, Zur Gedankenführung in 1. Kor 15,12ff., in: ThZ 34, 1978, 265–276

BAMMEL, E., Gottes ΔΙΑΘΗΚΗ (Gal. III 15–17.) und das jüdische Rechtsdenken, in: NTS 6, 1959–1960, 313–319

BANDSTRA, A.J., The Law and the Elements of the World. An Exegetical Study in Aspects of Paul's Teaching, Kampen 1964

BARCLAY, J.M.G., Mirror-Reading a Polemical Letter: Galatians as a Test Case, in: JSNT 31, 1987, 73–93

BARRETT, C.K., The Allegory of Abraham, Sarah, and Hagar in the Argument of Galatians, in: DERS., Essays on Paul, London 1982, 154–170 (zuerst 1976)

BARTH, M., Gottes und des Nächsten Recht (Eine Studie über den sozialen Charakter der Rechtfertigung bei Paulus), in: ΠΑΡΡΗΣΙΑ. Karl Barth zum achtzigsten Geburtstag am 10. Mai 1966 [hg. v. E. BUSCH/J. FANGMEIER/M. GEIGER], Zürich 1966, 447–469

–, Jews and Gentiles: The Social Character of Justification in Paul, in: JES 5, 1968, 241–267 (= Übersetzung/Überarbeitung von: DERS., Recht)

–, The Kerygma of Galatians, in: Interp. 21, 1967, 131–146

–, Rechtfertigung. Versuch einer Auslegung paulinischer Texte im Rahmen des Alten und Neuen Testamentes (ThSt(B) 90), Zürich 1969

–, Die Stellung des Paulus zu Gesetz und Ordnung, in: EvTh 33, 1973, 496–526

Caroli Ludovici BAUERi Logica Paullina, vel notatio rationis, qua utatur Paullus apostolus in verbis adhibendis, interpretando, definiendo, enuntiando, argumentando, et methodo universa: in usum exegeseos et doctrinae sacrae. Halae Magdeburgicae impensis orphanotrophei MDCCLXXIV

BAUER, W., Griechisch-deutsches Wörterbuch zu den Schriften des Neuen Testaments und der frühchristlichen Literatur, 6., völlig neu bearb. Aufl., im Institut für neutestamentliche Textforschung/Münster unter besonderer Mitwirkung von V. REICHMANN hg. v. K. ALAND/B. ALAND, Berlin/New York 1988

BAUERNFEIND, O., Der Schluß der antiochenischen Paulusrede, in: DERS., Kommentar und Studien zur Apostelgeschichte (WUNT 22), hg. v. V. METELMANN, Tübingen 1980, 449–463 (zuerst 1954)

BAUMBACH, G., Schriftbenutzung und Schriftauswahl im Rheinischen Synodalbeschluß, in: EvTh 48, 1988, 419–431

BAUMGARTEN, J.M., Studies in Qumran Law (SJLA 24), Leiden 1977

BAUR, J., Einig in Sachen Rechtfertigung? Zur Prüfung des Rechtfertigungskapitels der Studie des Ökumenischen Arbeitskreises evangelischer und katholischer Theologen: „Lehrverurteilungen – kirchentrennend?", Tübingen 1989

BECK, I., Altes und neues Gesetz. Eine Untersuchung über die Kompromißlosigkeit des paulinischen Denkens, in: MThZ 15, 1964, 127–142

BECKER, J., Der Brief an die Galater (NTD 8, 1–85; 16., durchg. Aufl.), 3. Aufl. dieser Bearb., Göttingen/Zürich 1985

–, Paulus. Der Apostel der Völker, Tübingen 1989

BEKER, J.Ch., Paul the Apostle. The Triumph of God in Life and Thought, Edinburgh 1980

BELLEVILLE, L.L., ‚Under Law': Structural Analysis and the Pauline Concept of Law in Galatians 3.21–4.11, in: JSNT 26, 1986, 53–78

BERÉNYI, G., Gal 2,20: A Pre-Pauline or a Pauline Text?, in: VANHOYE, L'Apôtre Paul, 340–344 (zuerst [in ausführlicherer Form] 1984)

BERGER, K., Apostelbrief und apostolische Rede/Zum Formular frühchristlicher Briefe, in: ZNW 65, 1974, 190–231

–, Exegese des Neuen Testaments. Neue Wege vom Text zur Auslegung (UTB 658), Heidelberg 1977

–, Formgeschichte des Neuen Testaments, Heidelberg 1984

BERTRAM, G., Art. ἔργον κτλ., in: ThWNT II (1935), 631–653

BETZ, H.D., Der Galaterbrief. Ein Kommentar zum Brief des Apostels Paulus an die Gemeinden in Galatien (Hermeneia), München 1988 (= Übersetzung von: DERS., Galatians. A Commentary on Paul's Letter to the Churches in Galatia [Hermeneia], Philadelphia 1979)

–, The Literary Composition and Function of Paul's Letter to the Galatians, in: NTS 21, 1975, 353–379

–, The Problem of Rhetoric and Theology according to the Apostle Paul, in: VANHOYE, L'Apôtre Paul, 17–48

–, 2 Corinthians 8 and 9. A Commentary on Two Administrative Letters of the Apostle Paul (Hermeneia), Philadelphia 1985

BETZ, O., Der gekreuzigte Christus, unsere Weisheit und Gerechtigkeit (Der alttestamentliche Hintergrund von 1.Korinther 1–2), in: Festschrift E.E. Ellis (1987), 195–215

(H.L. STRACK/)BILLERBECK, P., Kommentar zum Neuen Testament aus Talmud und Midrasch, Bd. I–IV, München 1922–1928

BLACK II, C.C., The Rhetorical Form of the Hellenistic Jewish and Early Christian Sermon: A Response to Lawrence Wills, in: HThR 81, 1988, 1–18

BLANK, J., Warum sagt Paulus: „Aus Werken des Gesetzes wird niemand gerecht"?, in: EKK.V 1, 1969, 79–95

BLASS, F./A. DEBRUNNER, Grammatik des neutestamentlichen Griechisch, bearb. v. F. REHKOPF, 14., völlig neubearb. und erw. Aufl., Göttingen 1976

BLIGH, J., Galatians. A Discussion of St. Paul's Epistle (HousCom 1), London 1969 (Abkürzung: Discussion)

–, Galatians in Greek, Detroit 1966 (Abkürzung: Gal)

BOCHEŃSKI, J.M., Formale Logik (OA III,2), 3. Aufl. (unv. Nachdr. der 2., erw. Aufl.), Freiburg/Münster 1970

BOER, M.C. DE, The Defeat of Death. Apocalyptic Eschatology in 1 Corinthians 15 and Romans 5 (JSNT.SS 22), Sheffield 1988

BÖTTGER, P.C., Paulus und Petrus in Antiochien. Zum Verständnis von Galater 2. 11–21, in: NTS 37, 1991, 77–100

BONNARD, P., L'épitre de saint Paul aux Galates (CNT(N) IX, 1–132), Neuchatel/Paris 1953

BORNEMANN, E., Griechische Grammatik, unter Mitw. v. E. RISCH, Frankfurt am Main/Berlin/München 1973

BORNKAMM, G., Glaube und Vernunft bei Paulus, in: DERS., Studien zu Antike und Urchristentum. Gesammelte Aufsätze II (BEvTh 28), München 1963, 119–137 (zuerst 1957 bzw. 1957/58)

–, Paulus (Urban-Taschenbücher 119), 2., durchg. Aufl., Stuttgart/Berlin/Köln/Mainz 1969
–, Theologie als Teufelskunst. Römer 3,1–9, in: DERS., Geschichte und Glaube II. Gesammelte Aufsätze IV (BEvTh 53), München 1971, 140–148
BORSE, U., Der Brief an die Galater (RNT), Regensburg 1984
–, Der Standort des Galaterbriefes (BBB 41), Köln 1972
BOUCHARD, G./R. VALOIS, (Nouvelle) rhétorique et syllogisme, in: LTP 39, 1983, 127–150
BOUSSET, W., Der Brief an die Galater (SNT II, 31–74), 3., verb. und verm. Aufl., Göttingen 1917
BOUWMAN, G., „Christus Diener der Sünde". Auslegung von Galater 2, 14b–18, in: Bijdr. 40, 1979, 44–54
–, Die Hagar- und Sara-Perikope (Gal 4,21–31). Exemplarische Interpretation zum Schriftbeweis bei Paulus, in: ANRW II,25,4 (1987), 3135–3155
BRANDENBURGER, E., Adam und Christus. Exegetisch-religionsgeschichtliche Untersuchung zu Röm. 5_{12-21} (1.Kor. 15) (WMANT 7), Neukirchen-Vluyn 1962
BRING, R., Der Brief des Paulus an die Galater, Berlin/Hamburg 1968
BRINSMEAD, B.H., Galatians – Dialogical Response to Opponents (SBLDS 65), Chico, California 1982
BROOKE, G.J., Exegesis at Qumran. 4QFlorilegium in its Jewish Context (JSOT.SS 29), Sheffield 1985
BRUCE, F.F., The Epistle of Paul to the Galatians. A Commentary on the Greek Text (The New International Greek Testament Commentary), Exeter 1982
BUCHER, Th.G., Nochmals zur Beweisführung in 1.Korinther 15,12–20, in: ThZ 36, 1980, 129–152
BÜCHSEL, F., Art. δίδωμι κτλ., in: ThWNT II (1935), 168–175
BÜNKER, M., Briefformular und rhetorische Disposition im 1.Korintherbrief (GTA 28), Göttingen 1984
BULTMANN, R., Der Stil der paulinischen Predigt und die kynisch-stoische Diatribe (FRLANT 13), Göttingen 1910
–, Theologie des Neuen Testaments (NTG), 6., durchg. Aufl., Tübingen 1968
–, Zur Auslegung von Galater 2,15–18, in: DERS., Exegetica. Aufsätze zur Erforschung des Neuen Testaments, ausgew., eingel. und hg. v. E. DINKLER, Tübingen 1967, 394–399 (zuerst 1952)
BURCHARD, Ch., Nächstenliebegebot, Dekalog und Gesetz in Jak 2,8–11, in: Die Hebräische Bibel und ihre zweifache Nachgeschichte. Festschrift für Rolf Rendtorff zum 65. Geburtstag, hg. v. E. BLUM/Ch. MACHOLZ/E.W. STEGEMANN, Neukirchen-Vluyn 1990, 517–533
BURGESS, J.A.: s. ANDERSON, H.G./...
BURTON, E. DE WITT, A Critical and Exegetical Commentary on the Epistle to the Galatians (ICC), Edinburgh 1921
BUSCEMI, A.M., Gal 4,12–20: Un argomento di amicizia, in: SBFLA 34, 1984, 67–108
–, La struttura letteraria di Gal 2,14b–21, in: SBFLA 31, 1981, 59–74
–, Lo sviluppo strutturale e contenutistico in Gal 6,11–18, in: SBFLA 33, 1983, 153–192
CAMPBELL, D.H., The Identity of ἐγώ in Romans 7: 7–25, in: Studia Biblica III. Papers on Paul and Other New Testament Authors. Sixth International Congress on Biblical Studies. Oxford 3–7 April 1978, hg. v. E.A. LIVINGSTONE (JSNT.SS 3), Sheffield 1980, 57–64
CLASSEN, C.J., Paulus und die antike Rhetorik, in: ZNW 82, 1991, 1–33
COSERIU, E., Synchronie, Diachronie und Geschichte. Das Problem des Sprachwandels (Internationale Bibliothek für Allgemeine Linguistik 3), München 1974
COSGROVE, Ch.H., Justification in Paul: A Linguistic and Theological Reflection, in: JBL 106, 1987, 653–670
–, The Law Has Given Sarah No Children (Gal. 4: 21–30), in: NT 29, 1987, 219–235
CRANFIELD, C.E.B., Changes of Person and Number in Paul's Epistles, in: Festschrift C.K. Barrett (1982), 280–289
–, Giving a Dog a Bad Name. A Note on H. Räisänen's *Paul and the Law*, in: JSNT 38, 1990, 77–85

–, St. Paul and the Law, in: SJTh 17, 1964, 43–68

DAHL, N.A., Studies in Paul. Theology for the Early Christian Mission, Minneapolis, Minnesota 1977

DASSMANN, E., Der Stachel im Fleisch. Paulus in der frühchristlichen Literatur bis Irenäus, Münster 1979

DAUTZENBERG, G., Rez. von: H. Hübner, Das Gesetz bei Paulus. Ein Beitrag zum Werden der paulinischen Theologie (FRLANT 119), Göttingen 1978, in: BZ NF 25, 1981, 141f.

DAVIES, W.D., Galatians: A Commentary on Paul's Letter to the Churches in Galatia, in: DERS., Jewish and Pauline Studies, Philadelphia 1984, 172–188 (zuerst [erschien diese Rezension des Galaterbriefkommentars von H.D. Betz] 1981)

–, Paul and the Law: Reflections on Pitfalls in Interpretation, ebd., 91–122.329–341 (zuerst 1982)

DEBRUNNER, A.: s. BLASS, F./...

DEHN, G., Gesetz oder Evangelium? Eine Einführung in den Galaterbrief (UCB 9), Berlin 1938

DELITZSCH, F., Paulus des Apostels Brief an die Römer, aus dem griechischen Urtext auf Grund des Sinai-Codex in das Hebräische übersetzt und aus Talmud und Midrasch erläutert, Leipzig 1870

DONALDSON, T.L., The Curse of the Law and the Inclusion of the Gentiles: Galatians 3.13–14, in: NTS 32, 1986, 94–112

DOPP, J., Formale Logik (PhL(D) 3), Einsiedeln/Zürich/Köln 1969

DRANE, J.W., Paul, Libertine or Legalist? A Study in the Theology of the Major Pauline Epistles, London 1975

DUBUIS, E., Paul et la narration de soi en Galates 1 et 2, in: BÜHLER/HABERMACHER, Narration, 163–173

DÜLMEN, A. VAN, Die Theologie des Gesetzes bei Paulus (SBM 5), Stuttgart 1968

DUNCAN, G.S., The Epistle of Paul to the Galatians (MNTC), London 1934

DUNN, J.D.G., The New Perspective on Paul, in: BJRL 65, 1983, 95–122

–, Works of the Law and the Curse of the Law (Galatians 3.10–14), in: NTS 31, 1985, 523–542

EBELING, G., Die Wahrheit des Evangeliums. Eine Lesehilfe zum Galaterbrief, Tübingen 1981

ECKERT, J., Die urchristliche Verkündigung im Streit zwischen Paulus und seinen Gegnern nach dem Galaterbrief (BU 6), Regensburg 1971

ECKSTEIN, H.-J., „Nahe ist dir das Wort". Exegetische Erwägungen zu Röm 10_8, in: ZNW 79, 1988, 204–220

EGGER, W., Galaterbrief (Die Neue Echter Bibel 9), Würzburg 1985

EPP, E.J., Jewish-Gentile Continuity in Paul: Torah and/or Faith? (Romans 9:1–5), in: HThR 79, 1986, 80–90

FARAHIAN, E., Le „je" paulinien. Etude pour mieux comprendre Gal. 2,19–21 (AnGr 253), Rom 1988

FEINE, P., Das gesetzesfreie Evangelium des Paulus nach seinem Werdegang dargestellt, Leipzig 1899

FELD, H., „Christus Diener der Sünde". Zum Ausgang des Streites zwischen Petrus und Paulus, in: ThQ 153, 1973, 119–131

FITZMYER, J.A., The Qumran Scrolls and the New Testament after Forty Years, in: RdQ 13, 1988, 609–620

FLUSSER, D., „Durch das Gesetz dem Gesetz gestorben" (Gal 2,19), in: Jud. 43, 1987, 30–46

–, Paul's Jewish-Christian Opponents in the Didache, in: Gilgul. Essays on Transformation, Revolution and Permanence in the History of Religions, dedicated to R.J.Z. Werblowsky (SHR 50), hg. v. Sh. SHAKED, Leiden 1987, 71–90

FRANKEMÖLLE, H., Biblische Handlungsanweisungen. Beispiele pragmatischer Exegese, Mainz 1983

FRIEDRICH, G., Muß ὑπακοὴ πίστεως Röm 1$_5$ mit „Glaubensgehorsam" übersetzt werden?, in: ZNW 72, 1981, 118–123

FUHRMANN, M., Die antike Rhetorik. Eine Einführung (Artemis Einführungen 10), München/Zürich 1984

GASTON, L., Paul and the Torah, Vancouver 1987

GORDON, T.D., A Note on ΠΑΙΔΑΓΩΓΟΣ in Galatians 3.24–25, in: NTS 35, 1989, 150–154

GÜLICH, E./W. RAIBLE, Linguistische Textmodelle. Grundlagen und Möglichkeiten (UTB 130), München 1977

–/–, Überlegungen zu einer makrostrukturellen Textanalyse. J. Thurber, *The Lover and his Lass*, in: E. GÜLICH/K. HEGER/W. RAIBLE, Linguistische Textanalyse. Überlegungen zur Gliederung von Texten (Papiere zur Textlinguistik 8), 2., durchg. und erg. Aufl., Hamburg 1979, 73–126/147

GUNDRY, R.H., Grace, Works, and Staying Saved in Paul, in: Bib. 66, 1985, 1–38

HAHN, F., Das Gesetzesverständnis im Römer- und Galaterbrief, in: ZNW 67, 1976, 29–63

–, Taufe und Rechtfertigung. Ein Beitrag zur paulinischen Theologie in ihrer Vor- und Nachgeschichte, in: Rechtfertigung. Festschrift für Ernst Käsemann zum 70. Geburtstag, hg. v. J. FRIEDRICH/W. PÖHLMANN/P. STUHLMACHER, Tübingen/Göttingen 1976, 95–124

HALL, R.G., The Rhetorical Outline for Galatians. A Reconsideration, in: JBL 106, 1987, 277–287

HAMERTON-KELLY, R.G., Sacred Violence and the Curse of the Law (Galatians 3. 13): The Death of Christ as a Sacrificial Travesty, in: NTS 36, 1990, 98–118

HANSEN, G.W., Abraham in Galatians. Epistolary and Rhetorical Contexts (JSNT. SS 29), Sheffield 1989

HANSON, A.T., The Origin of Paul's Use of ΠΑΙΔΑΓΩΓΟΣ for the Law, in: JSNT 34, 1988, 71–76

HARNACK, A. VON, Marcion: Das Evangelium vom fremden Gott. Eine Monographie zur Geschichte der Grundlegung der katholischen Kirche, 2., verb. und verm. Aufl. (TU 45), Leipzig 1924

HARNISCH, W., Einübung des neuen Seins. Paulinische Paränese am Beispiel des Galaterbriefs, in: ZThK 84, 1987, 279–296

HARWEG, R., Zum textologischen Status von *wieder*. Ein präliminarischer Beitrag zu einer Theorie polytoper Texte, in: Orbis. Bulletin international de Documentation linguistique 18, 1969, 13–45

HASLER, V., Glaube und Existenz. Hermeneutische Erwägungen zu Gal. 2,15–21, in: ThZ 25, 1969, 241–251

HAUBECK, W., Loskauf durch Christus. Herkunft, Gestalt und Bedeutung des paulinischen Loskaufmotivs, Giessen/Basel/Witten 1985

HAYS, R.B., Christology and Ethics in Galatians: The Law of Christ, in: CBQ 49, 1987, 268–290

–, The Faith of Jesus Christ. An Investigation of the Narrative Substructure of Galatians 3:1–4:11 (SBLMS 56), Chico, California 1983

HEILIGENTHAL, R., Art. ἔργον, in: EWNT II (1981), 123–127

–, Soziologische Implikationen der paulinischen Rechtfertigungslehre im Galaterbrief am Beispiel der „Werke des Gesetzes". Beobachtungen zur Identitätsfindung einer frühchristlichen Gemeinde, in: Kairos 26, 1984, 38–53

–, Werke als Zeichen. Untersuchungen zur Bedeutung der menschlichen Taten im Frühjudentum, Neuen Testament und Frühchristentum (WUNT II,9), Tübingen 1983

HENGEL, M., Der Jakobusbrief als antipaulinische Polemik, in: Festschrift E.E. Ellis (1987), 248–278

HESTER, J.D., The Rhetorical Structure of Galatians 1:11–2:14, in: JBL 103, 1984, 223–233

HOFIUS, O., Das Gesetz des Mose und das Gesetz Christi, in: DERS., Paulusstudien (WUNT 51), Tübingen 1989, 50–74 (zuerst 1983)

–, „Rechtfertigung des Gottlosen“ als Thema biblischer Theologie, ebd., 121–147 (zuerst 1987)

–, Wort Gottes und Glaube bei Paulus, ebd., 148–174

HOLSTEN, C., Das Evangelium des Paulus. Teil I: Die äußere entwicklungsgeschichte des paulinischen evangeliums. Abteilung 1. Der brief an die gemeinden Galatiens und der erste brief an die gemeinde in Korinth, Berlin 1880

–, Das Evangelium des Paulus. Teil II: Paulinische theologie, nebst einem Anhang: „Die gedankengänge der paulinischen Briefe“, hg. und mit einem abriss von Holsten's leben eingel. v. P. MEHLHORN, Berlin 1898

HOMMEL, H., Denen, die Gott lieben... Erwägungen zu Römer 8,28, in: ZNW 80, 1989, 126–129

–, Art. Rhetorik, in: LAW, 2611–2626

HOOKER, M.D., Paul and ‚Covenantal Nomism‘, in: Festschrift C.K. Barrett (1982), 47–56

HOWARD, G., Paul: Crisis in Galatia. A Study in Early Christian Theology (MSSNTS 35), Cambridge 1979

HÜBNER, H., Art. Galaterbrief, in: TRE XII (1984), 5–14

–, Der Galaterbrief und das Verhältnis von antiker Rhetorik und Epistolographie, in: ThLZ 109, 1984, 241–250

–, Gal 3,10 und die Herkunft des Paulus, in: KuD 19, 1973, 215–231

–, Das ganze und das eine Gesetz. Zum Problemkreis Paulus und die Stoa, in: KuD 21, 1975, 239–256

–, Das Gesetz bei Paulus. Ein Beitrag zum Werden der paulinischen Theologie (FRLANT 119), 2., erg. Aufl., Göttingen 1980

–, Methodologie und Theologie. Zu neueren Ansätzen in der Paulusforschung, in: KuD 33, 1987, 150–176.303–329

–, Pauli theologiae proprium, in: NTS 26, 1979–1980, 445–473

–, Paulusforschung seit 1945. Ein kritischer Literaturbericht, in: ANRW II,25,4 (1987), 2649–2840

–, Was heißt bei Paulus „Werke des Gesetzes“?, in: Glaube und Eschatologie. Festschrift für Werner Georg Kümmel zum 80. Geburtstag, hg. v. E. GRÄSSER/O. MERK, Tübingen 1985, 123–133

JEGHER-BUCHER, V., Formgeschichtliche Betrachtung zu Galater 2,11–16. Antwort an James D. Hester, in: ThZ 46, 1990, 305–321

JEREMIAS, J., Die Gedankenführung in Röm 4. Zum paulinischen Glaubensverständnis, in: M. BARTH u.a., Foit et Salut selon S. Paul (Épître aux Romains 1,16). Colloque oecumenique à l'abbaye de S. Paul hors les murs, 16–21 Avril 1968 (AnBib 42), Rom 1970, 51–58

JOHANSON, B.C., To All the Brethren. A Text-Linguistic and Rhetorical Approach to I Thessalonians (CB.NT 16), Stockholm 1987

JÜNGEL, E., Paulus und Jesus. Eine Untersuchung zur Präzisierung der Frage nach dem Ursprung der Christologie (HUTh 2), Tübingen 1962

KÄSEMANN, E., An die Römer (HNT 8a), 3., überarb. Aufl., Tübingen 1974

–, Paulinische Perspektiven, 2., durchg. Aufl., Tübingen 1972

KENNEDY, G.A., Classical Rhetoric and Its Christian and Secular Tradition from Ancient to Modern Times, London 1980

–, New Testament Interpretation through Rhetorical Criticism (SR), Chapel Hill/London 1984

KERTELGE, K., Art. δικαιοσύνη, in: EWNT I (1980), 784–796

–, Art. δικαιόω, in: EWNT I (1980), 796–808

–, „Rechtfertigung“ bei Paulus. Studien zur Struktur und zum Bedeutungsgehalt des paulinischen Rechtfertigungsbegriffs (NTA NF 3), Münster 1967

KIEFFER, R., Die Bedeutung der modernen Linguistik für die Auslegung biblischer Texte, in: ThZ 30, 1974, 223–233

–, Die Bibel deuten – das Leben deuten. Einführung in die Theologie des Neuen Testaments, Regensburg 1987

–, Foi et justification à Antioche. Interprétation d'un conflit (Ga 2, 14–21) (LeDiv 111), Paris 1982

KILPATRICK, G.D., Gal 2₁₄ ὀρθοποδοῦσιν, in: Neutestamentliche Studien für Rudolf Bultmann zu seinem siebzigsten Geburtstag am 20. August 1954 (BZNW 21) [hg. v. W. ELTESTER u.a.], Berlin 1954, 269–274

–, Peter, Jerusalem and Galatians 1 : 13–2:14, in: NT 25, 1983, 318–326

KIM, S., The Origin of Paul's Gospel (WUNT II,4), Tübingen 1981

KINDER, E., Die evangelische Lehre von der Rechtfertigung. Ausgew. und eingel. (QKK.P 1), Lüneburg 1957

KING, D.H., Paul and the Tannaim: A Study in Galatians, in: WThJ 45, 1983, 340–370

KIRCHSCHLÄGER, W., Zu Herkunft und Aussage von Gal 1,4, in: VANHOYE, L'Apôtre Paul, 332–339

KITZBERGER, I., Bau der Gemeinde. Das paulinische Wortfeld οἰκοδομή/(ἐπ)οικοδομεῖν (fzb 53), Würzburg 1986

KLEIN, G., Art. Gesetz III. Neues Testament, in: TRE XIII (1984), 58–75

–, Individualgeschichte und Weltgeschichte bei Paulus. Eine Interpretation ihres Verhältnisses im Galaterbrief, in: DERS., Rekonstruktion und Interpretation. Gesammelte Aufsätze zum Neuen Testament (BEvTh 50), München 1969, 180–224 (zuerst, abgesehen vom „Nachtrag" [221–224], 1964)

–, Ein Sturmzentrum der Paulusforschung, in: VF 33, 1988, 40–56

–, Sündenverständnis und theologia crucis, in: Theologia Crucis – Signum Crucis. Festschrift für Erich Dinkler, hg. v. C. ANDRESEN/G. KLEIN, Tübingen 1979, 249–282

KLEIN, J., Der Syllogismus als Bindeglied zwischen Philosophie und Rhetorik. Anmerkungen aus sprechhandlungstheoretischer Perspektive, in: SCHANZE/KOPPERSCHMIDT, Rhetorik, 35–54

KOCH, D.-A., Die Schrift als Zeuge des Evangeliums. Untersuchungen zur Verwendung und zum Verständnis der Schrift bei Paulus (BHTh 69), Tübingen 1986

–, Der Text von Hab 2₄b in der Septuaginta und im Neuen Testament, in: ZNW 76, 1985, 68–85

KONDAKOW, N.J., Wörterbuch der Logik, 2., neubearb. Aufl., Leipzig 1983

KOPPERSCHMIDT, J., Methodik der Argumentationsanalyse (problemata 119), Stuttgart-Bad Cannstatt 1989

– (Hg.), Rhetorik. Bd. I: Rhetorik als Texttheorie, Darmstadt 1990

KOPTAK, P.E., Rhetorical Identification in Paul's Autobiographical Narrative Galatians 1.13–2.14, in: JSNT 40, 1990, 97–113

KRIMMER, H., Galaterbrief (Bibel-Kommentar 13), Neuhausen-Stuttgart 1981

KÜMMEL, W.G., „Individualgeschichte" und „Weltgeschichte" in Gal 2,15–21, in DERS., Heilsgeschehen und Geschichte. Bd. II: Gesammelte Aufsätze 1965–1977, hg. v. E. GRÄSSER/O. MERK (MThSt 16), Marburg 1978, 130–142 (zuerst 1973)

KUHLI, H., Art. Ἰουδαῖος, in: EWNT II (1981), 472–482

KUSS, O., Nomos bei Paulus, in: MThZ 17, 1966, 173–227

LAMBRECHT, J., Gesetzesverständnis bei Paulus, in: Das Gesetz im Neuen Testament (QD 108), hg. v. K. KERTELGE, Freiburg/Basel/Wien 1986, 88–127

–, The Line of Thought in Gal. 2. 14*b*–21, in: NTS 24, 1978, 484–495

–, Once Again Gal 2,17–18 and 3,21, in: EThL 63, 1987, 148–153

–, Unreal Conditions in the Letters of Paul. A Clarification, in: EThL 63, 1987, 153–156

LAUSBERG, H., Elemente der literarischen Rhetorik. Eine Einführung für Studierende der klassischen, romanischen, englischen und deutschen Philologie, 3., durchg. Aufl., München 1967

–, Handbuch der literarischen Rhetorik. Eine Grundlegung der Literaturwissenschaft, 2 Bde., 2., durch einen Nachtr. verm. Aufl., München 1973

LEHMANN, K./W. PANNENBERG (Hg.), Lehrverurteilungen – kirchentrennend? Bd. I:

Rechtfertigung, Sakramente und Amt im Zeitalter der Reformation und heute (Dialog der Kirchen. Veröffentlichungen des Ökumenischen Arbeitskreises evangelischer und katholischer Theologie 4), Freiburg im Breisgau/Göttingen 1986
LICHTENBERGER, H., Literatur zum Antiken Judentum, in: VF 33, 1988, 2–19
LIEBERS, R., Das Gesetz als Evangelium. Untersuchungen zur Gesetzeskritik des Paulus (AThANT 75), Zürich 1989
LIETZMANN, H., An die Galater (HNT 10), 3. Aufl., Tübingen 1932
–, Einführung in die Textgeschichte der Paulusbriefe. An die Römer (HNT 8), 4. Aufl., Tübingen 1933
LIGHTFOOT, J.B., The Epistle of St. Paul to the Galatians, London 1865
LIM, T.H., ‚Not in persuasive words of wisdom, but in the demonstration of the Spirit and power', in: NT 29, 1987, 137–149
LINDEMANN, A., Die biblischen Toragebote und die paulinische Ethik, in: Studien zum Text und zur Ethik des Neuen Testaments. Festschrift zum 80. Geburtstag von Heinrich Greeven (BZNW 47), hg. v. W. SCHRAGE, Berlin/New York 1986, 242–265
–, Die Gerechtigkeit aus dem Gesetz. Erwägungen zur Auslegung und zur Textgeschichte von Römer 10_5, in: ZNW 73, 1982, 231–250
–, Paulus im ältesten Christentum. Das Bild des Apostels und die Rezeption der paulinischen Theologie in der frühchristlichen Literatur bis Marcion (BHTh 58), Tübingen 1979
LÖWY, M., Die Paulinische Lehre vom Gesetz. Nach ihren Quellen untersucht, in: MGWJ 47, 1903, 322–339.417–433.534–544; 48, 1904, 268–276.321–327.400–416
LOHMEYER, E., Probleme paulinischer Theologie, Darmstadt 1954
LOHSE, E., „Wir richten das Gesetz auf!" Glaube und Thora im Römerbrief, in: DERS., Die Vielfalt des Neuen Testaments. Exegetische Studien zur Theologie des Neuen Testaments, Göttingen 1982, 121–127 (zuerst 1977)
LONGENECKER, R.N., The Pedagogical Nature of the Law in Galatians 3:19–4:7, in: JETS 25, 1982, 53–61
LÜDEMANN, G., Paulus, der Heidenapostel, Bd. I–II (FRLANT 125/130), Göttingen 1980/1983
LÜHRMANN, D., Der Brief an die Galater (ZBK, Neues Testament 7), 2. Aufl., Zürich 1988
–, Tage, Monate, Jahreszeiten, Jahre (Gal 4,10), in: Werden und Wirken des Alten Testaments. Festschrift für Claus Westermann zum 70. Geburtstag, hg. v. R. ALBERTZ u.a., Göttingen/Neukirchen-Vluyn 1980, 428–445
–, Die 430 Jahre zwischen den Verheißungen und dem Gesetz (Gal 3,17), in: ZAW 100, 1988, 420–423
LULL, D.J., „The Law Was Our Pedagogue": A Study in Galatians 3:19–25, in: JBL 105, 1986, 481–498
LUZ, U., Das Geschichtsverständnis des Paulus (BEvTh 49), München 1968
–: s. SMEND, R./...
LYONNET, S., Les Épîtres de Saint Paul aux Galates, aux Romains (SB(J)), Paris 1953
MACK, B.L., Rhetoric and the New Testament (Guides to biblical scholarship. New Testament series), Minneapolis 1990
MALHERBE, A.J., MH ΓΕΝΟΙΤΟ in the Diatribe and Paul, in: HThR 73, 1980, 231–240
MARTIN, B.L., Paul on Christ and the Law, in: JETS 26, 1983, 271–282
MARTIN, J., Antike Rhetorik. Technik und Methode (Handbuch der Altertumswissenschaft II,3), München 1974
MARTYN, J.L., Apocalyptic Antinomies in Paul's Letter to the Galatians, in: NTS 31, 1985, 410–424
–, A Law-Observant Mission to Gentiles: The Background of Galatians, in: SJTh 38, 1985, 307–324 (zuerst 1983)
–, Paul and His Jewish-Christian Interpreters, in: USQR 42, 1988, 1–15
MATERA, F.J., The Culmination of Paul's Argument to the Galatians: Gal. 5.1–6.17, in: JSNT 32, 1988, 79–91
MAURER, Ch., Der Galaterbrief (Proph.), Zürich 1943

-, Die Gesetzeslehre des Paulus nach ihrem Ursprung und in ihrer Entfaltung dargelegt, Zollikon-Zürich 1941
MEEKS, W.A. (Hg.), The Writings of St. Paul. Annotated Text. Criticism (A Norton Critical Edition), New York 1972
MERK, O., Der Beginn der Paränese im Galaterbrief, in: ZNW 60, 1969, 83–104
MERKLEIN, H., Die Bedeutung des Kreuzestodes Christi für die paulinische Gerechtigkeits- und Gesetzesthematik, in: DERS., Studien zu Jesus und Paulus (WUNT 43), Tübingen 1987, 1–106
MEYER, P.W., Rez. von: H.D. Betz, Galatians. A Commentary on Paul's Letter to the Churches in Galatia (Hermeneia), Philadelphia 1979, in: RSR 7, 1981, 318–323
MICHEL, O., Der Brief an die Römer (KEK IV; 13. Aufl.), 4., durchg. Aufl. dieser Auslegung, Göttingen 1966
–, Art. οἶκος κτλ., in: ThWNT V (1954), 122–161
MOMIGLIANO, A., The Development of Greek Biography, Cambridge 1971
MOO, D.J., „Law", „Works of the Law," and Legalism in Paul, in: WThJ 45, 1983, 73–100
MORGENTHALER, R., Statistik des neutestamentlichen Wortschatzes. Mit Beiheft, 3. Aufl., Zürich/Stuttgart 1982
MOULE, C.F.D., The Gravamen against Jesus, in: Jesus, the Gospels, and the Church. Essays in Honor of William R. Farmer, hg. v. E.P. SANDERS, Macon, Georgia 1987, 177–195
MUNDLE, W., Zur Auslegung von Gal $2_{17.18}$, in: ZNW 23, 1924, 152f.
MURPHY, T.A.: s. ANDERSON, H.G./...
MUSSNER, F., Der Galaterbrief (HThK IX), Freiburg/Basel/Wien 1974
–, Gesetz – Abraham – Israel, in: Kairos 25, 1983, 200–222
–, Die Kraft der Wurzel. Judentum – Jesus – Kirche, Freiburg/Basel/Wien 1987
NAUCK, W., Das οὖν-paräneticum, in: ZNW 49, 1958, 134f.
NEITZEL, H., Zur Interpretation von Galater 2, 11–21, in: ThQ 163, 1983, 15–39.131–149
NEUSNER, J., The Use of the Later Rabbinic Evidence for the Study of Paul, in: Approaches to Ancient Judaism, Bd. II: Essays in Religion and History (Brown Judaic Series 9), hg. v. W.S. GREEN, Chico 1980, 43–63
OEPKE, A., Der Brief des Paulus an die Galater (ThHK IX), Nachdr. der 2., verb. Aufl., Berlin 1964
OLBRECHTS-TYTECA, L.: s. PERELMAN, CH./...
OLIVEIRA, A. DE, Rez. von: Th. Schmeller, Paulus und die „Diatribe". Eine vergleichende Stilinterpretation (NTA NF 19), Münster 1987, in: ThR 85, 1989, 370–372
O'NEILL, J.C., The Recovery of Paul's Letter to the Galatians, London 1972
OSTEN-SACKEN, P. VON DER, Das paulinische Verständnis des Gesetzes im Spannungsfeld von Eschatologie und Geschichte. Erläuterungen zum Evangelium als Faktor von theologischem Antijudaismus, in: DERS., Evangelium und Tora. Aufsätze zu Paulus (TB 77), München 1987, 159–196 (zuerst 1977)
PANNENBERG, W.:s. LEHMANN, K/...
PERELMAN, Ch., Logik und Argumentation (Athenäum Taschenbücher Philosophie/Wissenschaftstheorie), Königstein/Ts. 1979
–, Das Reich der Rhetorik. Rhetorik und Argumentation (Beck'sche Schwarze Reihe 212), München 1980
–/ L. OLBRECHTS-TYTECA, La nouvelle rhétorique. Traité de l'argumentation, 2 Bde., Paris 1958
PESCH, O.H., Theologie der Rechtfertigung bei Martin Luther und Thomas von Aquin. Versuch eines systematisch-theologischen Dialogs (WSAMA.T 4), Mainz 1967
–/ A. PETERS, Einführung in die Lehre von Gnade und Rechtfertigung (Die Theologie), Darmstadt 1981
PETERS, A.: s. PESCH, O.H./...
PFNÜR, V., Einig in der Rechtfertigungslehre? Die Rechtfertigungslehre der Confessio Augustana (1530) und die Stellungnahme der katholischen Kontroverstheologie zwischen 1530 und 1535 (VIEG 60), Wiesbaden 1970

POPPER, K.R., Ausgangspunkte. Meine intellektuelle Entwicklung, Hamburg 1979
QIMRON, E., The Hebrew of the Dead Sea Scrolls (Harvard Semitic Studies 29), Atlanta, Georgia, 1986
–/ J. STRUGNELL, An Unpublished Halakhic Letter from Qumran, in: Biblical Archaeology Today. Proceedings of the International Congress on Biblical Archaeology, Jerusalem, April 1984, Jerusalem 1985, 400–407
RADERMACHER, L., Neutestamentliche Grammatik. Das Griechisch des Neuen Testaments im Zusammenhang mit der Volkssprache (HNT 1), 2., erw. Aufl., Tübingen 1925
RÄISÄNEN, H., Galatians 2.16 and Paul's Break with Judaism, in: DERS., Torah, 168–184 (zuerst 1985)
–, Rez. von: L. Gaston, Paul and the Torah, Vancouver 1987, in: ThLZ 114, 1989, 191f.
–, Paul and the Law (WUNT 29), Tübingen 1983
–, Paul's Theological Difficulties with the Law, in: DERS., Torah, 3–24 (zuerst 1980)
RAIBLE,W.: s. GÜLICH, E./...
REHKOPF, F.: s. BLASS, F./...
RENGSTORF, K.H., Art. ἁμαρτωλός, ἀναμάρτητος, in: ThWNT I (1933), 320–339
RHYNE, C.Th., Faith Establishes the Law (SBLDS 55), Chico, California 1981
RICOEUR, P., Erzählung, Metapher und Interpretationstheorie, in: ZThK 84, 1987, 232–253
RIDDERBOS, H.N., The Epistle of Paul to the Churches of Galatia (NIC), Grand Rapids, Michigan 1953
RISCH, E.: s. BORNEMANN, E.,...
ROHDE, J., Rez. von: H. Schweizer, Biblische Texte verstehen. Arbeitsbuch zur Hermeneutik und Methodik der Bibelinterpretation, Stuttgart/Berlin/Köln/Mainz 1986, in: ThLZ 113, 1988, 424f.
ROLLER, O., Das Formular der Paulinischen Briefe. Ein Beitrag zur Lehre vom antiken Briefe (BWANT 58), Stuttgart 1933
SANDELIN, K.-G., Die Auseinandersetzung mit der Weisheit in 1. Korinther 15 (Meddelanden från Stiftelsens för Åbo Akademi Forskningsinstitut 12), Åbo 1976
SANDERS, E.P., Jesus, Paul and Judaism, in: ANRW II,25,1 (1982), 390–450
–, Paul, the Law, and the Jewish People, Philadelphia 1983
–, Paulus und das palästinische Judentum. Ein Vergleich zweier Religionsstrukturen (StUNT 17), Göttingen 1985 (= Übersetzung von: DERS., Paul and Palestinian Judaism. A Comparison of Patterns of Religion, Philadelphia/London 1977)
SCHÄFER, P., Rivalität zwischen Engeln und Menschen. Untersuchungen zur rabbinischen Engelvorstellung (SJ 8), Berlin/New York 1975
SCHENK, W., Evangelium – Evangelien – Evangeliologie. Ein „hermeneutisches" Manifest (TEH 216), München 1983
–, Die Philipperbriefe des Paulus. Kommentar, Stuttgart/Berlin/Köln/Mainz 1984
–, Art. πῶς, in: EWNT III (1983), 489–492
-, Textlinguistische Aspekte der Strukturanalyse, dargestellt am Beispiel von 1 Kor xv.1–11, in: NTS 23, 1976–1977, 469–477
SCHLIER, H., Der Brief an die Galater (KEK VII; 13. Aufl.), 4., durchg. Aufl. der Neubearb., Göttingen 1965
–, Der Römerbrief (HThK VI), Freiburg/Basel/Wien 1977
SCHMELLER, Th., Paulus und die „Diatribe". Eine vergleichende Stilinterpretation (NTA NF 19), Münster 1987
SCHMITHALS, W., Die Briefe des Paulus in ihrer ursprünglichen Form (Zürcher Werkkommentare zur Bibel), Zürich 1984
–, Eschatologie und Apokalyptik, in: VF 33, 1988, 64–82
–, Judaisten in Galatien?, in: ZNW 74, 1983, 27–53
–, Rez. von: J.C. O'Neill, The Recovery of Paul's Letter to the Galatians, London 1972, in: ThLZ 98, 1973, 840f.
SCHNEIDER, C., Art. ῥάβδος κτλ., in: ThWNT VI (1959), 966–972
SCHNEIDER, G., Art. δωρεά κτλ., in: EWNT I (1980), 880–882

SCHNEIDER, J., Art. παραβαίνω κτλ., in: ThWNT V (1954), 733–741

SCHNELLE, H., Zur Explikation des Begriffs „Argumentativer Text“, in: Linguistische Probleme der Textanalyse. Jahrbuch 1973 (Sprache der Gegenwart. Schriften des Instituts für deutsche Sprache in Mannheim 35), Düsseldorf 1975, 54–76

SCHNELLE, U., Rez. von: W. Egger, Methodenlehre zum Neuen Testament. Einführung in linguistische und historisch-kritische Methoden, Freiburg/Basel/Wien 1987, in: ThLZ 113, 1988, 442f.

–, Gerechtigkeit und Christusgegenwart. Vorpaulinische und paulinische Tauftheologie (GTA 24), 2., durchg. Aufl. 1986

–, Wandlungen im paulinischen Denken (SBS 137), Stuttgart 1989

SCHNIDER, F./W. STENGER, Studien zum neutestamentlichen Briefformular (NTTS 11), Leiden/New York/Kopenhagen/Köln 1987

SCHOEPS, H.-J., Paulus. Die Theologie des Apostels im Lichte der jüdischen Religionsgeschichte, Tübingen 1959

SCHOLZ, H., Abriß der Geschichte der Logik, 3., unv. Aufl., Freiburg/München 1967

SCHREINER, Th.R., Is Perfect Obedience to the Law Possible? A Re-examination of Galatians 3:10, in: JETS 27, 1984, 151–160

–, Paul and Perfect Obedience to the Law: An Evaluation of the View of E.P. Sanders, in: WThJ 47, 1985, 245–278

SCHRENK, G., Art. ἐντέλλομαι, ἐντολή, in: ThWNT II (1935), 541–553

SCHWARZ, A., Der hermeneutische Syllogismus in der talmudischen Litteratur. Ein Beitrag zur Geschichte der Logik im Morgenlande (JITL 8), Wien 1901

SCHWEITZER, A., Die Mystik des Apostels Paulus, Tübingen 1930

SCHWEIZER, E., Slaves of the Elements and Worshipers of Angels: Gal 4:3, 9 and Col 2:8, 18, 20, in: JBL 107, 1988, 455–468

–, Theologische Einleitung in das Neue Testament (GNT 2), Göttingen 1989

SIEFFERT, F., Kritisch exegetisches Handbuch über den Brief an die Galater (KEK VII; 9. Aufl.), neu bearb., Göttingen 1899

SIEGERT, F., Argumentation bei Paulus, gezeigt an Röm 9–11 (WUNT 34), Tübingen 1985

–, Rhetorik und Philosophie in der „Neuen Rhetorik“ Chaim Perelmans (Zusammenfassung), in: SCHANZE/KOPPERSCHMIDT, Rhetorik, 217–228

SLENCZKA, R., Gerecht vor Gott durch den Glauben an Jesus Christus. Das Verständnis der Rechtfertigung in der evangelischen Kirche und die Verständigung über die Rechtfertigung mit der römisch-katholischen Kirche, in: NZSTh 29, 1987, 294–316

SMEND, R./U. LUZ, Gesetz (Kohlhammer Taschenbücher 1015/Biblische Konfrontationen), Stuttgart/Berlin/Köln/Mainz 1981

SMIT, J.(F.M.), ‚Hoe kun je de heidenen verplichten als joden te leven?‘ Paulus en de torah in Galaten 2, 11–21, in: Bijdr. 46, 1985, 118–140

–, The Letter of Paul to the Galatians: A Deliberative Speech, in: NTS 35, 1989, 1–26

–, Paulus, de galaten en het judaïsme. Een narratieve analyse van Galaten 1–2, in: TTh 25, 1985, 337–362

–, Redactie in de brief aan de galaten. Retorische analyse van Gal. 4,12–6,18, in: TTh 26, 1986, 113–144

SNODGRASS, K.R., Justification by Grace – to the Doers: An Analysis of the Place of Romans 2 in the Theology of Paul, in: NTS 32, 1986, 72–93

–, Spheres of Influence. A Possible Solution to the Problem of Paul and the Law, in: JSNT 32, 1988, 93–113

SNYMAN, A.H., On Studying the Figures (*schēmata*) in the New Testament, in: Bib. 69, 1988, 93–107

–, Style and the Rhetorical Situation of Romans 8.31–39, in: NTS 34, 1988, 218–231

SPRUTE, J., Aristoteles' Theorie rhetorischer Argumentation, in: Gym. 88, 1981, 254–273

–, Die Enthymemtheorie der aristotelischen Rhetorik (AAWG.PH III,124), Göttingen 1982

–, Topos und Enthymem in der aristotelischen Rhetorik, in: Hermes 103, 1975, 68–90

Stählin, G., Art. νῦν (ἄρτι), in: ThWNT IV (1942), 1099–1117

Standaert, B., La rhétorique antique et l'épître aux Galates, in: FV 84, 1985, 33–40

Stanley, Ch.D., ‚Under a Curse': A Fresh Reading of Galatians 3. 10–14, in: NTS 36, 1990, 481–511

Stegemann, E.(W.), „Das Gesetz ist nicht wider die Verheißungen!" Thesen zu Galater 3, 15 – 29, in: Theologische Brosamen für Lothar Steiger zu seinem 50. Geburtstag, ges. v. G. Freund/E. Stegemann (DBAT, Beihefte 5), Heidelberg 1985, 389–395

–, Die umgekehrte Tora. Zum Gesetzesverständnis bei Paulus, in: Jud. 43, 1987, 4–20

Steinbrink, B.: s. Ueding, G./...

Stendahl, K., Der Jude Paulus und wir Heiden. Anfragen an das abendländische Christentum (KT 36), München 1978 (= Übersetzung/Teilausgabe von: Ders., Paul)

–, Paul Among Jews and Gentiles and Other Essays, Philadelphia 1976

Stenger, W.: s. Schnider, F./...

Stowers, S.K., The Diatribe and Paul's Letter to the Romans (SBLDS 57), Chico, California 1981

–, Letter Writing in Greco–Roman Antiquity (Library of Early Christianity 5), Philadelphia, Pennsylvania 1986

Strack, H.L.: s. Billerbeck, P./...

Strecker, G., Befreiung und Rechtfertigung. Zur Rechtfertigungslehre in der Theologie des Paulus, in: Ders., Eschaton und Historie. Aufsätze, Göttingen 1979, 229–259 (zuerst 1976)

Strobel, A., Der erste Brief an die Korinther (ZBK, Neues Testament 6,1), Zürich 1989

Strugnell, J., Notes on marge du volume V des „Discoveries in the Judaean Desert of Jordan", in: RdQ 7, 1969–1971, 163–276

–: s. Qimron, E./...

Stuhlmacher, P., Die Stellung Jesu und des Paulus zu Jerusalem, in: ZThK 86, 1989, 140–156

Suhl, A., Die Galater und der Geist. Kritische Erwägungen zur Situation in Galatien, in: Jesu Rede von Gott und ihre Nachgeschichte im frühen Christentum. Beiträge zur Verkündigung Jesu und zum Kerygma der Kirche. Festschrift für Willi Marxsen zum 70. Geburtstag, hg. v. D.-A. Koch/G. Sellin/A. Lindemann, Gütersloh 1989, 267–296

–, Der Galaterbrief – Situation und Argumentation, in: ANRW II,25,4 (1987), 3067–3134

–, Paulus und seine Briefe. Ein Beitrag zur paulinischen Chronologie (StNT 11), Gütersloh 1975

Tannehill, R.C., Dying and Rising with Christ. A Study in Pauline Theology (BZNW 32), Berlin 1967

Theissen, G., Psychologische Aspekte paulinischer Theologie (FRLANT 131), Göttingen 1983

Thompson, R.W., The Alleged Rabbinic Background of Rom 3,31, in: EThL 63, 1987, 136–148

Thüsing, W., Gott und Christus in der paulinischen Soteriologie, Bd. I: Per Christum in Deum. Das Verhältnis der Christozentrik zur Theozentrik (NTA NF 1/I), 3., verb. und um hermeneutisch-methodische Vorüberlegungen zum Gesamtwerk sowie um einen Anhang erw. Aufl., Münster 1986

Tiling, R., Die paulinische Lehre vom ΝΟΜΟΣ nach den vier Hauptbriefen. Eine biblisch-theologische Untersuchung, Dorpat 1878

Toews, J.E., The Law in Paul's Letter to the Romans. A Study of Rom. 9.30–10.13, Diss. Ph.D. Northwestern University 1977

Trummer, P., Aufsätze zum Neuen Testament (Grazer Theologische Studien 12), Graz 1987

Tyson, J.B., „Works of Law" in Galatians, in: JBL 92, 1973, 423–431

Übelacker, W.G., Der Hebräerbrief als Appell. Bd. I: Untersuchungen zu *exordium, narratio* und *postscriptum* (Hebr 1–2 und 13,22–25) (CB.NT 21), Stockholm 1989

Ueding, G./B. Steinbrink, Grundriß der Rhetorik. Geschichte·Technik·Methode, Stuttgart 1986

VIERTEL, W.E., The Hermeneutics of Paul as Reflected in Romans and Galatians, Diss. Ph.D. Baylor University (Waco, Texas) 1976

VÖGTLE, A., Neutestamentliche Wissenschaft – Gegenwärtige Tendenzen und Probleme aus römisch-katholischer Sicht, in: Schriftauslegung als theologische Aufklärung. Aspekte gegenwärtiger Fragestellungen in der neutestamentlichen Wissenschaft, hg. v. O. MERK, Gütersloh 1984, 52–74

VOUGA, F., La construction de l'histoire en Galates 3–4, in: ZNW 75, 1984, 259–269

–, Romains 1,18–3,20 comme *narratio*, in: BÜHLER/HABERMACHER, Narration, 145–161

–, Zur rhetorischen Gattung des Galaterbriefes, in: ZNW 79, 1988, 291f.

WALTER, N., Art. στίγμα, in: EWNT III (1983), 661–663

WATSON, F., Paul, Judaism and the Gentiles. A Sociological Approach (MSSNTS 56), Cambridge (usw.) 1986

WEDER, H., Gesetz und Sünde. Gedanken zu einem qualitativen Sprung im Denken des Paulus, in: NTS 31, 1985, 357–376

–, Das Kreuz Jesu bei Paulus. Ein Versuch, über den Geschichtsbezug des christlichen Glaubens nachzudenken (FRLANT 125), Göttingen 1981

WEISS, B., Die paulinischen Briefe und der Hebräerbrief im berichtigten Text, mit kurzer Erläuterung zum Handgebrauch bei der Schriftlektüre (Das Neue Testament. Handausgabe, Bd. II), 2. Aufl., Leipzig 1902

WESTERHOLM, S., On Fulfilling the Whole Law (Gal. 5:14), in: SEÅ 51–52, 1986–87, 229–237

WIDMANN, M., Literarkritische Untersuchung des Galaterbriefs, in: Glauben ermöglichen. Zum gegenwärtigen Stand der Religionspädagogik. Festschrift für Günter Stachel, hg. v. E. PAUL/A. STOCK, Mainz 1987, 183–196

WILCKENS, U., Der Brief an die Römer, Bd. I–III (EKK VI,1–3), Neukirchen–Vluyn 1978–1982

–, Was heißt bei Paulus: „Aus Werken des Gesetzes wird kein Mensch gerecht"?, in: EKK.V 1, 1969, 51–77

–, Zur Entwicklung des paulinischen Gesetzesverständnisses, in: NTS 28, 1982, 154–190

WILLIAMS, S.K., Again *Pistis Christou*, in: CBQ 49, 1987, 431–447

WOLF, E., Art. Gesetz V. Gesetz und Evangelium, dogmengeschichtlich, in: RGG[3] II (1958), 1519–1526

WOLFF, Ch., Rez. von: E.P. Sanders, Paulus und das palästinische Judentum. Ein Vergleich zweier Religionsstrukturen (StUNT 17), Göttingen 1985, in: ThLZ 111, 1986, 421–425

WOLTER, M., Art. παράβασις κτλ., in: EWNT III (1983), 32–35

WONNEBERGER, R., Ansätze zu einer textlinguistischen Beschreibung der Argumentation bei Paulus, in: Textlinguistik und Semantik. Akten der 4. Arbeitstagung Österreichischer Linguisten, Innsbruck, 6. bis 8. Dezember 1975, hg. v. W. MEID/K. HELLER (Innsbrukker Beiträge zur Sprachwissenschaft 17), Innsbruck 1976, 159–177

–, Textgliederung bei Paulus. Eine Problemskizze am Beispiel von Römer 3,21, 1.Korinther 13 und Römer 5, in: Sprachtheorie und Pragmatik. Akten des 10. Linguistischen Kolloquiums, Tübingen 1975. Bd. 1, hg. v. H. WEBER/H. WEYDT (Linguistische Arbeiten 31), Tübingen 1976, 305–314

–, Überlegungen zur Argumentation bei Paulus, in: Theorie der Argumentation (Tübinger Beiträge zur Linguistik 76), hg. v. M. SCHECKER, Tübingen 1977, 243–310

WREDE, W., Paulus (RV I,5–6), Halle a. S. 1904

WUELLNER, W., Paul as Pastor. The Function of Rhetorical Questions in First Corinthians, in: VANHOYE, L'Apôtre Paul, 49–77

–, Paul's Rhetoric of Argumentation in Romans: An Alternative to the Donfried-Karris Debate over Romans, in: CBQ 38, 1976, 330–351

–, Where Is Rhetorical Criticism Taking Us?, in: CBQ 49, 1987, 448–463

YOUNG, N.H., *Paidagogos*: The Social Setting of a Pauline Metaphor, in: NT 29, 1987, 150–176

ZAHN, Th., Der Brief des Paulus an die Galater (KNT IX), 2. Aufl., Leipzig 1907
–, Der Brief des Paulus an die Römer (KNT VI), 1. und 2. Aufl., Leipzig 1910
ZEHNPFUND, R., Das Gesetz in den paulinischen Briefen, in: NKZ 8, 1897, 384–419
ZELLER, D., Zur neueren Diskussion über das Gesetz bei Paulus, in: ThPh 62, 1987, 481–499
–, Zur Pragmatik der paulinischen Rechtfertigungslehre, in: ThPh 56, 1981, 204–217
ZIESLER, J.A., The Meaning of Righteousness in Paul. A Linguistic and Theological Enquiry (MSSNTS 20), Cambridge 1972

Stellenregister

Der zu einer Seitenzahl hinzugefügte Buchstabe „A" besagt, daß die betreffende Stelle lediglich unterhalb des Striches, also im Anmerkungsteil aufgeführt ist. Erscheint der Beleg außerdem oberhalb dieser Marke, wird das durch Kursivdruck angezeigt.

Griechische sowie römische Autoren der heidnischen Antike und christliche Schriftsteller von der Zeit der Kirchenväter an werden nicht in diesem, sondern im nachfolgenden Register berücksichtigt.

Altes Testament

Schriften des masoretischen Kanons

Zusätzliche Schriften (der Septuaginta)

Neues Testament

Pseudepigraphen des Alten Testaments

Weitere (früh)jüdische Literatur

Frühchristliche Schriften außerhalb des Neuen Testaments

Autor(inn)enregister

Weil die Autor(inn)en in der vorliegenden Arbeit zumeist nicht im Textteil, sondern lediglich in den Anmerkungen genannt sind, wird hier anders als im vorangehenden Register nicht diese Plazierung, vielmehr eine solche oberhalb des Striches durch einen zur jeweiligen Seitenzahl hinzugefügten Buchstaben, nämlich „T“, signalisiert. Kursivdruck der Ziffer(n) meint wieder das Vorkommen (des betreffenden Namens) ober- wie unterhalb dieser Marke.

Durch kursive Type werden auch die in diesem Register mitberücksichtigten Personen aus der Zeit vor dem 18. Jahrhundert (griechische und römische Autoren; christliche Schriftsteller von der Zeit der Kirchenväter an) hervorgehoben.